2016
北京市国土资源年鉴
BEIJINGSHI GUOTU ZIYUAN NIANJIAN

北京市国土资源局 编

图书在版编目（CIP）数据

北京市国土资源年鉴．2016/北京市国土资源局编．
—北京：中国发展出版社，2016.12
ISBN 978-7-5177-0632-8

Ⅰ.①北… Ⅱ.①北… Ⅲ.①国土资源-资源管理-北京-2016-年鉴 Ⅳ.①F129.91-54

中国版本图书馆 CIP 数据核字（2016）第 298107 号

书　　名：2016 北京市国土资源年鉴
主　　编：北京市国土资源局
责任编辑：孙　勇
装帧设计：北京华尊天时文化发展有限责任公司
出版发行：中国发展出版社
（北京市西城区百万庄大街 16 号 8 层　100037）
标准书号：ISBN 978-7-5177-0632-8
经　销　者：各地新华书店
印　刷　者：北京华睿林彩色印刷有限公司
开　　本：880×1230mm　1/16
印　　张：24
字　　数：287 千字
版　　次：2016 年 12 月第 1 版
印　　次：2016 年 12 月第 1 次印刷
定　　价：298.00 元

联系电话：（010）88913231　68990692
购书热线：（010）68990682　68990686
网络订购：http://zgfzchbs.tmall.com//
网购电话：（010）68990639　88333349
本社网址：http://www.develpress.com.cn
电子邮件：sunyongcdp@126.com

2015 年 11 月 8 日，北京市副市长陈刚向北京天街集团有限公司发出北京市首本不动产权证书

2015 年 11 月 8 日，北京市副市长陈刚、国土资源部副部长王广华为东城区不动产登记事务中心揭牌

2015 年 8 月 27 日，北京市国土资源局局长魏成林到房山区大安山乡检查地质灾害防治工作

2015 年 4 月 22 日，北京市国土资源局副局长张维参加朝阳分局在奥林匹克森林公园举办的“世界地球日”宣传活动

2015 年 4 月 16 日，北京市国土资源局副局长谢俊奇主持召开局信息办、局信安办联合会议

2015 年 5 月 13 日，北京市国土资源局纪检组长金兴利赴首云矿业调研

2015 年 7 月 23 日，北京市国土资源局副局长李军主持召开全市国土所标准化建设工作总结专题会

2015 年 6 月 24 日，北京市国土资源局总规划师丁晓参加国土部组织的网络名人国土行活动，开展 6•25 土地日宣传，传播节约集约用地理念

2015 年 8 月 26 日，北京市国土资源局副局长师宏亚带领规划处、储备中心、规划中心到丰台区调研土地储备上市、城市周边基本农田划定举证和重点项目动态维护等工作

2015 年 3 月 19 日，北京市国土资源局副巡视员樊文祯参加丰台区农村集体建设用地使用权确权登记颁证检查验收会

2015 年 5 月 5 日，北京市国土资源局副巡视员周旭峰接待印度尼西亚国会代表团

2015 年 9 月 10 日，搭建不动产登记模拟大厅实景环境，北京市国土资源局各不动产登记中心工作人员分批进行实战演练

10 月 22 日，北京市国土资源局组织工作人员到北京市红十字血液中心进行团体自愿无偿献血

2015 年 3 月 24 日，北京霞云岭地质环境治理项目开工

编辑说明

一、《北京市国土资源年鉴2016》是一部全面记载2015年度北京市国土资源现状、国土资源利用与管理情况的综合性年刊，是北京市国土资源局主编的具有基础性、综合性、全面性特点的公报性、年史性的工具书，为各级领导、各级部门了解北京市国土资源情况、实施科学决策，为各行各业及有关单位查询资料、获取信息等提供服务。自2007年起，每年出版一期，本书为第10期。

二、《北京市国土资源年鉴2016》篇目由重要文献、特稿，大事记汇总，市级国土资源管理，区县国土资源管理，学术社团，统计资料及附录7个部分构成，全面记录2015年北京市行政区域范围内的国土资源现状及国土资源利用管理等基本情况。为免累赘，凡年鉴表述只有月、日而未写年份，即为2015年。本书使用的是2014年度北京市土地利用现状调查数据。

三、参照《国家技术监督局、国家土地管理局、农业部关于改革全国土地面积计量单位的通知》（技监局量发〔1990〕660号）要求，本书中平方公里（km^2）用于领土、地区疆域等大面积的测量统计；公顷（hm^2）用于较大的农田耕地面积、林地和草地面积等的测量统计；平方米（m^2）用于较小的耕地面积、建筑用地包括农村宅基地面积的测量统计；万平方米用于建筑用地面积统计。

四、《北京市国土资源年鉴2016》的编辑得到了北京市国土资源局领导的高度重视。北京市国土资源局各区县分局、机关各处室、直属各事业单位、北京土地学会、北京市房地产估价师和土地估价师协会积极撰稿，提供资料，使年鉴编辑工作得以顺利进行，在此一并表示感谢。

五、文中纰漏与不足之处，恳请广大读者批评指正。

《北京市国土资源年鉴2016》编辑部

2016年8月

《北京市国土资源年鉴2016》

编 委 会

《北京市国土资源年鉴2016》

编 辑 部

《北京市国土资源年鉴 2016》

规范性简称对照表

名　称	规范性简称
北京市国土资源局	市国土局
办公室	办公室
研究室	研究室
法制处	法制处
科技与对外合作处	科技合作处
调控和监测处（综合处）	调控监测处
规划处	规划处
耕地保护处	耕保处
地籍处	地籍处
不动产登记处	登记处
土地利用处	利用处
征地处	征地处
矿产资源勘查储量处	勘储处
矿产资源开发处	矿开处
地质环境处	地环处
地热处	地热处
财务处	财务处
审计处	审计处
信访处	信访处
人事处	人事处
机关党委（基层工作处）	机关党委
离退休干部处	离退处

监察处	监察处
北京市国土资源执法监察总队（执法监察处）	执法总队
北京市国土资源勘测规划中心	规划中心
北京市不动产登记事务中心	登记中心
北京市土地权籍事务中心（北京市矿产资源储量评审中心）	权籍中心
北京市土地利用事务中心	利用中心
北京市土地整理储备中心	储备中心
北京市国土资源局信息中心（北京地质灾害应急事务中心）	信息中心
北京市国土资源局机关后勤服务中心	服务中心
北京市国土资源局东城分局	东城分局
北京市国土资源局西城分局	西城分局
北京市国土资源局朝阳分局	朝阳分局
北京市国土资源局海淀分局	海淀分局
北京市国土资源局丰台分局	丰台分局
北京市国土资源局石景山分局	石景山分局
北京市国土资源局昌平分局	昌平分局
北京市国土资源局通州分局	通州分局
北京市国土资源局大兴分局	大兴分局
北京市国土资源局门头沟分局	门头沟分局
北京市国土资源局顺义分局	顺义分局
北京市国土资源局房山分局	房山分局
北京市国土资源局平谷分局	平谷分局
北京市国土资源局密云分局	密云分局
北京市国土资源局延庆分局	延庆分局
北京市国土资源局怀柔分局	怀柔分局
北京市国土资源局经济技术开发区分局	经济技术开发区分局

目　录

第一部分　重要文献、特稿

第二部分　大事记汇总

第三部分　市级国土资源管理

第四部分　区县国土资源管理

第五部分 学术社团

第六部分 统计资料

第七部分 附录

第一部分
重要文献、特稿

2016年北京市政府工作报告

——2016年1月22日在北京市第十四届人民代表大会第四次会议上

北京市市长　王安顺

各位代表：

现在，我代表北京市人民政府，向大会报告政府工作，请予审议，并请市政协各位委员提出意见。

一、“十二五”时期经济社会发展回顾

“十二五”时期是北京发展具有重大历史意义的五年。在北京改革发展的关键时刻，习近平总书记亲临视察并发表重要讲话，明确了全国政治中心、文化中心、国际交往中心、科技创新中心的城市战略定位，提出了建设国际一流的和谐宜居之都的目标，对做好北京发展和管理工作、推动京津冀协同发展作出了重要指示，指明了新时期首都工作方向。中央把京津冀协同发展确立为重大国家战略，制定了《京津冀协同发展规划纲要》，为首都未来发展描绘了宏伟蓝图和光明前景。首都科学发展开启了新征程。

五年来，在党中央、国务院坚强领导下，在中共北京市委直接领导下，在市人大及其常委会监督支持下，我们坚决贯彻落实中央决策部署，坚持稳中求进工作总基调，牢牢把握首都城市战略定位，积极推动京津冀协同发展，扎实做好稳增长、促改革、调结构、惠民生各项工作，保持经济社会持续健康发展，较好地完成了“十二五”规划目标任务，北京综合经济实力、科技创新能力、国际影响力显著增强，向着国际一流的和谐宜居之都迈出了坚实步伐。

（一）积极适应经济发展新常态，有效应对经济下行压力，首都经济实力显著增强。更加注重经济发展的质量和效益，在平稳增长中实现了结构更优、质量更高、效益更好的发展。五年来，全市地区生产总值年均增长7.5%，一般公共预算收入年均增长14.9%。人均地区生产总值由2010年的1.1万美元增加到1.7万美元；社会消费品零售额由6300多亿元增加到1万亿元以上，服务性消费占市场消费总额的比重达到44.6%；全社会固定资产投资由5200多亿元增加到近8000亿元。城镇居民人均收入年均实际增长7.2%；农村居民人均收入年均实际增长7.8%，增速持续高于城镇居民。居民消费价格涨幅控制在预期目标以内。万元地区生产总值能耗、水耗和二氧化碳排放分别累计下降25%、24%和27%左右。顺利完成北京市第三次全国经济普查。

京津冀协同发展实现良好开局。坚决贯彻落实《京津冀协同发展规划纲要》，制定实施我市贯彻意见。有序疏解非首都功能，发布修订新增产业的禁止和限制目录，不予办理的工商登记业务累计1.3万件；关停退出一般制造和污染企业1006家，退出低端市场228家。大力实施交通、生态、产业三个重点领域率先突破工作方案，京津冀城际铁路网规划正式上报，京昆高速北京段建成通车，北京新机场主体工程开工建设，一批重大区域生态工程顺利推进，曹妃甸协同发展示范区等合作园区建设步伐加快。京津冀通关一体化成效显著，教育、医疗、旅游等领域合作有序开展。

（二）实施创新驱动，着力转型发展，经济结构高端化更趋明显。市级一般公共预算科技文化支出比“十一五”期间增长1.1倍，北京地区综合科技进步水平居全国首位，创新驱动发展格局初步形成。积极推动中关村国家自主创新示范区建设，落实“1+6”、“新四条”等一系列先行先试政策，出台加快全国科技创新中心建设的意见，发布实施“京校十条”、“京科九条”，开展科技成果使用、处置、收益管理改革和股权激励试点。不断优化创新创业生态系统，加快建设人才管理改革试验区和科技金融创新中心，支持众创空间等孵化机构集聚发展，大众创业、万众创新日趋活跃。五年来，自主创新能力不断增强，涌现出一批国际领先的重大科技成果，催生了一批新技术、新产品、新模式、新业态。“十二五”期间，全市专利授权量、技术合同成交额、中关村示范区总收入都实现了翻番。

文化创新增添发展新活力。大力培育和践行社会主义核心价值观，持续推进中国特色社会主义和中国梦宣传教育，深入开展精神文明创建活动，积极树立“北京榜样”。出台加强全国文化中心建设实施意见，推动国有文化资产管理体制改革，组建歌华传媒和北京新媒体集团，健全文化要素市场，完善投融资服务体系。文艺创作繁荣发展，18部作品获得全国“五个一工程”奖。制定出台加强基层公共文化建设“1+3”政策文件，实施文化惠民工程，公共文化设施体系进一步健全。加强历史文化名城保护，完成明城墙遗迹等修缮工程。制定实施文化创意产业功能区建设发展规划，文化创意与相关产业融合发展势头良好。

高端产业构筑发展新优势。开展石景山国家服务业综合改革试点和中关村现代服务业试点，出台加快首都科技服务业发展意见，实施促进健康、养老、体育产业发展的政策措施，金融、信息、科技服务三大优势产业对经济增长的贡献率超过70%，第三产业比重由75.5%提高到79.8%。制定实施加快发展战略性新兴产业的意见，出台《中国制造2025》北京行动纲要，产业结构加快向高端化迈进。积极推动园区特色化、差异化发展，六大高端产业功能区集聚发展水平进一步提升。

（三）统筹城乡发展，优化空间布局，城乡一体化格局基本形成。市级一般公共预算农林水支出比“十一五”期间增长1.2倍，市政府固定资产投资投向郊区的比例超过50%，城乡发展一体化体制机制初步建立。深入开展城市总体规划编制工作，积极谋划未来首都可持续发展蓝图。全力推动市行政副中心建设，研究提出了规划方案，完成一期6平方公里拆迁任务，行政办公区起步区开工建设。积极推进郊区新城建设，重点功能和产业项目加快布局，轨道交通向5个新城延伸。推动42个重点小城镇建设，建成一批新型农村社区，农民享受到了更好的公共服务。城乡结合部50个重点村建设任务基本完成，拆迁还绿14.2平方公里，“一绿”地区6个乡城市化建设试点顺利推进。连续实施两个阶段城南行动计划，城南、西部地区基础设施和生态环境明显改善。

农村改革发展扎实推进。深入实施“新三起来”工程，全面完成集体林权制度改革主体任务和集体土地所有权确权颁证，确权承包土地流转比例达到61.7%，集体经营性建设用地入市等改革试点顺利开展。制定实施农业“调转节”意见，高耗水农作物逐步退出，都市型现代农业加快发展。建设美丽乡村1000个，50多万户农宅实施抗震节能改造，村级公益事业专项补助标准提高了50%。实施农村经济薄弱地区发展规划、共同致富行动计划，加大低收入村帮扶力度，低收入农户人均收入年均实际增长10.2%。生态涵养区建成一批特色品牌沟域，搬迁山区农民4.4万人。顺利完成2019年世界园艺博览会园区综合规划、综合交通规划编制和拆迁任务，启动配套基础设施建设。

（四）加快破解难题，实施精细管理，“大城市病”治理全面展开。严格落实大气污染防治条例，制定实施清洁空气行动计划，建立区域大气污染联防联控机制，压减燃煤近1400万吨，淘汰全部黄标车，淘汰老旧机动车183.2万辆，细颗粒物浓度比2012年下降15.8%，四项主要污染物减排超额完成目标任务。实施“建管限”综合治堵措施，加大轨道交通建设力度，新增运营里程218公里、总里程达到554公里，城市路网进一步完善。制定实施垃圾、污水处理设施建设两个三年行动计划，新增生活垃圾日处理能力1.2万吨、污水日处理能力120万吨，生活垃圾资源化率提高到55%，再生水年利用量达到9.5亿立方米。完成平原地区造林105万亩，新增城市绿地4850公顷，森林覆盖率、林木绿化率达到41.6%和59%，比2010年分别提高了4.6和6个百分点。

制定实施更加严格的人口规模调控工作方案，常住人口比“十一五”期间年均少增43.1万人，年均增速由5%回落到2%。组织开展环境建设精细管理行动，拆除违法建设4611万平方米，架空线入地改造605公里。加强资源能源保障，南水北调中线一期工程建成通水，陕京三线等重要基础设施建成投用，气象监测预测、预报预警水平稳步提升，城市运行保障和防灾减灾能力显著增强。开展石景山区城市管理体制改革试点，夯实基层管理力量，强化部门联动综合执法，网格化社会服务管理体系覆盖90%以上的街道和社区。

（五）创新社会治理，增进民生福祉，和谐稳定良好局面更加巩固。增投入、建机制、兜底线，市级一般公共预算民生支出比“十一五”期间增长1.2倍，累计办理153项重要民生实事，解决了一批关系群众切身利益的现实问题。实施就业优先战略和更加积极的就业政策，城乡统一的就业体系更加健全，城镇新增就业216.7万人，城镇登记失业率控制在1.6%以内。覆盖城乡全体居民的养老和医疗保障体系进一步完善，“人人享有社会保障”的目标基本实现，六项待遇标准与2010年相比平均增长68%。城乡低保标准实现并轨，适度普惠型社会福利体系基本形成。全面落实居家养老服务条例，统筹推进居家、社区和机构养老服务发展，全市养老床位达12万张。完善残疾人社会保障和服务体系，残疾人事业加快发展。大力实施保障性安居工程，建立“以租为主”的基本住房保障体系，累计建设筹集各类保障房100万套，完成8.3万户棚户区改造和6562万平方米老旧小区综合整治，群众居住条件进一步改善。

基本公共服务均等化水平明显提升。全面深化教育综合改革，大力推进素质教育，实施学前教育、中小学建设、市属高校建设三个“三年行动计划”，新建改扩建幼儿园843所、中小学校200所，分别增加学位10万个和19万个。坚持义务教育免试就近入学，推行学区制、九年一贯制、教育集团等模式，优质教育资源覆盖面进一步扩大。深化医药卫生体制改革，积极开展公立医院管办分开、医药分开综合改革试点，建立城乡居民大病保险制度，医保付费制度改革持续推进，公费医疗制度改革基本完成。开展社区卫生服务机构标准化建设，推进社区卫生服务模式改革，建成10个区域医疗中心、43个区域医联体，城乡全覆盖的医疗卫生服务体系不断完善。“单独两孩”政策顺利实施，人口计生服务进一步加强。群众体育事业蓬勃发展，竞技体育水平稳步提升。

社会保持和谐稳定。出台深化街道社区管理体制改革意见，“一刻钟社区服务圈”覆盖80%的城市社区。推进四类社会组织直接登记，三级枢纽型社会组织工作体系基本形成，社会工作者和志愿者队伍不断壮大。妇女、儿童事业取得新进展，民族、宗教工作进一步加强。坚持走中国特色军民融合发展道路，军政军民团结更加巩固。实施安全发展战略，严格排查治理安全隐患，亿元地区生产总值生产安全事故死亡率比2010年下降47%。推进食品药品安全监管体制改革，重点食品抽检、药品抽验合格率分别达到98.4%和99.7%。深入开展矛盾纠纷排查化解，创新立体化社会治安防控体系，建立健全反恐防恐工作机制，维护了首都安全稳定。

（六）全面深化改革，扩大对外开放，发展活力进一步释放。落实全面深化改革的决定，推出了一系列放权、松绑、减负、惠民的改革措施。深入推进政府职能转变，下大力气简政放权，完成新一轮市政府机构改革，取消和下放439项行政审批事项。优化投资项目审批流程，审批时限由300多个工作日缩短到109个工作日。建成市政务服务中心，40个部门、740项审批事项全面进驻。商事制度改革成效明显，“先照后证”、“三证合一、一照一码”全面推行。出台鼓励社会投资的实施意见，130个市场化试点项目落实社会投资来源。制定实施全面深化市属国资国企改革的意见，开展分类监管等一批改革试点，国有企业重组改制加快推进，国有经济布局不断优化，市属企业利润比2010年增长94.7%。财政预算管理制度改革稳步推进，“营改增”取得积极成效。“新三板”落户北京，挂牌公司超过5000家。削减了56%的政府定价项目，顺利实施水电气热、公交票制票价等价格改革，提高排污收费标准，建立了水环境区域补偿制度，要素配置效率进一步提高。

开放型经济发展呈现新局面。成功举办三届京交会，服务贸易总额由798亿美元增加到1200多亿美元。投资促进创新高效，实际利用外资达到130亿美元、境外投资达到95.6亿美元，分别是2010年的2倍和12.5倍。实施72小时过境免签、购物离境退税等政策，口岸经济加快发展。环球主题公园项目引进落地。旅游业总收入比“十一五”期间增长73.7%。开展全国首个服务业扩大开放综合试点，首批33项政策措施全面推进。对外交流交往务实活跃，亚洲基础设施投资银行、丝路基金总部落户北京，成立世界旅游城市联合会，友好城市达到52个。港澳台侨工作成果丰硕。认真做好对口支援和帮扶协作，累计投入资金136.4亿元，完成1771个援助项目。

（七）履行首都职责，做好“四个服务”，重大活动服务保障任务圆满完成。按照中央要求和统一部署，高标准做好亚太经合组织第22次领导人非正式会议服务保障工作；圆满完成中国人民抗日战争暨世界反法西斯战争胜利70周年纪念活动服务保障任务；与国家体育总局、河北省密切合作，成功获得2022年冬奥会举办权，北京成为世界上首个既举办过夏奥会，又将举办冬奥会的城市。高水平完成2015年北京田径世锦赛筹办工作，为世界奉献了“一场精彩绝伦的世锦赛”。一系列重大活动服务保障任务圆满完成，得益于中央的坚强领导，得益于各兄弟省区市、驻京部队和社会各界的大力支持，得益于广大市民的热情参与和无私奉献，为我们留下了宝贵的物质财富和精神财富。

五年来，我们坚持依法行政、从严治政、廉洁勤政，政府自身建设取得了重要进展。认真执行市人大及其常委会的决议和决定，自觉接受人大工作监督、法律监督和人民政协民主监督，共办理市人大代表议案17件、建议6214件，办理市政协提案5467件。加强政府立法工作，提请市人大常委会审议地方性法规草案38项，制定、修改、废止政府规章68项，行政执法行为进一步规范。大力推进大气污染治理、财政预算决算等17个重点领域信息公开，让群众更加有效地监督政府行为。依法全面履行政府职能，完善绩效管理体系，加强督查和行政问责，政府执行力和公信力进一步提升。严守党的政治纪律和政治规矩，认真开展党的群众路线教育实践活动和“三严三实”专题教育，坚决落实中央八项规定精神和国务院“约法三章”，全面落实各项整改任务，扎实整治“四风”问题。坚定不移推进党风廉政建设和反腐败斗争，加大行政监察和审计监督力度，深入开展“小金库”等专项治理，坚决惩治“为官不为”、“小官贪腐”等问题，严肃查处各类违纪违法案件。

回顾过去五年，我们深切感受到，这是北京发展方式加快转变、经济结构优化升级的五年；是改革开放深入推进、市场活力不断释放的五年；是基础设施更加完善、城乡统筹一体发展的五年；是生态建设大力推进、城市治理扎实攻坚的五年；是社会事业全面进步、人民得到更多实惠的五年。五年的成就来之不易，这是党中央、国务院坚强领导，中共北京市委直接领导，全市人民团结奋斗的结果，是全国各族人民大力帮助，社会各界关心支持的结果。在这里，我代表北京市人民政府，向全市各族人民，向人大代表、政协委员，向各民主党派、各人民团体和各界人士，向中央各部门、各兄弟省区市，向驻京解放军和武警部队官兵，向所有关心支持首都建设的港澳台同胞、海外侨胞和国际友人，表示衷心的感谢！

各位代表，五年的团结奋斗，使我们进一步深化了对做好首都工作的认识，主要体会有：

第一，必须始终坚持首都城市战略定位。把落实“四个中心”战略定位作为衡量发展的根本标尺，牢固树立首善标准，认真履行首都职责，提高“四个服务”水平，科学谋划和推动首都建设发展，使城市发展与战略定位相适应、相一致、相协调，在服务国家大局中提升首都发展水平。

第二，必须始终坚持改革创新。以改革创新为根本动力，坚持问题导向，不失时机地推出各项改革举措，切实破除制约发展的体制机制障碍；把创新摆在发展全局的核心位置，深入实施创新驱动发展战略，着力激发创新创业活力，发挥创新激励经济增长的乘数效应，率先形成以创新为主要引领和支撑的经济体系和发展模式。

第三，必须始终坚持城乡区域协调发展。把协同发展、协调发展作为治理“大城市病”、实现城市可持续发展的必由之路，有序疏解非首都功能，优化提升首都核心功能，加快形成区域协同发展新格局；着眼于城乡经济社会一体化发展，优化城市发展布局和要素配置，逐步缩小城乡发展差距，促进均衡协调发展。

第四，必须始终坚持走生态文明之路。坚持节约资源和保护环境的基本国策，坚守生态保护红线、环境质量底线、资源消耗上限，加大污染治理和生态建设力度，着力补齐短板，不断提升城市治理能力，缓解人口资源环境矛盾，提高绿色发展水平。

第五，必须始终坚持人民主体地位。以人民为中心，坚定不移走群众路线，把增进市民福祉、促进人的全面发展作为工作的出发点和落脚点，充分调动人民的积极性、主动性和创造性，让全体市民更好地发挥主体作用，共同把首都建设好、发展好、管理好。

我们也清醒认识到，发展中不平衡、不协调、不可持续的问题依然存在，前进道路上还有不少困难和挑战。主要是：人口资源环境矛盾突出，治理大气污染、交通拥堵等“大城市病”还需要下更大力气；科技、文化资源优势发挥不够，新旧动力转换接续需要加快推进，转方式、调结构、稳增长还需要下更大功夫；城市服务管理水平和文明程度还不够高，法治化、精细化管理亟待加强；教育、医疗、养老等公共服务供给不足和配置不均衡问题仍然存在，民生保障需要继续提高水平；政府工作还存在不足，一些领域的事中事后监管不到位，少数政府工作人员不作为、乱作为现象依然存在，面对新形势不适应、不会为、不善为的问题比较突出，政府系统勤政廉政建设需要常抓不懈。我们将以高度的责任感和使命感，迎难而上、毫不懈怠，加倍努力工作，扎实解决问题，绝不辜负人民的期望和重托。

二、“十三五”时期的主要目标和任务

“十三五”时期是我国全面建成小康社会的决胜阶段，也是落实首都城市战略定位、加快建设国际一流的和谐宜居之都的关键阶段。市委十一届八次全会确定了“十三五”时期北京发展的指导思想：高举中国特色社会主义伟大旗帜，全面贯彻党的十八大和十八届三中、四中、五中全会精神，以马克思列宁主义、毛泽东思想、邓小平理论、“三个代表”重要思想、科学发展观为指导，深入贯彻习近平总书记系列重要讲话精神，坚持“四个全面”战略布局，坚持发展是第一要务，牢固树立创新、协调、绿色、开放、共享的发展理念，牢牢把握首都城市战略定位，深入实施京津冀协同发展战略，以有序疏解非首都功能、治理“大城市病”为重点任务，以提升发展的质量和效益为中心，加快形成引领经济发展新常态、实现城市可持续发展的体制机制和发展方式，统筹推进经济建设、政治建设、文化建设、社会建设、生态文明建设和党的建设，率先全面建成小康社会，在建设国际一流的和谐宜居之都上取得重大进展，奋力谱写中华民族伟大复兴中国梦的北京篇章。

遵循这一指导思想，紧密衔接《京津冀协同发展规划纲要》确定的目标任务，今后五年全市经济社会发展的主要目标是：

——疏解非首都功能取得明显成效。四环路以内区域性的物流基地和专业市场调整退出，部分教育医疗等公共服务机构、行政企事业单位有序疏解迁出。全市常住人口总量控制在2300万人以内，城六区常住人口比2014年下降15%左右，“大城市病”等突出问题得到有效缓解，首都核心功能显著增强。

——经济保持中高速增长。在发展质量和效益不断提高的基础上，地区生产总值年均增长6.5%，2020年地区生产总值和城乡居民人均收入比2010年翻一番。主要经济指标平衡协调，劳动生产率和地均产出率大幅提高。三次产业内部结构进一步优化，服务业增加值占地区生产总值比重高于80%，全社会研究与试验发展经费支出占地区生产总值的比重保持6%左右，形成“高精尖”经济结构，成为具有全球影响力的科技创新中心。

——人民生活水平和质量普遍提高。公共服务体系更加完善，基本公共服务均等化程度进一步提高。城镇登记失业率低于4%，收入差距缩小，中等收入人口比重上升，“住有所居”水平进一步提高。教育实现现代化，群众健康水平普遍提升，人均期望寿命高于82.4岁。养老助残服务体系更加完善。困难群众基本生活得到有效保障。社会更加安定有序。

——市民素质和城市文明程度显著提高。中国梦和社会主义核心价值观更加深入人心，爱国主义、集体主义、社会主义思想广泛弘扬。市民思想道德素质、科学文化素质、健康素质明显提高，热情开朗、大气开放、积极向上、乐于助人的社会风尚更加深厚。文化事业和文化产业蓬勃发展，率先建成公共文化服务体系，全国文化中心地位进

一步彰显。

——生态环境质量显著提升。生产方式和生活方式绿色、低碳水平进一步提升。单位地区生产总值能耗、水耗持续下降，城乡建设用地控制在2800平方公里以内，碳排放总量得到有效控制。主要污染物排放总量持续削减，生活垃圾无害化处理率达到99.8%以上，污水处理率高于95%，重要河湖水生态系统逐步恢复，森林覆盖率达到44%，环境容量生态空间进一步扩大。

——各方面体制机制更加完善。城市治理各领域基础性制度体系基本形成。人民民主更加健全，法治政府基本建成，成为法治中国的首善之区。城乡发展一体化体制机制进一步健全，区域协同发展、统筹利用各级各类资源的体制机制基本建立。开放型经济新体制基本形成。

围绕上述指导思想和目标，我市《国民经济和社会发展第十三个五年规划纲要》部署了八个方面的重大任务：一是优化提升首都核心功能；二是建设绿色低碳生态家园；三是提高城市治理水平；四是加快建设全国科技创新中心；五是着力建设全国文化中心；六是持续增进民生福祉；七是全面深化改革开放和加强法治建设；八是全面做好冬奥会筹备工作。

三、2016年重点任务

2016年是“十三五”开局之年，也是推进结构性改革攻坚之年，做好经济社会发展工作，意义十分重大。过去一年，全市人民齐心协力，锐意进取，迎难而上，经济社会发展取得了新成绩。全市地区生产总值增长6.9%，一般公共预算收入同口径增长12.3%，城乡居民人均收入分别实际增长7%和7.1%，细颗粒物浓度下降6.2%，较好地完成了市十四届人大三次会议确定的主要目标任务，为做好今年的工作打下了良好基础。

今年政府工作的总体要求是：全面贯彻落实党的十八大和十八届三中、四中、五中全会精神，深入学习贯彻习近平总书记系列重要讲话和对北京工作的重要指示精神，认真贯彻落实中央经济工作会议、中央城市工作会议精神，按照“五位一体”总体布局和“四个全面”战略布局，牢固树立和贯彻落实创新、协调、绿色、开放、共享的发展理念，适应经济发展新常态，坚持改革开放，坚持稳中求进工作总基调，坚持稳增长、调结构、惠民生、防风险，加快疏功能、转方式、治环境、补短板、促协同，着力加强结构性改革，构建“高精尖”经济结构，保持经济运行在合理区间，维护首都社会和谐稳定，努力实现“十三五”良好开局。

做好今年经济社会发展工作，要重点把握好以下几个方面：

第一，必须牢固树立创新、协调、绿色、开放、共享的发展理念。把五大发展理念贯穿于经济社会发展全过程和各领域，以发展理念转变引领发展方式转变，以发展方式转变推动发展质量和效益提升，破解发展难题，厚植发展优势，增强发展动力，努力走出一条更高质量、更有效率、更加公平、更可持续的发展新路。

第二，必须积极适应、把握、引领新常态。坚持把发展的基点放在创新上，充分发挥首都科技智力资源优势，加快构建“高精尖”经济结构，大力培育新的发展动能，在保持经济中高速增长的同时，切实提高发展的质量和效益。

第三，必须着力推进结构性改革。充分发挥市场在资源配置中的决定性作用，更好发挥政府作用，在适度扩大总需求的同时，切实加强供给侧结构性改革，提高供给体系质量和效率，加快形成消费和供给良性互动、需求升级和产业升级共进的格局。

第四，必须大力提高城市工作水平。贯彻落实“五个统筹”的要求，准确把握超大型城市发展规律，转变城市发展方式，完善城市治理体系，提高城市治理能力，集中力量解决“大城市病”等突出问题，不断提升城市环境质量、人民生活质量和城市竞争力。

综合各方面因素，全市经济社会发展的主要预期目标是：地区生产总值增长6.5%；一般公共预算收入增长6.5%以上；居民消费价格涨幅控制在3.5%左右；城镇登记失业率控制在3%以内；城乡居民可支配收入增长与经济增长同步；万元地区生产总值能耗、水耗和二氧化碳排放分别下降3.5%、3%左右和4%，细颗粒物浓度下降5%左右。

为实现上述目标，重点抓好以下几方面工作：

（一）积极推动京津冀协同发展

坚持把推动京津冀协同发展作为全市工作的头等大事，认真落实《京津冀协同发展规划纲要》和《“十三五”时期京津冀国民经济和社会发展规划》，确保完成年度目标任务。

有序疏解非首都功能。严格落实2015版新增产业禁限目录，制定实施产业、市场、公共服务、行政事业单位四类非首都功能疏解方案，完成300家一般制造和污染企业退出任务，继续推进区域性专业市场的转移疏解和业态升级，推动部分市属高校和医院疏解。落实好非首都功能疏解示范项目，建立区域差别化公共服务及资源性产品价格形成机制，健全财政转移支付与落实功能定位、承接功能疏解、实施人口调控挂钩的机制，加快疏解步伐。

以三个率先突破带动协同发展。认真落实京津冀交通一体化规划，加快推进京张铁路、京唐城际、京台高速、延崇路等项目建设。继续实施京津风沙源治理、太行山绿化工程，新增10万亩京冀生态水源林，持续治理永定河、潮白河、拒马河等跨界河流。积极搭建“4+N”功能承接平台，加快推进曹妃甸首钢京唐二期等重大项目，抓好天津滨海－中关村科技园区建设，引导绿色产业项目向张承生态功能区布局。开工建设新机场外围交通和市政配套设施，支持机场周边村庄加快发展，推动临空经济区规划落地。

打造京津冀协同创新共同体。落实京津冀区域推进全面创新改革试验方案，开展知识产权、人才流动、激励机制、市场准入等方面协同性改革试验，争创具有示范带动作用的区域性改革创新平台。组建一批区域产业技术创新战略联盟，推动创新资源开放共享。围绕科技冬奥、生态安全、服务民生等领域实施协同创新工程，开展关键技术联合攻关和集成应用。用好中关村协同创新投资基金，加快张北云计算产业基地等园区建设，推动形成科技创新园区链。

扎实做好脱贫帮扶和对口支援工作。认真贯彻中央扶贫开发工作会议精神，加快制定对口帮扶河北贫困地区发展的落实方案，安排相关区开展对口帮扶，帮助贫困县改善生产生活条件。继续做好援疆、援藏、援青等工作，实施好产业、教育等领域援助项目，完成京蒙对口帮扶年度任务，做好南水北调水源区对口协作。研究探索环渤海地区合作发展协调机制，落实跨区域重大基础设施建设等六大方面重点任务。坚决贯彻中央全面振兴东北地区等老工业基地的若干意见，积极推动区域合作发展。

全力做好2022年冬奥会筹备工作。坚持绿色办奥、共享办奥、开放办奥、廉洁办奥，制定筹备工作总体规划，确定路线图和时间表。编制场馆和基础设施总体规划，确定新建场馆招标和设计方案，推动基础设施建设，启动冬奥会市场开发。同步做好冬残奥会筹备工作。制定加快冰雪运动发展的意见，科学规划北京冬季竞技体育项目布局，推动冰雪运动普及发展，营造全社会关心、支持和参与冬奥的良好氛围。

（二）全面深化改革开放

坚持问题导向，扭住关键、精准发力、狠抓落实，以深化改革破解制约发展的瓶颈问题，以扩大开放拓展发展空间。

深化行政审批制度改革。深入推进简政放权、放管结合、优化服务，做好中央精简行政审批事项的衔接落实，完善权力清单、责任清单制度。加强事中事后监管，加快社会信用体系建设，建立登记注册、行政审批、行业管理相互衔接的协同监管机制。深化商事制度改革，推行工商登记全程电子化服务，探索开展市场主体简易注销登记试点。

深入推进经济领域重点改革。持续推进投融资体制改革，创新投资运营模式，建立和完善合理投资回报机制，引导社会资本扩大投资。深化预算管理制度改革，完善均衡性转移支付政策，建立大额专项资金统筹管理机制，加强政府债务限额管理。进一步理顺供热价格，分区域调整非居民水价、电价。完善国有企业改革制度体系，做好国有资本投资、运营公司改组等试点工作，推动一级企业调整重组和整体上市，积极稳妥发展混合所有制经济。全面落实促进中小企业发展条例，完善中小企业公共服务平台网络，支持非公有制经济发展。

更加积极主动扩大开放。强化国际交往功能，完善重大活动服务保障常态化机制。主动融入“一带一路”建设，积极推进国际产能和装备制造合作，完善与亚洲基础设施投资银行、丝路基金等平台的对接机制。深化服务业扩大开放综合试点，滚动推出新的试点措施，完善服务业促进体系，带动科技、信息、旅游等服务业加快发展，提升“北京服务”品牌，努力形成可复制、可推广的经验。办好第四届京交会，扩大通信、金融、文化等新兴服务贸易。加快建设外贸转型升级示范基地和出口产品质量安全示范区，支持“双自主”企业扩大出口。鼓励企业扩大对外投资，带动装备、技术、标准和服务走出去。深入推进大通关建设，支持天竺综合保税区、平谷国际陆港建设，打造全方位口岸经济体系。扩大与港澳地区的经贸往来与合作，做好对台和侨务工作。

（三）大力推进创新发展

坚持把创新作为引领发展的第一动力，深入实施创新驱动发展战略，加快建设全国科技创新中心，构建“高精尖”经济结构，实现更高质量、更高效益的发展。

强化中关村示范区创新引领作用。围绕打造国家自主创新重要源头和原始创新主要策源地，深化科技体制机制改革，着力激发企业创新、科研机构和高校创新、市场转化科技成果“三方面潜力”。一是深入推进先行先试改革。推动出台新一批支持中关村全面创新改革的试点政策，加快落实科技成果使用、处置和收益管理改革。二是优化创新空间布局。完善“一区多园”统筹发展机制，探索园区新型管理运营模式，推进中关村科学城、未来科技城、怀柔科学城建设发展。聚焦中关村核心区，高水平建设中关村大街。三是强化企业创新主体地位和主导作用。制定鼓励企业研发投入政策，开展龙头企业创新改革试点，促进大企业与小企业创新对接。支持产业技术研究院、中关村开放实验室等平台建设，推动央地、军民、高校院所协同创新。四是提升原始创新能力。深入实施技术创新行动计划，加快实施 12 个市级重大科技专项，支持各类创新主体承接国家重大创新任务，突破一批核心、关键和共性技术。健全科技成果转化应用激励机制，推动创新成果资本化、产业化。

打造大众创业、万众创新新引擎。落实大众创业、万众创新行动计划，支持众创、众包、众扶、众筹发展。鼓励发展投资促进、培训辅导、媒体延伸等创新型孵化器，打造特色鲜明的众创空间。落实加快建设国家科技金融创新中心的意见，构建科技金融一条龙服务体系。推动出台中关村互联网金融综合试点方案，开展股权众筹融资试点，加强互联网金融监管。深化中关村人才管理改革，完善人才评价机制，建立以能力、业绩和贡献为导向的人才评价体系，加快建设国际人才港。鼓励高等学校新设科技成果转化岗位，支持科技人员创业。加强知识产权保护，推进标准化建设，营造公平竞争的创新创业环境。

培育内需增长新动力。准确把握去产能、去库存、去杠杆、降成本、补短板五大任务，着力加强供给侧结构性改革，扩大有效供给，以新供给创造新需求。完善绿色消费政策，扩大节能减排产品、新能源汽车、有机农产品等绿色消费。鼓励信息消费终端升级换代，加快发展移动互联网、数字电视等信息服务。持续提升生活性服务业品质，推进便利店、早餐、蔬菜零售等 8 项基本便民服务在城六区社区全覆盖。增加多元化养老健康供给，壮大养老健康消费。实施旅游消费提升计划，做优古都文化、京郊休闲等旅游板块，扩大外来消费。保持有效投资力度，着力补齐基础设施短板，重点投向水环境、大气、交通、棚户区改造、养老等领域，抓好市重点工程，提高投资的精准性。进一步拓展资金筹集渠道，大力推广政府和社会资本合作模式，推动试点项目加快落地。

推动高端产业加快发展。支持金融业创新发展，加快发展现代保险服务业，促进“新三板”、“四板”健康发展，规范完善要素市场。扩大信息服务业优势，加快云计算平台建设，积极发展大数据产业。聚焦研发服务、知识产权服务、检验检测认证服务等领域，拓展科技服务业市场空间。实施《中国制造2025》北京行动纲要，用好高精尖产业发展基金，组织实施八个新兴产业专项，力争在新能源汽车、集成电路、机器人、3D打印等重点领域取得突破。开展绿色制造技术改造行动，推动传统产业加快升级。深入实施“互联网+”行动，围绕城市交通、公共安全、生态环境等15项重点领域，推进一批示范项目。贯彻落实军民深度融合发展战略，推动军民融合产业园建设发展。优化“高精尖”产业空间布局，研究制定工业用地二次开发利用一揽子政策，促进北京经济技术开发区等高端功能区内涵式发展。

（四）加快城乡区域协调发展步伐

认真贯彻中央城市工作会议精神，扎实做好城市总体规划编制工作，落实“两线三区”全域空间管控机制，优化调整区域功能定位，构建平衡协调发展新格局。

推动老城功能重组。强化核心区政治活动、文化交流和国际交往等高端服务功能。制定更加严格的机动车使用、人口增长、企事业单位规模等管控措施，加快退出低端业态。落实核心区基础设施建设和环境改造提升方案，强化资金支持，推进老城区平房院落修缮改造和环境整治。优化老城用地结构，统筹利用疏解腾退土地，实现减人增绿，切实降低建设规模和开发强度，防止功能和人口过度聚集。

加快市行政副中心建设。突出绿色、宜居、人文、智慧发展，注重创业就业与居住功能均衡，加快形成内涵集约的发展模式，努力走出一条符合国情、有时代特色的副中心建设路子。完善市行政副中心规划方案，加快行政办公区起步区建设，确保到2017年市属行政事业单位部分迁入，带动其他行政事业单位及公共服务功能转移。扎实推进重点配套工程，完善交通联络路网，建成通州水厂，加快南水北调通州支线、配套电网、能源中心等设施建设。细化落实环球主题公园规划方案，全面推进园区主体工程开工建设。新建改扩建一批中小学、医疗机构和文化体育设施，增加优质公共服务资源供给。推进水环境治理，建设城市公园、湿地及公共绿地，改善生态环境，全面提升副中心城市品质。

切实增强新城承接能力。着力抓好顺义、大兴、昌平、房山等新城建设，推进城市更新改造和功能完善，积极承接中心城功能和人口疏解。其他新城要适度承接中心城功能疏解，重点吸引科研、教育、医疗机构入驻，带动所在区域城市化和城乡一体化发展。抓好国家新型城镇化综合试点，推动重点小城镇特色化发展。实施城乡结合部建设三年行动计划，深化“一绿”地区城市化建设试点，推动“二绿”地区城乡一体化建设试点，积极探索改造建设新模式。

深化农村改革发展。认真落实深化农村改革综合性实施方案，抓好集体资产股份权能改革试点，推进集体经营性建设用地入市试点工作，启动国有林场改革，全面开展土地承包经营权确权登记颁证。构建新型农业经营体系，发展多种形式的适度规模经营。加快农业调结构转方式，创建国家现代农业示范区。加强新型农村社区建设，完善乡村治理机制，完成第十届村委会选举工作。推进300个美丽乡村建设，启动农村基础设施“六网”改造提升工程，完成5.6万户农宅抗震节能改造等任务。继续加大对生态涵养区的扶持力度，打造生态服务型沟域经济带，搬迁山区险村险户7687人。认真做好第三次全国农业普查。积极筹办2020年世界休闲大会。

（五）着力构建绿色发展新格局

坚持生态优先，完善生态文明制度体系，着力解决生态环境突出问题，推动绿色低碳循环发展。

持续提升空气质量。完善大气污染防治责任落实机制，修订空气重污染应急预案，重点治理农村散煤、高排放机动车和城乡结合部污染，做好联防联控，巩固深化治理成效。实施400个村煤改清洁能源，完成3000蒸吨左右燃煤锅炉清洁能源改造。淘汰20万辆高排放机动车，提高公交、环卫、邮政等行业新能源车使用比例。深化治理城乡结合部，两年全部清退南部四区“小散乱污”企业。组织开展“大气污染执法年”行动，建立健全大气环境质量监测网络，严厉打击环境违法行为。

突出抓好水资源管理。实行最严格的水资源管理制度，全面推进节水型城市建设。做好南水北调江水调度保障和运行管理，加快黄村水厂等设施建设，启动农村饮水安全巩固提升工程，增强供水安全保障能力。实施水污染防治工作方案，落实新一轮污水处理设施建设三年行动计划，加大污水直排治理力度，提高污泥处理能力，防治农业面源污染。加强水源地保护，综合治理凉水河、清河等流域水系，着力解决支流沟渠“脏乱臭”问题，建设27条生态清洁小流域。大力实施雨洪利用工程，加快建设“海绵城市”。

着力扩展生态环境容量。新建城市绿地400公顷，提高公园绿地500米服务半径覆盖率。新增造林16万亩，加强平原造林后期管护，完成山区森林健康经营60万亩。完善资源有偿使用和生态补偿制度，推进全国生态文明先行示范区建设。加强土壤污染防治与修复。统筹山水林田湖生态养护，开展湿地保护与恢复工程。加快2019年世界园艺博览会重点项目和配套设施建设，启动招展招商和宣传推介工作，带动花卉绿色产业发展。

促进资源节约循环高效使用。强化约束性指标管理，实施能源资源总量和强度双控。加快发展节能环保绿色产业，建设资源循环利用体系。抓好公共建筑能耗限额管理，支持发展超低能耗建筑。完善生活垃圾分类与再生资源回收体系，严格餐厨垃圾和建筑垃圾收运管理，统筹推进垃圾处理设施建设，生活垃圾资源化率达到56%。大力倡导勤俭节约、绿色低碳，推动形成绿色发展方式和生活方式。

（六）坚决推进城市治理取得新进展

坚持依法治理、共同治理，创新城市管理方式，提高城市治理能力，不断提升服务保障水平。

严格控制人口规模。坚持疏管结合、综合施策，落实人口调控措施，以功能疏解带动人口疏解，坚决遏制人口过快增长。大力整治地下空间和群租房，加强直管公房管理。持续开展“拆违打非”，拆除违法建设1500万平方米。出台实施居住证制度，落实积分落户政策。完善人口综合监测体系，提高人口调控预警能力。

加快治理交通拥堵。落实缓解交通拥堵行动计划，全力抓好建设、管理、服务，中心城绿色出行比例提高到71%。持续加大交通设施建设力度，开工建设2条新线，推进15条在建线路建设。加快兴延高速等项目建设，建成广渠路二期，完善中心城次干路、支路网络，完成100项疏堵工程。切实加强交通管理，降低机动车使用强度。完善差别化停车收费，开展停车治理专项行动，集中整治交通堵点、乱点，严厉查处交通违法行为。创新交通服务，增设50公里公交专用道，优化步行和自行车出行环境，新增公共自行车1万辆，提升交通智能化服务水平。

提高城市管理精细化、法治化水平。落实中央深入推进城市执法体制改革、改进城市管理工作的指导意见，提高管理、执法和服务水平。坚持重心下移、职能下沉、资源下放，强化街道统筹职能，加快构建“大城管”城市综合管理格局。推动网格化体系规范化建设，实现城市管理、社会服务管理、社会治安三网融合，广泛应用信息技术改善服务管理，建设智慧城市。加强城市服务管理标准化建设，做好试点示范。强化市政设施运行管护，推进地下综合管廊建设，完善气象灾害防御体系，提高防灾减灾和应急能力。下大力气治理城市痼疾顽症，综合整治100条街巷胡同，提升重点区域、重点大街景观水平，保持市容市貌整洁有序。

推进城市共建共享。创新双拥共建和优抚安置机制，支持国防和军队现代化建设，密切军政军民团结。认真贯彻全国城市民族工作会议精神，推进民族团结进步事业。贯彻落实党的宗教政策，切实维护宗教界合法权益。健全社区议事协商制度，推广参与式协商自治模式，完善“三社”联动机制，建设100个“一刻钟社区服务圈”。出台社会组织管理制度改革意见，建立混合登记体制，完善社会组织培育和监管体系，基本实现市级枢纽型社会组织服务管理全覆盖。壮大社会工作者队伍，推动志愿服务制度化。

（七）繁荣发展社会主义先进文化

坚持社会主义先进文化前进方向，充分发挥全国文化中心的引领带动作用，当好文化繁荣发展的排头兵。

建设先进文化引领高地。深入开展中国特色社会主义和中国梦宣传教育，推动社会主义核心价值观融入到各个领域。深化群众性精神文明创建活动，广泛开展学雷锋志愿服务活动和公共文明引导行动，推进全民阅读，提高市民素质和城市文明程度。实施基层公共文化设施和服务提升工程，启动公共文化服务示范区创建工作，开展“深入生活、扎根人民”主题实践活动，推出更多文学艺术精品力作，更好满足群众文化需求。

传承弘扬优秀传统文化。实施文物保护工程，推进文保区腾退疏解和有机更新，加强长城文化带、“三山五园”等重点区域整体保护。推动中轴线申遗，着力打造“一轴一线”文化魅力走廊，加快建设前门历史文化展示区，逐步整体恢复天坛风貌。挖掘古都文化，传承京味文化，支持民族戏曲艺术、传统工艺美术发展，抓好经典出版、优秀典籍整理等工程，在城市建设中融入地域文化元素，发挥地方志资源在公共文化服务中的重要作用。加强非物质文化遗产保护，开展非遗代表性传承人抢救性记录工作，鼓励老字号品牌创新发展。

推动文化创意产业蓬勃发展。出台深化市属国有文化企业改革、加强国有文化资产监管两个意见，巩固扩大国有文艺院团改革成果，推动传统媒体和新媒体融合发展。制定实施文化创意产业发展指导目录，加大文化创意产业示范园区扶持力度，抓好国家文化产业创新实验区等示范基地建设。大力发展新兴文化业态，创建国家文化金融合作试验区，促进文化创意和设计服务与相关产业融合发展。

（八）不断提升民生保障水平

坚守底线、突出重点、完善制度，提供更公平更优质的公共服务，使全体市民在共建共享发展中有更多获得感。

努力促进城乡居民就业增收。做好新形势下就业创业工作，强化高校毕业生创业服务，带动青年就业创业。健全城乡劳动者终身职业培训制度，推行精细化就业服务和援助，加大就业困难群体、农村转移劳动力就业帮扶。实施失业保险支持企业稳定岗位政策，解决好结构调整中失业人员的再就业。全面落实中央关于打赢脱贫攻坚战的决定，调整低收入村、低收入农户认定标准，完善精准帮扶机制，努力促进低收入农户增收致富。

稳步提高社会保障水平。完善城乡居民养老保险制度，强化养老保险制度衔接，深化医保付费制度改革，稳步推进医保个人账户封闭管理，科学调整社会保障待遇标准。完善“救急难”工作机制，扩大医疗救助范围，实施困境儿童分类保障，健全扶残助残服务体系，提升无障碍设施建设管理水平。优先发展社区居家养老服务，落实新建小区和老旧小区配建养老服务设施政策，增加养老设施的有效供给，建设40个街乡镇养老照料中心，支持做好失能老人、重残老人护理，促进医养结合。抓好安置房源对接，完成3.5万户棚户区改造任务。建设筹集保障房5万套，加强保障房建设和使用管理，加大货币补贴政策实施力度，充分发挥市场配置资源作用，多种方式解决群众住房困难。

大力推动教育公平优质发展。全面推进素质教育，统筹配置义务教育资源，促进校长和教师在城乡、校际间合理流动，加强教师培训，加快数字学校建设，推动义务教育优质均衡发展。实施第二期学前教育三年行动计划，支持新建、改扩建幼儿园，多种方式增加学位供给。深化考试招生制度和教育教学改革，推动优质高中招生计划向普通初中倾斜。加快职业教育改革，开展高端技术技能人才贯通培养试验。提高少数民族教育发展水平。实施高水平人才交叉培养计划，推动高精尖创新中心建设，促进高等教育内涵式发展。

加快建设健康北京。落实食品药品安全三年行动计划，完善地方法规和标准体系，加大监管执法力度，强化食品药品安全供应保障，积极创建食品安全城市。深化公立医院综合改革，积极推进医药分开，实施药品阳光采购，合理调整医疗服务价格，完善分类补偿机制。深化全科医生执业方式改革，推广家庭医生式服务，发挥中医药在基层健康服务中的作用，加强农村医疗卫生服务机构建设，增强基层医疗机构服务能力。强化医联体内部分工协作，完善社区首诊、双向转诊的分级诊疗服务体系。健全传染病预防控制网络，优化急救网点布局，加强慢性病防控，提高公共卫生服务水平。落实“全面两孩”政策，优化妇幼保健和计划生育服务。实施“健康北京人”行动规划，积极开展全民健身活动。

确保首都和谐稳定。坚持把安全放在第一位，完善城市运行安全保障体系，确保城市运行安全有序。严格落实安全生产责任制，建立隐患排查治理体系，加强危化品和易燃、易爆物品安全管理，开展地铁、电梯、地下管线等重点领域专项整治，遏制重特大事故发生。落实重大决策社会稳定风险评估机制，强化诉访分离，促进信访与调解对接联动，抓好社会矛盾纠纷排查化解。加强网络空间管理，严厉打击非法集资。深化“平安北京”建设，完善立体化社会治安防控体系，加强反恐防恐能力建设，依法严厉打击各类违法犯罪活动，坚决维护和谐稳定的良好局面。

（九）进一步加强政府自身建设

巩固拓展群众路线教育实践活动和“三严三实”专题教育成果，认真抓好“两学一做”学习教育，坚持依法行政、为民务实、廉洁高效，努力建设人民满意的服务型政府。

坚持坚定正确的政治方向。按照中央统一部署和要求，深入开展“学党章党规、学系列讲话，做合格党员”学习教育，切实增强政治意识、大局意识、核心意识、看齐意识、首善意识，坚持用中国特色社会主义理论的最新成果武装头脑、指导实践。严明党的政治纪律和政治规矩，坚决与以习近平同志为总书记的党中央保持高度一致，确保政令畅通。坚决贯彻中共北京市委的决策部署，以严的精神、实的作风，攻坚克难、干事创业，不断开创首都经济社会发展新局面。

全面推进依法行政。坚决执行市人大及其常委会的决议和决定，坚持重大事项报告制度，密切与政协委员、民主党派、工商联、无党派人士和人民团体的民主协商，认真办理议案建议和提案。落实国家法治政府建设实施纲要，出台我市实施方案，推动法治政府建设与创新政府、廉洁政府、服务型政府建设相结合。积极推进气象灾害防治等领域立法，制定排污许可证管理等政府规章，探索公众参与立法新途径。推动行政部门职责法定化，深化行政执法和监督体系建设，加强行政执法信息服务平台建设，抓好全国综合行政执法体制改革试点，严格规范公正文明执法，全面推行政府法律顾问制度。落实宪法宣誓制度，认真开展“七五”普法，健全媒体公益普法制度，增强全社会特别是公职人员尊法学法守法用法观念。

着力提高政府效能。健全重大行政决策程序，加强调查研究，支持新型智库建设，推进科学民主决策。创新公共服务提供方式，加大重点领域政府购买服务力度，引导社会力量参与。完善市政务服务中心功能，建设在线审批监管平台，探索实行“互联网＋监管”模式。优化“督考合一”工作机制，严格绩效管理，严肃行政问责，提高政府服务质量与效率。推动行政行为公开，畅通社会投诉举报渠道，自觉接受社会监督。完善基层公务员考录政策，稳步推进公务员职务与职级并行，深入开展平时考核试点，提高公务员政治素质和业务能力。

坚持不懈改进作风。坚决贯彻落实十八届中央纪委六次全会精神，深入推进党风廉政建设和反腐败斗争。以基层和直接服务群众部门为重点，开展“不作为、乱作为”专项整治，坚决治理为官不为、懒政怠政。健全公共资金、国有资产、领导干部经济责任审计全覆盖制度机制，开展领导干部自然资源资产离任审计试点。继续保持惩治腐败高压态势，落实党风廉政建设主体责任，健全廉政风险防控机制，严肃查处以权谋私、失职渎职案件和腐败问题，切实做到干部清正、政府清廉。

各位代表！蓝图已绘就，扬帆正当时。让我们更加紧密地团结在以习近平同志为总书记的党中央周围，高举中国特色社会主义伟大旗帜，在中共北京市委坚强领导下，解放思想，开拓创新，攻坚克难，真抓实干，加快建设国际一流的和谐宜居之都，为实现中华民族伟大复兴中国梦而努力奋斗！

求真务实　勇于担当
努力实现“十三五”国土资源工作良好开局

——在2016年北京市国土资源局工作会议暨党风廉政建设工作会议上的报告

北京市国土资源局局长　魏成林

（2016年3月17日）

同志们：

这次会议的主要任务是，认真贯彻落实党的十八大，十八届二中、三中、四中、五中全会，市委十一届七次、八次、九次全会和全国国土资源工作会议精神，回顾总结2015年和“十二五”时期国土资源工作，部署安排2016年工作任务和“十三五”时期重点任务目标。我受局党组委托作北京市国土资源局2016年工作报告。

一、2015年工作全面总结和“十二五”工作简要回顾

2015年，全市国土资源系统认真学习贯彻党的十八大和十八届二中、三中、四中、五中全会精神，深入贯彻落实习近平总书记系列重要讲话和对北京工作的重要指示精神，主动适应经济发展新常态，坚持稳中求进工作总基调，牢牢把握首都城市战略定位，积极落实京津冀协同发展战略，按照市委、市政府和国土资源部的工作部署，改革创新、依法行政，实现国土资源管理规范有序，资源保障坚强有力，服务民生持续有效，为首都经济提质增效升级和持续健康发展做出积极贡献。

（一）坚决贯彻落实京津冀协同发展战略，为建设和谐宜居之都提供有力的供地保障

开展土地利用总体规划调整完善工作。完成土地利用总体规划调整完善总体战略思路研究、工作方案拟定等相关前期基础性工作，提出建设用地减量发展的目标，研究控制城乡建设用地规模的机制，扎实开展永久基本农田划定工作。完成市级土地利用总体规划中期评估成果的更新完善和规划实施评价技术要点编制工作。建立“两规合一”工作平台，加强“两规”现状和规划建设用地规模、布局方面的有机衔接。初步编制完成《北京市“十三五”时期土地资源整合利用规划》，完成《北京市矿产资源规划（2016—2020年）》前期研究工作。

土地供应总量调减、有保有压。确定“减量发展、结构调整、保障民生、节约集约”的总体思路，适度降低土地供应总量，确保保障性安居工程用地“应保尽保”。全年，供应国有建设用地2300公顷，完成计划的50%；保障性安居工程用地供应495公顷，完成计划的110%。批复用地预审项目826件，用地总面积9508.79公顷，其中农用地3717.26公顷（占用耕地1693.32公顷），建设用地5451.53公顷，未利用地340公顷。批准征地面积1089公顷，涉及新增建设用地627公顷，其中农用地转用596公顷（含耕地326公顷）。加大棚户区改造用地政策支持力度，专题研究市属国有企业参与棚改并利用企业自有用地开发涉及的供地政策问题。

合理把控土地供应节奏，稳定市场预期。按照京津冀协同发展、疏解北京非首都功能的要求，结合城市战略定位和产业结构调整方向，合理把控供地节奏。全年，土地市场共成交经营性用地87宗，土地面积约717公顷，成交地价总额2010亿元。全市土地出让总收入上缴财政专户1912.02亿元，其中政府收益922.99亿元，超额完成年度收入计划。以功能优先、成本统筹为原则加快推进在施土地储备开发项目，实现建设用地减量和资金安全回收。全年完成土地储备开发524公顷，实现投资约493亿元。全市土地储备机构新增银行贷款39亿元，通过市财政发行土地储备专项债券327亿元，实际归还债务546亿元，土地储备机构负债继续下降。

以产业用地为重点，深入推进国土资源节约集约利用。依托开发区土地集约利用更新评价，推进产业用地精细化管理，研究低效工业用地认定标准。依托新版基准地价，研究工业用地差别化地价政策，继续执行工业用地全市统筹优选增量的供应模式。积极开展存量工业用地盘活政策研究，摸底市属国有企业存量用地，为中心城人口疏解提供用地空间。继续开展“十二五”单位GDP建设用地下降目标评估。全面开展国土资源节约集约模范县市创建活动，率先实现创建活动“全覆盖”。加强土地批后监管，开展土地利用动态巡查制度落实情况的专项检查，对出让项目的地价款缴纳和欠缴情况进行核实，收缴欠费约10亿元。依法推进闲置土地处置工作，对国务院第二次大督查发现的闲置土地问题抓紧抓实整改，我市涉嫌闲置的173宗用地中（约651公顷）已有116宗（440.03公顷）闲置土地开工建设，39宗（129.24公顷）闲置土地收回国有土地使用权，整改到位率89%。

（二）稳步推进国土资源领域改革创新，为国土资源事业的发展提供动力支撑

全力推进不动产统一登记工作。编制不动产统一登记职责机构整合方案，加强上下联动、左右协调，实现登记职责、机构人员整合、窗口设立到位，不动产统一登记信息系统并网升级并不断完善，加强登记工作规范和配套制度建设，规范开展不动产统一登记。我市成为全国首个全域范围内向社会提供不动产统一登记服务的省级单位，得到国土资源部、市委市政府的充分肯定。截止2015年底发放不动产权证书145725本（其中，不动产权证书94284本、登记证明51441本）。

农村集体经营性建设用地入市试点取得实质突破。立足本市实际，把入市改革试点与破解首都可持续发展难题相结合，创新体制机制和政策制度，加快建立城乡统一的建设用地市场。组建市、区两级试点工作领导机构，完成试点实施方案编制报批，切实加强试点工作组织领导。制定印发《北京市农村集体经营性建设用地入市试点办法》等13个配套文件，确保试点规范有序，风险可控。摸清大兴区集体建设用地底数，查清存量集体经营性建设用地利用情况，建立基础数据库，夯实试点工作基础。组织入市地块筛选，顺利完成我市首宗入市地块——西红门镇2号地B地块的上市交易，敲响了我市农村集体经营性建设用地入市“第一锤”。

积极推进海淀区创新土地整治规划机制实施工作。按照国土部批复的海淀区创新土地整治规划实施机制工作方案和市政府批准的实施方案要求，围绕“人口可控、建设减量、产业提升、生态改善”目标，加快落实创新土地整治规划实施机制，探索实施程序和政策工具，形成系列创新成果，有效推进整治工程的开展。

稳步推进农村集体土地确权发证工作。在完成全市农村集体土地所有权确权发证工作的基础上，完成了以总登记形式进行的全市农村集体建设用地使用权确权发证工作，全市共调查集体建设用地48254宗，调查面积44712.63公顷，完成确权18942宗，登记发证9705宗。农村村庄地籍调查试点工作进展顺利，完成了市级检查。日常土地产权产籍管理规范有序，全国二次调查后续工作和年度变更调查以及季度遥感监测工作任务圆满完成。

深化行政审批制度改革。公布《北京市国土资源局市级行政审批事项清单（2015年版）》，梳理《北京市国土资源局区县级行政审批事项清单》和我局承担的行政职权事项。进一步规范投资项目审批事项，进一步调整和优化审批流程，对内部审批经手环节进行精简，进一步提高办事效率，试点以联审方式减少审批环节，加快办事速度，成效明显。规范行政处罚行为，公布我局行政处罚权力清单、流程图，制定《北京市国土资源局行政处罚裁量基准（2016年版）》，实现国土资源行政处罚裁量基准统一、裁量模式统一、公示文本统一。

积极推进重大项目落地，落实督办、督察、审计整改任务。2015年我局主办的市政府折子工程、为民办实事、生态文明体制改革任务、新农村建设任务，均顺利完成。全年办理建议提案86件。对市政府235个重点项目及其他口径的356个重大项目，逐一梳理，核查手续办理情况。投资“最后一公里”涉及我局所有政策顺利出台。北京师范大学新校区建设、南水北调、轨道交通、公交集团等重点项目，取得进展。配合北京督察局开展密云、房山土地例行督察并落实整改意见。协调推进市区两级加快完成北京市土地出让收支和耕地保护情况审计整改任务。

（三）全面落实依法行政，为国土资源事业发展提供法治保障

规范供地、征地管理。全年办理划拨用地审批177宗，审批用地面积694.7公顷，

出让用地审批230宗，审批用地面积898公顷。完善协议出让项目用地公示程序，落实出让地价评估技术规范。开展提高供地率专项行动，全市近五年平均供地率提高至61.2%。规范征地公示、公告程序，开展征地多元化补偿调研工作，清查交通基础设施项目征地情况，初步拟定分类解决意见。

严格落实耕地保护责任。开展耕地保护责任目标履行情况自查和责任书签订工作。通过争取国家政策支持、增减挂钩试点、推进在施项目、源头控制占用、建立通报制度等措施落实耕地占补平衡。加强耕地占补平衡与建设用地预审、土地利用总体规划动态维护工作衔接。出台《北京市城乡建设用地增减挂钩试点管理办法》和《北京市土地整治项目管理办法》。全年新立项土地整治项目建设总规模10.70万亩，预计新增耕地0.93万亩；验收土地整治项目108个，验收总建设规模66.26万亩。扎实推进高标准基本农田建设。开展建设占用耕地耕作层土壤剥离利用，切实加强设施农用地利用管理。

严格国土资源执法监察。全年发现土地违法违规行为1337宗、1124.85公顷。其中：立案查处627宗、结案428件，同比分别上升56.36%、33.33%。查处矿产违法案件30件，结案28件。向市检察院移送涉嫌破坏耕地资源犯罪案件1起。完成2014年度土地矿产卫片执法监督检查工作，全市计入问责的耕地面积962.9亩，问责比例5.9%，各区县问责比例均低于15%。积极推进第73次市政府常务会议督查整改工作和63个高尔夫球场清理整治工作。违法建设、销售“小产权房”行为得到控制。进一步优化12336违法线索办理流程，继续加大公开曝光和挂牌督办典型案件工作力度。不断推进执法监管创新，充分发挥基层国土所作用，执法监察力度明显加大。开展打击非法开采巡查检查400余次，出动检查执法人员3000多人次，对19起非法开采矿产资源案件进行了价值鉴定。各区县分局积极协调区县政府采取有力措施加强违法用地用矿管控。海淀分局国土一所王德剑和大兴分局国土二所吴强等国土所一线执法同志，不辞辛劳、不畏艰险的精神和坚决查处违法行为的态度，值得全系统学习。

确保地质灾害防治安全度汛。市、区共发布预警40次，更加及时有效地提醒区县政府提前组织防范及人民群众避险、转移，配合区县转移群众1731人；开展地质灾害应急调查28次，出动应急人员108人次，确定地质灾害23起，未造成人员伤亡。编制《北京市1:5万地质灾害详查规范》、《北京市“十三五”时期地质灾害防治规划》等规范性文件，推进防灾管理规范化。创新地灾宣传方式，利用“北京防汛”官方微信订阅号、动漫宣传片、公交站点宣传海报、重点景区安装风险警示语音宣传杆等多种形式广泛宣传，在电子地图中标识地灾隐患点方便市民查询相关信息。发布《北京市地质灾害治理项目实施技术指南》，完成9个中央投资的地质灾害治理项目。充分发挥地质灾害应急指挥平台的指挥中枢作用，做好应急指挥，地质灾害防治管理水平整体提升。

不断提升城市地质综合服务能力。扎实有序推进矿产资源领域专项整治行动，规范矿产资源开发和管理秩序，全年实现矿产类非税收入4985万元。逐步建立京津冀三地统一的矿权市场化流转制度，初步形成统一信息发布、统一交易规则和统一交易平台的基本原则。开展北京市砂石土矿、矿泉水开发利用情况调研，完成矿业权与规划区（保护区）重叠项目梳理，扎实推进固体矿山采矿权延续、绿色矿山建设、矿山环境治理、安全生产等工作。积极推进“十三五”时期地质勘查规划的编制，较好地完成了探矿权年检、地质勘查资质监督检查、地质勘查成果通报和地勘行业统计及矿产储量管理等工作。继续拓展地质工作服务领域，认真做好北京市重要钻孔数据库建设、北京市房山区高庄汉白玉（大理岩）资源普查 2 项重点基础地质调查工作。加强地热资源监督管理，对 149 个地热采矿权进行了年检，开展地热采矿许可证专项检查，出具浅层地温能地质条件评估意见 17 份。

实施科技创新驱动发展，加强信息技术支撑作用。加强重点领域、重点项目的科技支撑，组织开展《京津冀土地优化利用一体化管控关键技术与应用》、《非首都核心功能疏解的用地保障研究》等项目。初步拟定国土资源标准体系，建设完成“标准文本库”，标准化工作取得新突破。市局和分局党组成立网络安全和信息化工作领导小组，进一步加强全局网络安全和信息化工作的统筹力度。北京市国土资源监测指挥中心建设完成并投入使用，接入应急办视频会议系统、气象会商系统等，提供实时监控、决策会商、应急指挥等服务。综合监管平台促进业务管理深度和规范化程度不断增强，在国土行业率先实现“移动综合监管平台及一张图”，移动办公使用人数同比增长 200%。

基础工作进一步夯实。各项工作资金需求充分保障，内控制度建设实现全覆盖，预算考核体系不断健全，“三公”等经费支出严格控制，项目支出严格规范，项目绩效不断提高。坚持抓早抓小，开展事前事中审计，落实审计问题整改，内部管理水平全方位提升。全年发生行政复议案件 526 件，人民法院受理行政诉讼案件 385 件，完成规范性文件备案 3 件，办理人民法院协助执行 1300 余件。开展推进依法行政和“六五”普法总结验收工作。信访基础业务不断强化，信访工作方法不断创新，信访量持续保持低位运行。自主调研工作稳步开展。舆情监测及时有效，主动开展新闻舆论引导和调控，积极营造良好舆论环境。档案资料管理信息化建设不断加快，区县分局业务档案实现电子化查询利用。馆藏地质资料的系统化管理不断推进，地质资料汇交取得新进展，全年新接收成果地质资料 1366 种，原始地质资料 20 种。公车改革加快推进，后勤保障工作质量和效率稳步提升，我局拟进驻六里桥政务大楼相关前期工作顺利完成。

（四）抓党建转作风强队伍，为国土资源事业发展提供组织保障

深入开展“三严三实”专题教育实践活动。深入学习贯彻习近平总书记系列重要讲话精神，广泛开展形势任务教育，把思想建党要求落在实处。深入推进基层服务型党组织建设，促进党建工作与中心工作高度融合。坚持从严要求，强化问题导向，将“三严三实”专题教育实践活动与学习贯彻新修订的《廉洁自律准则》和《纪律处分条例》紧密结合，通过领导干部带头讲党课、集中自学、辅导报告和研讨交流等多种形式，持续深入改进作风。周密制定方案，加强统筹协调、会前准备，高效保质召开局领

导班子“三严三实”专题民主生活会。紧盯“四风”新动向，加强组织领导，以开展“三严三实”专题教育为契机，对全局系统各单位、各部门整改情况进行督促检查，推动整改落实到位，巩固和拓展党的群众路线教育实践活动成果。

加强领导班子和干部队伍建设。坚持正确用人导向，探索建立科学的干部选拔任用评价机制。首次将评价机制成果运用于干部选拔任用工作，把“人岗相适”、注重一贯表现等要求贯穿到干部选拔任用工作的全过程，全年组织系统内民主推荐7次，提拔处级干部24人。继续加大干部交流力度，扎实开展干部教育培训，严格规范引进各类人才，夯实干部人事工作基础。机关工会、群团、离退休干部工作取得良好成效，在服务职工、凝聚人心、促进和谐等方面发挥了积极作用。西城分局地籍科科长刘玉峰、信访处处长朱兵被评为全国国土资源管理系统先进工作者，地环处、通州分局国土三所荣获全国国土资源管理系统先进集体荣誉称号。

深入推进党风廉政建设和反腐败工作。严格落实党风廉政建设党组主体责任和纪检组监督责任，建立“两个责任”台帐，推动“主体责任”不断向基层延伸。强化权力运行的制约监督，严格落实市委党风廉政建设五项制度，深化廉政风险防控“三个体系”建设。坚决维护并执行党的政治纪律和政治规矩。坚持案件线索集体排查制度，发挥案件的治本作用，注重抓早抓小，保持惩治腐败的高压态势。着力开展“为官不为、为官乱为”问题专项治理，坚决防止“四风”反弹回潮。

“十二五”时期，全系统围绕科学发展主题和加快转变经济发展方式主线，落实资源节约优先战略，积极主动服务、严格规范管理，统筹保障发展、保护资源、保障民生，有力促进了首都经济提质增效、转型升级和持续健康发展，“十二五”确定的主要任务目标基本完成。

一是加强供给调控，国土资源保障服务能力不断增强。实施总量控制、供需双向调节、差别化供地政策，优先保障民生项目用地，优先支持高端产业用地需求，主动协调平原地区百万亩绿化造林工程用地安排，实现土地供应总量与首都经济社会发展相协调，五年来，供应国有建设用地19920公顷，批准新增建设用地8732公顷。不断完善和创新交易方式，在稳控地价的同时，将民生保障与城市发展有机结合，营造了良性土地市场竞争环境。五年来，土地市场共成交经营性用地5148公顷，成交地价款总额约7389亿元，为城市建设提供了有力的资金支持，为实现城市规划提供了有力保障。按照“瘦身、控增、提速、降债”的总体思路推进土地储备开发工作，土地储备在增强政府宏观调控能力、实现城市规划等方面的积极效应充分显现。

二是落实节约战略，国土资源利用方式逐步转变。加强新增建设用地管控，严格控制新增建设占用农用地和生态用地。调整产业项目供地审核方式，严格控制非首都核心功能的产业项目用地供应。开展存量工业用地盘活政策研究，加强土地批后监管，健全完善土地批后动态巡查、闲置土地处置工作机制。结合各区县自身特色，持续推进国土资源节约集约模范县（市）创建活动。通过全方位、多层次的推进节约集约利用国土资源，北京市人均城乡建设用地、单位 GDP 增长消耗建设用地量逐年降低，国土空间开发格局正在不断优化。

三是坚持执政为民，国土资源管理积极服务民生保障。不断完善住宅用地供应体系，优先安排保障性安居工程用地，加大棚户区改造用地政策支持力度，鼓励企业利用自有土地建设民生住房，连续五年提前超额完成保障性安居工程用地供应，累计供应土地 4166 公顷。积极应对“7.21”特大自然灾害，加强重点时段、重点地区地质灾害防治力度，初步建立地质灾害调查评价、监测预警、综合防治和应急四大体系，连续五年实现安全度汛。积极探索、稳妥推进留地安置、实物补偿等征地多元化补偿安置方式，制定实施征地补偿区片指导价，切实保护被征地农民合法利益。

四是规范管理秩序，国土资源保护监管水平不断提升。坚守耕地红线，基本农田保护目标、高标准基本农田建设任务严格落实。强化管控性保护，落实省级政府耕地保护责任，严格执行耕地占补平衡制度。推进建设性保护，编制基本农田保护区专项规划，大力实施土地整治，确保全市基本农田数量不减少，质量有提高。不断完善“全面覆盖、全程监管、科技支撑、执法督察、社会监督”的综合监管体系，土地矿产违法违规形势逐步好转。矿产资源实现合理开发、利用，地质工作不断拓宽服务领域，清洁能源、城市地质、地质遗迹保护等工作全面加强。

五是深化改革创新，国土资源管理不断注入新活力。积极推进以土地为基础的不动产统一登记制度及宗地统一编码建设，北京成为全国首个在全域范围颁发不动产统一证书的省级单位。规范推进农村土地管理制度改革，探索集体土地租赁住房用地政策，大兴区农村集体经营性建设用地入市试点工作开局良好。深化行政审批制度改革，审批事项由 80 项精简为 28 项，精简比例达到 65%。

六是夯实基础工作，国土资源发展后劲日益增强。加强土地利用规划管控，严格规范规划调整。深化地籍管理，农村集体土地确权登记发证工作全面完成，全市二次调查主要数据成果得到广泛应用。内控制度不断健全，科技创新能力不断提升，北京市国土资源标准体系初步建立。北京市国土资源监测指挥中心投入使用，综合监管平台应用全面深化，国土资源“一张图”数据资源不断丰富，“管、建、用”三位一体的信息化管理机制不断完善。

七是加强队伍建设，国土资源队伍素质能力不断提高。党的群众路线教育活动成果丰硕，“三严三实”专题教育深入开展，“四风”问题得到整治，“两个责任”落实不断深化，“为官不为、为官乱为”治理有效开展，作风建设和党风廉政建设成效显著。干部人事制度改革持续推进，领导班子和干部队伍活力明显增强。

同志们，“十二五”期间国土资源工作取得的成绩，是市委、市政府和国土资源部正确领导的结果，是各区县党委、政府和有关部门理解、支持的结果，是全市国土资源系统广大干部职工开拓创新和不懈努力的结果。在此，我代表局党组和局领导班子，向全系统广大干部职工表示衷心的感谢！

总结过去工作，我们深刻体会到：

一是只有积极转变工作理念，才能更好地为首都经济社会持续健康发展做出贡献。近年来，改革举措出台的数量之多、力度之大前所未有，抓落实的任务之重、压力之大前所未有，我们坚持把中央和北京市的要求与国土资源工作实际紧密结合，在落实“四个全面”战略、推进“五位一体”建设、京津冀协同发展的大局中不断调整和找准职责定位。积极转变工作理念，全面推进依法行政，推动简政放权，减少审批环节，大大提高了办事效率。全系统围绕重大问题、难点任务深入思考，加强研究的主动性明显增强。坚持尽职尽责保护资源、节约集约利用资源、尽心尽力维护群众权益，不断提高资源保障能力和管理服务水平，有力促进了首都经济提质增效、转型升级和持续健康发展。

二是只有坚持以人为本，才能为增进人民福祉做出积极贡献。五年来，我们始终牢记党的根本宗旨，把保障和改善民生作为国土资源管理工作的出发点和落脚点，将坚持群众路线作为重要原则，将维护群众合法权益落到实处。通过探索征地多元化补偿安置方式，保障被征地农民的合法权益和长远生计；把低收入群体的住房需求放在优先位置，提前超额完成保障性住房供地任务；特别是在“7.21”特大自然灾害发生后，采取多种方式把地灾防治工作搞活做实，为保障人民群众生命财产安全做出积极贡献。

三是只有坚持改革创新，才能为国土资源事业提供核心动力。五年来，国土资源管理新情况、新问题不断涌现，必须通过深化改革加以破解。我们坚持实事求是、改革创新、勇于实践、总结提升，在不动产统一登记制度改革、集体经营性建设用地入市、农村土地确权登记发证、推进“多规合一”中积极探索、大胆实践，取得了明显成效，释放了改革红利，成为国土事业发展的核心动力。

四是只有真抓实干，才能保障国土资源管理工作不断进步。国土资源管理工作涉及各行各业，头绪多、任务重，在实际工作中重点难点多、利益关系复杂，我们坚持在工作中抓住重点、突破难点，坚持大局意识、底线思维，求真务实、真抓实干。对于事关全局、全市的重点工作，一项一项抓落实，坚持一抓到底、抓出成效，不搞花架子、不许走过场。几年来重大项目供地保障有力、耕地保护责任有效落实、违法用地用矿形势不断好转、土地市场健康持续发展、土地储备开发稳步推进、全国土地二次调查和一张图等基础工作不断完善，国土资源管理工作取得明显成效。

五是只有风清气正，才能保障国土资源事业健康发展。五年来，我们坚决落实从严治党责任，注重发挥党委核心作用、党支部战斗堡垒作用和党员先锋模范作用。要求干部职工心要正、身要直、气要稳、手要净，要老老实实做人、踏踏实实干事，从不要小聪明、不占小便宜做起，坚决抵制歪风邪气。认真落实“两个责任”、强化监督执纪问责，持之以恒落实中央八项规定精神，驰而不息反“四风”，坚定不移推进党风廉政建设和反腐败斗争，保障了国土资源事业的健康发展。

在肯定成绩的同时，还必须清醒看到工作中存在的问题和不足：国土资源管理工作融入大局，落实首都城市战略定位，推进京津冀协同发展，破解“城市病”的能力需要进一步提高，工作中敢于碰硬、敢于担当的劲头不足。由于经济利益驱动强劲，违法用地用矿行为尚未得到根本遏制，新的违法形式屡见不鲜，执法监察工作不同程度存在机制欠缺、管理不善以及基层执法队伍压力大、不稳定等问题。全系统干部职工对新常态的认识还不深入、不适应，习惯以传统思维推进工作，不求有功、但求无过，面对新形势不会为、不善为的问题时有暴露，行政诉讼、行政复议败诉率上升，作风建设和勤政廉政建设需要常抓不懈。

二、正确把握国土资源管理面临的新形势

“十三五”时期是全面建成小康社会的决胜阶段，是北京主动融入京津冀协同发展，落实首都城市战略定位，建设国际一流和谐宜居之都的重要时期，也是加快转变国土资源利用方式和深化国土资源改革的关键时期。做好今年和“十三五”时期的国土资源工作，我们必须科学研判首都经济社会发展面临的新变化和国土资源管理面临的新形势，深刻领会中央和北京市的新要求，深化认识、统一思想，努力开好局、起好步。

（一）准确把握中央和国土资源部工作新要求

认识新常态、适应新常态、引领新常态，是当前和今后一个时期我国经济发展的大逻辑。我国仍处于重要战略机遇期，但战略机遇期的内涵已经发生深刻变化，国土资源管理工作要主动适应这些新变化，自觉做出相应调整。要切实增强贯彻落实创新、协调、绿色、开放、共享五大发展理念的自觉性、坚定性。要围绕稳增长全力做好国土资源保障服务；围绕宏观政策要稳、产业政策要准、微观政策要活、改革政策要实、社会政策要托底五大政策支柱更好地发挥职能作用；围绕去产能、去库存、去杠杆、降成本、补短板五大任务，找准接口，全力攻坚。做好“十三五”时期国土资源工作要把握好五个重要工作原则：一是坚持把保护资源作为履职尽责的首要任务，二是坚持把节约资源作为促进科学发展的重中之重，三是坚持把资源惠民作为增进人民福祉的工作方向，四是坚持把深化改革作为提高资源保障水平的强大动力，五是坚持把完善法治作为依法行政的根本保障。要从国土资源发展实际出发，找准工作着力点，着力创新国土资源制度机制，着力优化国土资源开发利用结构，着力推进资源全面节约和高效利用，着力统筹两个市场两种资源，着力维护群众资源权益。同时要持续抓好作风建设，深入开展“能力建设年”活动，提高懂全局、管本行，抓重点、破难题，抓落实、求实效，崇廉洁、拒腐蚀的能力。

（二）正确认识首都在新的发展阶段面临的新形势

习近平总书记视察北京并发表重要讲话，明确了北京作为全国政治中心、文化中心、国际交往中心、科技创新中心的城市战略定位和建设国际一流和谐宜居之都的战略目标，对做好北京城市建设和管理工作、推动京津冀协同发展提出了明确要求，指明了

新的历史条件下首都工作方向。中央把京津冀协同发展确立为重大国家战略，加强顶层设计，制定《京津冀协同发展规划纲要》，统筹推进实施，为北京发展创造了良好条件、注入了强大动力。市委十一届八次全会审议通过了《中共北京市委关于制定北京市国民经济和社会发展第十三个五年规划的建议》，做出了“十三五”时期北京发展仍然处于可以大有作为的重要战略机遇期的判断，对在新的历史起点上落实首都城市战略定位、加快建设国际一流的和谐宜居之都做出了战略部署。

我们要充分认识京津冀协同发展既是难得的历史机遇，也是重大而艰巨的考验。有序疏解北京非首都功能，是京津冀协同发展的关键环节和重中之重，要以强烈的政治责任感和历史使命感，全力打好有序疏解北京非首都功能这场攻坚战。我们必须准确把握战略机遇期内涵的深刻变化，准确把握北京发展的阶段性特征，切实增强忧患意识、责任意识，紧紧抓住和用好重大历史机遇，在优化结构、增强动力、补齐短板、提升发展质量上取得更大成效，走出一条更高质量、更有效率、更加公平、更可持续的新路。

（三）深刻认识全市国土资源管理工作面临的新形势

经济社会发展进入新常态提出用地减量发展的新目标。我们必须通过资源利用方式的转变推动经济发展方式的转变，促进经济增长动力从要素投入驱动向创新驱动转换。在土地利用方式上，不能再以过度消耗土地资源为代价。要着力构建“高精尖”经济结构，下力气推动产业优化升级，提高发展的质量效益，就必须要处理好“舍”与“得”的关系，走内涵发展、集约发展之路。正确处理好保障发展与保护资源、保护生态环境的关系，优化土地利用的结构和空间布局，实施更为严格的节约集约用地管理制度，以贯穿“节约减量、集约增效”为主线，大力推进节约集约用地，构建国土资源保障首都科学发展新机制。

疏解北京非首都功能提出了盘活存量、优化结构的新课题。北京市委十一届七次全会强调，要坚持控制增量与疏解存量双管齐下，严格落实各类功能禁止和限制的要求，积极稳妥有序疏解非首都功能。要以《京津冀协同发展规划纲要》为统领，按照《北京市新增产业的禁止和限制目录》和《产业转移指导目录》，严格控制非首都核心功能的产业项目用地供应，加大存量用地盘活力度，积极研究工业企业搬迁后土地的再利用、产业结构升级、用地结构优化等问题，同时，对于城市副中心的建设要做好规划，认真总结北京中心城发展的经验和教训，控制城市边界，避免出现“摊大饼”的现象。

贯彻落实五大发展理念提出了国土资源改革发展的新任务。创新、协调、绿色、开放、共享五大发展理念，集中反映了我们党对经济社会发展规律认识的深化，既是关系我国发展全局的一场深刻变革，也是关系国土资源事业发展的一场深刻变革。我们要把创新摆在国土资源事业发展全局的核心位置，以科技创新为引领，大力推进理论创新、制度创新、文化创新，依靠创新推动国土资源改革发展。要以协调的理念推进首都经济发展质量和效益的提升、推动京津冀协同发展，统筹资源开发保护、优化国土空间开发格局、合理配置城乡国土资源要素。要以绿色理念全面加强生态建设，坚持节约资源和环境保护的基本国策，坚守生态保护红线、耕地保护红线、资源消耗上线，以资源承载能力调节城市规模，促进人口经济与资源环境相均衡。以开放的理念深化资源领域的交流与合作。以共享的理念树立惠民利民资源观，把保障民生保护权益落实到深化改革、政策制定、征地拆迁、不动产统一登记、保障房供地、地灾防治、执法监察、集体土地利用等各个方面，使广大群众在国土资源领域改革发展中有更多获得感。同时，全系统干部职工要在推进国土资源改革发展中结合自身岗位职能，勤于思考、深入调查研究，牢固树立服务意识，不断提高规范化服务水平，注重相互尊重、协调配合、互相支撑、形成合力、共同进步，努力提升国土资源管理工作的软实力。

三、"十三五"时期目标任务和2016年重点工作

（一）"十三五"时期工作总体思路

"十三五"时期，全市国土资源系统工作的总体思路是：高举中国特色社会主义伟大旗帜，全面贯彻党的十八大和十八届三中、四中、五中全会精神，以马克思列宁主义、毛泽东思想、邓小平理论、"三个代表"重要思想、科学发展观为指导，深入贯彻习近平总书记系列重要讲话精神，按照"五位一体"总体布局和"四个全面"战略布局，牢固树立和贯彻落实创新、协调、绿色、开放、共享的发展理念，适应经济发展新常态，坚持稳中求进工作总基调，坚决贯彻市委市政府工作部署，坚决落实《京津冀协同发展规划纲要》，准确把握新时期首都城市战略定位，全力服务推动协同发展、积极优化国土开发格局、深化改革促进职能转变，依法行政建设法治国土，为建设国际一流的和谐宜居之都，率先全面建成小康社会做出积极贡献。

（二）"十三五"时期重点任务目标

1. **优化国土空间开发格局，强化土地用途管制**。科学布局生产空间、生活空间、生态空间，综合调控各种空间需求，推进"多规合一"。统一土地分类标准，科学划定生态保护红线和城市增长边界，确定生态红线区、集中建设区和限制建设区，实行"两线三区"全域空间管控。强化土地用途管制，严控市域特别是平原地区土地开发强度，坚决遏制城市"摊大饼"式发展。严格控制城乡建设用地总量规模，五环内严禁新增建设用地，全市范围内城乡建设用地规模实现负增长。

2. **坚守耕地保护红线，落实最严格的耕地保护制度**。从严控制建设占用耕地，坚持耕地保护数量质量并重，强化耕地保护共同责任，完善耕地保护约束激励机制，实行城乡建设用地增减挂钩、争取国家统筹等多种途径，强化新增占用耕地审核，研究解决占补平衡难题。

3. **严控新增，疏解盘活存量，落实最严格的节约用地制度**。严格控制新增，优化重组空间结构，严禁不符合首都功能的产业用地供应，从严控制新增教育医疗机构以及

行政性、事业性服务机构和企业总部用地供应；实行建设项目用地标准控制，加强土地使用标准执行的监督检查。疏解盘活存量，着力疏解中心城地区四类非首都功能，有序推动北京市属行政和事业单位整体或部分向市行政副中心转移，大力推进绿化隔离带等重点地区存量低效用地腾退减量。实施中心城地区、市行政副中心和新城差别化用地政策，大力支持城市副中心建设，配合通州区政府开展土地和地质矿产资源勘查等工作，摸清底数、为高水平的规划建设和管理城市副中心奠定基础。

4. **统筹生态用地，落实最严格的生态保护制度**。加强生态空间用途管制，修复城市生态环境系统，强化生态保护责任考核，完善生态保护补偿机制。规划到2020年，生态红线区面积占全市国土面积比例达到70%左右，森林覆盖率达到44%，平原地区森林覆盖率达到30%以上。

（三）2016年重点工作

1. **坚持首都城市战略定位，全力推动京津冀协同发展**

坚决落实非首都功能疏解任务。围绕首都战略定位要求和疏解北京非首都功能的工作任务，全面梳理分析我市土地利用情况，研究疏解配套政策。严控增量、做好减法，严格控制非首都核心功能的产业项目用地供应，在疏解中做好棚户区改造、保障房建设、城乡一体化和相关产业的调整工作。

加强土地资源供给侧结构性改革。按照减量发展、结构调整、有效疏解和节约集约的原则，充分发挥土地供应计划、利用计划的引导作用，增强计划约束性。继续适度降低土地供应总量，保持基础设施用地供应规模和比例，减少工业用地供应，适度保持商品住宅和商服用地供应平稳，确保保障性安居工程和棚户区改造用地“应保尽保”，保障养老设施、“高精尖”研发产业、生态环境等用地供应。落实重大项目协调督办机制，积极支持首都新机场、2022年冬奥会、2019年北京世界园艺博览会、环球主题公园等重点项目建设。进一步加快在施土地储备开发项目推进，引导全市形成合理规模和布局，严格控制新增规模，新增项目要符合首都城市发展定位和模式，探索土地储备融资和政府购买土地储备开发服务等新模式。建立资金库和土地储备库，按照“先供先摊、战略储备”的原则，合理安排土地上市交易。

认真做好土地利用总体规划调整完善和“十三五”规划编制工作。加快区级土地规划实施评价成果审查，按照疏解非首都功能和“瘦身健体”的要求，提前做好土地利用调控指标的测算和分解预案，同步推进市、区、乡三级土地利用总体规划调整完善工作，加强与城市总体规划修改工作的衔接。完成2015年度土地利用总体规划实施评价，做好《北京市“十三五”时期土地资源整合利用规划》与市级规划纲要和其他相关专项规划的衔接、发布工作。完成《北京市矿产资源规划（2016—2020年）》及规划数据库报批备案工作。继续做好土地利用总体规划动态维护、规划修改技术审查和规划数据库更新工作。深入开展“多规合一”为基础的空间规划整合研究工作。

推进节约集约用地，提高可持续发展水平。加强顶层设计，研究我市节约集约用地工作思路。开展区域城市建设用地节约集约利用更新评价。建立完善开发区用地评价动态更新机制，建立产业用地调查评价基础信息数据库。依托新版基准地价，开展工业用地价格调研，研究提出工业用地差别化地价政策。继续落实“十二五”单位 GDP 建设用地下降 30% 目标。做好地价监测和基准地价更新工作。开展低效工业用地摸底调查，研究提出我市低效工业用地认定标准。在部分区县试点开展工业用地弹性供应制度，探索实施其他盘活存量工业用地相关政策。继续推进新一轮国土资源节约集约模范县（市）创建活动。加强土地批后监管，完善土地动态巡查制度及闲置土地处置工作机制，推进闲置土地处置工作常态化。

落实大气环境治理和清洁行动计划，提升城市地质服务水平。大力开展矿山地质环境恢复治理工作，加快推进废弃矿山治理项目，做好国道、省道两侧裸露岩壁治理工作。继续做好固体矿山采矿权延续和关闭工作，积极推进绿色矿山建设，加强检查和动态监督，确保 2017 年底前全部建设成为绿色矿山。积极推动广泛使用地热清洁能源，摸清资源储量、完善规划，推进地热资源在远景区和空白区的勘查开发，严控增量，加强价格杠杆调节作用，实施用途管制、严格控制洗浴用途。重点做好通州行政副中心、首都二机场、延庆地区地热资源勘查工作，加大通州核心区清洁能源的利用力度。继续推进京津冀逐步建立三地统一矿权市场化流转制度。抓紧制定北京市“十三五”地质勘查发展规划，积极参与“一部三省（市）”地质调查合作机制，落实《支撑服务京津冀协同发展地质调查实施方案》，重点是围绕北京行政副中心、冬奥会场馆、新机场、新农村、城市规划等重大工程建设，先行开展针对性综合地质调查工作，积极开展北京市城市地下资源环境三维模型建设的探索与实践。

2. 积极稳妥推进国土资源领域改革

积极推进集体经营性建设用地改革。按照中央和国土资源部统一部署，在市委、市政府领导下，扎实推进集体经营性建设用地入市试点各项工作，总结集体经营性建设用地入市交易试点经验，完善有关政策措施，确保形成可复制、可推广的经验。

全面开展不动产统一登记工作。完善我市不动产登记工作规范，开展《北京市不动产登记条例》立法工作。加快推进不动产统一登记信息平台建设，实现业务需求同信息建设的有效对接和充分融合，力争 2017 年前实现新系统上线运行。做好历史数据整合，搭建完整的数据库，满足登记发证基础数据需要。建立不动产登记监督指导常态化制度，不断提升便民服务水平，合理解决登记工作人员配备和待遇问题，探索符合登记工作特点的培训模式，全方位保障不动产登记工作的顺利开展。

继续推进海淀区土地整治规划综合试点工作。加快成果转化应用，编制《海淀区土地整治功能单元规划技术指南》等指导办法，继续推进规划试点先试先行，将创新成果充分融入土地利用总体规划调整完善等工作中，实现创新成果的标准化和制度化。按照实施方案要求，完善试点成果，迎接国土部评估验收。同时，注重总结推广应用，结合中关村大街改造相关工作，为破解土地资源利用瓶颈、引导创新土地整治规划实施机制提供政策支撑。

深入推进简政放权。进一步推进行政审批标准化，对我局实施的审批事项逐项制定业务手册和办事指南，明确事项名称、设定依据、实施主体等要素，进一步细化“批不批”标准和规则，并向社会公开。严格执行行政处罚裁量基准，最大限度减少自由裁量权，提高管理服务水平。组织协调落实权力清单和责任清单相关工作。按照市政府部署，结合国土部全面推进法治国土建设的意见，研究具体实施意见。加强政府信息公开制度和平台建设，深化主动公开，规范依申请公开。全面推行对内部审批经手环节精简，提高办事效率。研究建立自我纠错机制。

加强征地和土地利用政策研究。按照市政府统一安排，做好市政府 148 号令修改前期调研工作，广泛征求社会各方意见，确定 148 号令的修改内容。继续探索征地多元化补偿方式。进一步研究重大工程边角地问题的办理方式，深入开展完善交通基础设施项目征地手续相关工作。加强综合政策的集成和研究，做好养老用地、旅游业用地、设施农业用地的政策研究工作。加强土地利用系统建设，形成审批、监管、基础、服务四大体系，加强土地利用全生命周期管理研究。

3. 全面推进依法行政，加快法治国土建设

坚守耕地保护红线。通过加大土地整治力度、试点增减挂钩、争取国家统筹等多种途径，强化新增占用耕地审核，完善耕地开垦费收缴政策。进一步完善土地整治体制机制，启动城乡建设用地增减挂钩项目。完成永久基本农田划定工作。完成全市耕地后备资源调查评价工作，建立耕地后备资源调查评价数据库。组织开展耕地质量等别年度更新评价。

严肃查处国土资源违法行为。继续发挥“四早”机制优势，完善《国土资源发现、制止、查处、报告监督管理办法》。强化打击新生违法违规用地建设行为，加强对“小产权房”、“大棚房”、高尔夫球场用地的动态监管，做到“四必查”，即发现违法必查、信访举报必查、媒体曝光必查、督察审计必查，在土地违法严控增量、化解存量上下功夫。继续加大立案和非立案方式查处拆改执法力度，加强措施创新与长效遏违机制建设，改变卫片执法检查方式，严格土地违法高发区暂缓拨付政府土地收益的数据审核标准，逐步推进违法用地信息上图公示监管机制。研究掌握违法规律，变被动查处为主动预防。改变公开通报和挂牌督办方式，由区县自曝变为全市按违法占地面积、危害程度、影响大小通报，提高震慑效果。加强执法监察基础工作和培训教育，进一步修改完善基层国土所考核标准，规范和改进 12336 举报电话，由受理违法线索举报转变为加强服务管理。加大打击非法开采矿产资源工作力度，做好矿产资源专项整治行动的后续工作和破坏矿产资源价值鉴定工作。

提高地质灾害防治管理水平。发布《北京市“十三五”时期地质灾害防治规划》，修订和完善地质灾害防治工作方案、应急预案，进一步提高地质灾害人防物防技防水平。加强地质灾害隐患点巡查排查检查，及时更新隐患点台账，筹划出台隐患点销账制度和避险场所建设规范。充分利用显示屏、语音提示杆、微信公众号、高德地图、卡通宣传片等方式，扩展地质灾害宣传覆盖范围。进一步加强汛情会商、预警发布、实情掌握、信息报送、应急演练工作，健全地质灾害野外监测建管用一体化的制度和规定，加强预警能力建设，出台预警阀值，充分发挥地质灾害应急指挥平台的指挥中枢作用，促进地质灾害防治管理水平整体提升。加快推进地质灾害治理项目的实施，积极探索地面沉降控制区的划定和突发地质灾害风险区划定工作。

强化基础业务建设。进一步深化农村村庄地籍调查试点成果，为宅基地确权发证奠定基础。结合不动产统一登记工作，完善权籍调查相关规范。继续做好各类土地调查专项工作，筹划全市第三次全国土地调查工作。积极支持配合开展年度例行督察工作任务，推进督察发现问题整改落实。继续推进综合监管平台和“一张图”的深化应用，贯彻落实“互联网＋”和“大数据”战略，编制完成北京市国土资源信息化“十三五”发展规划。完善科技项目管理措施和对外合作机制。加快构建标准体系，加大标准制定和宣贯力度，发挥标准的技术支撑作用。继续加强内控制度建设，推进内部控制信息系统建设，做好中期国土资源类非税收入收支预测，提升土地储备债券资金管理水平，严格各项资金支出管理，强化预算执行中的主体责任，加强预算执行问责。开展专项审计，重点抓好审计问题的整改，监督规章制度的执行情况。做好宣传思想工作和新闻舆论引导工作。提升档案综合管理水平，做好日常地质资料管理与地质资料项目管理工作。结合迁入六里桥政务大楼相关工作，加强窗口建设，规范服务管理，改进工作作风，提高工作效率。

4. 全面加强干部队伍和党风廉政建设

深化“三严三实”专题教育成果。持续深入推进党的思想政治建设和作风建设。进一步加强组织建设，深入落实党内生活各项制度。加强制度建设，构建基层党组织上下联动体系。加强党员干部监督管理和教育学习，教育引导各级党组织及党员领导干部以身作则，充分发挥模范带头作用。按照北京市党风廉政建设责任制检查考核方案提出的要求，结合“三严三实”教育活动查摆出的问题，认真制定整改措施，抓好整改落实。按照中央及市委市政府的安排部署，在全体党员中开展“两学一做”学习教育活动，推动全面从严治党向基层延伸。

切实加强干部队伍建设。加强处级领导班子和处级领导干部队伍建设，提升抓班子、带队伍的能力和水平。坚持正确用人导向，科学选人用人。继续拓宽干部交流渠道，扩大干部交流范围，增强干部交流力度。突出“能力建设”，采取多种方法途径，开展教育培训。加强干部监督管理，强化考核工作，清理不作为人员，敏感岗位签订廉政责任保证书。继续做好不动产登记机构人员管理工作。切实抓好《关于进一步加强和改进离退休干部工作的意见》（中办发〔2016〕3号）的贯彻落实，不断完善离退休干部服务管理工作。

扎实推进党风廉政建设和反腐败工作。加强新准则和条例的宣传学习。严格落实党风廉政建设党组主体责任和纪检组监督责任。加强纪律审查，把握运用好监督执纪“四种形态”，抓早抓小，防微杜渐，进一步完善函询、约谈等制度，合理利用诫勉谈话、组织处理等方式。加大对不作为的治理力度，加强对履职情况的监督。加大行政问责力度，加强对违反中央八项规定精神问题的查处，加强对所属单位责任制落实情况的监督和责任追究。建立巡查工作制度，开展首轮巡查，五年内实现局系统巡查工作全覆盖。探索设立纪检监察员制度。加强对纪检监察干部的教育培训。

同志们，做好今年的工作，任务艰巨，责任重大，让我们在北京市委、市政府和国土资源部的坚强领导下，以奋发有为的精神状态，攻坚克难的勇气，科学谋划、勇于担当、善做善成，为加快建设国际一流的和谐宜居之都，率先全面建成小康社会，实现“十三五”良好开局做出积极贡献！

中共北京市国土资源局党组
2016年党风廉政建设和反腐败工作报告

北京市国土资源局纪检组长　金兴利

（2016年3月17日）

这次会的主要任务是：学习贯彻习近平总书记系列重要讲话精神，落实中央纪委六次全会和市委八次、九次全会及市纪委十一届五次全会工作部署，总结2015年工作，部署2016年任务。最后魏局长还要作重要讲话，对今年全面深入推进党风廉政建设和反腐败工作提出要求，我们要认真学习领会，切实把中央、市委、市纪委及局党组的工作部署落到实处。下面，我代表局党组作党风廉政建设和反腐败工作报告。

一、2015年工作回顾

2015年，局党组结合国土资源管理和队伍建设的总体布局，深入推进全市国土资源系统党风廉政建设和反腐败工作，认真学习贯彻党的十八大，十八届三中、四中、五中全会精神，习近平总书记系列重要讲话精神，全面落实中央纪委第五次全会、市纪委第四次全会和国土部党组的工作部署，结合国土资源管理工作实际，严明政治纪律和政治规矩，扎实推进作风建设，不断推动“两个责任”落实，纪检监察部门深化“三转”，强化监督执纪问责，广大干部职工积极参与，全系统党风廉政建设和反腐败工作取得了新成效。

（一）领导有力，党风廉政建设工作层层落实

一是局党组认真落实主体责任，抓好“两个责任”落实。深入贯彻落实市委《关于落实党风廉政建设责任制党委主体责任和纪委监督责任的意见》，结合北京市国土资源管理实际，认真制定实施意见，党组专门召开党风廉政建设工作部署会，下发了《2015年党风廉政建设和反腐败工作实施意见》和任务分工台账，建立了党组班子主要负责人和班子成员的主体责任清单和监督责任清单，对全年党风廉政建设制定了措施、提出了具体要求。

适时分析形势，提高廉政意识。局党组按照班子领导工作分工，结合年度党风廉政建设和反腐败工作计划，班子成员高度重视，注重落实，及时传达学习上级党风廉政建设指示精神，适时进行党风廉政建设问题剖析，研究解决相关问题。组织各分局和直属

单位班子领导进行了以落实党风廉政主体责任为主要内容的闭卷答题活动。

强化"一岗双责"，明确责任，层层签订廉政责任书。年初，局党组制定了"两个责任"任务分解台账，明确了具体工作任务，建立了由局领导班子成员牵头、相关处室具体完成的责任清单。党组主要领导与班子成员、班子成员与各处室和局属各单位主要领导之间，层层签订了2015年《党风廉政建设责任书》。

二是"一把手"带头班子成员主动参与，抓好党风廉政"两个责任"工作落实。局党组对党风廉政建设工作高度重视，结合落实主体责任工作，成林局长于2015年5月20日做客北京纪检监察网在线访谈，介绍了全市国土系统在党风廉政建设工作中所面临的形势，围绕落实主体责任，在强化对权力运行的制约和监督方面，就党组在党风廉政建设中所负主体责任问题与网友们进行了交流。局班子其他成员也都积极主动参与到党风廉政建设工作中，结合分管的工作认真布置检查、研究自己分管部门的党风廉政建设工作，及时研究处理涉及党风廉政建设的群众来信来访件。对群众的来信来访件高度重视，特别是对重要的信访件及案件线索，成林局长都作出了重要批示，班子其他成员及相关业务部门共同研究协调处理。

局党组按照中央和市委的统一部署，在市委第13指导组的认真指导下，通过充分听取群众意见、相互开展谈心活动，认真召开了年度领导班子民主生活会。班子成员分别参加了所联系分局的民主生活会，局党组书记、局长成林同志还参加了通州分局领导班子民主生活会。

三是强化基层"两个责任"意识，推动"两个责任"不断向基层延伸。局党组通过各类全系统大会，学习上级党风廉政建设指示精神，落实党风廉政建设工作意见。对各级组织开展落实"两个责任"情况和党建情况进行综合检查考核，听取各分局及直属单位党组、总支（支部）落实党风廉政建设责任制情况的报告，并对2个分局进行了专项巡查和重点督导。

（二）进一步严明党的纪律，持续深入改进工作作风

一是坚决维护并执行党的政治纪律和政治规矩。局党组在思想上、政治上、行动上始终与党中央保持高度一致。按照中央关于改进工作作风、密切联系群众的八项规定和市委、市政府的意见，结合"三严三实"实践活动中查摆出的不严不实的问题，严格按照落实"两个责任"分工，以严肃认真的态度，统一思想认识，扎实推进整改落实，强化严格执行党的各项纪律，坚决纠正组织涣散、纪律松弛的问题。

二是加强党风廉政建设教育管理和监督。局党组不断加强对全系统党员干部的党风廉政建设管理教育，做好督促、监督和引导工作。通过开展经常性思想教育学习活动，强化党纪党规意识。2015年为广大党员干部下发了《习近平关于党风廉政建设和反腐败斗争论述摘编》《领导干部违纪违法典型案例警示》《中国共产党廉洁自律准则、纪律处分条例》《警钟长鸣》《法治面对面》等廉政书籍和影视光盘，发放廉政学习书籍

2500余册。

坚持任职谈话和廉政谈话制度。对新任职的处级班子、党政“一把手”均由局主要领导或者分管领导进行任职谈话，并对新履职的同志提出了具体的要求；对其他转任、提升任职的干部也都进行了事前事后的谈话、谈心，提出廉政要求。2015年我局共组织处级干部任职谈话25人次。

三是严格落实中央《党政机关厉行节约反对浪费条例》及公车配备、公务接待、职务消费等相关规定，严格“三公”经费支出。进一步细化和完善相关配套制度，并严格执行。为落实中央《党政机关厉行节约反对浪费条例》和中央八项规定等相关制度，规范正常公务往来的招待费支出标准和支出范围，加强使用管理和监督，制定了《北京市国土资源局机关招待费使用管理规定》、出台了《北京市国土资源局内部控制业务流程》。严格公车配备，节假日期间严格按照要求封存车辆，大力提倡绿色出行。2015年10月底，按照市政府要求对公车进行封存，严格落实公车改革要求。

四是加强依法行政，提高便民服务水平，切实解决群众反映突出的问题。充分发挥社会监督员的监督作用，通过发放征求意见卡、召开座谈会及时听取意见建议，不断改进工作作风，提升便民服务水平。基层行政执法部门和服务窗口单位的执法能力和服务水平有了进一步提高，解决问题的能力进一步加强。在处理政风行风热线、信访投诉件方面，土地行政执法部门依法行政意识和服务意识进一步提高。

五是加强对作风建设的监督检查。局党组和纪检组认真落实中央和市委关于加强和改进作风建设的要求，不断加大端正党风政风的教育引导和检查督导力度。在全系统部署开展“为官不为”、“为官乱为”问题专项治理活动，并利用信访举报、实地检查等方式，多渠道了解党员干部作风建设中存在的问题，及时解决反馈。2015年，纪检监察部门共收到涉及违反中央八项规定精神和作风问题的信访举报20件次，及时组织了调查核实，对相关人员谈话提醒。

（三）建立健全党风廉政建设制度，强化权力运行的制约监督

一是健全完善党风廉政建设责任制沟通联络机制。为防止“两个责任”落实中出现空挡，局党组建立了由党组副书记和纪检组长共同召集主持，机关党委和监察处参加的落实“两个责任”联席会议制度。主要任务是加强对全系统党风廉政建设形势的分析研判，及时沟通协调工作中需要明确的问题，全面掌握各分局党风廉政建设情况，加强同各区纪委的沟通联系，及时通报了解情况。

二是加强推进惩治和预防腐败体系建设，落实《北京市贯彻落实〈建立健全惩防体系2013—2017年工作规划〉的实施意见》，深化廉政风险防控“三个体系”建设。局党组加强对领导干部特别是主要领导干部行使权力的监督，落实了局处两级领导班子“一把手”不直接分管人、财、物制度。严格执行领导干部报告个人有关事项制度，落实领导干部述职述廉述党建制度、任职和廉政谈话制度、离任经济责任审计制度。积极

探索把权力关进制度的笼子里的监督制约机制，继续深化廉政风险防控“三个体系”建设，科学配置党政部门及内设机构权力和职能，严格落实“三重一大”事项决策风险防控措施。

（四）推进简政放权，提高行政效能，加大公开力度，促进勤政廉政

一是进一步精简、下放行政审批事项，规范审批行为，制定并向社会公开行政审批事项清单和行政处罚权力清单。我局将101项行政处罚权力清单和行政处罚权力流程图在网上予以公布，公布了《北京市国土资源局市级行政审批事项清单（2015年版）》。对承担的行政职权事项进行了全面梳理，共梳理行政职权事项51项。所有政府信息公开目录、行政审批事项清单及处罚权力清单都在我局外网上进行了公告、公示。

二是加大信息公开力度，积极推广“一个窗口”受理、网上并联审批等方式，方便企业和群众办事，减少权力寻租，加强对外服务。坚持把政府信息公开和党务公开列入领导重要议事日程，纳入党风廉政建设和依法行政工作之中，做到常抓常议。

三是加强督查考核，对重大任务、重点工作逐级分解、严格时限、细化要求、明确分工，确保高效高质完成。局党组高度重视市政府折子、实事任务，对涉及我局的市政府折子、实事事项任务同步分解到处室。严格落实督查责任制要求，建立了项目管理责任制。

（五）加大纪律审查力度，保持惩治腐败的高压态势

一是加强执纪审查工作。完善纪检监察信访和问题线索处置基础性工作，调整外网投诉举报板块，畅通信、访、电、网“四位一体”的举报渠道。完善结案手续，加强信访信息管理系统和案件管理系统应用，不断规范纪律审查信访和线索处置工作。加强分级管辖，对办理结果严格把关。2015年，两级纪检监察部门共收到信访举报185件次，其中市局124件次，分局61件次。坚持案件线索集体排查制度，排查案件线索27件次，初核案件线索8件次，涉及处级干部6人次。全系统7人受到党纪政纪处分，其中刑事处理2人。坚持案件通报制度，对典型案件进行深入剖析，总结原因教训，发挥查办案件的治本作用。

二是注重抓早抓小。进一步转变执纪理念和方式，牢固树立“严管就是厚爱”的理念，坚持纪在法前，纪严于法，建立健全早发现、早纠正、早处置机制。强化日常监督执纪，发现苗头及时提醒，发现问题及时处理。针对信访举报和线索核查中暴露出的问题，对相关部门和人员进行了警示提醒。2015年，市局、分局两级纪检组负责人同下级党政主要负责人谈话160人次，领导干部任前廉政谈话93人次，诫勉谈话8人次，函询6人次。

（六）进一步加强纪检监察干部队伍建设

局党组高度重视纪检监察干部队伍建设，加大力量配齐配强分局纪检监察干部，组织业务培训，增强履职能力。两级纪检监察部门进一步深化“三转”，聚焦主责主业。

认真落实纪检组长分工要求，分局纪检组长不再分管国土资源管理业务工作和财务工作。各分局积极探索纪检监察工作新模式，强化日常监督，如：朝阳分局在其所属事业单位中设立纪检监察员、昌平分局在各科室和所属事业单位中设立党风廉政监督员，不断完善基层监督制度，加强纪检监察工作。

在肯定成绩同时，必须清醒地看到我们全系统党风廉政建设形势的严峻和复杂，腐败问题依然存在。有的单位党组织和党员干部还没有把从严治党的主体责任抓起来，压力传导不到位；有的单位纪检干部“三转”不到位，对实践“四种形态”认识不到位，存在能力不足、律已不严等问题。对这些问题我们各级都要引起重视，在今后的工作中努力加以解决。

二、2016 年主要任务

2016 年党风廉政建设和反腐败工作的总体要求是：全面贯彻党的十八大和十八届三中、四中、五中全会精神，深入学习贯彻习近平总书记系列重要讲话精神，落实中央纪委六次全会和市委八次、九次全会工作部署，保持坚强政治定力，落实全面从严治党、依规治党的要求，忠诚履行党章赋予的职责，聚焦监督执纪问责，深化标本兼治，创新体制机制，健全完善法规制度，强化党内监督，把纪律挺在前面，持之以恒落实中央八项规定精神和市委实施意见，着力解决群众身边的不正之风和腐败问题，坚决遏制腐败蔓延势头，建设忠诚干净担当的纪检监察队伍，不断取得党风廉政建设和反腐败工作新成效，为首都国土资源管理发展提供坚强的政治保障。

（一）严明党的纪律，健全完善监督机制

一是加强党的纪律和规矩学习。认真学习习近平总书记《关于严明党的纪律和规矩的论述摘编》，深刻认识坚持党的领导、加强党的建设、严明党的纪律和规矩的极端重要性，准确把握纪律建设的基本要求，牢固树立党章党规意识，贯彻执行新修订的廉洁自律准则和党纪处分条例。把学习《论述摘编》同学习贯彻党的十八大和十八届中央历次全会精神、开展“两学一做”学习教育、全面推动京津冀协同发展、落实北京市“十三五”规划各项工作、加强国土资源管理工作结合起来，带着问题学习，对准问题思考，把守纪律、讲规矩融入到各项工作之中。

二是强化政治意识，严明政治纪律。教育和引导全市国土系统广大干部职工始终紧绷政治纪律这根弦，切实增强政治意识和大局意识，在思想上政治上行动上始终同以习近平为总书记的党中央保持高度一致。加强对政治纪律的监督检查，坚决查处违反政治纪律的行为。加强对中央和市委重大决策部署落实情况的监督检查，坚决纠正有令不行、有禁不止行为，确保党的路线方针政策得到坚决贯彻，确保中央和市委政令畅通。

三是党章党规要入脑入心。认真学习贯彻党章党规、廉洁自律准则和党纪处分条例。把党的纪律建设摆在更加突出位置，坚持纪严于法、纪在法前。要把学习贯彻党章

和两部党内法规作为一项政治任务，列入理论学习中心组和党课教育计划，成为每名党员干部的必修课。要狠抓执纪监督，养成纪律自觉。要坚持原则、敢抓敢管，以“六项纪律”为尺子，切实履行执纪职责和监督责任。各级纪检部门要把“四种形态”运用情况作为检验工作的标准，把执纪各项工作做深做细做实。要在党内生活中积极探索“四种形态”的实践途径，受到函询诫勉和被上级巡视发现问题的，应在民主生活会、组织生活会上进行深刻检查。

四是进一步加强法规制度建设。认真执行《北京市党风廉政建设和反腐败制度建设工作规划（2015—2017）》，进一步完善反腐倡廉制度建设。重点落实好与中央和市委、市纪委各项制度衔接。进一步健全廉政风险防控制度，严格规范各级党政主要领导干部职责权限，加强对“一把手”行使权力的监督，要进一步规范领导干部配偶、子女及其配偶经商办企业行为。要结合实际，不断完善党风廉政建设制度，加强对党风廉政建设制度执行情况的监督检查，增强制度的刚性约束。

（二）抓好主体责任和监督责任的层层落实，严格实施责任追究

一是全面落实从严治党主体责任。各级党组织要深化对主体责任内涵的认识，责任层层落实，把压力传导到基层，传导到工作第一线。系统把握全面从严治党的主要任务和举措，在责任担当、方法措施上坚决贯彻落实中央和市委要求，强化领导核心作用，把党要管党、从严治党方针落实到“五位一体”建设的各方面和全过程。各级纪检部门要全面履行监督责任，监督检查党组织和党员领导干部贯彻党的路线方针政策、加强党的建设、发挥战斗堡垒和先锋模范作用的情况。要继续按照市委、市纪委党风廉政建设责任制检查考核的要求，认真抓好党风廉政建设各项工作的落实，要督促指导基层各级党组织、纪检部门切实履行好职责。

二是进一步加大责任追究力度。要把问责作为从严治党的重要抓手，让失责必问成为常态。对执行党的路线方针政策不力，管党治党主体责任缺失、监督责任缺位、给国土资源管理事业造成严重损害，“四风”和腐败问题多发频发，选人用人失察、任用干部连续出现问题，对上级巡视整改不落实的，严肃追究责任。加强问责常态机制建设，综合运用批评教育、诫勉谈话、通报批评、组织处理、纪律处分等方式开展问责，健全追责情况定期报告、典型问题公开曝光机制，加强对基层责任追究工作的督导。

三是切实落实监督的全覆盖。驻局纪检组要发挥“派”的权威和“驻”的优势，敢于监督、善于发现，及时提醒诫勉。各分局纪检组组长也要加强与分局党组书记的意见交换、问题通报。纪检监察部门要强化监督执纪问责，切实担负起监督责任，落实“一案双查”，对违反党的政治纪律和政治规矩、组织纪律、“四风”问题突出、发生顶风违纪问题，出现严重腐败案件的单位和部门，既追究主体责任、监督责任，又严肃追究领导责任。对重大问题该发现没发现、发现问题不报告不处置的，按照有关规定严肃处理。要加强对严重违纪问题的立案审查工作，对存在的违纪问题多年没有立案审查

的，按照有关规定严肃处理追究责任。要建立责任追究通报制度，通过严格问责，推动责任落实。

（三）建立巡查工作制度，提升监督实效

一是制定巡查工作办法，启动巡查工作。参照巡视制度，探索建立适合我市国土资源管理工作特点的巡查制度。巡查制度是市局党组了解掌握全系统党风廉政建设情况的重要渠道，是严明纪律、强化监督的重要途径。今年将适时制定出台局党组关于巡查工作的意见，建立巡查工作的领导体制和工作机制。巡查工作由市局党组统一领导，驻局纪检组组织实施，年内启动并完成首轮巡查。通过有计划按步骤地对局系统各单位进行巡查，实现巡查全覆盖。

二是严格落实责任，切实发挥作用。认真落实纪检监察、党务、人事、财务、审计、法制、信访等部门的支持配合责任，巡查工作人员的纪律责任，被巡查单位自觉接受巡查监督、积极配合巡查组开展工作的责任。巡查组反馈意见要点明要害，被巡查单位要不折不扣落实整改主体责任，整改情况要在局内网公布，接受监督。对巡查发现的违规违纪问题要依规依纪严肃处理。

（四）进一步正风肃纪，深入抓好作风建设

一是不断加大作风建设力度，坚持一抓到底。要深入落实中央八项规定精神和市委、市纪委实施意见，坚持不断深化，紧盯年节假期等关键节点，对广大党员干部常提醒、常教育；坚持以上率下，抓住“关键少数”，对在执纪审查中发现的线索要坚决查处，持续释放执纪必严的强烈信号。密切关注“四风”问题的新动向、新表现，对违规操办婚丧嫁娶、公款旅游、违规打高尔夫等问题要依法处理，不断强化干部自律意识。对不收手、不知止，规避组织监督，出入私人会所等违反规定情形的一律从严查处。要继续开展好“为官不为”、“为官乱为”问题专项治理。进一步畅通监督渠道，激发群众和舆论监督正能量，创新监督方式，形成监督合力。

二是加强廉政文化建设，树立良好社会风尚。各级党组织要把贯彻廉洁自律准则作为改进作风的重要抓手，引导党员干部践行社会主义核心价值观，培养高尚道德情操，抵制不良风气。全系统要继续深入挖掘首都历史文化资源，用好廉洁元素，讲好廉政故事，汲取家规家风、乡规民约的精华，弘扬真、善、美，培育风清气正的良好机关文化。采取多种形式推进廉政文化进基层、进家庭，积极探索发展具有北京国土特色的廉政文化，积极营造守土有责、崇廉倡廉的浓厚氛围，以优良的党风促进国土系统政风行风建设。

（五）加大执纪力度，坚决遏制腐败蔓延势头

一是保持纪律审查的高压态势不动摇。要把握好监督执纪“四种形态”，严格执行问题线索“五类”处置方式，扩大谈话函询覆盖面；坚持抓早抓小，及时发现、指出和纠正违纪行为，使红脸出汗成为常态，党纪轻处分、组织处理经常化，坚决把增量遏

制住。要突出惩治重点，把党的十八大后不收敛、不收手，问题严重、群众反映强烈，现在重要岗位可能还要提拔使用这三类情况同时具备的，作为重中之重，加大惩治力度，防止带病提拔。要结合国土资源管理实际，严肃查处在土地和矿业权审批、出让、项目管理、资金使用等环节以权谋私的案件，严肃查处不收敛、不收手、问题线索集中、群众反映强烈的案件。

二是突出执纪审查的政治性和纪律性。要坚持纪在法前，从信访受理、线索处置、谈话函询，到执纪审查、调查谈话、审理报告各个环节，都要突出纪律特点。信访受理要深化基础、基层工作，严格纪律标准，加强对举报线索的排查分析，规范纪检监察信访举报工作流程，提高处置效率。纪检监察部门要把握好一般性问题线索、指向性明确问题线索的处置方式，及时开展谈话提醒、函询核实，深入细致做好初核和再核实，切实提高审查谈话的思想政治工作能力。要抓住“关键少数”，加强对党员领导干部特别是“一把手”的监督。加强对政治纪律执行情况的监督检查，坚决纠正上有政策、下有对策，有令不行、有禁不止行为。

（六）进一步抓好基层党风廉政建设，切实解决侵害群众利益的突出问题

一是要推动党风廉政建设向基层的延伸。把党风廉政建设主体责任压力传导到每个科、每个所、每个岗位，最终落实到每个人。督促指导基层党组织厘清责任，健全党风廉政建设制度。总结推广在基层单位设立纪检监察员的经验和做法，完善基层监督制度。各分局、各处室、直属单位各级党组织要发挥关键作用，积极组织本单位开展好党风廉政各项法规制度的宣传学习教育活动。使每名干部职工自觉执行党规、党纪，自觉抵制贪污腐败行为。纪检监察部门要把查处侵害群众利益的不正之风和腐败问题作为主要工作任务，有关职能部门要加强管理监督。

二是加大对侵害群众利益问题的查处力度。开展“小官贪腐”专项整治，着力解决损害群众利益的不正之风和腐败问题，严肃处理在办理涉及群众事务时吃拿卡要，甚至欺压群众的违纪行为，严肃查处和纠正违规审批宅基地以及土地征收中贪污挪用等问题。各单位要结合实际，对反映集中、性质恶劣的要重点督办、限期办结。

（七）按照忠诚干净担当的要求，进一步加强纪检监察队伍建设

一是进一步深化“三转”工作。各级纪检监察部门要把思想和行动进一步聚焦到监督执纪问责上来，在实践监督执纪“四种形态”上下功夫。要进一步巩固深化“三转”成果，创新组织形式和工作方式，加强对分局纪检监察部门的领导，督促基层纪检监察部门转变工作思路，守住主责主业不放松，切实发挥作用。进一步明确纪检监察部门职责权限，落实监督责任工作内容，进一步加强对纪检监察部门工作的支持，确保纪检监察部门聚焦中心任务开展监督执纪问责。

二是深入抓好自身建设。要加强能力建设，加大纪检监察干部培训力度，抓好各级纪检监察干部自身能力素质培养，提高做好思想政治工作的能力、调查研究的能力、用

好互联网和新媒体的能力。纪检监察干部要认真学习习近平总书记系列重要讲话精神，学习党的理论与历史，不断加强思想修养，增强党的观念。纪检监察干部要强化自我监督，主动接受干部群众监督；要强化责任担当，坚持执纪者更要严格守纪；要严明工作纪律，完善工作程序和业务流程，严格执行重大事项报告和回避、保密等制度。各级党组要支持纪检监察部门工作，关心纪检监察干部成长，加强对纪检监察干部的培养和使用。

第二部分

大事记汇总

2015年北京市国土资源局工作大事记

一月

1月4日，市国土局邀请市外宣办、市网信办、中央和市属主要媒体负责同志、行业内专家召开2014年北京土地市场形势分析座谈会，第一时间介绍2014年土地市场有关情况及国土资源领域改革有关情况，听取各方对北京市国土资源管理工作和土地市场的意见建议。会议由总规划师丁晓主持，副局长师宏亚出席会议并讲话，研究室、调控监测处、储备中心有关负责同志参加会议。

1月22日，市国土局在北京会议中心参加北京市2015年“两会”代表委员咨询活动。局长魏成林、副局长张维、总规划师丁晓、副局长师宏亚分别在现场接受了市人大代表询问、市政协委员咨询。主要涉及耕地保护、占补平衡、土地确权、“小产权房”、采矿证延续等问题。局办公室、地籍处、矿开处、执法总队等处室负责人参加咨询活动。

1月22日，市国土局召开全市国土资源节约集约模范县（市）创建活动新一周期工作动员部署会，市局创建办和各区县国土分局创建活动主要负责人参会，总规划师丁晓对新一周期创建活动工作进行动员部署。

二月

2月3日，市国土局局长魏成林带队走进北京市非紧急救助服务中心12345服务热线，就北京市国土资源管理工作倾听群众声音和诉求，答疑解惑。局研究室（新宣办）、征地处、地籍处、土地利用处、信访处和执法总队负责同志陪同参加。北京市非紧急救助服务中心共受理涉及市国土局相关工作来电263件，来电群众主要反映占用耕地进行违法建设、宅基地确权、土地闲置及有关征地拆迁等政策情况。

2月15日，2015年北京市国土资源系统党风廉政建设工作会议召开。局党组成员、驻局纪检组长金兴利同志作题为《落实从严治党要求 强化监督执纪问责 坚定不移推进首都国土资源系统党风廉政建设和反腐败斗争》的工作报告。局党组书记、局长魏成林同志就持续推进全市国土资源系统党风廉政建设和反腐败工作作重要讲话。

三月

3 月 4 日，市国土局召开局工作会议，副局长张维作北京市国土资源局工作报告，局长魏成林对 2015 年国土资源管理工作做具体部署，明确以深化改革和依法行政为主线全力做好 2015 年首都国土资源管理各项重点工作。

3 月 19 日，市国土局、市农委、市园林绿化局、市农业局在北京会议中心联合召开 2015 年北京市设施农用地管理工作培训会。市国土局总规划师丁晓传达党中央、国务院领导关于耕地保护和设施农用地管理工作的相关指示，以及国土资源部、农业部的部署要求，分析北京市设施农用地利用管理工作面临的形势和任务，要求市相关部门、各区县和乡镇政府，坚持底线思维和“农地农用”原则，按照国土资源部相关规定和北京市近日印发的《关于贯彻落实国土资源部农业部进一步支持设施农业健康发展有关问题的通知》(京国土耕〔2015〕72 号）要求，密切加强协同，切实落实主体责任，加大培训宣传力度，综合运用各种手段，确保各项政策措施落到实处，进一步加强北京市设施农用地的精细化、规范化管理，坚守耕地红线不动摇。

3 月 19 日，芬兰阿尔托大学工程学院教授瑞恩·曼特塞罗博士与芬兰阿尔托大学房地产规划与地理信息学院教授玛丽凯特·余塔博士来市国土局访问，就不动产登记、土地利用规划战略研究及利用现代化信息技术在土地管理方面的应用进行交流座谈。市国土局副巡视员周旭峰、国土资源部科技与对外合作司处长马永正及北京市地质工程设计研究院相关人员参加座谈会。

3 月 25 日，市国土局召开执法监察工作会议，研究落实市政府第 73 次常务会议有关事项暨布置 2015 年度执法监察工作任务。各区县国土分局主管领导和市局研究室、法制处、调控和监控处、规划处、耕地保护处、地籍处、土地利用处和征地处相关人员参加会议。会议传达市政府第 73 次常务会议有关情况，介绍落实任务分解方案；通报 2015 年执法监察工作任务分解情况，明确主责单位、完成时限和工作标准。各区县分局主管领导和市局机关相关业务处室人员就如何抓好工作任务落实进行座谈和研讨，并提出意见建议。

3 月 27 日，市国土局和河北省国土资源厅组织专家在西直门宾馆对北京新机场及空管配套工程节地评价报告进行论证，副局长张维主持论证会。民航局机场司、北京新机场建设指挥部、中国民用航空华北空中交通管理局、中国民航机场建设集团公司及北京机场办、市规划委、大兴区政府，局内征地处、调控监测处、规划中心相关同志参加评审会。经讨论，专家评审组一致认为，北京新机场节地评价报告提出的问题合理，建议可行，原则同意节地评价报告，同时建议项目单位根据评审组提出的意见对报告进行进一步修改完善。

3月31日，市政府召开第76次市政府常务会议专题审议北京市2015年度国有建设用地供应计划。市国土局局长魏成林从北京市“十二五”前四年国有建设用地供应计划执行总体情况、2014年度国有建设用地供应计划执行情况、2015年度国有建设用地供应计划主要内容和需重点说明的几个问题等方面进行汇报。各参会单位负责同志一致对2015年度国有建设用地供应计划安排表示赞同，市政府参会有关领导分别从加大盘活存量用地建设养老设施，住宅用地供应要与人口疏解相结合、有效控制土地成本、适度增加公租房用地供应等方面提出了意见和建议。

四月

4月10日，市国土局正式对外公布行政处罚权力清单和行政处罚权力流程图，共计101项职权。其中：行政处罚权力清单包括了职权编码、职权名称、处罚依据、实施主体和处罚种类等具体内容；行政处罚权力流程图明确了从立案、审查、调查取证、审理、决定和结案等具体流程。

4月22日，国土资源部科技合作司、市国土局、东城区政府、市地勘局、东城区教委和市地质学会等单位负责同志与北京市第五十五中学等11所学校500余名师生共聚第五十五中学，开展宣传主题为“珍惜地球资源，转变发展方式——提高资源利用效益”第46个世界地球日宣传活动。通过观看“认识地球”科普教育宣传片、节约资源题材校园剧展演、环保理念主题演讲、“科普图书漂流”活动启动仪式等一系列丰富多彩的宣传活动，积极倡导青少年树立“珍爱地球、节约资源、低碳发展、生态文明”的理念，加深对地球科普知识、国土资源国情国策的理解，唤起保护地球、建设“美丽家园”的责任意识。活动当天，市国土局各区县分局也在各区县设立宣传点，向全社会发出“保护地球、节约资源、携手同行、永续发展”的倡议。

4月28日，市国土局召开2015年北京市汛期地质灾害防治工作部署会，市局相关处室，10个山区主管局长、科长，市气象局、北京市地质研究所相关同志参加会议，局长魏成林，副巡视员周旭峰到会并做指示。会议部署2015年地质灾害防治工作，介绍地质灾害应急决策指挥平台及2015年气象趋势预测，培训气象知识及地质灾害防汛终端使用方法。

4 月 29 日，市国土局组织召开城乡建设用地增减挂钩工作专题会。会议对北京市开展建设用地增减挂钩工作进行研究，特别是对增减挂钩工作的主要目的、挂钩要求、资金来源及审批程序等内容进行研究。会议还就增减挂钩项目资金管理、实施及后续监管、与建设项目代拆工作衔接以及纳入增减挂钩范围的建设项目类型等方面进行讨论。会议由市国土局局长魏成林主持，市发改委、市规划委、市住建委、市农委、市财政局等单位相关人员参加会议。

4 月 29 日，市国土局召开大兴农村集体经营性建设用地入市试点方案专题会。会议讨论《大兴区农村集体经营性建设用地入市试点方案》，特别是对试点目标、入市主体资格、运作模式、土地收益分配等内容进行深入探讨，对方案提出修改完善意见，并对下一步方案完善与上报工作进行部署。会议由市国土局局长魏成林主持，市发改委、市规划委、市住建委、市农委、市财政局、市国税局、市地税局、市金融局、市银监局、市环保局、市人力社保局、大兴区政府等单位相关人员参加会议。

五月

5 月 5 日，印度尼西亚国会地方理事会第一委员会副主席贝尼·拉姆达尼带领印度尼西亚国会代表团一行 12 人，来市国土局进行访问，就土地管理等相关问题进行交流座谈。副巡视员周旭峰及市国土局法制处、征地处、地籍处、土地利用处、登记中心等相关人员参加座谈交流会。

5 月 7 日，市政府副秘书长徐波同志在北京会议中心主持召开加快推进北京市土地出让收支和耕地保护情况审计整改工作会议。会上，市国土局通报近期北京市审计整改进展情况和工作安排，各牵头单位分别提出整改标准和相关要求。会议要求，各区县政府要按照全市统一部署和任务分工，认真落实整改方案，积极采取有效措施，确保整改任务按期完成。

5 月 14 日，市国土局建设完成“土地资源标准文本库”，将收集整理的土地资源各类标准电子文本数据，分类组建成标准文本库。经梳理汇总：土地资源国家标准 7 项、土地资源行业标准 41 项、土地资源地方标准 6 项，共 54 项标准可在局内网“标准化工作”栏目中查询、下载。

5 月 26 日，副市长林克庆到市国土局检查汛期地质灾害防治准备工作，听取地质灾害应急决策指挥大厅建设情况和汛期地质灾害防治工作准备情况。林克庆对指挥大厅建设和地质灾害防治工作给予肯定，要求工作中进一步创新技术手段、提升预警精度，健全工作制度、完善会商机制，抓好基础研究、关键环节和制度落实，确保人民群众生命财产安全。

5 月 27 日，市国土局在全市国土系统组织召开“三严三实”专题教育党课暨工作布置会。局党组书记、局长魏成林同志以“自觉践行‘三严三实’把国土资源管理工作推向新境界”为主题，带头为全系统干部职工讲党课。对全系统“三严三实”专题教育和今后全市国土资源管理各项工作的进一步推进提出明确要求。

六月

6 月 2 日，市委常委、副市长陈刚同志主持召开北京市不动产登记工作联席会扩大会议。市编办通报《北京市不动产登记职责整合方案》，方案明确：一是建立不动产统一登记管理体制。明确市国土局为北京市不动产登记机构，统一负责全市的不动产登记工作；二是将市、区县相关部门承担的土地、房屋、林地、农村土地承包经营权等不动产登记职责予以整合，统一交由市国土局承担，不动产的管理职责仍由原相关部门承担；三是不动产登记职责整合后，按照人随事走、编随人转的原则，将有关部门涉及不动产登记职责的相关机构编制划入国土部门，充实国土部门的不动产登记工作力量。

6 月 2 日，副市长林克庆主持召开北京市农村村庄地籍调查试点工作动员部署会议。市颁证办副主任、市国土局副巡视员樊文祯部署北京市农村村庄地籍调查试点工作，市委常委、副市长陈刚作重要讲话。按照先试点后全面推开的原则，今年北京市在 13 个区县各选择 1 个具有代表性的行政村，开展农村村庄地籍调查试点工作。通过试点工作，调查了解目前北京市农村宅基地及房屋现状，发现问题、总结经验、探索方法、研究政策，为下一步全面铺开奠定基础。

6 月 2 日，北京市地质灾害防汛专项分指挥部在市国土局召开本年度汛期第一次全体会议，各成员单位全部到会。会上，局长魏成林传达郭金龙书记 6 月 1 日在市防汛抗旱指挥部检查工作时的讲话精神；听取各单位的意见建议；强调汛前检查时发现的一些问题；明确下一步工作重点。同时，要求各单位落实责任制、密切配合、互通信息、团结合作，确保圆满完成汛期地质灾害防治工作。

6 月 2 日，市国土局、房山国土分局、霞云岭乡政府在霞云岭乡下石堡村共同举办本年度地质灾害防汛应急演练。此次演练涵盖监测预警、指挥决策、群众避险疏散转移、应急调查、医疗救护、紧急动员和后勤服务等应对、处置突发性地质灾害的相关内容。各参演单位和干部群众按照演练流程认真组织实施，演练内容贴近“实战”，演练过程平稳有序，达到检验地质灾害防灾避险能力的目的。演练结束后，观摩领导向村民群众发放地质灾害防治宣传材料，向老百姓介绍临灾避险常识，起到宣传效果。

6月24日，市国土局组织开展“网络名人国土行——身边的节约集约”主题活动。活动由国土资源部、国家互联网信息办共同主办，中国国土资源报社和市国土局具体承办。活动以宣传节约集约用地为主题，通过邀请网络名人和知名网络媒体走访东城区车辇店胡同立体停车场、奥体文化商务园和现场座谈交流等形式，畅谈旧城区和新建区土地节约集约利用模式，形成深化节约集约用地共识。活动充分利用网络名人和知名网络媒体影响力大，微博传播速度快的特点，在网络微博平台进行微直播并设定话题讨论，通过与网络名人的线上互动和线下交流，以及粉丝和广大网民的广泛参与互动，有效传播宣传节约集约用地理念，是新时期加强和改善与新媒体代表人士交流互动，利用新媒体进行正面宣传报道的一次探索和实践。

6月29日，国土资源部批复同意北京市上报的《北京市大兴区农村集体经营性建设用地入市试点实施方案》。《方案》严格按照“试制度，试规则”的试点要求，明确大兴区试点的指导思想、基本原则、主要目标、试点任务、预期成果，以及试点工作的时序安排和组织保障措施，为北京市大兴区入市试点工作奠定基础。

6月29日，市国土局建设完成“地质矿产标准文本库”，将收集整理的地质矿产类标准电子文本，发布在局内网“政务信息—标准化工作”栏目内，供全局系统工作人员学习、查阅、下载、使用标准。共发布地质矿产类标准238项，其中：国家标准40项、行业标准198项。

七月

7月3日，市国土局邀请市外宣办、市网信办、中央和市属主要媒体负责同志、行业内专家和部分媒体记者召开本年度上半年北京土地市场形势分析座谈会。会议由副局长师宏亚主持，研究室、调控监测处、储备中心有关负责同志参加会议。会上，储备中心丁红梅通报了本年度上半年土地供应有关情况。研究室刘俊兰以内部通报的形式介绍北京市不动产统一登记、农村集体经营性建设用地入市试点和土地利用规划修改完善等媒体关注热点问题的工作进展情况。会后，北京日报、新京报等11家媒体进行了客观、正面报道。

7月3日，市国土局召开“为官不为”、“为官乱为”问题专项治理工作部署会。副局长张维布置《北京市国土资源局“为官不为”、“为官乱为”问题专项治理工作方案》，金兴利组长通报《北京市国土资源局行政败诉案件过错责任追究办法》（草案），法制处处长丁世华通报2014年败诉案件整改情况和本年度1－5月诉讼复议情况。局长魏成林作重要讲话。

7 月 8 日，市国土局副局长谢俊奇主持召开局网站群栏目主持人工作会，市国土局各区县分局、机关各处室、直属各单位参会。会议听取 2014 年度国土资源部政务信息网上公开考评结果，传达市政府办公厅《关于贯彻落实国务院办公厅开展第一次全国政府网站普查工作的通知》，通报 2015 年局网站群工作概况。

7 月 8 日，市国土局召开 2015 年政府信息公开培训会。局信息公开办主任王兵同志主持会议，各区县分局、局机关各处室、直属各单位相关负责同志参加会议。会议总结 2014 年度和 2015 年上半年全局系统政府信息公开工作情况，部署下一阶段重点工作。法制处处长丁世华同志结合政府信息公开行政复议、行政诉讼的案例分别从答复内容的事实认定、系统内部的沟通联动、依法收费的重要性、不存在答复的适用依据等四个方面总结归纳导致败诉的主要原因。重点对如何做好依申请公开进行分析指导。海淀、顺义分局就工作中存在的问题在现场进行沟通互动。

7 月 15 日，市国土局召开打击非法开采工作会。副巡视员周旭峰、矿开处、执法总队和 15 个区县分局主管领导及业务科室（队）负责人参加会议。会议通报了 2013 年和 2014 年非法采矿造成矿产资源破坏价值鉴定工作开展情况及存在的问题，各分局汇报 2015 年上半年打击非法开采工作情况。会议对下半年全市打击非法开采工作进行安排部署。

7 月 16 日，北京市不动产登记推进工作办公室正式成立。办公室主任由市国土局局长魏成林担任，办公室副主任由市国土局、市住房城乡建设委、市农委、市园林绿化局主管领导担任。成员由市国土局登记处、办公室、人事处、法制处、财务处、研究室（新宣办）、地籍处、登记中心、权籍中心、信息中心，市住房城乡建设委登记处、信息中心，市园林绿化局林政资源处，市农委经营管理处组成。办公室下设三个工作组，分别为机构整合督导组，组长由登记处处长王国韬担任，负责统筹协调不动产登记的全面工作；信息平台建设组，组长由信息中心主任尹岷担任，负责不动产登记信息化建设工作；登记业务组，组长由登记中心主任詹奕担任，负责不动产登记业务工作。

7 月 23 日，市国土局副局长李军主持召开北京市国土所标准化建设工作总结专题会。副巡视员杨洪范、市局法制处、财务处、人事处、监察处、执法总队等部门和 14 个区县分局主管领导及各国土所所长参加会议。会议对 2012—2014 年国土所建设工作进行总结，门头沟分局、房山二所、顺义二所分别介绍本单位的先进工作经验和管理方法。

7 月 28 日，市土地整理储备中心通州区分中心获得市财政局通过定向承销方式发行置换专项债券 12. 8712 亿元，这是北京市土地储备机构首次获得地方政府置换债券，地方政府置换债券利率低于同期银行贷款利率，将有助于北京市土地储备机构进一步降低资金成本、控制债务风险和优化资金结构。

7 月 31 日，市国土局局长魏成林主持召开北京市农村集体经营性建设用地入市试点工作领导小组办公室第一次会议。会议通报大兴区集体经营性建设用地入市试点工作进展情况，研究讨论《北京市大兴区集体经营性建设用地入市试点暂行办法》《入市审核管理程序》《北京市集体经营性建设用地使用合同》(出让、租赁、作价入股范本)《北京市城乡建设用地增减挂钩试点管理办法》《北京市农村集体经营性建设用地入市试点工作领导小组办公室工作规则》及《北京市农村集体经营性建设用地入市试点工作领导小组工作规则》等 13 项入市试点相关配套政策。

7 月 31 日，市国土局研究室（新宣办）组织 2015 年“国土宣传业务讲坛”培训，邀请国土资源部办公厅新闻处处长谢辉作《国土资源舆情分析与媒体应对》专题授课。培训由总规划师丁晓主持，机关各处室、直属事业单位全体干部及分局新闻宣传主管领导和新闻宣传员在市国土局主会场参会，区县分局全体干部职工在分会场参会。谢辉从全媒体发展态势、国土资源舆情监测分析、突发事件的应对策略和原则、国土资源舆情案例和媒体应对的问与答五个方面讲授。

八月

8 月 6—7 日，全国调查办组成专家组在北京召开北京市第二次全国土地调查省级汇总成果预检会。会上，北京市土地调查办汇报了北京市二次调查工作及成果情况，专家组查阅相关市级数据、文字、图件、数据库和朝阳区、通州区、房山区、延庆县部分区县成果，经质询、答疑，北京市市级汇总成果顺利通过国家级预检。特别是与会专家对北京市编制的《北京土地》《北京市土地调查图集》《北京市土地调查数据集》和《北京土地调查技术》四个专著成果给予高度评价。

8 月 7—13 日，为防范在北京市部分矿山企业关停或延续生产关键时期发生各类安全事故，并确保世界田径锦标赛和抗日战争胜利 70 周年纪念活动期间的安全稳定，市国土局矿开处按照市委、市政府的统一部署和局领导的要求，会同各区县分局组成检查组对全市非煤矿山开展安全检查。检查组对矿山企业的汛期防汛工作落实情况和安全生产情况进行实地检查。

8 月 20 日，市国土局副巡视员杨洪范主持召开执法监察工作会议。市国土局法制处、信访处、执法总队及各区县国土分局执法监察工作主管领导、执法科（队）长等有关人员参加会议。会议传达市国土局印发的《加强 12336 违法线索处理有关工作的通知》(京国土监〔2015〕330 号）文件精神。部署关于排查以休闲度假为名的土地违法违规行为专项工作。通报各区县落实市政府第 73 次常务会精神、开展违法用地整改工作情况。传达市国土局印发的《北京市国土资源局印发〈关于清查未整改到位一般性违法用地项目的工作方案〉的通知》(京国土监〔2015〕340 号) 文件精神，安排部署清查、整改的相关工作。传达市检察院向市国土局通报的上半年国土资源领域违法犯罪的案件办理情况，部署联合市检察机关开展“破坏环境资源犯罪专项立案监督活动”有关工作。对市国土局印发的《关于国土资源涉嫌违法行为举报事项核查处理有关工作的通知》(京国土监〔2015〕92 号) 进行解读和答疑。

8 月 21 日，北京市编办正式下发《关于整合设立北京市各区县不动产登记事务中心的通知》。至此，北京市市区两级不动产登记机构职责整合完成，在全国不动产登记职责机构整合工作处于领先地位。《通知》明确整合各区县土地权属登记事务中心和各区县房屋管理局所属的房屋登记中心、档案管理中心，设立各区县不动产登记事务中心，为市国土局各区县分局所属相当副处级公益一类事业单位，承担本行政区域内的不动产登记事务性工作；人员编制按照人随事走、编随人走的原则，将房屋和园林绿化部门等不动产登记职责的相关人员编制划入国土部门，全市共划转 578 名，其中住建委(房管局) 568 名，园林绿化部门 10 名。

8 月 21 日，市国土局局长魏成林主持召开不动产统一登记工作动员会。副巡视员樊文祯、各有关处室和单位的主要领导及各区县分局局长参加会议。会上，不动产登记处汇报北京市不动产统一登记推进工作情况，相关部门对不动产登记工作涉及的人、财、物及业务管理进行分类指导，东城分局、朝阳分局作典型发言。局长魏成林对北京市不动产统一登记的前期工作给予肯定，同时明确分局局长作为该项工作的第一责任人，并对下一步工作开展提出具体要求。

8 月 27 日，市国土局局长魏成林、副巡视员周旭峰带队对房山区国土所建设情况进行调研，并对房山区地质灾害防治工作进行检查。在房山国土分局国土二所，魏成林听取工作汇报，充分肯定国土所工作，要求国土所人员严格履职，加大宣传，做好服务，同时采用视频监控、“一张图”等技术，加强巡查，发现问题及时报告解决。在河北镇、大安山乡，魏成林实地查看河北镇西区沟地质灾害隐患点和大安山乡避险安置点。检查组肯定了房山区地质灾害防治工作，并对地质灾害隐患点的治理提出指导性意见。房山区委副书记、区长曾赞荣，副区长魏广勋及房山国土分局、河北镇、大安山乡负责同志陪同检查。

8 月 28 日，市国土局成立局网络安全和信息化工作领导小组，组长由党组书记、局长魏成林同志担任，领导小组成员由机关各处室、直属各单位的主要负责人和所有区县分局党组书记组成。领导小组统一组织领导全局系统网络安全和信息化工作，贯彻落实国家、国土资源部、北京市网络安全和信息化工作的法律、法规和方针、政策；审定全局系统网络安全和信息化工作方案、标准规章制度、长期规划、年度计划和年度经费预算；研究决定网络安全和信息化建设与应用重大事项，考核全局系统网络安全和信息化工作。领导小组下设办公室（对外称北京市国土资源局网络安全和信息化工作办公室，简称局网信办），设在局信息中心。负责贯彻执行局网络安全和信息化工作领导小组的决定，承办局网络安全和信息化工作领导小组的日常工作。

九月

9 月 7 日，国土资源部不动产登记局和信息中心领导及信息化建设方面有关专家到市国土局现场指导北京市不动产登记信息系统建设工作。局长魏成林、副巡视员樊文祯，不动产登记处、地籍处、不动产登记中心、权籍中心、信息中心、信息系统开发单位参加会议。会上，由市国土局汇报北京市不动产登记工作进展情况和不动产登记信息化建设情况，并进行系统介绍和操作流程演示。指导组对北京市不动产登记推进工作给予肯定，结合整体工作推进情况，对不动产登记信息建设工作提出指导意见。

9 月 8 日，市国土局局长魏成林主持召开局长专题会，传达市政府第 90 次常务会精神，研究市发改委 235 个重点推进项目手续办理情况。会议传达市长王安顺在常务会议上的讲话精神，并就北京市 235 项重点项目中涉及市国土局工作的 36 个项目进行逐项分析和明确责任分工。

9 月 10 日，北京市组织召开新一周期第一批次国土资源节约集约模范县（市）创建活动考核复核评审会。市创建办成员单位、创建指标数据涉及单位和各区县创建工作负责单位等相关负责同志参加会议。会议对北京市已经获评模范县（市）的东城区、西城区、石景山区和平谷区 4 个区县进行模范县（市）市级复核；对北京市历年已经通过达标考核的朝阳区、海淀区、丰台区、大兴区、顺义区、门头沟区、怀柔区、密云县和延庆县 9 个区县进行模范县（市）达标复核；对北京市新一周期启动模范县（市）创建活动的昌平区、房山区和通州区 3 个区进行达标考核；同时，对全市下一步推选参评全国模范县（市）的区县提出初步建议。此次会议标志着北京市实现了全市（16 个区县）创建工作“全覆盖”，北京市创建活动正式进入“常态化”的考核阶段。

9 月 25 日，荷兰基础设施与环境部空间规划司高级顾问玛瑞吉 . 瓦格特女士率团，来市国土局进行为期一天的业务访问。访问期间，分别到北京金融街和昌平区未来科技城进行实地考察调研，并就土地空间规划和土地利用等内容进行座谈交流。

9 月 29 日，市国土局召开 2015 年汛期地质灾害防治工作总结会。局长魏成林、副巡视员周旭峰，局相关处室，10 个山区县分局主管局长和地矿科科长、应急调查队负责人参加会议。会议总结 2015 年地质灾害防治工作取得的成效，查找存在问题，提出整改建议。周旭峰对汛后和明年工作中指挥管理方式、工程精细化管理、预警精度提升和能力建设方面提出具体要求。局长魏成林对汛期全局地灾防治工作人员的工作和成效给予肯定，提出下一步工作重点。

十月

10 月 13—14 日，国家土地副总督察、国土资源部总规划师严之尧带领调研组到北京市专题调研大兴区农村集体经营性建设用地入市试点工作。调研组听取市国土局、大兴区政府关于集体经营性建设用地入市试点推进情况的工作汇报，到大兴区西红门镇实地调研集体经营性建设用地利用情况，与西红门镇政府、基层群众代表、企业代表和基层干部代表开展座谈交流，并就北京市集体经营性建设用地入市试点涉及的组织运作模式、产业发展方向、基础设施建设、增值收益分配、农民长远生计保障等问题，进行深入沟通和研究。

10 月 21 日，市政府副秘书长张维在市国土局主持召开市政府第 73 次常务会涉及的违法违规用地整改工作督导会，14 个远郊区县政府、市政府第二督查组，副局长李军，执法总队和郊区县国土分局有关人员参加会议。会议通报目前北京市整改工作进展情况及今年一季度卫片发现违法用地情况。未整改到位的 10 个区县政府汇报本辖区整改进展和下一步工作目标。大兴区介绍该区在快速制止违法用地工作中的有益经验和做法。

10 月 27 日，全球著名地理信息软件厂商 ESRI 公司在北京国际会议中心召开“第十三届 Esri 中国用户大会”。市国土局综合监管平台荣获 2015 年度 Esri 全球特别贡献奖。

10 月 29 日，市政府公车改革检查验收组来市国土局检查公车封存情况，对市国土局认真落实公车改革要求，在短时间内完成公车分类清理及封存工作给予积极肯定，并通过了公车改革封存验收。

10 月 30 日，市政府召开第 95 次常务会，听取北京市集体经营性建设用地入市试点工作进展、试点政策制度设计和地块入市准备等相关情况汇报。会议讨论审议市国土局上报的《北京市农村集体经营性建设用地入市试点暂行办法》《入市审核管理程序》《北京市集体经营性建设用地使用合同（范本）》等 13 个试点配套文件。

十一月

11 月 4 日，北京市政府约谈本市一般违法用地较多或整改进展缓慢的房山区、丰台区、昌平区、延庆县、怀柔区 5 个区县和房山区韩村河镇、丰台区长辛店镇、丰台区花乡、丰台区王佐镇、通州区张家湾镇、昌平区南邵镇 6 个乡镇的主要领导。市政府主管领导，国家土地督察北京局负责同志、14 个郊区县政府领导，以及市相关委办局负责同志参会。副市长陈刚指出，开展卫片执法监督检查工作，是规范国土资源开发行为，维护国土资源管理秩序的重要手段。要求提高认识，按照京津冀协同发展要求抓好土地监管；强化属地责任，坚决打赢遏制违法用地的硬仗；加强部门联动，严格规范用地秩序和责任追究。国家土地督察北京局领导在会上就北京市土地管理工作也提出相关要求和建议。

11 月 6 日，市国土局整合市住建委房屋登记数据，在局门户网站正式开通不动产登记栏目，提供不动产登记系统登录入口。该栏目涵盖不动产政策法规、办理事项一次性告知单、登记公告、登记结果、疑难解答等 13 个子栏目，并播放不动产登记宣传片。

11 月 8 日，在东城区不动产登记事务中心登记大厅，副市长陈刚为北京天街集团有限公司颁发北京市首本不动产权证书，国土资源部副部长王广华为市民闫女士颁发第二本不动产权证书。首本不动产权证书的颁发标志着北京市不动产统一登记颁发新的不动产权簿证工作正式启动。

11 月 9 日，北京市全面启用新的不动产登记簿证，北京市成为全国首个全面向社会提供不动产统一登记服务的省级单位，是北京市全面深化改革取得的一项重要成果。对新受理的不动产登记申请将按不动产统一登记程序办理；之前受理的各类房屋登记、土地登记申请仍按原有工作程序颁发旧版不动产权属证书。原有登记机构依法颁发的各类不动产权属证书和制作的不动产登记簿继续有效，并按照“不变不换”的原则，权利不变动，簿证不更换。

11 月 18 日，市国土局召开国土资源行政处罚工作培训会，邀请国土资源部执法监察局和市政府法制办相关负责同志对全系统 400 余名国土资源执法人员开展业务培训。结合国土资源管理系统失职渎职案例分析，强调执法人员履职尽责重要意义，讲解《国土资源违法行为查处工作规程》；结合北京市行政执法工作现状，分析新的考核制度、行政处罚程序、行政问责机制和执法案卷制作注意事项；结合市国土局被撤销行政处罚决定案例，从基本原则、处罚程序和法律适用等方面讲解国土资源行政处罚案件行政复议审查要点；通报《北京市国土资源局关于国土资源违法行为举报事项核查处理有关工作的通知》出台背景，及市国土局公布行政处罚权力清单和裁量基准工作进展情况，强调避免因程序违法或环节缺失引起复议、诉讼和问责的具体要求；通报本年全系统处罚案卷质量评查、填报行政执法信息服务平台工作情况，并向各区县分局发放《国土资源管理所工作指导手册》等学习资料。

11月19—20日，市国土局总规划师丁晓带领市国土局、市委深改办、市规划委、市农委、大兴区政府五部门相关人员组成的专题调研组，赴大兴区调研集体经营性建设用地入市试点工作。调研组到大兴区西红门镇、瀛海镇、黄村镇等乡镇进行实地调研，研究入市试点工作相关事宜，听取乡镇基层对试点工作意见建议。

11月23日，市国土局召开2016年度国有建设用地供应计划编制工作务虚会，市发改委、市规划委、市住建委、市经济信息化委、市交通委、市重大办、市住保办及市国土局相关处室负责同志参会。会议明确2016年度国有建设用地供应计划编制工作将围绕全面落实首都城市功能战略定位，推动京津冀协同发展战略部署，突出“减量发展、结构优化、有效疏解、节约集约”的原则，充分发挥计划的引导作用，增强计划的约束力，有效疏解非首都功能，促进土地节约集约利用。

十二月

12月4日，市国土局网络安全和信息化工作办公室召开北京市国土资源信息化“十三五”发展规划研讨会，17个分局网信办主任、信息中心领导班子、各科室共50余人参加会议。会上，全体参会人员观看北京市国土资源综合监管平台电视片，共同回顾“十二五”期间国土资源信息化工作取得的主要成果，听取信息化“十三五”发展规划总体思路汇报。各分局网信办主任和与会人员，就目前“十三五”信息化发展需求和信息化发展存在问题进行研讨。

12月11日，北京市农村集体经营性建设用地入市试点首宗入市地块发布挂牌公告。该地块位于大兴区西红门镇2号地，土地总面积26700平方米，土地使用权出让年限为40年，规划用途为绿隔产业用地，建筑使用性质为公建、商服、办公、多功能等。地块成交后，竞得人将与北京市盛世宏祥资产管理有限公司（西红门镇镇级联营公司）签订土地出让合同。土地出让价款要求一次性付清，出让价款的12%作为土地增值收益调节金上缴大兴区财政。北京市盛世宏祥资产管理有限公司取得剩余出让价款，各村集体经济组织按照其所持股份参与分配。

12月11日，市国土局组织实施的“区县分局档案数字化成果整理入库”项目通过验收。该项目完成了数字档案馆系统分局基本版的开发部署、对区县分局862144卷数字化成果进行数据检查和整理移植，并对分局硬件设备进行升级。通过该项目的开展，实现分局数字档案的电子查询和档案信息的安全存储，可为局系统工作人员和社会公众提供更加便捷、高效、安全的电子档案查询服务，标志着区县分局档案管理信息化水平迈上一个新台阶。

12 月 23 日，市国土局局长魏成林主持召开北京市农村集体经营性建设用地入市试点工作领导小组办公室第二次会议。会议通报入市试点工作进展情况，审议通过《北京市银监局关于创新开展农村集体经营性建设用地入市试点融资的意见》，市农委关于《北京市农村集体经营性建设用地入市试点民主决策程序及实施主体组建运行管理暂行办法》，并对北京市农村集体经营性建设用地入市试点涉及的土地增值收益调节金管理收支管理政策进行研究。

12 月 28—29 日，市国土局召开土地利用总体规划工作培训会，副局长师宏亚参加会议并讲话，各区分局主管局领导、科室负责人、业务骨干及有关技术承担单位参加会议。会议围绕土地规划调整完善、永久基本农田划定、用地预审和规划数据库更新等工作进行系统培训，并结合参会人员提出的相关问题进行解答和指导，海淀、门头沟、怀柔三个分局就低效用地再开发、区县规划实施评价等专项工作成果进行介绍和交流。

第三部分
市级国土资源管理

土地资源管理

土地资源概况

【辖区范围】

北京市是中华人民共和国首都，全国政治中心、文化中心、科技创新中心和国际交往中心。地理坐标是，南起北纬39°28′，北到北纬41°05′，西起东经115°25′，东至东经117°30′。市域北接滦平、丰宁、赤城和承德等县（市）；西临怀来、涿鹿等县（市），南临涞水、涿州、永清、固安、廊坊及天津市的武清等县（市）；东与大厂、香河、三河、兴隆和天津市的蓟县等县（市）为邻。

北京市位于华北平原西北隅，地势西北高，东南低，海拔最高处2303米，最低地方仅为10米。西部山地属太行山脉；北部山地属燕山山脉，北部与内蒙古高原相连；东北与松辽大平原相通，东南面向华北平原，距渤海仅约150公里，往南与黄淮海平原连片。北京平原的海拔高度在20至60米，山地一般海拔1000至1500米，与河北交界的东灵山海拔2303米，为北京市最高峰。境内主要河流有永定河、潮白河、北运河、拒马河、泃河等，均属海河水系，其中永定河斜贯本市西南部，是北京地区的最大河流。

北京市下辖14个区、2个县，辖区总面积16406.1606平方公里（1640616.06公顷），土地利用现状面积详见表3－1。

表3－1　　**2014年度北京市土地利用现状汇总**　　单位：公顷

行政区域		土地调查面积	耕地(01)	园地(02)	林地(03)	草地(04)	城镇村及工矿用地(20)	交通运输用地(10)	水域及水利设施用地(11)	其他土地(12)
名称	代码									
北京市	110000	1640616.06	219948.76	135103.71	737542.89	85139.49	302939.17	47006.28	78378.65	34557.11
东城区	110101	4182.04	0	0	0	0	4182.04	0	0	0
西城区	110102	5033.13	0	0	0	0	5033.13	0	0	0
朝阳区	110105	45478.12	2563.77	667.84	3596.95	12.18	33895.57	2249.04	2116.53	376.24
丰台区	110106	30552.63	2138.88	759.02	4216.76	79.11	19201.67	2731.08	1228.58	197.53

续表 3－1

行政区域		土地调查面积	耕地（01）	园地（02）	林地（03）	草地（04）	城镇村及工矿用地（20）	交通运输用地（10）	水域及水利设施用地（11）	其他土地（12）
名称	代码									
石景山区	110107	8438.21	66.58	65.45	2362.83	6.94	5388.76	221.19	309.89	16.57
海淀区	110108	43076.87	2031.15	2557.20	10440.92	47.25	24316.59	1565.74	1678.26	439.76
门头沟区	110109	144785.16	872.99	5180.15	100448.61	22980.74	8156.74	1467.42	1457.35	4221.16
房山区	110111	199472.67	25004.15	15708.77	60614.73	45547.54	31002.59	5165.65	6992.81	9436.43
通州区	110112	90579.21	33570.48	3473.88	7840.77	120.40	30139.35	4812.35	8603.91	2018.07
顺义区	110113	101950.63	33673.67	4938.54	15202.60	1746.66	28449.66	7233.14	7634.79	3071.57
昌平区	110114	134246.74	11625.20	12581.59	63286.29	1444.50	34135.35	5137.34	4139.65	1896.82
大兴区	110115	103633.66	40813.78	8121.72	6436.76	328.76	34600.70	4133.25	6565.06	2633.63
怀柔区	110116	212282.33	10038.73	17670.96	162684.11	1647.50	10547.97	2934.78	4823.68	1934.60
平谷区	110117	94824.04	11737.26	23411.53	34866.56	6116.04	10449.93	2562.03	4045.24	1635.45
密云县	110228	222592.14	17478.51	29327.68	130044.47	2317.65	14004.63	3252.67	22371.19	3795.34
延庆县	110229	199488.48	28333.61	10639.38	135500.53	2744.22	9434.49	3540.60	6411.71	2883.94

【土地利用规划实施管理】

年内，建设用地预审。年内（以下本书所写“年内”“年底”“全年”“本年”“本年度”等如无特殊情况，均指2015年，特此说明），北京市共批复用地预审项目826件，用地总面积9508.79公顷，同比2014年减少31%。其中农用地约3717.26公顷（其中耕地1693.32公顷），占39.09%；建设用地约5451.53公顷，占57.33%；未利用地340公顷，占3.58%。按预审项目用途分类，储备用地2647.81公顷，占27.85%；公共管理与公共服务用地2339.3公顷，占24.6%；交通运输用地2166.32公顷，占22.78%；住宅用地1630.99公顷，占17.15%；水域及水利设施302.12公顷，占3.18%；工矿仓储用地210.83公顷，占2.22%；商服用地78.09公顷，占0.82%；特殊用地45.78公顷，占0.48%。

年内，规划调整。截至年底，北京市共办理土地规划调整102件，总用地面积约660公顷。其中：报市政府批准土地规划修改项目7个，调整面积约213公顷；经市国土局批准同意土地规划动态维护项目30个，调整面积约284公顷；经分局批准同意土地规划动态维护项目65个，调整面积约163公顷。

【优化审批工作，推进重点项目落地】

依托《北京市绿道建设总体方案

（2013—2017年）》，为推进北京市健康绿道工程建设，市国土局联合市园林、发改等部门出台《关于规范健康绿道建设项目用地实施管理的通知》（京国土规〔2015〕424号），明确健康绿道范围，规范用地手续办理。年内，全市共有6个市级健康绿道项目（共162公里）通过联合会审完成立项审批。为推进重大线性工程用地预审的办理，制定下发《关于加快推进我市重大线性工程用地预审工作的通知》（京国土规〔2015〕441号），对列入土地利用总体规划设定的交通廊道或已列入土地规划重点建设项目清单的线性工程项目，可视为符合土地规划，并对不占用基本农田的可先行通过用地预审。该《通知》下发后，全市共有轨道交通新机场线、京密路等12个重大工程（共556公顷）通过用地预审。为规范和简化绿隔地区3%—5%绿色产业项目用地预审工作，做好土地规划与城市规划的相互衔接，市国土局研究下发《北京市国土资源局关于绿隔地区3%—5%绿色产业项目用地预审手续有关问题的意见》（京国土规函〔2015〕1283号），明确发展改革部门立项核准前可不再办理建设项目用地预审，不确定供地方式；待取得规划部门的《规划条件》后，在发改部门立项前，由项目单位来函向分局征求意见。

年内，北京市235项重点项目中涉及市国土局工作共36个，其中需要加快推进办理用地预审的项目共19个。按照专人专管、专人专办、加强主动服务的要求，市国土局采取加强沟通协调、建立沟通机制和缩短办理时限等方法，加快推进全市重点项目落地。截至年底，已经办理用地预审手续项目15个，正在办理用地预审手续项目4个。

【永久基本农田划定】

年内，开展永久基本农田划定工作。为落实《国土资源部农业部关于划定基本农田实行永久保护的通知》要求，在永久基本农田划定试点工作的基础上，北京市全面推开永久基本农田划定工作。年内，初步完成北京市基本农田保护面积和耕地保有量核减工作。市国土局结合正在开展的土地规划调整完善工作，会同市农委、市农业局等相关部门研究提出北京市耕地保有量和基本农田保护面积核减方案，经国土资源部原则同意后，以市政府名义向国务院正式提出申请。年内，基本完成北京市城市周边永久基本农田核实举证工作。按照国土资源部工作部署要求，开展北京市城市周边永久基本农田核实举证工作，组织召开工作动员部署会议，将耕地图斑分解到各区，要求逐图斑、逐地块进行摸底调查和核实举证。截至年底，已完成区县核查数据的审核工作。

年内，做好2016年全市基本农田划定预算编制工作。按照市政府关于《北京市永久基本农田划定方案》的部署，会同财务处、耕保处、规划中心编制2016年永久基本农田划定预算标准，协助各分局落实2016年永久基本农田划定工作预算。

【专项规划编制】

年内，土地规划调整完善工作。按照《国土资源部办公厅关于印发〈土地利用总体规划调整完善工作方案〉的通知》

（国土资厅函〔2014〕1237号），启动开展本轮土地规划的调整完善工作。年内，开展全市土地规划实施评价工作，分析新版规划正式批准实施以来北京市城乡建设用地变化情况，初步摸清规模和布局，并结合人口、经济、社会等情况进行整合与挖掘，归纳总结变化规律和特点。在上述基础上制定下发区级土地规划实施评价技术要点和有关要求，截至年底，各分局已基本完成此项工作；完成土地规划调整完善总体战略思路研究、城市周边永久基本农田划定各区县数据汇总和数据抽查及土地规划调整完善工作方案拟定等相关前期基础性工作。

年内，编制北京市矿产资源规划（2016—2020年）。按照国土资源部《关于开展第三轮矿产资源规划编制工作的通知》（国土资发〔2014〕35号）要求，年内，2月正式启动北京市矿产资源规划编制工作，并基本形成《北京市矿产资源规划（2016—2020年）》初稿。

【开展建设领域改革，推动“两规合一”工作】

按照城市规划建设领域改革专项小组制定的2015年重点任务分工，以加强“两规合一”为抓手，研究控制城乡建设用地规模的机制。向各区政府发送《关于商请编制城乡建设用地减量专项规划的函》（京国土规函〔2015〕543号）。明确要求在市、区、乡三级土地规划调整完善工作中将控制城乡建设用地规模、编制减量规划作为重要内容进行专门研究。门头沟、海淀、通州分别结合自身实际，在控制城乡建设用地规模、促进减量化发展方面进行了有效的探索与尝试。

年内，市国土局与市规划委、规划院有关部门密切沟通，专门建立“两规合一”工作平台，立足于做好土地规划与城市规划在现状和规划建设用地规模、布局两方面的有机衔接，先后多次就用地分类、认定标准、指标类型等内容进行座谈研讨，并形成初步成果。

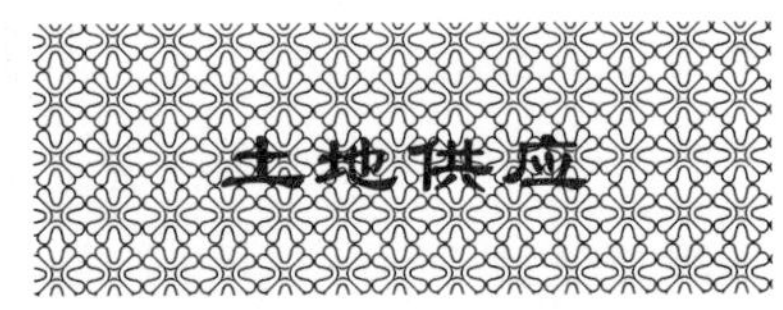

【年度土地供应计划编制】

年内，主动适应首都经济发展新常态，落实“四个中心”的新定位，积极推动京津冀协同发展，统筹“功能疏解、人口控制、用地减量、空间优化”的目标任务，努力打造国际一流的和谐宜居之都，保障首都经济社会持续稳步发展的合理用地需求，按照《国有建设用地供应计划编制规范》（试行）（国土资发〔2010〕117号）要求，结合《北京城市总体规划（2004—2020）》《北京市土地利用总体规划（2006—2020年）》《北京市2011—2015年国有建设用地供应计划》和市政府本年度工作部署，市国土局会同市发展改革委、市规划委共同编制了本年度国有建设用地供应计划，下发《关于印发北京市2015年度土地供应计划的通知》（京国土调〔2015〕118号），并正式公布实施。

本年全市国有建设用地计划供应总量4600公顷，其中新增建设用地控制在2100公顷以内，鼓励和引导利用存量建设用地2500公顷。

本年土地供应总量按用途类型分：交通运输用地1750公顷，水域及水利设施用地50公顷，特殊用地50公顷，公共管理与公共服务用地800公顷，工矿仓储用地350公顷，住宅用地1200公顷，商服用地400公顷。

本年土地供应总量按空间结构分，首都功能核心区和生态涵养区的土地供应量不高于全市土地供应总量的15%，城市功能拓展区和城市发展新区的土地供应量不低于全市土地供应总量的85%。规划新城范围内土地供应量占土地供应总量的70%以上，其中，重点新城规划范围内土地供应量约占土地供应总量的30%。

【年度供应计划实施】

土地供应总量进一步下降，适应首都经济社会发展新常态。年内，进一步促进减量发展、提质增效，继续有效保障合理用地需求，主动适应非首都功能疏解要求，服务于人口调控目标，适度放缓经营性用地供应节奏（商品住宅、商服、工业用地供应量比计划分别减少370公顷、200公顷、230公顷），此外受新机场（700公顷）建设进度调整等影响，北京市国有建设用地供应总量2300公顷，完成年度计划的50%，同比下降27%。

重点保障公共管理和公共服务、交通运输等基础设施用地供应。本年度北京市公共管理和公共服务、交通运输等基础设施用地供应1099公顷，占土地供应总量的47.8%，满足轨道交通、高速公路、城市道路、南水北调工程、环境治理、基础能源设施建设等重点项目用地需求。

保障性安居工程用地继续“应保尽保”。本年度全市供应各类保障性安居工程用地495公顷，完成计划（450公顷）的110%。

主动适应非首都功能疏解要求，服务于人口调控目标，适度放缓经营性用地供应节奏。年内，继续全面落实习总书记视察北京重要讲话精神，主动适应非首都功能疏解要求，服务于人口调控目标，适度放缓经营性用地供应节奏，商品住宅、商服、产业用地供应分别完计划的51%、50%和55%，三项合计同比下降38.8%。

【国有建设用地使用权出让】

北京市国有建设用地使用权出让概况。年内，北京市共出让土地230宗，出让土地总面积约898.3584公顷，合同地价款总额约为人民币2038.3591亿元（表3－2）。其中出让新建项目用地154宗，出让土地面积约为808.3093公顷，占出让总土地面积的89.98%，合同地价款总额约为人民币2020.4992亿元，占出让地价款总额的99.12%；以现状补办出让项目用地76宗，出让土地面积约90.0491公顷，占出让总土地面积的10.02%，合同地价款总额约为人民币17.8599亿元，占全市出让地价款总额的0.88%。

按出让方式来分，招拍挂方式出让项目用地112宗，出让土地面积约670.5533公顷，占出让总土地面积的74.64%，合同地价款总额约为人民币1967.7358亿元，占出让地价款总额的96.54%；协议方式出让项目用地118宗，出让土地面积约227.8051公顷，占出让总土地面积的25.36%，合同地价款总额约为人民币70.6233亿元，占全市出让地价款总额的3.46%。

表 3－2　　2015 年北京市按区域划分国有建设用地使用权出让情况

区县	宗数	宗地面积（公顷）	合同地价款（万元）
东城区	19	1.8636	109973.36
西城区	7	0.7816	5443.65
朝阳区	31	72.0105	2457152.34
丰台区	30	112.9259	6489921.37
石景山区	3	8.3822	434348.89
海淀区	22	72.9689	1060019.20
门头沟区	8	26.8859	1561680.65
房山区	14	85.3673	1307005.03
通州区	10	67.9453	1124363.48
顺义区	17	87.4054	1112484.78
昌平区	28	178.9133	2886657.40
大兴区	25	105.2272	1189495.05
怀柔区	4	11.8656	39014.46
平谷区	5	32.2076	428700.00
亦庄开发区	2	12.6022	20679.51
密云县	5	21.0059	156651.81
延庆县	0	0	0
合计	230	898.3584	20383590.98

北京市国有建设用地使用权协议出让情况。年内，北京市共协议出让土地 118 宗（包括现状经营性用地补办出让手续、教科文卫用地等），出让土地总面积约 227.8051 公顷，合同地价款总额为人民币 70.6233 亿元（表 3－3）。其中协议出让新建项目用地 42 宗，出让土地面积约为 137.7560 公顷，占协议出让总土地面积的 60.47%，合同地价款总额约为人民币 52.7634 亿元，占协议出让地价款总额的 74.71%；以现状补办出让项目用地 76 宗，出让土地面积约 90.0491 公顷，占协议出让总土地面积的 39.53%，合同地价款总额约为人民币 17.8599 亿元，占全市协议出让地价款总额的 25.29%。

表 3－3　　2015 年北京市按用途划分国有建设用地使用权协议出让情况

	宗地数（宗）	面　积（公顷）		规划建筑面积（公顷）	成交价款（万元）	纯收益（万元）
			新增			
甲	1	2	3	4	5	6
合　计	118	227.8051	182.1737	491.9676	706232.64	706232.64
商服用地	71	29.8787	8.9589	61.1632	130646.94	130646.94

续表 3－3

		宗地数（宗）	面　积（公顷）		规划建筑面积（公顷）	成交价款（万元）	纯收益（万元）
				新增			
工矿仓储用地		10	9.3995	1.6055	14.3547	7328.40	7328.40
住宅用地		19	103.1755	90.3699	260.4240	249806.64	249806.64
其中	高档住宅用地	0					
	普通商品住房用地	4	4.2187		16.7482	4709.33	4709.33
	中低价位、中小套型用地	1	4.1077		16.6748	4348.52	4348.52
	经济适用住房用地	0					
	廉租住房用地	0					
	其他住房用地	15	98.9568	90.3699	243.6758	245097.31	245097.31
公共管理与公共服务用地		18	85.3514	81.2394	156.0257	318450.66	318450.66
特殊用地							
交通运输用地							
水利设施用地							

2001—2015 年北京市国有建设用地使用权出让情况。2001—2015 年北京市国土资源局共审批出让国有建设用地使用权 9848 宗，涉及土地面积约 27878.7068 公顷，规划建筑面积约 47527.4357 万平方米。

【国有建设用地使用权划拨】

年内，北京市共办理国有建设用地使用权划拨 177 宗，用地面积 694.71 公顷。与 2014 年相比，增加 154.41 公顷。1992—2015 年度国有建设用地使用权划拨情况详见表 3－4。

表 3－4　1992—2015 年度北京市国有建设用地使用权划拨分年度统计表

年度	宗数（宗）	比例	面积（公顷）	比例
1992	25	1.01%	204.64	1.64%
1993	36	1.46%	241.02	1.94%
1994	39	1.58%	404.80	3.25%
1995	36	1.46%	215.33	1.73%
1996	24	0.97%	55.16	0.44%
1997	33	1.33%	122.24	0.98%
1998	38	1.54%	157.76	1.27%
1999	33	1.33%	187.10	1.50%

续表 3－4

年度	宗数（宗）	比例	面积（公顷）	比例
2000	35	1.42%	67.40	0.54%
2001	72	2.91%	412.95	3.32%
2002	65	2.63%	311.21	2.50%
2003	79	3.19%	501.66	4.03%
2004	73	2.95%	447.67	3.60%
2005	123	4.97%	611.16	4.91%
2006	183	7.40%	2086.16	16.77%
2007	294	11.89%	1400.08	11.25%
2008	181	7.32%	1409.29	11.33%
2009	133	5.38%	721.62	5.80%
2010	93	3.76%	264.00	2.12%
2011	121	4.89%	585.88	4.71%
2012	189	7.64%	449.84	3.62%
2013	142	5.74%	350.42	2.82%
2014	249	10.07%	540.30	4.34%
2015	177	7.16%	694.71	5.58%
总计	2473	100%	12442.40	100%

从用地项目来看，公共管理和公共服务类用地面积达 309.59 公顷，占全年划拨用地总面积的 44.56%；公共管理和公共服务类宗数最多，共 130 宗，占全年划拨用地宗数的 73.45%。本年划拨土地按项目类型分类情况详见表 3－5，1992—2015 年度国有建设用地使用权划拨分项目类型情况详见表 3－6。

表 3－5　2015 年北京市国有建设用地使用权划拨按项目类型分类统计

项目类型	宗数（宗）	比例	面积（公顷）	比例
公共管理和公共服务用地	130	73.45%	309.59	44.56%
经济适用住房用地	19	10.73%	107.25	15.44%
廉租住房用地	13	7.34%	26.86	3.87%
交通运输用地	9	5.08%	170.44	24.53%
特殊用地	4	2.26%	0.86	0.12%
水域及水利设施用地	2	1.13%	79.71	11.47%
总计	177	100%	694.71	100%

表 3－6　　1992—2015 年度北京市国有建设用地使用权划拨按项目类型分类统计

项目名称	宗数（宗）	比例	用地面积（公顷）	比例
公共管理和公共服务	1284	51.92%	3952.80	31.77%
经济适用住房	310	12.54%	1967.49	15.81%
其他住房	403	16.30%	2856.96	22.96%
交通运输用地	348	14.07%	2752.64	22.12%
特殊用地	125	5.05%	830.42	6.67%
水域及水利设施用地	3	0.12%	82.09	0.66%
总　　计	2473	100%	12442.40	100%

审批项目涉及除怀柔区以外的所有区县，从用地位置来看，丰台区、门头沟区审批宗数较多，分别达 22、20 宗，昌平区、大兴区供地面积最大，两区占全年划拨供地总面积的 32.21%。本年各项目用地位置分类情况详见表 3－7，1992—2015 年度国有建设用地使用权划拨分区县情况详见表 3－8。

表 3－7　　2015 年北京市国有建设用地使用权划拨按各项目用地位置分类统计

区县	宗数（宗）	比例	用地面积（公顷）	比例
东城区	3	1.69%	1.21	0.17%
西城区	7	3.95%	2.15	0.31%
朝阳区	16	9.04%	73.68	10.61%
丰台区	22	12.43%	93.05	13.39%
石景山区	5	2.82%	6.64	0.96%
海淀区	16	9.04%	64.56	9.29%
门头沟区	20	11.30%	93.33	13.43%
房山区	17	9.60%	31.50	4.53%
通州区	10	5.65%	23.70	3.41%
顺义区	16	9.04%	46.49	6.69%
昌平区	16	9.04%	120.42	17.33%
大兴区	13	7.34%	103.40	14.88%
怀柔区	0	0	0	0
平谷区	10	5.65%	22.16	3.19%
亦庄开发区	2	1.13%	1.20	0.17%
密云县	1	0.56%	6.86	0.99%
延庆县	3	1.69%	4.36	0.63%
总计	177	100%	694.71	100%

表 3-8　　1992—2015 年度北京市国有建设用地使用权划拨分区县统计

区县	宗数（宗）	比例	用地面积（公顷）	比例
东城	257	10.39%	1189.59	9.56%
西城	364	14.72%	1264.99	10.17%
朝阳	332	13.42%	2316.18	18.62%
丰台	243	9.83%	1035.55	8.32%
石景山	63	2.55%	168.61	1.36%
海淀	398	16.09%	1876.46	15.08%
门头沟	90	3.64%	262.51	2.11%
房山	91	3.68%	369.73	2.97%
通州	93	3.76%	235.64	1.89%
顺义	91	3.68%	1384.86	11.13%
昌平	122	4.93%	1113.21	8.95%
大兴	129	5.22%	572.52	4.60%
怀柔	43	1.74%	170.87	1.37%
平谷	43	1.74%	111.86	0.90%
亦庄开发区	9	0.36%	61.00	0.49%
密云	67	2.71%	194.89	1.57%
延庆	38	1.54%	113.93	0.92%
总计	2473	100%	12442.40	100%

【国有建设用地使用权交易】

年内，市土地交易市场和 10 个远郊区县、北京经济技术开发区土地交易分市场共成交土地 114 宗，土地面积 896.89 公顷，规划建筑面积 1532.04 万平方米，成交价款 2027.98 亿元，其中，政府土地收益 1129.02 亿元。

表 3-9　　2015 年北京市国有建设用地使用权入市交易成交统计

交易地点	成交宗数（宗）	土地总面积（万平方米）		规划建筑面积（万平方米）	成交价款（亿元）
		合计	其中建设用地		
市土地交易市场	89	725.77	579.32	1336.48	2010.40
远郊区县土地交易市场	25	171.12	135.25	195.56	17.58
合计	114	896.89	714.57	1532.04	2027.98

表 3-10　　2015 年北京市国有建设用地使用权入市交易成交统计（按用途分类）

	合计	住宅用地	商业用地	工业用地
面积（公顷）	896.89	535.02	181.70	180.17
结构比例	100%	59.65%	20.26%	20.09%

表 3－11　　2015 年北京市国有建设用地使用权入市交易成交统计（按区域分类）

区域	面积（公顷）	比例
首都功能核心区	0.53	0.05%
城市功能拓展区	214.88	23.96%
城市发展新区	580.59	64.73%
生态涵养发展区	100.89	11.25%
合计	896.89	100%

【土地出让项目批后监管】

依照《国土资源部办公厅关于建立土地利用动态巡查制度加强建设用地供后开发利用全程监管的通知》(国土资厅发〔2013〕30 号）要求，继续完善出让项目后期跟踪管理的制度、流程，充分利用科技手段，协同相关部门，跟踪管理工作进入制度化、日常化管理的轨道，形成市、区（县）分工合作机制。

规范土地出让合同约定开发建设延期审批，形成常态化、规范化的工作流程。年内共收到延期申请 27 件，其中对符合要求的项目 12 件（全部为招拍挂出让项目），已分五个批次上报、批准。

自 2009 年国土部开展出让合同专项清理工作和 2010 年北京市建立出让项目开发利用申报制度以来，北京市国土资源局一直通过建设用地开发利用情况申报和出让后期跟踪管理工作收集的项目宗地开、竣工数据成果向国土部监管系统进行更新。

【出让土地批后监管系统建设】

按照《北京市国土资源局关于运行出让土地批后监管系统的通知》(京国土用〔2013〕109 号）要求，自 2013 年 4 月 1 日起，对土地出让合同相关信息全程监督管理的“综合监管平台出让土地批后监管子系统”正式运行。该系统为进一步加强土地出让合同管理及土地批后监管，推进节约集约用地，强化项目用地开竣工管理提供了强大的技术保障。年内已将 1995—2015 年度出让项目总计 4319 个纳入市国土局监测系统，对需监测项目中 1598 个项目进行监测并实现了数据实时更新，占需监测项目数量总数的 85%。

地价管理和地价监测

【地价监测开展情况】

年内，参加地价动态监测的国家级监测范围内标准宗地共 276 宗（居住 97 宗、商业 94 宗、工业 85 宗），市级监测范围内标准宗地共 189 宗（居住 39 宗、商业 31 宗、办公 119 宗）。共 63 家监测单位的 233 名土地估价师参与地价监测工作。标准宗地信息采集仍然采取同一宗地由两名估价师背对背分别评估的方式进行。

【地价监测的主要成果】

根据《城市地价动态监测技术规范》（TD/T1009—2007）及《关于进一步加强城市地价动态监测工作的通知》（国土资发〔2008〕51 号）要求，本年度北京市国家级监测范围内地价监测结果见表 3－12、3－13，市级监测范围内地价监测结果见表 3－14。

表 3－12　　2015 年北京市国家级监测范围各用途增长率（季度）

土地用途	一季度	二季度	三季度	四季度
居住	0.48%	0.8%	1.88%	1.77%
商业	0.54%	0.69%	0.92%	1.11%
工业	0.93%	0.88%	1.26%	1.89%
平均	0.51%	0.77%	1.65%	1.63%

表 3－13　　2015 年北京市城市地价动态监测指数（年度）

年度	2014 年	2015 年
全市平均水平	318	333
一、住宅用地	437	459
二、工业仓储用地	237	249
三、商业、旅游、娱乐用地	268	277

表 3－14　　2015 年北京市市级监测范围各用途增长率（季度）

土地用途	一季度	二季度	三季度	四季度
居住（规划新城）	0.63%	1.50%	1.94%	1.69%
商业（规划新城）	0.66%	0.57%	0.85%	1.61%
办公（规划新城）	0.34%	0.72%	1.25%	0.96%
办公（城市建成区）	0.46%	0.14%	0.57%	1.01%

【协议出让地价管理】

北京市自实行土地有偿使用制度以来，一直在摸索建立有利于公开、公平、公正的地价管理机制，至 1996 年协议出让地价定型为四级审批制，即地价委托评估、地价评审办公室初审、地价专家评审委员会审核、局长办公会审定，并于 2002 年以发布《关于建立北京市土地出让地价评审定期制度的通知》（京国土房管出〔2002〕174 号）的形式将该制度固定下来。2014 年 8 月 28 日北京市发布了基准地价更新成果，调整后的基准地价以楼面熟地价形式表示，取消了原来的出让金和毛地价表现形式。本年度，协助局财务处并与市财政局会商对市国土局新签订土地出让合同的收费口径同步进行了调整。

年内，共召开地价办公室会27次，召开地价评审专家会6次，审定项目186个。

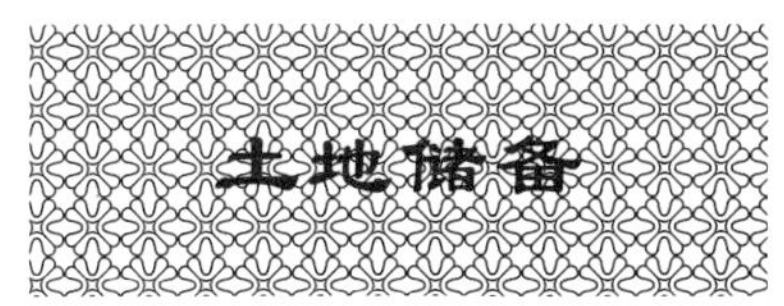

【土地一级开发】

年内，核批土地一级开发授权批复42个（含延期批复），土地面积1210公顷。全市新增土地储备开发面积956公顷，完成土地储备开发面积524.11公顷，实现土地储备开发投资492.74亿元。

为加快北京市土地一级开发项目推进，加大政策性住房用地供应，加强土地市场调控，提高社会资本参与积极性，印发《关于进一步规范企业投资土地一级开发项目利润管理的意见》（京国土储〔2015〕37号），意见建立了与开发周期挂钩的项目利润率确定机制，同时明确优先选择资金有保障、社会信誉良好、成本管控较好的企业参与土地一级开发工作。

表3－15　　2015年北京市土地储备开发完成区域分布

区域	完成开发面积（公顷）	比例
首都功能核心区	0	0
城市功能拓展区	153.03	29%
城市发展新区	297.66	57%
生态涵养发展区	73.42	14%
合计	524.11	100%

【政府土地储备】

年内，无市级新增收购储备项目。

年内，组织办理储备土地证12个，土地面积约46.5公顷。

【土地储备开发融资】

年内，筹措市级土地储备开发项目资金254亿元，其中市财政返还前期成本233亿元，市财政拨付国有土地收益基金20亿元，利息收入1亿元。

根据《国务院关于加强地方政府性债务管理的意见》（国发〔2014〕43号），储备机构不再具备融资职能，资金需求只能通过向市财政申请发行专项债券解决。年内，市财政已发行土地储备专项债券327亿元，其中新增投资债券13亿元，存量债务置换债券314亿元。

【征地管理】

年内，严格规范征地公示、公告制度。北京市在精简集体土地征收审批程序的基础上，进一步加强规范征地公示、公告制度，并继续推行征地公示、公告网上同步发布工作，有效保护被征地农村集体经济组织及村民的合法权益。

年内，开展交通基础设施项目征地情况清查。北京市对2008—2014年已建成及在建的轨道交通、高速公路、市政道路工程征地手续办理情况进行清查，并初步拟定分类解决意见。

年内，积极推进国家重点工程项目落地。为加快国家重点工程项目建设，北京市积极推进已经国土资源部批准先行用地的北京新机场及周边配套工程、京台高速公路、110国道高速公路二期工程征地手续申报工作，并对京沈客运专线、京张城际铁路、兴延高速公路主动开展协调服务，切实组织先行用地及正式用地申报前期工作。

年内，深入开展征地补偿多元化调研。北京市以征地制度改革试点为契机，重点对“缩小征地范围，规范征地程序，完善对被征地农民合理、规范、多元化补偿机制”进行研究，规范理顺现行征地程序、机制，为搭建征地制度改革的总体框架思路奠定基础。

年内，征地重点领域信息主动公开。北京市加大征地重点领域信息主动公开力度，完成2008—2015年已批准征（占）项目所涉及“政府批准文件”“一书四方案”“征地补偿安置协议”“征地补偿安置公示”“征地公告”“征地结案”共6项政府信息的核实工作，自2016年1月对社会进行网上主动公开，并继续做好实时更新工作，进一步保障被征地农民的知情权。

【征地及农用地转用审批情况】

年内，国务院及北京市政府共审批征地及农用地转用总用地面积约1089公顷，其中国务院批准用地面积约286公顷，北京市政府批准用地面积约803公顷。涉及新增建设用地约471公顷，其中农用地约460公顷，耕地约254公顷。

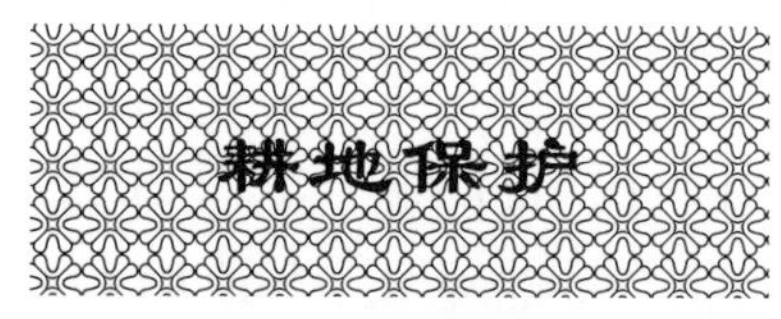

【耕地保护责任目标履行情况】

按照《北京市耕地保护责任目标考核办法》（京政办发〔2011〕22号）的要求和国土部有关部署，落实相关工作。一是印发《关于抓紧开展年度北京市耕地保护责任目标相关工作的函》（京国土耕函〔2015〕216号），开展年度区（县）、乡（镇）、村级耕地保护目标管理责任书签订工作。二是完成市政府与区县政府、市国土局与各区国土分局之间责任书签订工作。三是根据市委组织部《关于报送区县经济社会实绩考核数据和评价意见的通知》要求，报送2014年度区县经济社会实绩考核数据和评价意见（耕地保护部分）。

【耕地占补平衡工作】

继续严格落实耕地占补平衡政策，积极探索补充耕地新模式，向国务院、国土资源部积极争取国家统筹政策支持。按照国土资源部办公厅《关于开展2014年度耕地占补平衡考核的通知》（国土资厅发

〔2015〕37号）安排，对全市2014年度耕地占补平衡情况进行了核实，对各区2009—2014年边补边占情况进行汇总分析，针对存在的问题提出工作措施。

为缓解北京市耕地占补平衡压力，向市政府上报《关于我市耕地占补平衡工作有关情况及建议的请示》，梳理北京市耕地占补平衡基本情况和面临的困难，深入分析了相关原因，从争取国家政策支持、全市指标统筹、增减挂钩试点、推进在施项目、源头控制占用、建立通报制度等方面提出了解决占补平衡措施。

【土地整治】

年内，加强政策研究，开展专项治理，加快推进土地整治项目。起草了《北京市土地整治项目管理办法》，进一步规范土地整治立项、实施及验收管理。印发了《北京市国土资源局关于进一步加强土地整治项目建设和验收工作的函》（京国土耕函〔2015〕354号），加快推进项目实施和验收。会同市园林绿化局印发《北京市土地整治项目自查整改工作方案》（京国土耕函〔2015〕1026号），在全市范围内全面开展土地整治项目自查和整改工作。截至2015年底，全市新立项土地整治项目建设总规模10.70万亩；全市验收土地整治项目108个，验收总建设规模66.26万亩。

年内，推进高标准基本农田建设。制定印发《北京市国土资源局关于下达2015年高标准基本农田建设计划的函》（京国土耕函〔2015〕242号），对北京市2015年的高标准基本农田建设任务进行了分解下达；编制完成《北京市2015年高标准基本农田建设实施方案》，为实施高标准基本农田建设、开展上图入库及监督检查等工作提供依据，保证年度建设任务的如期推进。截至2015年底，完成北京市“十二五”时期112万亩高标准基本农田建设任务。

年内，开展建设占用耕地耕作层土壤剥离利用。印发《关于开展建设占用耕地耕作层土壤剥离利用工作的函》，贯彻落实最严格的耕地保护制度，切实保护和利用好难以再生的耕地耕作层土壤资源，实现耕地保护由数量管理向数量、质量、生态三位一体综合管理转变。

年内，指导海淀区开展创新土地整治规划机制的实施工作。围绕“人口可控、建设减量、产业提升、生态改善”的要求，通过创新土地整治规划实施机制，优化城乡土地利用结构和布局，盘活存量建设用地，促进土地节约集约利用；创新农地保护和生态环境保护机制，促进都市型现代农业发展和生态文明建设，实现农业现代化与城镇化良性互动。

年内，加强设施农用地利用管理。印发《关于贯彻落实国土资源部农业部进一步支持设施农业健康发展有关问题的通知》（京国土耕〔2015〕72号）。组织召开2015年北京市设施农用地管理工作培训会。按照国土资源部要求，组织对北京市2014年度土地变更调查中187个临时用地和2819个设施农用地图斑进行核查认定。

【集体建设用地管理工作】

积极推进大兴区农村集体经营性建设用地入市试点工作：

研究北京市集体经营性建设用地入市试点的整体工作思路，拟订全年相关工作计划。年初，经认真甄选和市委市政府同意，北京市将大兴区作为农村集体经营性建设用地入市试点申报，并得到国家批准；

组织大兴区政府，编制完成大兴区农村集体经营性建设用地入市试点实施方案，经市委、市政府审核同意上报国土资源部，目前已正式批准；

加强试点工作的组织领导，积极组建市、区两级试点工作领导机构，拟订相关工作规则；

研究制定试点工作总体计划和2015年工作计划，拟订市级各部门和大兴区政府的任务分工；

拟定《北京市农村集体经营性建设用地入市试点办法》《北京市农村集体经营性建设用地入市审核管理程序》《北京市集体经营性建设用地使用合同》(范本)等试点配套文件13个。分别于10月30日和11月13日，通过了市政府第95次常务会和市委全面深化改革领导小组会议审议。区级层面也制定了9个配套文件；

组织开展地块筛选、入市交易工作。确定西红门镇2号地B地块（约40亩），作为北京市首宗集体经营性建设用地入市地块。该地块已于2015年12月11日以挂牌出让方式在北京市土地市场大兴分市场发布公告，于2016年1月15日完成上市交易。

切实加强集体建设用地日常管理。审核办理通州区马驹桥镇郭村村民安置楼及配套公共服务设施项目等各类农村公共设施和乡镇村企业占用现状农村集体建设用地项目6宗20.221公顷。制定并印发《北京市国土资源局关于进一步加强集体土地利用项目审批和备案结果数据统计工作的通知》。

【基础工作】

组织开展2014年度耕地质量等别年度更新评价工作，并经国土部组织评审通过验收；组织开展全市耕地后备资源调查评价工作，于2015年11月向国土部上报全市调查评价全部工作成果。启动了北京市土地资源质量综合地质评价工作。完成国土部土地整治监测监管系统备案信息复核确认工作。

【集体建设用地使用权确权登记发证】

截至年底，北京市农村集体建设用地使用权确权登记发证工作涉及13个区县（东城、西城、石景山区除外），198个乡镇（含街道），3900个行政村，共调查集体建设用地宗地47530宗，调查面积44093.2公顷。对符合确权登记发证的宗地严格按照程序进行确权登记审批，做到应确尽确、应发尽发。其中已完成确权宗地12759宗，面积8712.9公顷；已完成登记发证宗地9682宗，面积8892.9公顷。

【农村村庄地籍调查试点】

年内，严格按照《国土资源部、财政部、住房和城乡建设部、农业部、国家林业局关于进一步加快推进宅基地和集体建设用地使用权确权登记发证工作的通知》(国土资发〔2014〕101号）文件精神。5月份，研究制定并下发《北京市农村村庄地籍调查试点工作方案》和《北京市农村村庄地籍调查试点工作实施细则(试行)》，6月2日市农村土地确权登记颁证工作领导小组组织召开了由各成员单位、各区县政府（东城、西城、石景山区除外）参加的农村村庄地籍调查试点工作动员部署会，并于6月16日至17日，组织召开了市农村村庄地籍调查试点工作培训会。

年内，在北京市13个区（东城、西城、石景山区除外）各选一个行政村开展工作，累计调查宅基地5163宗，面积130.75公顷。

【日常土地权籍管理】

利用现有地籍调查和权属登记成果资料，加强对土地产权的梳理和规范，积极为全市重点工作和建设项目提供服务。按照国土部办公厅《关于做好中国铁路总公司铁路用地土地确权登记有关工作的通知》要求，印发《关于进一步做好中国铁路总公司铁路用地土地确权登记有关工作的意见》(京国土籍〔2015〕23号)，并召集有关区县分局就铁路用地权属变更工作进行专门部署，已完成此项工作；积极支持重点建设工程，对北京市235个重点项目保持高度关注，对涉及有关土地权属问题，认真进行研究落实，保障项目顺利推进；认真推进行业用地确权工作，相继与排水、热力、轨道交通、农商银行等系统积极协商沟通，针对企业提出的问题认真研究分析，对能够解决的及时提出解决方案并进行部署推进，对没有政策法规支持的，细致地进行解释工作，取得用地单位的支持和理解。

【土地调查】

不断完善“月清季累年更新”变更调查工作机制，针对土地调查的新特点、新要求，及时调整工作思路，完成二次调查后续工作和年度变更调查工作任务。根据全国土地调查办《关于开展二次土地调查省级汇总成果检查验收工作的通知》要求，结合北京市二次调查工作实际，完成二次调查市级数据成果、文字成果、图件成果和数据库成果的汇总编制工作。8月6—7日全国土地调查办组成专家组在北京市召开北京市第二次全国土地调查省级汇总成果预检会，北京市市级汇总成果顺利通过国家级预检，特别是与会专家对北京市编制的《北京土地》《北京市土地调查图集》《北京市土地调查数据集》和《北京土地调查技术》四个专著成果给予了高度评价；

组织开展本年度第1、2、3季度遥感监测工作，及时将季度遥感监测成果反馈执法部门。按照国家有关变更调查技术规程，严把“外业调查初步认定关”“设施农用地、临时用地审核关”“拆除图斑到位关”，及时组织开展年度变更调查成果的检查核实工作，完成2014年度变更调查工作。截至2014年12月31日，北京市土地调查总面积1640616.06公顷。按照“三大类”分类，其中农用地1149299.57公顷，占70.1%；建设用地355488.58公顷，占21.7%；未利用地135827.91公顷，占 8.2%。按照国标《土地利用现状分类》，其中耕地 219948.76 公顷，占 13.4%；园地 135103.71 公顷，占 8.2%；林地 737542.89 公顷，占 45.0%；草地 85139.49 公顷，占 5.2%；城镇村及工矿用地 302939.17 公顷，18.5 占%；交通运输用地 47006.28 公顷，占 2.8%；水域及水利设施用地 78378.65 公顷，占 4.8%；其他土地 34557.11 公顷，占 2.1%。

【北京市不动产登记机构职责整合】

6 月 15 日，北京市机构编制委员会办公室印发《关于同意为市国土局增设不动产登记处的函》(京编办行〔2015〕115 号)，同意在整合本市土地、房屋、林地等不动产登记职责的基础上，为市国土局增设不动产登记处，作为市国土局的内设机构，其主要职责是负责指导监督本市土地登记、房屋登记、林地登记等不动产登记工作；会同有关部门起草不动产统一登记的地方性法规和规章草案，建立不动产统一登记制度，拟订不动产权属争议的调处政策；推进不动产登记信息管理基础平台建设。

6 月 17 日，北京市机构编制委员会办公室印发《关于同意市国土局调整设立北京市不动产登记事务中心等事项的函》(京编办事〔2015〕67 号)，同意将市住建委所属的北京市房屋权属登记事务中心划归市国土局，与市国土局所属北京市土地权属登记事务中心（北京市矿产资源储量评审中心）整合，设立北京市不动产登记事务中心，为市国土局所属相当正处级公益一类事业单位。主要职责是承担在京中央单位、驻京部队、保密单位等不动产登记的事务性工作；承担不动产登记资料汇交管理和信息共享工作；承担不动产登记数据的管理和利用工作；承担重大不动产登记争议案件调查处理的事务性工作。

7 月 2 日，北京市机构编制委员会办公室印发《关于整合本市不动产登记职责的通知》(京编办发〔2015〕10 号)，明确本市建立不动产统一登记管理体制。市国土局为本市不动产登记机构，统一负责全市的不动产登记工作。将市、区县相关部门承担的土地、房屋、林地、农村土地承包经营权等不动产登记职责予以整合，统一交由市国土局承担，不动产的管理职责仍由原相关部门承担。其中，农村土地承包经营权纳入不动产统一登记予以五年过渡期。

8 月 21 日，市编办印发关于整合设立北京市各区县不动产登记事务中心的通知，明确整合各区县土地权属登记事务中心和各区县房屋管理局所属的房屋登记中心、档案管理中心，设立各区县不动产登记事务中心，为市国土局各区县分局所属相当副处级公益一类事业单位。承担本行政区域内不动产（不含军产、央产、保密产）登记的事务性工作，承担土地权籍调查、土地调查、土地确权、土地权属审查的事务性工作，承担有关数据和档案的管理等工作。

11 月 6 日，市国土局联合市住建委

共同发布《关于实施不动产统一登记制度有关事项的通告》，向社会告知自2015年11月9日起全市全面启用新的不动产登记簿证。2015年11月8日，在东城区不动产登记事务中心举行首证颁发活动。本市为全国首个全域范围启用新版证书的省级单位。

【国有建设用地使用权及房屋所有权登记】

11月9日至12月31日，北京市共办理国有建设用地使用权及房屋所有权登记业务数73221件，宗地面积302.707206公顷，房屋（建筑物、构筑物）建筑面积1233.4145万平方米。其中，国有建设用地使用权初始登记业务数29件，宗地面积96.68081公顷。国有建设用地上房屋（建筑物、构筑物）所有权初始登记177件，宗地面积9.095218公顷，房屋（建筑物、构筑物）建筑面积273.2186万平方米。国有建设用地使用权及房屋所有权变更登记4717件，宗地面积142.143497公顷，房屋（建筑物、构筑物）建筑面积194.8207万平方米。国有建设用地使用权及房屋所有权变更登记68014件，宗地面积45.589391公顷，房屋（建筑物、构筑物）建筑面积760.8787万平方米。国有建设用地使用权及房屋所有权注销登记284件，宗地面积9.19829公顷，房屋（建筑物、构筑物）建筑面积4.4965万平方米。11月9日至12月31日各区不动产登记事务中心办理国有建设用地使用权及房屋所有权登记数据统计情况见表3－16。

【集体土地所有权登记】

11月9日至12月31日，北京市共办理集体土地所有权登记业务数8件，宗地面积673.90449095公顷。其中集体土地所有权初始登记6件，宗地面积673.9公顷。集体土地所有权变更登记2件，宗地面积0.006公顷。

【集体建设用地使用权及房屋所有权登记】

11月9日至12月31日，北京市共办理集体建设用地使用权及房屋所有权登记业务数1件，宗地面积0.403566公顷。

【抵押权登记】

11月9日至12月31日，北京市共办理抵押权登记业务数70465件，宗地面积1942.9205231公顷，房屋（建筑物、构筑物）建筑面积2683.398744万平方米，被担保的主债权数额966666.408787368亿元。

1. 抵押权设立登记（含最高额抵押权设立登记）

11月9日至12月31日，北京市共办理抵押权设立登记（含最高额抵押权设立登记）业务数38691件，宗地面积752.586313公顷，被抵押房屋（建筑物、构筑物）建筑面积1615.846644万平方米，被担保的主债权数额93553.7853亿元。11月9日至12月31日各区不动产登记部门办理抵押权设立登记（含最高额抵押权设立登记）数据统计情况见表3－17。

表 3－16　2015 年 11 月 9 日至 12 月 31 日北京市各区不动产登记事务中心办理国有建设用地使用权及房屋所有权登记数据统计

项目	国有建设用地使用权及房屋所有权登记														
	1. 国有建设用地使用权及房屋所有权初始登记						2. 国有建设用地使用权及房屋所有权变更登记			3. 国有建设用地使用权及房屋所有权转移登记			4. 国有建设用地使用权及房屋所有权注销登记		
	(1) 国有建设用地使用权初始登记			(2) 房屋（建筑物、构筑物）所有权初始登记											
	业务数（件）	宗地面积（公顷）	房屋（建筑物、构筑物）建筑面积（万平方米）	业务数（件）	宗地面积（公顷）	房屋（建筑物、构筑物）建筑面积（万平方米）	业务数（件）	宗地面积（公顷）	房屋（建筑物、构筑物）建筑面积（万平方米）	业务数（件）	宗地面积（公顷）	房屋（建筑物、构筑物）建筑面积（万平方米）	业务数（件）	宗地面积（公顷）	房屋（建筑物、构筑物）建筑面积（万平方米）
甲	1	2	3	4	5	6	7	8	9	10	11	12	13	14	15
总计	29	96. 68081		177	9. 095218	273. 2186	4717	142. 143497	194. 8207	68014	45. 589391	760. 8787	284	9. 19829	4. 4965
东城区							166	0. 924155	60. 7644	2542	0. 0091	24. 1334	2		0. 0131
西城区	1	0. 102415					177	2. 702399	11. 1826	3587	0. 00327	32. 5797	3		0. 0189
朝阳区	6	25. 137772		69	2. 657228	67. 7977	2302	3. 706279	41. 3936	17380		199. 1659	7		0. 0645
丰台区	2	3. 399199		17		33. 7159	235	11. 702266	4. 8966	5821	1. 635818	59. 433	6		0. 0465
石景山区	1	2. 737724		2		7. 5175	61		0. 7329	2764		23. 2874	7		0. 0534
海淀区	4	9. 057011		10		18. 5315	572	1. 776739	29. 7039	7915		86. 9887	8		0. 336
门头沟区							35		2. 3479	628		7. 6417	1		0. 0556
房山区	2	2. 333446		9	6. 43799	35. 5805	77	32. 608504	2. 1122	2739		35. 6835	11		0. 1732
通州区				28		18. 8321	204	1. 4958	7. 2385	4542	21. 548477	51. 1052	208		1. 4789
顺义区	3	32. 496756		10		18. 4326	373	13. 663223	8. 6411	4067	3. 201137	54. 1272	5	8. 63459	
昌平区	5	5. 291991					291	28. 504594	10. 3926	5537	5. 36572	69. 7017	19		2. 0925
大兴区	3	5. 561641		9		16. 8028	79	21. 452762	8. 637	6432	10. 323997	67. 0085	4		0. 0486
怀柔区				1		0. 9342	6	4. 32083	0. 0934	763	0. 2242	10. 1896	2	0. 5637	0. 1066
平谷区				13		13. 1098	37	9. 102432	2. 4229	1169		12. 2853			
密云县	2	10. 562855		2		11. 7132	40	9. 517014	0. 5962	962	1. 608942	10. 7103			
延庆县							14		1. 5268	516	1. 66873	5. 9264	1		0. 0087
北京经济技术开发区				7		30. 2508	48	0. 6665	2. 1381	650		10. 9112			

表 3－17　2015 年 11 月 9 日至 12 月 31 日北京市各区不动产登记部门办理抵押权设立登记（含最高额抵押权设立登记）数据统计

项目	抵押权设立登记（含最高额抵押权设立登记）										
	1. 国有建设用地使用权抵押权设立登记			2. 国有建设用地房屋在建工程抵押权设立登记				3. 国有建设用地房屋抵押权设立登记			
	业务数（件）	宗地面积（公顷）	被担保的主债权数额（亿元）	业务数（件）	宗地面积（公顷）	房屋（建筑物、构筑物）建筑面积（万平方米）	被担保的主债权数额（亿元）	业务数（件）	宗地面积（公顷）	房屋（建筑物、构筑物）建筑面积（万平方米）	被担保的主债权数额（亿元）
甲	1	2	3	4	5	6	7	8	9	10	11
总计	356	740. 9148125	86362. 81136	4	11. 6715031	3. 260744	32. 696	38331		1612. 5859	7158. 2783
东城区	15	5. 127072	97. 202					1372		63. 5743	316. 6592
西城区	9	3. 841585	62. 098					1763		61. 6331	218. 5106
朝阳区	36	139. 889952	319. 4859					10749		388. 3806	2440. 1905
丰台区	22	54. 347296	219. 97					3049		164. 7993	203. 1195
石景山区	1	0. 7676	3. 8657					1043		13. 8357	19. 5321
海淀区	11	29. 972126	80053. 9					4440		240. 5336	2034. 4597
门头沟区	3	8. 768356	54					207		6. 219	5. 5137
房山区	5	12. 272076	4. 4247					1125		26. 5051	20. 0431
通州区	43	209. 336259	90. 44432					3211		117. 835	477. 5773
顺义区	7	16. 761553	19. 85	1	1. 333416	3. 260744	1. 496	1982		61. 8169	709. 9933
昌平区	2	4. 578265	0. 98					3518		90. 9016	89. 5704
大兴区	54	71. 196041	162. 626536	1	3. 653508		16	3364		126. 4951	389. 9473
怀柔区	12	19. 690294	24. 675					385		21. 034	32. 3277
平谷区	6	30. 146229	28. 5					497		57. 3799	141. 1253
密云县	92	76. 123851	2180. 4					656		19. 086	13. 7926
延庆县	12	19. 120343	14. 61					580		18. 4091	5. 8934
北京经济技术开发区	26	38. 9759145	3025. 7792	2	6. 6845791		15. 2	390		134. 1476	40. 0226

2. 抵押权变更登记

11月9日至12月31日，北京市共办理抵押权变更登记业务数38331件，宗地面积28.791486公顷，房屋（建筑物、构筑物）建筑面积36.1552万平方米，被担保的主债权数额365.94018亿元。11月9日至12月31日各区不动产登记部门办理抵押权变更登记数据统计情况见表3－18。

表3－18　2015年11月9日至12月31日北京市各区不动产登记部门办理抵押权变更登记数据统计

	业务数（件）	宗地面积（公顷）	房屋（建筑物、构筑物）建筑面积（万平方米）	被担保的主债权数额（亿元）
总计	171	28.791486	36.1552	365.94018
东城区	6	1.025798		65
西城区	5		0.0512	0.1405
朝阳区	43	11.89754	14.0332	178.9471
丰台区	40	0.18025	2.3743	67.4684
石景山区	1		0.015	
海淀区	53		12.5698	30.638
门头沟区				
房山区	4	8.507271	2.0033	11.6615
通州区	5	1.4958	0.0315	6.0285
顺义区	6	5.684827	4.7909	4.179875
昌平区	7		0.2773	1.8647
大兴区	1		0.0087	0.0116
怀柔区				
平谷区				
密云县				
延庆县				
北京经济技术开发区				

3. 抵押权注销登记

11月9日至12月31日，北京市共办理抵押权注销登记业务数31544件，宗地面积1080.7794公顷，房屋（建筑物、构筑物）建筑面积1031.3572万平方米，被担保的主债权数额2683.061亿元。11月9日至12月31日各区不动产登记部门办理抵押权注销登记数据统计情况见表3－19。

表3－19 2015年11月9日至12月31日北京市各区不动产登记部门办理抵押权注销登记数据统计

	业务数（件）	宗地面积（公顷）	房屋（建筑物、构筑物）建筑面积（万平方米）	被担保的主债权数额（亿元）
总计	31544	1080.7794	1031.3572	2683.061
东城区	1136	9.529924	111.3953	134.74391
西城区	1303	8.887113	62.6146	167.60867
朝阳区	9236	427.0782	325.1734	730.4715
丰台区	3438	75.584432	88.1154	1068.2775
石景山区	622	13.24331	8.5281	30.6739
海淀区	3827	49.281307	97.0933	128.819
门头沟区	202	0.980998	4.4204	5.239548
房山区	1172	52.400494	17.9962	12.0417
通州区	2406	236.9463	61.1679	110.7357
顺义区	1427	51.893195	55.5547	44.078676
昌平区	2822	59.408224	67.9971	24.9483
大兴区	1840	0.510323	41.2595	17.7258
怀柔区	431	15.4859	14.0243	23.0203
平谷区	376	54.245285	23.9449	76.3036
密云县	609	8.664898	11.8434	22.534317
延庆县	319	15.467762	8.1819	9.5225
北京经济技术开发区	378	1.171722	32.0468	76.3161

【预告登记】

11月9日至12月31日，北京市共办理预购商品房预告登记设立登记业务数35件，房屋（建筑物、构筑物）建筑面积0.6614万平方米。共办理预购商品房预告登记注销登记业务数3件，房屋（建筑物、构筑物）建筑面积0.1079万平方米。共办理预购商品房抵押权预告登记设立登记业务数39件，房屋（建筑物、构筑物）建筑面积1.2838万平方米，被担保的主债权数额2.2992亿元。共办理预购商品房抵押权预告登记注销登记业务数21件，房屋（建筑物、构筑物）建筑面积0.4133万平方米。

【异议登记】

11月9日至12月31日，北京市共办理异议登记设立业务数84件，房屋（建筑物、构筑物）建筑面积0.7685万平方米，共办理异议登记注销业务数85件，房屋（建筑物、构筑物）建筑面积0.7937万平方米。

【查封登记】

11月9日至12月31日，北京市共办理查封登记业务数2989件，宗地面积63.023797公顷，房屋（建筑物、构筑物）建筑面积237.831万平方米。

【补换证登记】

11月9日至12月31日，北京市共办理补换证登记业务数2108件，宗地面积164.40453公顷，房屋（建筑物、构筑物）建筑面积69.7085万平方米。11月9日至12月31日各区不动产登记部门办理补换证登记数据统计情况见表3－20。

表3－20　2015年11月9日至12月31日北京市各区不动产登记部门办理补换证登记数据统计

	业务数（件）	宗地面积（公顷）	房屋（建筑物、构筑物）建筑面积（万平方米）
总计	2108	164.40453	69.7085
东城区	114		15.8673
西城区	128		5.9128
朝阳区	312		6.5254
丰台区	197		6.2563
石景山区	34		0.3777
海淀区	219		5.2283
门头沟区	24		0.2273
房山区	51		2.5342
通州区	225		4.2107
顺义区	32		0.9105
昌平区	566		7.2267
大兴区	70		6.8189
怀柔区	21		0.3486
平谷区	16	164.10343	0.1279
密云县	71		0.8106
延庆县	12	0.301102	0.1057
北京经济技术开发区	16		6.2196

地质矿产资源

矿产资源概况

北京地区大地构造位置处于中朝准台地燕山台褶带中段，各时代地层除缺失下元古界、上元古界震旦系及古生界的上奥陶统至下石炭统，从太古界古老变质岩系直至新生界第四系均有沉积。地质构造演化漫长而复杂，成矿作用显著。地层出露良好，厚度大，沉积类型与沉积相比较复杂，生物化石繁多，沉积矿产丰富。

截至年底，北京市共发现各类矿产127种（含亚矿种，下同），其中固体矿产121种，其他矿产6种。

【固体矿产资源基本情况】

本市查明资源储量并已编入《北京市矿产资源储量表》的固体矿产有67种354处矿产地。

1. 矿产种类

北京市固体矿产包括能源矿产、金属矿产和非金属矿产。在已编入《北京市矿产资源储量表》的67种固体矿产354处矿产地中，能源矿产1种29处矿产地，占8%；金属矿产19种116处矿产地，占33%；非金属矿产47种209处矿产地，占59%（图3－1）。

从已探明资源储量的矿种分布上看，北京市建筑材料及其他非金属矿产种类最多，共32种，占总矿种数量的47.76%；能源矿种最少，仅煤1种，占1.49%，本地能源结构单一（图3－2）。

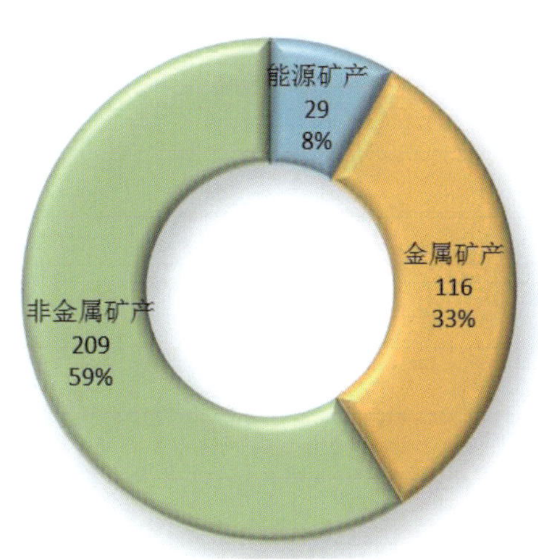

图3－1　北京市各类固体矿产地数量示意图

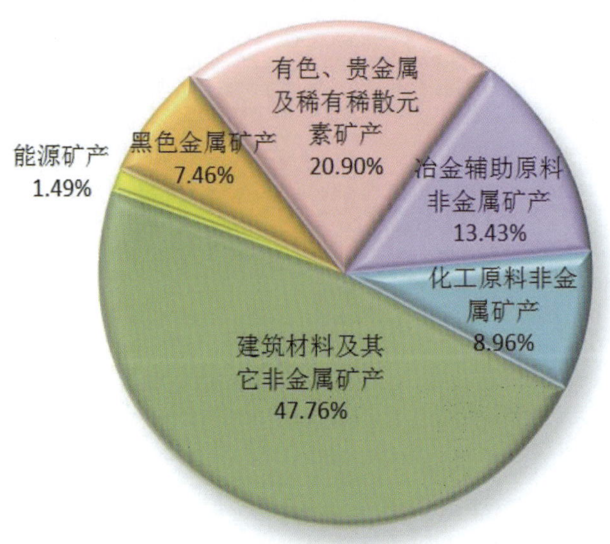

图 3－2 北京市各类固体矿产上表资源矿种数量示意图

2. 资源储量

保有资源储量。北京市固体矿产资源相对丰富。截至年底，北京市 67 种固体矿产资源的保有资源储量情况见表 3－21。

表 3－21 截至 2015 年底北京市固体矿产资源保有资源储量情况

序号	矿产名称	单位	矿产资源储量		
			基础储量	资源量	资源储量
1	煤炭	千吨	386043	1704348	2090391
2	铁矿	矿石 千吨	146723	823222	969945
3	水泥用灰岩	矿石 千吨	296288	613742	910030
4	熔剂用灰岩	矿石 千吨	171443	136587	308030
5	冶金用白云岩	矿石 千吨	48723	323148	371871
6	冶金用石英岩	矿石 千吨	0	186461	186461
7	制碱用灰岩	矿石 千吨	0	72767	72767
8	电石用灰岩	矿石 千吨	53149	43202	96351
9	饰面用大理岩	矿石 千立方米	1080	33749	34829
10	饰面用花岗岩	矿石 千立方米	19820	202290	222110
11	锰矿	矿石 千吨	0	20	20
12	铬矿	矿石 千吨	0	768	768
13	钛矿（钛铁矿）	钛铁矿 TiO_2 吨	0	249005	249005
14	钒矿	V_2O_5 吨	0	14920	14920
15	铜矿（非伴生矿）	铜 吨	213	66113	66326
16	铅矿	铅 吨	0	34259	34259
17	锌矿	锌 吨	0	148716	148716
18	铝土矿	矿石 千吨	0	420	420
19	镁矿（炼镁白云岩）	矿石 千吨	0	18039	18039

续表 3-21

序号	矿产名称	单位	矿产资源储量		
			基础储量	资源量	资源储量
20	钨矿（原生矿）	WO_3吨	0	1583	1583
21	铋矿	铋 吨	0	488	488
22	钼矿	钼 吨	48	73116	73164
23	铂矿	铂 千克	0	1018	1018
24	钯矿	钯 千克	0	975	975
25	金矿（岩金、伴生金）	金 千克	0	6361	6361
26	银矿	银 吨	0	419	419
27	镓矿	镓 吨	0	41	41
28	镉矿	镉 吨	0	140	140
29	红柱石	红柱石 吨	207798	48844	256642
30	普通萤石（矿石）	矿石 千吨	0	311	311
31	铸型用砂	矿石 千吨	3092	0	3092
32	冶金用脉石英	矿石 千吨	0	1159	1159
33	耐火粘土	矿石 千吨	3373	20510	23883
34	铁矾土	矿石 千吨	0	412	412
35	硫铁矿（矿石、伴生硫）	矿石 千吨	0	178	178
36	含钾砂页岩	矿石 千吨	0	208260	208260
37	含钾岩石	矿石 千吨	7223	27131	34354
38	泥炭	矿石 千吨	5090	4719	9809
39	石墨（隐晶质石墨）	隐晶质石墨 千吨	0	102	102
40	滑石	矿石 千吨	0	9	9
41	石棉	石棉 千吨	0	40	40
42	长石	矿石 千吨	0	1600	1600
43	叶蜡石	矿石 千吨	1440	2258	3698
44	透辉石	矿石 千吨	889	2184	3073
45	玉石	矿石 吨	47335	16491	63826
46	建筑石料用灰岩	矿石 千立方米	21586	6205	27792
47	制灰用石灰岩	矿石 千吨	251983	76475	328458
48	泥灰岩	矿石 千吨	0	5030	5030
49	玻璃用石英岩	矿石 千吨	0	7450	7450
50	玻璃用砂岩	矿石 千吨	6913.71	1581.7	8495.41
51	水泥配料用砂岩	矿石 千吨	14612	7628	22240
52	建筑用砂	矿石 千立方米	30550	98950	129500
53	砖瓦用砂	矿石 千立方米	0	14990	14990
54	水泥配料用脉石英	矿石 千吨	110	103	213
55	天然油石	矿石 千吨	0	538	538

续表 3－21

序号	矿产名称	单位	矿产资源储量		
			基础储量	资源量	资源储量
56	陶粒页岩	矿石 千吨	490	27850	28340
57	砖瓦用页岩	矿石 千立方米	190	44590	44780
58	水泥配料用页岩	矿石 千吨	20440	23320	43760
59	陶瓷土	矿石 千吨	0	914	914
60	砖瓦用粘土	矿石 千立方米	2510	1500	4010
61	水泥配料用粘土	矿石 千吨	7600	5540	13140
62	饰面用角闪岩	矿石 千立方米	690	1310	2000
63	铸石用辉绿岩	矿石 千吨	3090	0	3090
64	饰面用辉长岩	矿石 千立方米	2470	0	2470
65	饰面用闪长岩	矿石 千立方米	6370	0	6370
66	建筑用花岗岩	矿石 千立方米	6713	435	7149
67	饰面用板岩	矿石 千立方米	10732	41	10773

矿产资源勘查程度总体偏低，基础储量所占比例不高，67 种固体矿产中有 32 个矿种基础储量为零。北京市几种主要矿产的基础储量在其资源储量中所占比例情况如图 3－3。

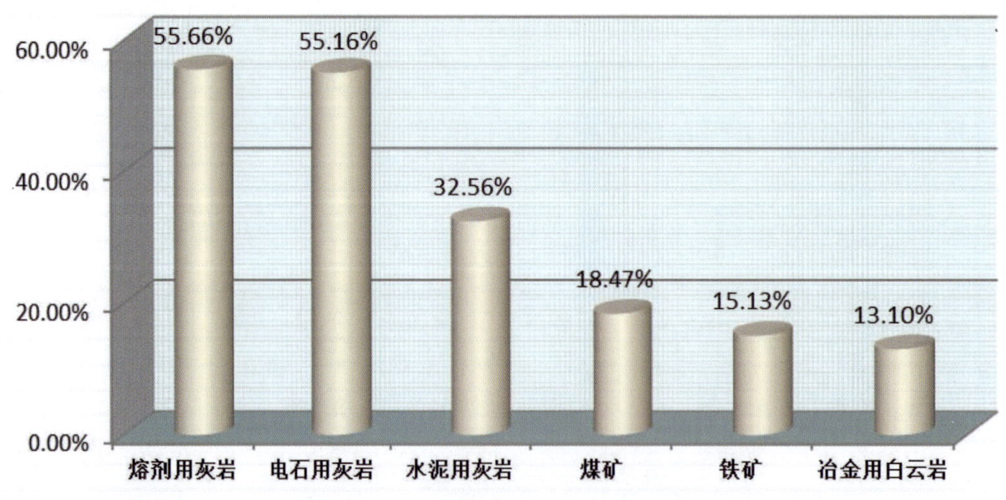

图 3－3　北京市主要矿产的基础储量在其资源储量中所占比例示意图

矿产资源储量规模。截至年底，北京市 354 处矿产地中，以小型矿产地为主，其中：大型矿产地 42 处，中型矿产地 101 处，小型矿产地 196 处，矿点 15 处，分别占总矿产地数的 11.8%、28.5%、55.5%和 4.2%，见图 3－4。

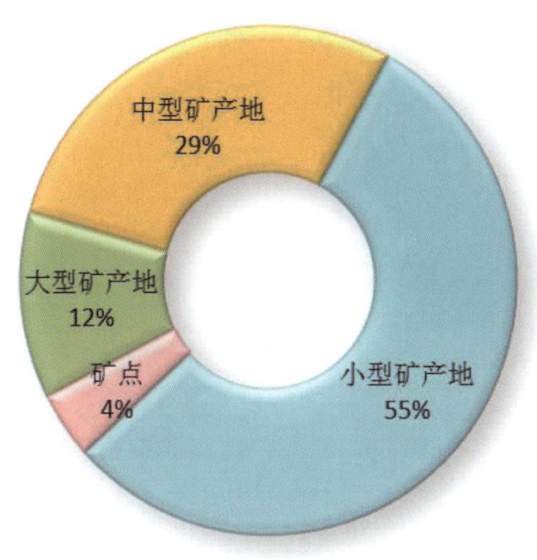

图 3－4　北京市各类矿产地总体情况示意图

按矿种分类，铁的矿产地最多，共46 个；其次为煤和泥炭，矿产地分别为29 个和 28 个；发现矿产地 10 个以上的矿种依次为：水泥用灰岩 23 个，金矿（岩金、伴生金）14 个，冶金用白云岩 13 个，熔剂用灰岩 12 个，制灰用灰岩 11 个。

3. 矿产资源的分布

北京市固体矿产资源分布不均衡，具有分布广泛、矿种相对集中，以远郊区为主的特点（矿产地分布情况见图 3－5）。

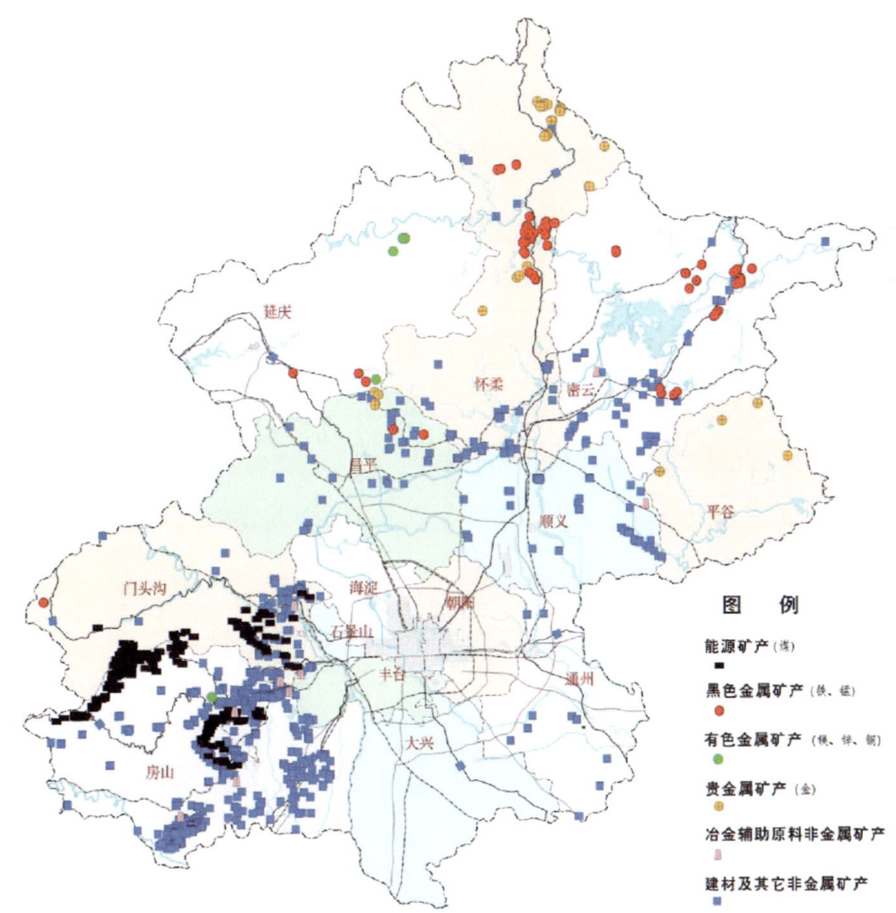

图 3－5　北京市固体矿产资源分布示意图

煤矿90%以上的查明矿产资源保有储量集中于门头沟区和房山区；铁矿93%以上的查明矿产资源保有储量分布在密云区；化工、冶金及建筑用各类石灰岩、白云岩等矿产主要分布于山区与平原交界的西部与北部山前地带。排名前10位的矿产资源主要分布于房山区、门头沟区、密云区、昌平区、怀柔区和延庆区，具体分布情况见表3－22。

表3－22　北京市重要矿产资源在各区的分布比例表

序号	矿产名称	丰台	海淀	门头沟	房山	顺义	昌平	平谷	怀柔	密云	延庆
1	煤炭（千吨）		2%	59%	32%	7%					
2	铁矿（千吨）								4%	93%	3%
3	水泥用灰岩（千吨）		13%	2%	42%	4%	28%		9%	2%	
4	熔剂用灰岩（千吨）			65%	26%		2%			6%	
5	冶金用白云岩（千吨）	1%		1%	50%		44%			4%	
6	饰面用大理岩（千立方米）			21%	37%		2%			40%	
7	饰面用花岗岩（千立方米）						90%	8%	2%		
8	制碱用灰岩（千吨）								100%		
9	电石用灰岩（千吨）			57%	39%		3%			1%	
10	冶金用石英岩（千吨）						10%		47%		43%

【固体矿产资源评述】

1. 矿产资源特征

北京市矿产资源赋存条件较好，煤、铁、石灰岩、汉白玉、地热等矿产是北京地区具有优势的矿产资源。固体矿产资源分布相对集中，一些矿产的地区优势明显。固体矿产资源矿床规模以小、中型为主，可供规模开采的矿产地有限。多数金属矿产贫矿多，难采、难选，富铁、有色金属矿产明显不足；化肥用矿物原料及石油、天然气、工业用煤等明显短缺。共（伴）生矿产多，由于受采、选、冶条件的限制，综合利用程度低。

2. 矿产资源基本形势

北京因首都城市的性质、功能和发展方向对矿产资源开发利用有着严格的限制，矿产资源的供需形势较为严峻。其表现为：铁、煤也只能部分满足需求，有色金属矿产全部、贵金属及化工矿产资源大部分不能保证需求，需从外地调入；建筑用砂和砖瓦用粘土等矿产资源将全部靠外地调入。

【固体矿产资源开发利用】

1. 基本情况

为实现“绿色北京”的发展战略目标，近年来，北京市按照“控制总量、调整结构、提高质量、增加效益、减少污染”的方针，加快推进矿山整合，固体矿山数目逐年减少。

北京市矿产资源比较丰富，矿种也较多，但不同矿种的矿产资源利用率差异较大。截至年底矿产利用情况统计表如下（表 3－23）。

表 3－23　截至 2015 年底北京市矿产利用情况统计

矿类名称	矿产地数	开采利用情况				
		已利用矿产地数	矿产地已利用率	正在利用矿产地	矿产地正在利用率	矿山数
能源矿产	29	15	51.72%	4	13.79%	5
黑色金属矿产	53	19	35.85%	5	9.43%	6
有色金属矿产	39	10	25.64%	0	0.00%	0
贵金属及稀有元素矿产	24	6	25.00%	0	0.00%	0
冶金辅助原料矿产	44	20	45.45%	2	4.55%	2
化工原料非金属矿产	43	27	62.79%	0	0.00%	0
建材非金属矿产	122	89	72.95%	6	4.92%	9
总计	354	186	52.54%	17	4.80%	22

根据矿山储量动态监测结果，本年度北京市开采的主要矿种煤炭、铁矿和水泥用灰炭矿的开采量较上一年度均有一定幅度的下降，见表 3－24。

表 3－24　2013—2015 年北京市部分主要矿种开采量情况统计

矿　种	2013 年消耗储量（万吨）	2014 年消耗储量（万吨）	2015 年消耗储量（万吨）
煤	500.3	459.0	450.40
铁	425.1	357.7	231.46
水泥用灰岩	438.3	363.2	266.89

2. 矿山企业及生产情况

矿山企业。截至年底，北京市固体矿山企业 22 家，较 2014 年减少 9 家。其中，建材非金属矿山企业 9 家，占总矿山数的 41%；能源矿产（煤）5 家，占 23%；黑色金属矿产（铁）6 家，占 27%；冶金辅助原材料矿产 2 家，占 9%；无有色金属、贵金属及稀有元素矿产、化工原料矿山企业，见图 3－6。

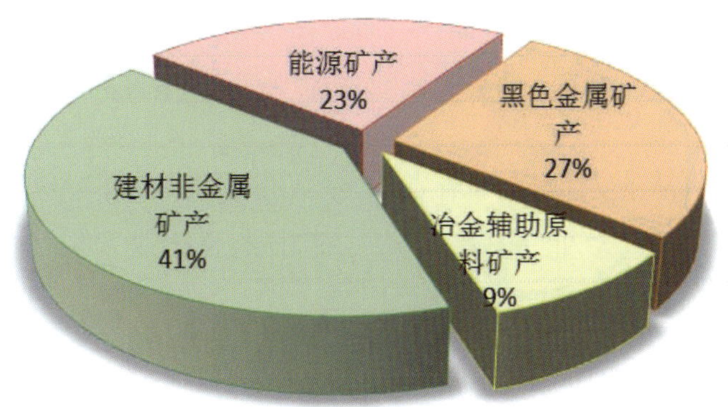

图 3－6　各矿类矿山企业比例示意图

固体矿山企业主要分布于房山区、门头沟区、顺义区、昌平区、怀柔区及密云区，开采的矿种以煤、铁、水泥用灰岩为主，各区固体矿山企业分布情况见图3－7。

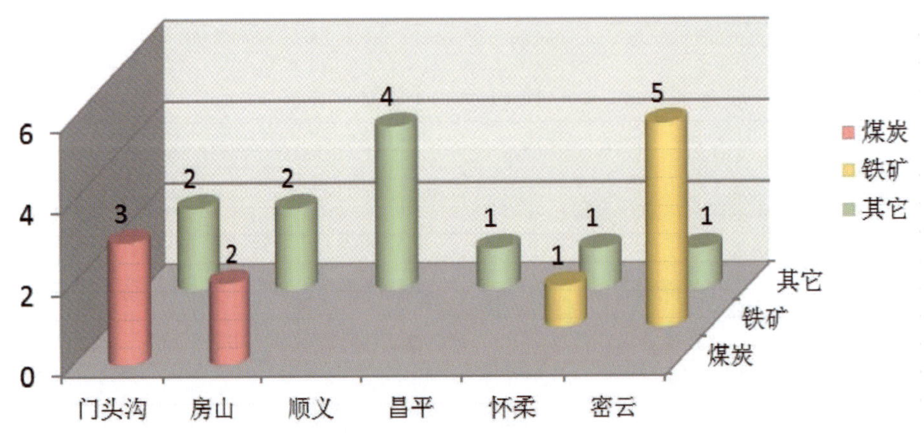

图3－7　北京市各区固体矿山企业分布统计图

从业人员。本年度，北京市共有采矿从业人员14537人，较2014年减少4688人。其中：股份有限公司从业人员最多，共9713人，占66.82%；国有企业1363人，占从业人员的9.38%，见图3－8。

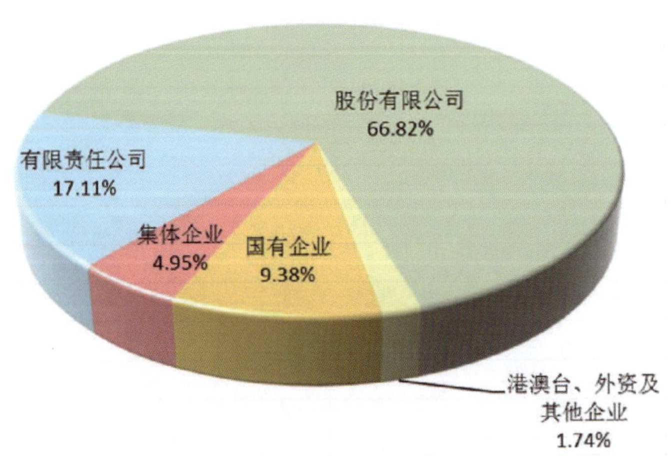

图3－8　北京市采矿从业人员按企业经济类型分类示意图

按矿种分类统计，从业人员以开采煤炭和铁矿为主，占总从业人数的91.75%，两者分别为8651人和4687人，所占比例为59.51%和32.24%。各矿种矿山企业从业人员情况见图3－9。

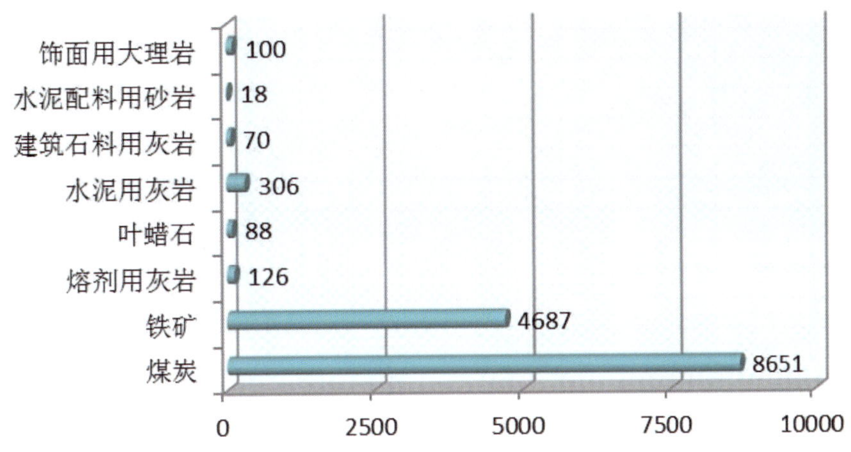

图3-9 北京市固体矿山企业从业人员按矿种类分类示意图（单位：人）

矿石产量。本年度北京市年产固体矿石产矿量 1176.21 万吨，同比降低 32.06%，达到实际开采能力的 78.98%。开采量较大的主要为煤矿、铁矿、水泥用灰岩、建筑石料用灰岩、熔剂用灰岩，各矿种矿石产量情况见图3-10、表3-25。

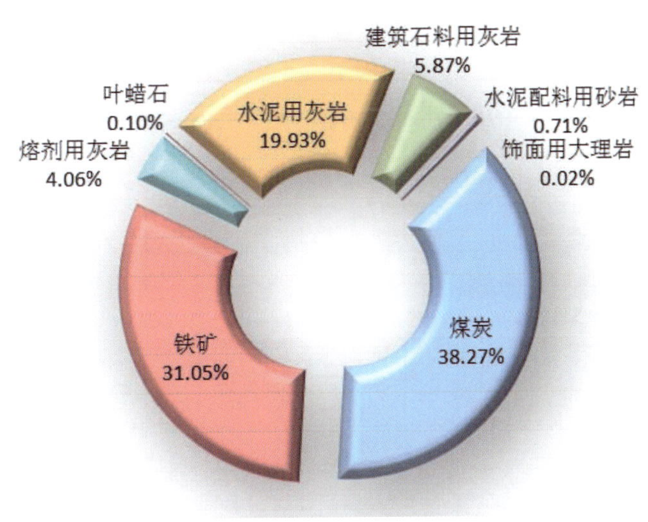

图3-10 北京市固体矿产矿石产量示意图

矿业收益。年内，北京市固体矿产资源工业总产值为 34.8 亿元，人均产值 24.80 万元；总利润 -1.84 亿元。

矿业收益主要以煤矿、铁矿为主，产值 32.72 亿元，占总产值的 93.95%；煤矿利润 7074 万元而铁矿亏损 2.67 亿元，各固体矿产资源收益情况见表3-25 和图3-11。

表 3－25

2015 年度北京市固体矿产资源开发利用情况（按矿种分列）

矿种	矿山企业数					从业人员（个）	年产矿量		实际采矿能力（万吨/年）	工业总产值（万元）	综合利用产值（万元）	矿产品销售收入（万元）	利润总额（万元）
	合计	大型	中型	小型	小矿		万吨	万立方米					
合计	22	6	10	6	0	14046	1176.21	0	1489.34	348327.84	25207	310429.97	－18416.12
煤炭	5	2	3	0	0	8651	450.13	0	520	207635.34	0	210982	7074
铁矿	6	0	5	1	0	4687	365.23	0	443.61	119608	25207	96929.3	－26684
熔剂用灰岩	2	0	2	0	0	126	47.75	0	50	1671.3	0	0	44.3
叶蜡石	1	0	0	1	0	88	1.15	0	2	1717	0	1800	1031
水泥用灰岩	5	3	0	2	0	306	234.42	0	248.42	11956.08	0	0	67.52
建筑石料用灰岩	1	0	0	1	0	70	69	0	224.77	5037.68	0	552	25.65
水泥配料用砂岩	1	1	0	0	0	18	8.3	0	0	535.77	0	0	25.41
饰面用大理岩	1	0	0	1	0	100	0.23	0	0.54	166.67	0	166.67	0

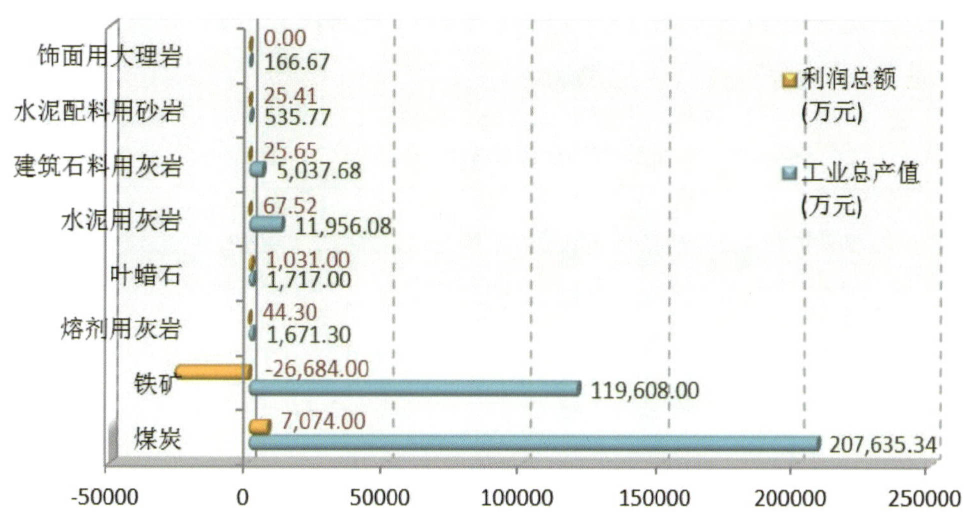

图3－11　2015年度北京市部分固体矿种矿业收益情况图（单位：万元）

人均产值较高的（>50万元）有建筑石料用灰岩，为71.97万元；人均利润率较高的（>10%）有叶腊石，为60.05%。各矿种人均收益情况见表3－25和图3－12。

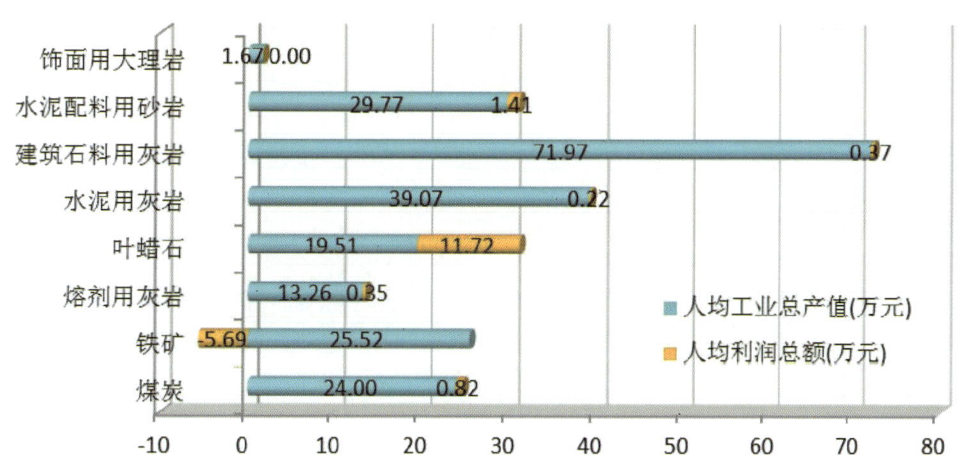

图3－12　2015年度北京市部分矿种人均矿业收益情况图（单位：万元）

【液体矿产资源】

1. 地热

北京市地热资源主要分布于平原地区（含延庆盆地），以碳酸盐岩类地层作为主要的热储层，其中：蓟县系热储层由于厚度大、分布范围广，构成北京平原最有开发价值的热储层。北京地热属沉积盆地型低温（小于90℃）地热资源，主要以热水型地热为主，地热井出水温度一般为50～70℃（目前最高为117℃）。北京地区地热水一般有一至两项组分达到医疗矿水标准，矿化度小于1g/L，为低矿化医疗热矿水，有一定的医疗、保健、养生功效，但不宜直接饮用。

根据《北京市2006—2020年地热资源可持续利用规划》，北京平原地区深度3000米内温度大于50℃的地区面积约

2760平方千米，构成相对独立又有一定联系的10个地热田（图3－13），地热田基本情况见表3－26。

表3－26　北京市地热田基本情况一览

序号	地热田	面积（km²）	地热田最高温度地热井		
			编号	温度（℃）	井深（m）
1	延　庆	121.88	延热－2	70	2500
2	小汤山	186.42	汤热－30	70	1905
3	后沙峪	239.85	顺后热－2	75	2920
4	京西北（沙河）	363.21	沙热－13	76	2603
5	天　竺	290.75	京热－128	89	3688
6	李　遂	273.04	遂热－13	55	1300
7	东南城区	207.44	京热－59	88	3610
8	双　桥	339	通热－4	58	2509
9	良　乡	475.77	京热－96	70	2950
10	凤河营	262.51	兴热－12	117	3356

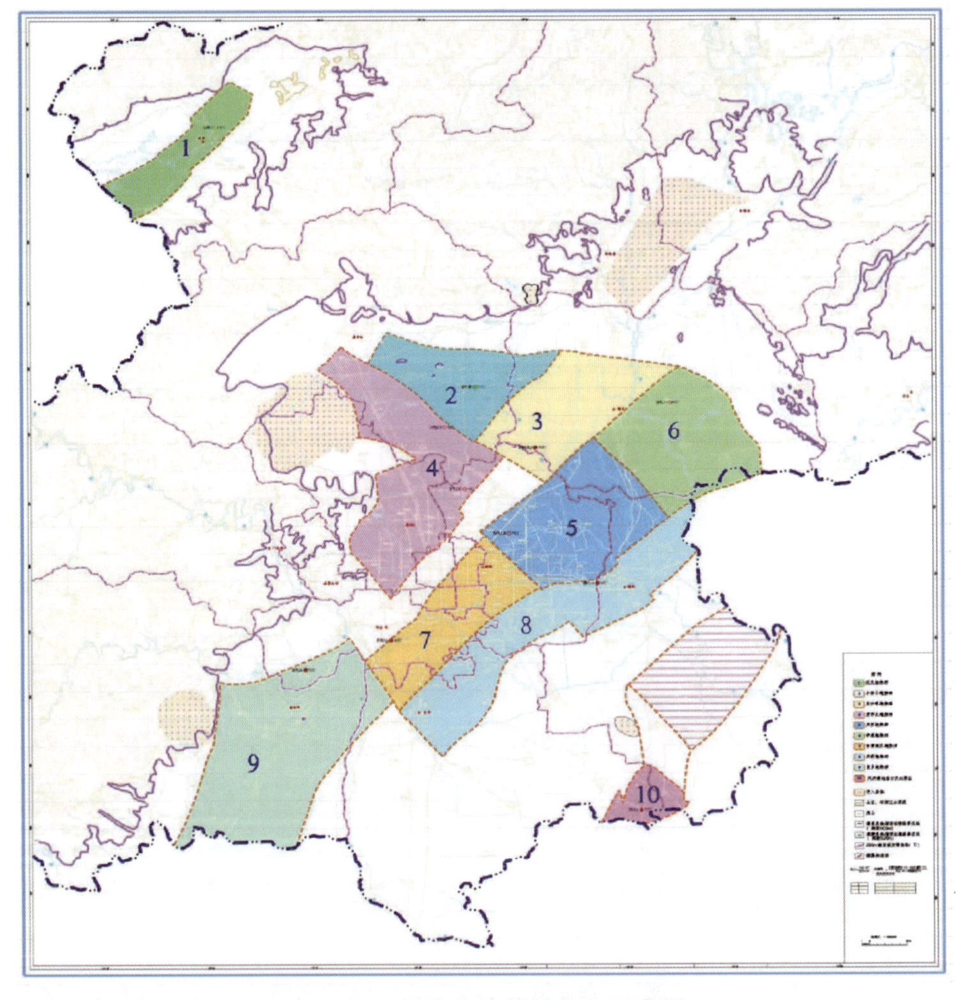

图3－13　北京市地热田分布示意图

截至年底，北京市已实施钻探地热井504眼，其中开采井149眼，回灌井35眼，观测井11眼，报废井33眼，待用井和未成井276眼。北京市16个区均有地热井分布，见图3－14。北京市地热井最大深度已超过4000米，最高出水温度117℃。

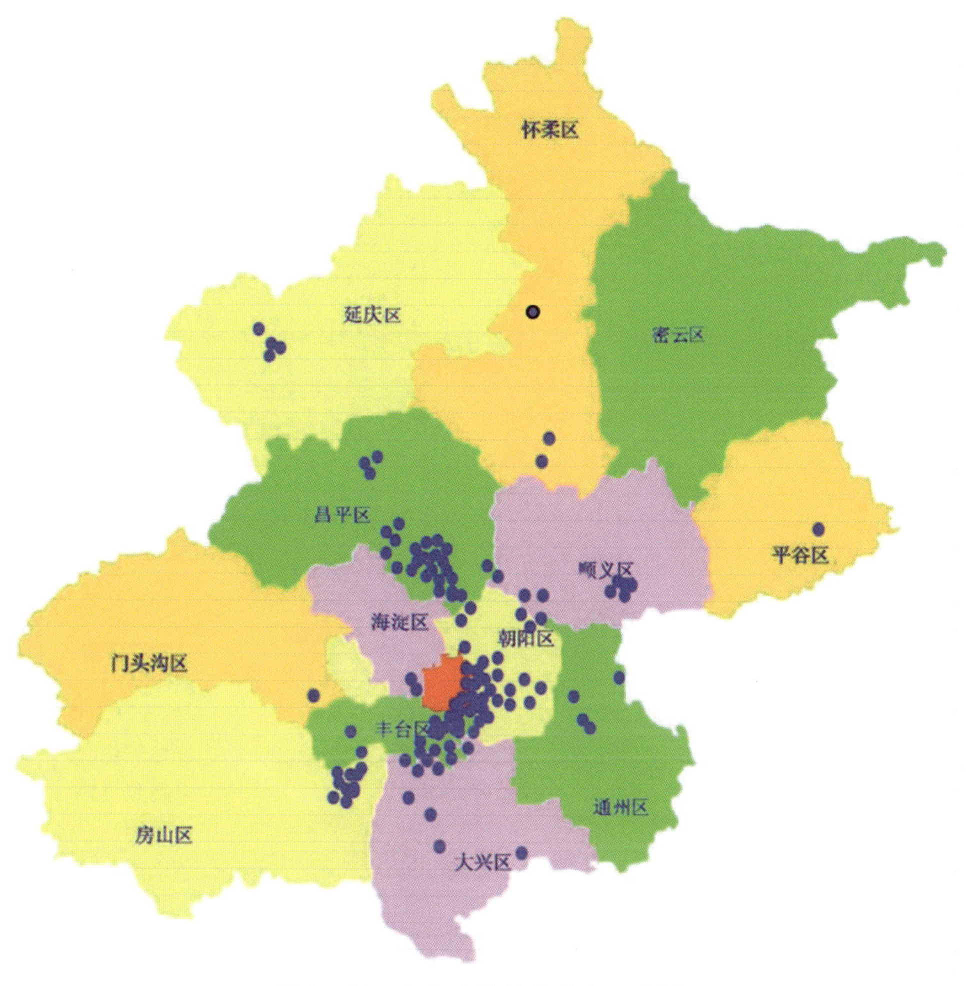

图3－14　北京市地热井分布示意图

地热资源开发利用情况：北京市地热开发用于地热采暖、温泉洗浴、农业温室种植养殖、地热博览、康乐休闲、养生保健等方面。

根据各热田开采量的监测数据，北京市年内开采地热水总量达1009.58万立方米，同比降低0.48%；回灌量达455.97万立方米，同比增长10.77%；净开采量达553.62万立方米，同比降低8.16%。年内各热田开采量情况见表3－27。

表3－27　2015年北京市各热田开采量统计

热田名称	开采井数	开采量（万 m^3）	回灌井数	回灌量（万 m^3）	净开采量（万 m^3）
小汤山	37	327.36	12	164.91	162.45
东南城区	38	163.73	7	121.20	131.79

续表 3－27

热田名称	开采井数	开采量（万 m^3）	回灌井数	回灌量（万 m^3）	净开采量（万 m^3）
延庆	7	136.93	3	45.56	74.13
京西北	17	119.69	2	48.63	67.08
良乡	16	107.49	3	33.41	58.86
天竺	15	77.40	6	31.94	15.73
李遂	4	34.58	2	10.32	11.55
双桥	6	11.55	0	0.00	3.03
后沙峪	1	3.03	0	0.00	1.17
凤河营	0	0.00	0	0.00	0.00
其他	8	27.83	0	0.00	27.83
合计	149	1009.58	35	455.97	553.62

据统计，北京市地热开发用途仍以供暖和生活用水为主，主要用途占比情况如图 3－15。

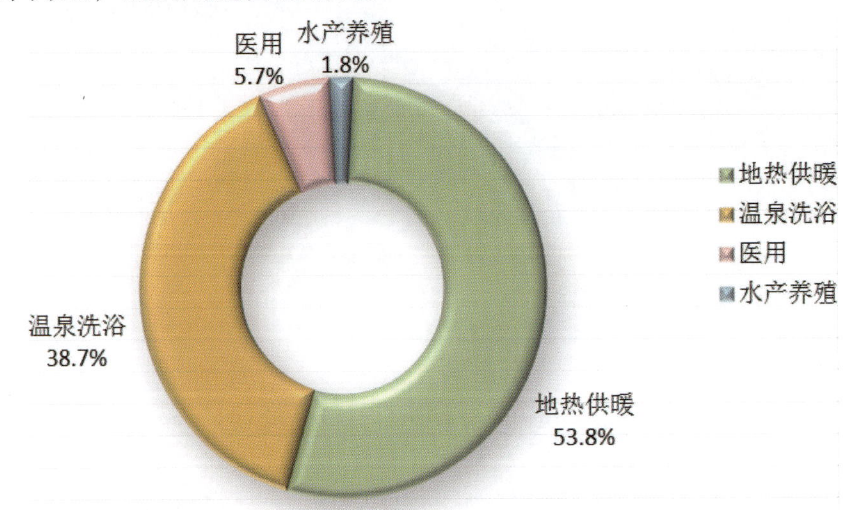

图 3－15　2015 年北京市地热资源开发用途统计

2. 矿泉水

北京市矿泉水主要为低钠、低矿化度或中等矿化度的淡矿泉水，有四种类型：锶型、锶—偏硅酸型、偏硅酸型、高矿化度型（溶解性总固体＞1000mg/L）。本年度北京市有矿泉水生产厂家 26 家，开采总量 2.23 万吨，饮用天然矿泉水水源水水质检验合格品牌 20 家（表 3－28）。

表 3－28　　2015 年北京市饮用天然矿泉水水源水水质检验合格品牌

序号	矿泉水品牌	矿泉水企业名称	矿泉水类型
1	燕京	北京燕京啤酒集团矿泉水厂	锶型

续表 3－28

序号	矿泉水品牌	矿泉水企业名称	矿泉水类型
2	蓝润	北京中宝饮用水有限公司	锶型
3	双龙峡	北京双龙峡矿泉饮料有限公司	锶、锂复合型
4	中信金陵	中安国信（北京）矿泉饮品有限公司	偏硅酸型
5	中门清泉	北京中门清泉矿泉水厂	锶型
6	龙清泉	北京龙之泉技术开发有限公司	锶、偏硅酸复合型
7	宇亚麦饭石	北京宇亚麦饭石矿泉饮料有限公司	偏硅酸型
8	岳岩	北京奥陶矿泉饮料有限公司	锶型
9	帝思	北京帝思矿泉水厂	锶型
10	翠微山	北京市翠微山天然矿泉水公司	锶、偏硅酸复合型
11	石雪	北京市华城饮料有限责任公司	锶型
12	龙庆峡	北京乐得天然矿泉水有限责任公司	偏硅酸型
13	双源	北京双源矿泉水厂	锶型
14	乐百氏	乐百氏（广东）饮用水有限公司—北京分公司	锶、偏硅酸复合型
15	庄园雪	北京大唐庄园饮品有限公司	锶、偏硅酸复合型
16	不老村	北京不老保健饮料有限公司	偏硅酸型
17	赛冰	北京山口饮料有限公司	锶型
18	樱桃泉	北京樱桃泉矿泉水厂	锶型
19	京润泉	北京市自来水集团京润泉饮用水有限公司板井分公司	锶型
20	领先	北京领先饮食品有限公司	偏硅酸型

地质勘查工作及主要成果

年内，北京市开展了基础地质调查、矿产资源勘查、地质环境与地质灾害调查评价、地质科学研究与技术方法创新等地质勘查工作，年度支出资金 24568.72 万元，其中：地方财政 7753.57 万元，占 31.56%；社会资金 6546.48 万元，占 26.64%；中央财政 10268.67 万元，占 41.80%，见图 3－16。

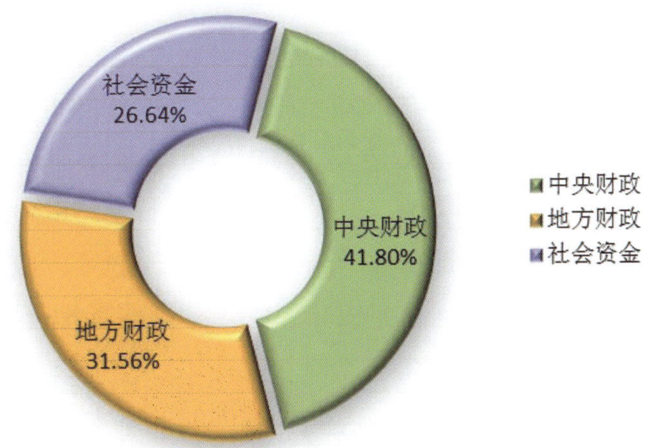

图 3－16　2015 年北京市地质勘查资金投入构成

【基础地质调查】

年内，共开展5个项目，投入资金1888万元，其中，中央财政1870万元，占总量的99.05%；社会资金18万元，占总量的0.95%；无地方财政投入。主要集中在城市地质调查、农业地质调查、矿产远景调查、区域地球物理调查、区域地质调查等方面。主要项目情况如下：

1. 区域地质调查

开展“北京1:5万琉璃河（J50E003009）、庞各庄（J50E003010）、安次县（J50E003011）幅区域地质调查”项目，年内资金投入240万元，完成区域地质调查面积750平方千米，可控源音频大地电磁测深（点距50米）300点。

2. 区域地球物理调查

开展“北京市平原区1:5万工程地质调查”项目，年内资金投入300万元。项目开展过程中及时将数据成果应用于通州行政副中心的相关勘查工作中。后续将开展数据的处理解释工作，并编写成果报告。

【矿产资源勘查】

年内，共实施19个矿产资源勘查项目，完成钻探工作量195730.7米（同比增长814.48%）。共投入资金5147.07万元，其中，中央财政0万元；地方财政994.9万元，占总量的19.33%；社会资金4152.17万元，占总量的80.67%。

主要矿种勘查资金和完成钻探工作量：煤炭15万元，开展项目1个；地热4965.07万元，开展项目16个（含地源热泵项目），钻探190031米；地下水勘查资金投入167万元，开展项目2个，钻探5700米。

【地质环境与地质灾害调查评价】

年内，共开展29个项目，支出资金6850.18万元，其中，中央财政491.67万元，占总量的7.18%；地方财政5248.5万元，占总量的76.62%；社会资金1110.01万元，占总量的16.20%。主要工作内容有：

1. 水文地质调查评价

本年度共开展10个项目，投入资金总额596.22万元，中央财政241.67万元，地方财政118.67万元，社会资金235.88万元。主要项目情况如下：

本年度国家级地质环境监测与预报（北京部分）。完成50个国家级监测点地下水位和水温的常规监测及28个国家级监测点地下水质的常规监测；运行维护北京平原示范区地下水自动监测仪和自动传输设备。通过项目的实施，掌握平原区地下水水位动态变化，地下水水位漏斗的动态变化趋势、地下水水质污染的发展现状，为地下水资源评价、科学管理及环境地质问题的研究和防治提供科学依据。

一孔多层地下水监测井建设规程。完成“一孔多层地下水监测井建设”研究成果报告。根据专家意见，项目组将项目名称“一孔多层地下水监测井建设规程”更名为“巢式地下水监测井建设规程”。下一步将根据审核意见修改、完善《巢式地下水监测井建设规程》。本项目开展了国内外地下水监测井施工现状、吸收国内外监测井施工工艺先进技术的研究，总结了一孔多层地下水监测井设计、施工以及使用过程中的经验和教训，制定适合一孔多层地下水监测井的建设规程。

基于新水情下的北京地下水资源可

持续利用调查评价及保护规划建议。完成1∶20万区域水文地质补充调查工作，调查面积5585平方千米；完成1∶5万专项水文地质调查，调查面积1315平方千米；完成地下水位普测100点次，地下水位动态监测2280点次；建立地下水数值模型，面积6400平方千米。

2. 环境地质调查评价

开展环境地质调查评价类项目9项次，投入资金总额4201.16万元，其中中央财政250万元，地方财政3293.46万元，社会资金657.7万元。主要项目情况如下：

北京市土壤地质环境监测网运行。该项目在本年度初步建立北京市土壤地质环境监测网络二级监测体系，布设160个监测点，其中区域监测110个，重点监测50个。每个监测点采集表层土壤样品，其中城区布设6个壤中气和大气汞采样点，工业区布设垂向剖面，水源地保护区布设6个水体采样点，采样点位见图3－17。

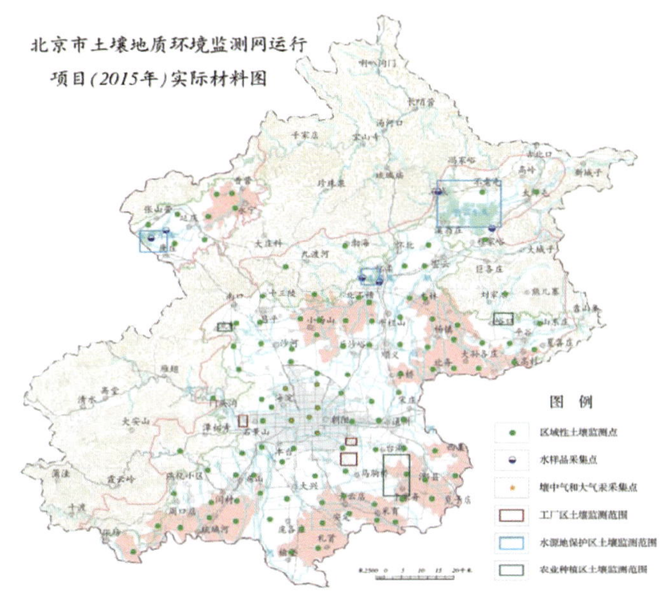

图3－17　2015年度北京市土壤地质环境监测网运行项目（本年度）实际材料图

潮白河流域矿产资源开发水土环境影响调查评价。该项目完成工作区内200平方千米环境地质调查，查明区内所有矿山地质环境问题。其中工作区主要金属矿为铁矿、铜矿和铂矿等，非金属矿以白云岩、灰岩、石英岩、粘土矿为主，现工作区内所有矿山已经停产、关闭，其主要地质环境问题为地形地貌景观破坏和生态植被破坏。

北京市平原区地下水环境监测网运行。该项目获得区域地下水环监测网822眼枯、丰水期水质数据1644件；重点污染源监测网360眼四个季度水质数据1440件。编制本年度地下水监测第一至第三季度简报。北京市地下水环境监测网是高精度的“立体分层”监测网络，监测指标涵盖无机和有机，是目前北京市平原区较全面的监测体系。

3. 地质灾害调查评价

开展地质灾害调查评价类项目10项次，投入资金总额2052.8万元，其中地方财政资金1836.37万元，社会资金216.43万元。重点项目工作情况如下：

北京地区地面沉降防控与地下水资源

合理开发。该项目发表学术论文23篇，取得实用新型专利6项，编制《北京地面沉降与地裂缝》专著，完成《北京地区地面沉降监测技术要求》和《北京市重大线性工程地面沉降专项监测方案标准》，填补北京地面沉降监测领域的技术空白；提出一套“基于地面沉降控制的地下水优选方案”，为北京市地下水控采和地面沉降调控提供决策依据。通过在建设地面沉降监测设施过程中的应用，提高不同监测成果的集成性，且取得较好的经济效益。形成覆盖五大课题研究内容的成果报告。下一步将按照信息化建设的要求，建设地面沉降信息整合平台。在地调系统“北京市地面沉降监测与防治研究”等项目的带动下，以京津冀协调发展为契机，适当外延监测范围。

北京市地面沉降监测系统运行。完成四个季度的《北京市地面沉降监测站季度报告》。查明北京市平原区地面沉降现状，掌握北京市地面沉降的发展变化情况，预测地面沉降未来的发展趋势，分析地面沉降产生的原因，指出地面沉降的危害。为北京市城市建设规划和水资源合理开发利用提供科学依据和建议。

【地质科学研究与技术方法创新】

年内，北京市共完成113个项目，支出资金10613.13万元。其中，中央财政7907万元，占总量的74.50%；地方财政1439.83万元，占总量的13.57%；社会资金1266.3万元，占总量的11.93%。主要工作内容有：

北京市矿产资源调查成果综合集成与服务产品开发。编制完成有色金属、贵金属矿产典型矿床剖面图5张；基本编制完成北京市有色金属、贵金属矿产地分布图；开展北京市有色金属、贵金属成矿规律图综合研究及矿产志简本的编写。

北京区域地质调查片区总结与服务产品开发。完成测试样品的野外采集工作，完成地质系列图件及说明书初稿的编制，现正在组装新版《北京市区域地质志》初稿。

北京市地质环境图系编制。完成《北京市地质环境分区图》《北京市崩塌滑坡泥石流分布图》《北京市崩塌滑坡泥石流易发程度分区图》等9幅图件的编制及其说明书撰写，并建立相应图形的属性数据库。

北京山洪泥石流预测预警关键技术研究与示范。完成示范泥石流沟的遥感解译和野外调查工作；完成典型沟道室内、现场模型试验，安装监测设备；了解泥石流的位置、沟道长度、流域面积及所属水系等参数，掌握泥石流的地质条件、泥石流特征、诱发因素、危害性、泥石流防治等情况；建立泥石流沟监测预警示范平台。

中心城区和昌平流村—马池口地区土壤重金属赋存形态研究。该项目研究区面积为210平方千米，采集土壤、大气、作物及岩石样品570件；分析元素全量570件，测试土壤重金属元素赋存形态270件。在综合分析和利用以往资料的基础上，项目通过研究区重点采样、测试等手段，查明研究区土壤重金属元素的赋存形态和分布特征，初步研究重金属元素在土壤生态环境中的地球化学行为，为今后土壤环境监测与生态修复工作的开展奠定理论基础。

北京市地下空间资源调查评价及关键技术研究。项目初步构建了200平方千米三维岩性模型；采用不同的装置和参数，建立三种模式（单井、对井、井地）视电阻率观测的理论模型；采用桔灯 Abllo 多功能电法仪进行不同井间距的试验，取得阶段性成果；将室内试验数据和旁压模量数据进行对比分析；完成研究区地下空间资源综合评价所需的单因子评价图件的编制；完成研究区地下空间资源开发现状的遥感解译 500 平方千米及实地验证工作 30 平方千米。

【地质灾害概况】

北京市突发性地质灾害和缓变性地质灾害均有发育。突发性地质灾害有泥石流、崩塌、滑坡和地面塌陷等类型，主要分布在西山和北山的沟谷、陡坡、采煤分布集中地区及构造活动较强烈的地区。全市突发性地质灾害易发区面积为 9169.2 平方千米，占全市总面积的 55.87%，其中高、中、低易发区面积分别为 3019.3 平方千米、3491.1 平方千米、2658.8 平方千米，占全市总面积的 18.40%、21.27%、16.20%（图 3－18）。截至年底，全市突发地质灾害隐患点共 4706 处，威胁乡镇 85 个，行政村 683 个，受威胁住户 21051 户，57948 人。见表 3－29。缓变性地质灾害主要有地面沉降和地裂缝两种，主要分布在朝阳区、昌平区、顺义区、大兴区和通州区等平原区。

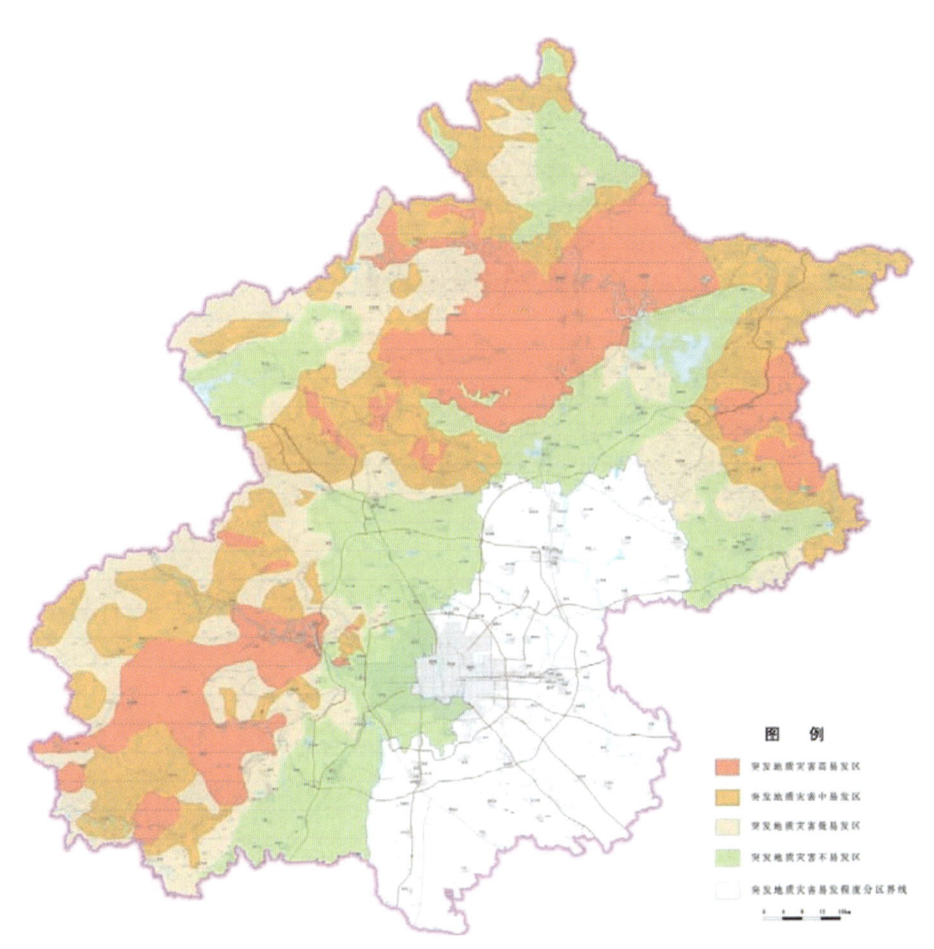

图 3－18　北京市山区突发性地质灾害易发程度分区图

表 3－29　北京市突发性地质灾害隐患点统计

区（县）	威胁对象类型及数量										地质灾害隐患类型及数量/个					
	险村险户					道路（条）	景区（个）	学校（个）	矿山（个）	水库（个）	崩塌	滑坡	泥石流	不稳定斜坡	地面塌陷	合计
	乡镇（个）	险村（个）	户数（户）	人数（人）	群测群防员数											
密云区	11	113	2556	6690	124	26	23	1	0	1	344	4	271	417	0	1036
房山区	15	123	9603	25216	214	63	17	3	4	1	356	7	141	276	35	815
怀柔区	10	81	1678	5060	127	126	33	0	0	0	420	6	223	66	0	715
门头沟区	12	95	2088	5229	96	74	13	5	0	0	475	3	42	81	45	646
延庆区	12	134	1404	4044	142	102	3	0	0	0	365	1	65	131	1	563
平谷区	11	68	2244	7139	68	52	7	0	2	1	172	13	84	166	6	441
昌平区	5	49	793	2446	53	47	8	0	6	1	235	0	42	128	0	405
海淀区	3	8	14	54	7	4	3	0	0	0	19	0	7	6	1	33
丰台区	2	3	15	43	3	3	2	0	1	0	17	0	3	8	0	28
石景山区	4	9	656	2027	0	8	2	0	0	0	9	0	1	14	0	24
北京市	85	683	21051	57948	834	505	111	9	13	4	2412	34	879	1293	88	4706

【地质灾害发生情况】

1. 突发性地质灾害

2004 至 2015 年，北京市共发生地质灾害 172 起，其中 2012—2015 年共发生 107 起，占总数的 62.2%；灾害类型以崩塌为主，灾情级别以小型为主；多发生在房山、门头沟、延庆、密云、怀柔和海淀 6 个区，见图 3－19。

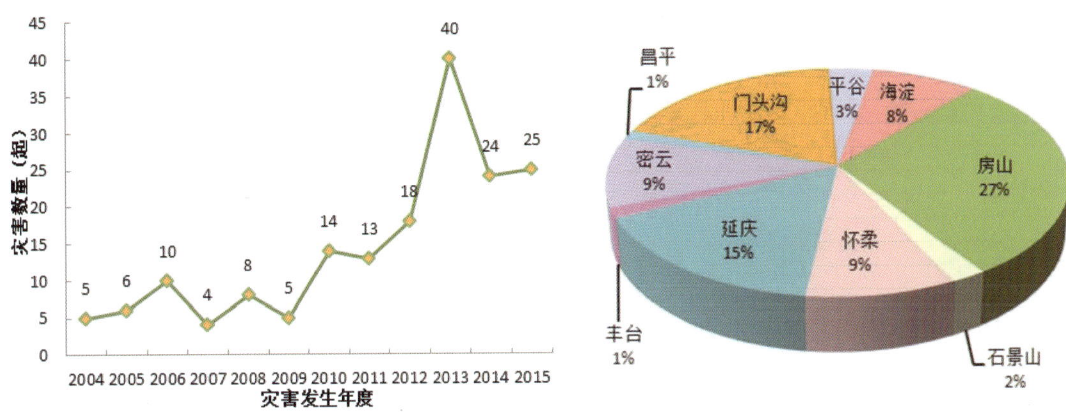

图 3－19　2004—2015 年北京市突发性地质灾害发生情况统计

年内，全市共发生突发地质灾害 25 起，为小型崩塌、滑坡和地面塌陷，造成直接经济损失 130 万元，无人员伤亡。灾害主要发生在 7 月份，多分布于房山区、怀柔区和延庆区，见表 3－30，图 3－20。

表 3－30　2015 年北京市突发性地质灾害发生情况一览

序号	时间	地点	灾害类型	灾情级别
1	07.13	海淀区温泉镇白家疃村	地面塌陷	小型
2	07.17	房山区周口店镇新泗路北下寺村段	崩塌	小型
3	07.17	房山区周口店镇葫芦棚村东	滑坡	小型
4	07.17	房山区周口店镇葫芦棚村北	滑坡	小型
5	07.17	房山区大石窝镇后石门村王学镇家房后	崩塌	小型
6	07.17	海淀区香山街道办事处公主坟村	崩塌	小型
7	07.17	石景山区金顶山路	崩塌	小型
8	07.20	怀柔区九渡河镇撞到口村	崩塌	小型
9	07.20	怀柔区九渡河镇水长城景区	崩塌	小型
10	07.18	延庆区珍珠泉乡小川村榆树湾	崩塌	小型
11	07.17	丰台区千灵山废弃页岩矿	滑坡	小型
12	07.21	密云区冯家峪镇三岔口行政村至南掌沟自然村村级公路	崩塌	小型
13	07.24	昌平区 G6 主路进京方向 51km＋400m～500m	滑坡	小型
14	07.23	怀柔区九渡河镇杏树台村西流石	崩塌	小型

续表 3－30

序号	时间	地点	灾害类型	灾情级别
15	07.22	密云区沙厂水库主坝东侧＋10m	崩塌	小型
16	07.23	延庆区千家店镇西店村	崩塌	小型
17	07.28	门头沟区清水镇塔河村港沟	崩塌	小型
18	08.02	门头沟区王平镇东王平村村北	崩塌	小型
19	08.31	石景山区石门路	崩塌	小型
20	09.03	门头沟区军庄镇公路 S210 K04＋400 段	崩塌	小型
21	09.05	怀柔区渤海镇铁矿峪村	崩塌	小型
22	09.05	海淀区四季青镇普安店村	地面塌陷	小型
23	09.13	房山区佛子庄镇 108 国道（旧）银狐洞景区入口	崩塌	小型
24	10.22	延庆区滦赤路（S309 省道延庆段）K132km＋770m	崩塌	小型
25	11.07	延庆区滦赤路（S309 省道延庆段）K135km＋100m	崩塌	小型

2015 年 9 月 5 日
海淀区四季青镇普安店村地面塌陷坑

2015 年 10 月 22 日
延庆区滦赤路 K132+770m 处崩塌落石

图 3－20　地质灾害现场示意图

2. 缓变性地质灾害

地面沉降。北京市地面沉降区分为南北两个大区，共八个沉降中心，其中北区面积较大，主要包含平原区东部和北部的昌平区八仙庄，海淀区西小营，顺义区平各庄，朝阳区金盏、三间房、黑庄户，通州城区等七个沉降中心；南区面积较小，主要包括平原区南部的大兴区榆垡沉降中心。据监测成果统计，截至年底，全市平原区累计地面沉降量大于 500 毫米的地区面积为 1492 平方千米，累计地面沉降量大于 1000 毫米的地区面积为 336 平方千米，见图 3－21。

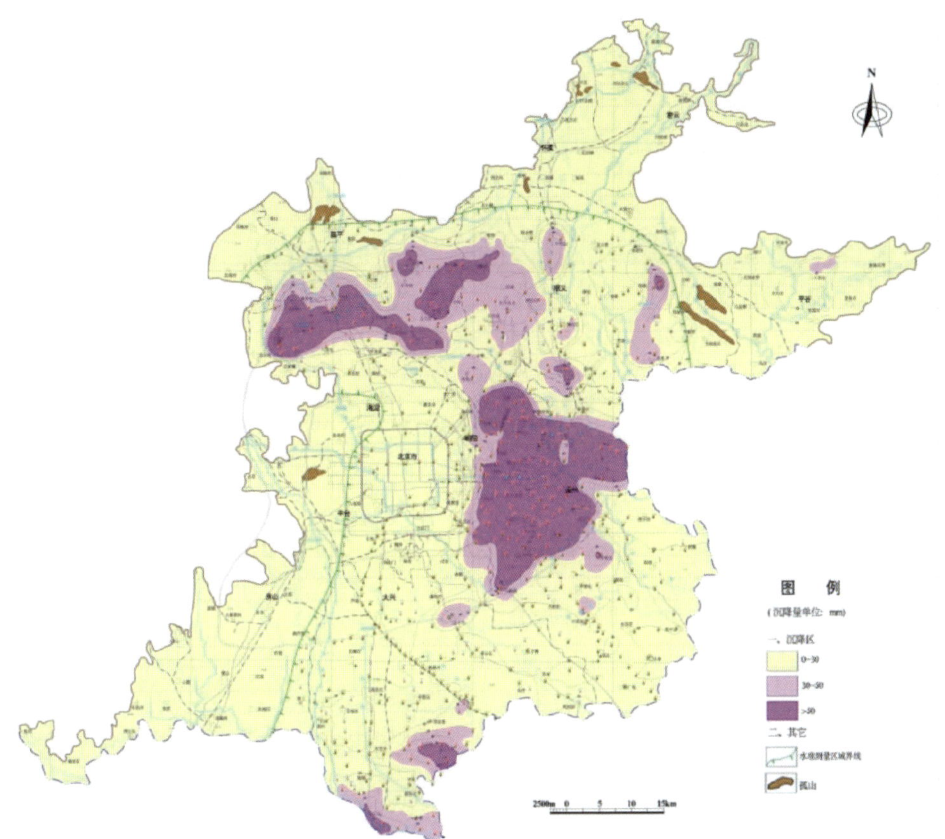

图 3－21　2015 年度北京市平原区沉降量色斑图

年内，北京市平原地面沉降区平均沉降速率为 18.8 毫米/年，与 2014 年相比减小 1.3 毫米/年。水准测量最大沉降点仍位于朝阳东八里庄—通州台湖黑庄户地区，年沉降量为 138.1 毫米，比 2014 年减少 6.1 毫米。另外，朝阳三间房、朝阳金盏沉降中心本年度沉降速率均小于 2014 年。大兴榆垡—礼贤、海淀西小营、通州城区沉降中心沉降速率较上年明显增加，分别为 72.5 毫米、112.8 毫米、120.5 毫米，见图 3－22。

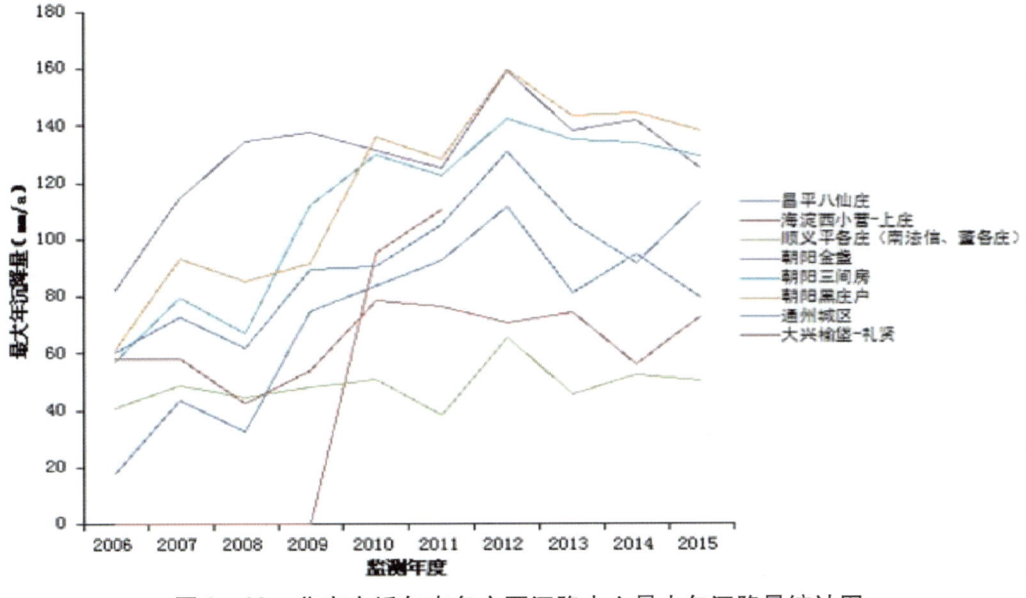

图 3－22　北京市近年来各主要沉降中心最大年沉降量统计图

地裂缝。截至年底，发现的地裂缝主要有顺义地裂缝、高丽营地裂缝、羊房地裂缝、北彩地裂缝和庙卷地裂缝等。本年水准监测成果显示，高丽营地裂缝垂直上累计变形量达到86.34毫米，仍处于上盘下降状态，水平扭动方向累计变形量为12.34毫米，水平拉张方向累计变形量为29.53毫米。

【地质灾害防治】

1. 地质灾害防治法规体系建设

发布北京市地质灾害治理项目实施技术指南（试行）。为促进北京市地质灾害治理项目实施工作进一步规范化、标准化和程序化，组织编制并发布《北京市地质灾害治理项目实施技术指南（试行）》。该指南适用于北京市行政区域内地质灾害治理项目和地质灾害隐患防治项目，包括地质灾害治理项目勘查、设计、施工、监理、竣工验收等环节的主要标准和要求。

组织编制《北京市1:5万地质灾害详查规范》。为使地质灾害详细调查切实做到精心策划、仔细调查、认真分析、客观评价，组织编制《北京市1:5万地质灾害详查规范》，明确北京山区常见的崩塌、滑坡、泥石流和地面塌陷详细调查的内容、控制精度、基本方法、评价区划和成果报告要求。

组织编制《北京市地质灾害隐患点销账技术指南》。针对已实施工程治理或搬迁避让后的地质灾害隐患点，组织编制《北京市地质灾害隐患点销账技术指南》，规范地质灾害隐患点核销程序和方法，建立地质灾害隐患核销管理制度。

编制完成《北京市“十三五”时期地质灾害防治规划》。通过分析北京市地质灾害防治总体形势，编制完成《北京市“十三五”时期地质灾害防治规划》，提出地质灾害防治工作的指导思想、规划目标和规划原则，明确十三五期间地质灾害防治方面的主要工作任务，完善地质灾害防治工作保障措施。

2. 汛期地质灾害防治工作

坚持执行“三查”制度、督促工作落实到位。汛前，市国土局领导带队实地检查32个乡镇、43个村、56处地质灾害隐患点。汛中，对重要隐患点进行有针对性的巡查，进一步加强调研，摸索规律。在此基础上，各分局和国土所出动768车次、2304人次，对1000余处重要隐患点进行隐患再排查，并针对发现的问题提出整改要求和意见。

夯实群测群防基础、强化地灾应急演练。年内，市国土局和各区分局对全市967名基层群测群防员开展临危、临机处置能力培训，并配发防汛物资。组织开展市级层面的地质灾害应急演练2次，区级层面地质灾害应急演练155次。

推动各区自主预警、提高地灾监测水平。本年度汛期，市国土局防汛应急值守78天312人次，向市防汛办报送《防汛快报》19期；分局值守920天次7300人次，报送各类防汛信息（简报）600余份（件）；与北京市气象局联合发布突发地质灾害气象风险预警5次，其中：黄色预警2次，蓝色预警3次。在此基础上，10个山区全部自主开展地质灾害气象风险预警，共发布黄色预警13次、蓝色预警29次，配合转移群众1731名。在房山区、门头沟区和密云区利用479台监测设备（覆盖突发地质灾害隐患130处）开展地质灾害动态、实时监测和预警工作。

专业力量下沉一线、突发灾害高效处置。地质灾害应急调查队伍入驻10个山区国土分局，在应急专家组指导下参与应急值守和调查，年内共开展应急调查30次，出动应急人员120人次，确定地质灾害25起，提交应急调查（排查）报告35份。

3. 地质灾害治理

年内，市国土局积极申请北京市财政资金支持，计划利用5年时间推进威胁居民点地质灾害隐患点的治理工作，其中本年度开展48个治理项目（详见表3－31），累计投入资金1.49亿元（详见表3－31，图3－23），治理地质灾害隐患点86处。通过削坡、浆砌挡土墙和排水沟、清理危岩、绿化等工程措施改善治理区地质环境条件，消除或减轻地质灾害威胁。

表3－31　　2015年度北京市突发地质灾害隐患治理项目一览

序号	项目名称	预算金额/万元	治理灾害数
1	北京市延庆区珍珠泉乡水泉子村南沟门泥石流灾害治理工程	642.34	1
2	北京市延庆区刘斌堡乡小吉祥、下虎叫村地质灾害治理工程	396.30	4
3	北京市门头沟区田庄村西岗子沟与山神庙村地质灾害治理工程	275.26	2
4	北京市门头沟区河北新村与千军台东口地质灾害治理工程	346.41	2
5	北京市门头沟区付家台村与河南台村地质灾害治理工程	707.94	2
6	北京市密云区新城子镇大角峪村大东沟及西沟泥石流治理项目	753.14	1
7	北京市密云区不老屯镇西坨古新村后坡不稳定斜坡地质灾害治理工程	474.96	1
8	北京市密云区不老屯镇古石峪村上峪下西沟原采石场崩塌灾害治理工程	190.07	1
9	北京市密云区石城镇贾峪村于仕福家后坡不稳定斜坡灾害治理工程	122.92	1
10	北京市密云区冯家峪镇四个自然村泥石流灾害治理工程	1309.12	4
11	北京市房山区周口店镇板石矿沟泥石流灾害治理工程	569.47	1
12	北京市房山区周口店镇泗马沟西沟泥石流隐患灾害治理工程	232.14	1
13	北京市房山区周口店镇周口店村河滩北路不稳定斜坡灾害治理工程	70.85	1
14	北京市房山区大安山乡大安山乡政府不稳定斜坡治理工程	196.41	1
15	北京市房山区大安山乡寺尚村后台崩塌灾害治理工程	415.00	1
16	北京市房山区霞云岭乡银水村沟泥石流地质灾害治理工程	375.38	1

续表 3 – 31

序号	项目名称	预算金额/万元	治理灾害数
17	北京市房山区霞云岭乡庄户台村鱼骨寺史学田等屋后不稳定斜坡地质灾害治理工程	126.13	1
18	北京市房山区霞云岭乡庄户台村鱼骨寺黄台陈新国等屋后不稳定斜坡地质灾害治理工程	124.88	1
19	北京市房山区霞云岭乡四合村安子沟59号郑书维等屋后崩塌地质灾害治理工程	127.95	1
20	北京市房山区霞云岭乡石板台村水泉洼李连山等屋后不稳定斜坡地质灾害治理工程	339.43	1
21	北京市房山区张坊镇大西沟泥石流灾害治理工程	253.01	1
22	北京市房山区大石窝镇三岔村老黄沟隐患点泥石流灾害治理工程	279.79	1
23	北京市房山区十渡镇西关上村西坡董贵兰家西侧山坡崩塌灾害治理工程	243.71	1
24	北京市房山区蒲洼乡宝水村东泥石流灾害治理工程	179.48	1
25	北京市房山区韩村河镇南面窑滑坡隐患灾害治理工程	450.00	1
26	北京市房山区韩村河镇上中院三区小型不稳定斜坡灾害治理工程	17.60	1
27	北京市房山区韩村河镇罗家峪五队、七队小型崩塌隐患灾害治理工程	94.00	2
28	北京市房山区佛子庄乡陈家坟滴水岩崩塌灾害治理工程	250.00	1
29	北京市房山区佛子庄乡下英水银狐洞口崩塌灾害治理工程	40.00	1
30	北京市房山区南窖乡花港村隗家台不稳定斜坡灾害治理工程	80.00	1
31	北京市石景山区金顶街街道铸造小区西北角不稳定斜坡治理项目	125.67	1
32	北京市石景山区金顶街街道石门路西侧不稳定斜坡治理项目	234.68	1
33	北京市平谷区大华山镇苏子峪村村北不稳定斜坡灾害治理工程	500.00	1
34	北京市平谷区王辛庄镇太后村秋子峪村北不稳定斜坡灾害治理工程	400.00	1
35	北京市平谷区镇罗营镇北水峪村艾台子泥石流灾害治理工程	100.00	1
36	北京市平谷区镇罗营镇关上村村北部不稳定斜坡灾害治理工程	200.00	3
37	北京市怀柔区琉璃庙镇孙胡沟村泥石流沟治理工程	1500	6

续表 3-31

序号	项目名称	预算金额/万元	治理灾害数
38	北京市昌平区南口镇龙潭村崩塌和不稳定斜坡地质灾害治理项目	416.95	2
39	北京市昌平区南口镇檀峪村不稳定斜坡地质灾害治理项目	98.43	1
40	北京市昌平区南口镇长水峪村不稳定斜坡地质灾害治理项目	174.88	1
41	北京市昌平区十三陵镇黄泉寺村不稳定斜坡灾害治理工程 C0211	66.00	1
42	北京市昌平区十三陵镇黄泉寺村不稳定斜坡灾害治理工程 C0212	86.12	1
43	北京市昌平区十三陵镇黄泉寺村不稳定斜坡灾害治理工程 C0213	102.25	1
44	北京市昌平区延寿镇百合村傲子峪泥石流灾害治理工程	300.00	1
45	北京市昌平区延寿镇百合村家北沟泥石流灾害治理工程	380.00	1
46	北京市昌平区延寿镇百合村崩塌及不稳定斜坡灾害治理工程	80.00	3
47	北京市昌平区延寿镇花果山村崩塌及不稳定斜坡灾害治理工程	200.00	10
48	北京市昌平区延寿镇上庄村崩塌及不稳定斜坡灾害治理工程	300.00	10

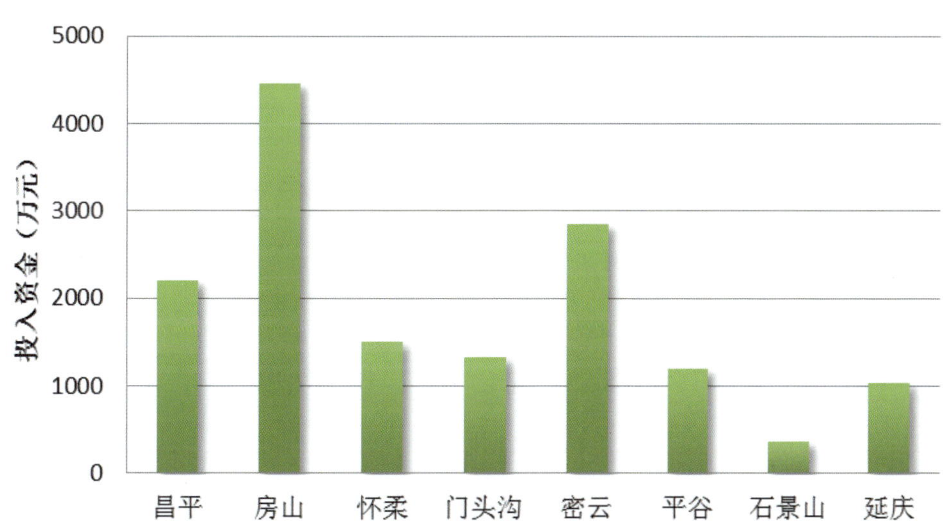

图 3-23　2015 年北京市突发地质灾理项目投入资金统计

【地质灾害防治宣传】

年内，利用市国土局官网、电子地图和“北京防汛”官方微信等新媒体平台，及时发布地质灾害防治知识和预警内容；利用《北京日报》等传统媒体，提示土壤饱和度并发布地质灾害气象风险预警信息；发放各类宣传品 3 万余份，明白卡 2 万余份，选取远郊区 19 个公交场站张贴海报，在重点景区入口安装 60 余套地质灾害语音宣传警示装置并开展地质灾害防治知识宣传。

【地质灾害危险性评估】

年内，国土资源部依照国务院行政审批改革有关精神要求，为进一步简化行政审批，取消地质灾害危险性评估备案制度。

【地质遗迹概况】

北京市地质遗迹资源丰富，种类较多，全市共有基础地质类、地貌景观类和地质灾害类三大类重要地质遗迹资源 50 处（见附表 3－33），其中世界级 2 处、国家级 7 处、省级 41 处。区域分布较为集中，如西山的周口店—石景山一带、十渡地区、圣莲山地区、斋堂地区；北山的千家店地区、云蒙山地区、黄松峪地区，集中了全市 60% 的地质遗迹资源（见图 3－24）。

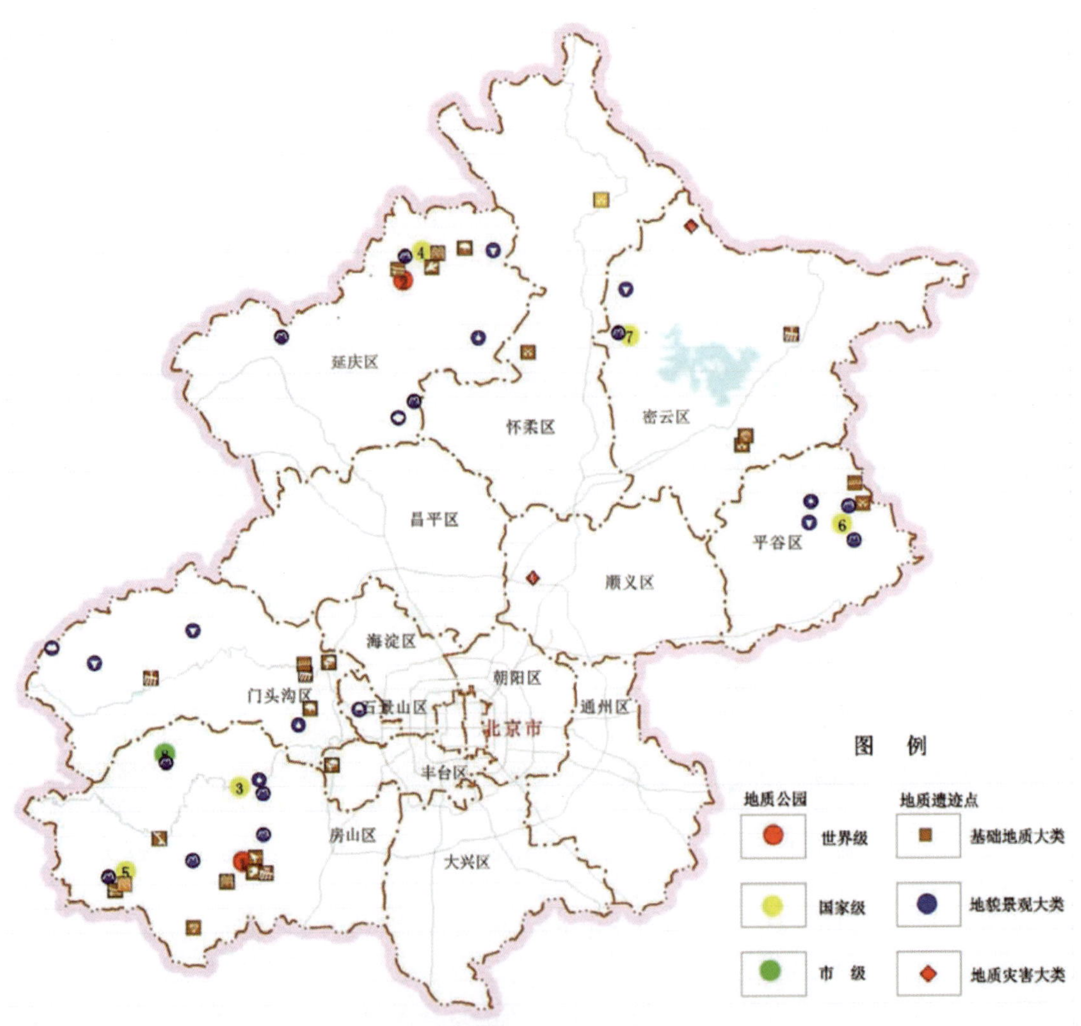

图 3－24 北京市重要地质遗迹资源及地质公园分布示意图

【地质遗迹保护】

北京市共建立地质遗迹自然保护区 3 处，见表 3－32，其中 2 处市级自然保护区，1 处县级自然保护区，总面积为 57. 37 平方千米。

表 3－32 北京市地质遗迹自然保护区一览

序号	保护区名称	级别	所在区县	面积（km^2）	批建时间
1	房山石花洞地质遗迹自然保护区	市级	房山区	36.5	2000.12
2	延庆下德龙湾木化石自然保护区	市级	延庆区	20.5	2001.12
3	平谷大溶洞地质遗迹自然保护区	县级	平谷区	0.37	1997

【地质公园】

北京市共建立地质公园 8 处，其中 2 处世界地质公园，5 处国家地质公园，1 处市级地质公园，见表 3－33。

表 3－33 北京市地质公园一览

地质公园名称	级别	遗迹类型	面积（km^2）	审批文号	批建时间
中国房山世界地质公园	世界级	古生物类、地质地貌类	1045	联合国教科文组织	2006.9.17
中国延庆世界地质公园	世界级	古生物类、地质地貌类、水文地质遗迹	620.38	联合国教科文组织	2013.9.9
北京石花洞国家地质公园	国家级	地质地貌类（岩溶地质遗迹）	33.5	国土资发〔2001〕388 号	2001.12.10
北京延庆硅化木国家地质公园	国家级	古生物类、水文地质遗迹	141.40	国土资发〔2001〕388 号	2001.12.10
北京十渡国家地质公园	国家级	地质地貌类（岩溶地质遗迹）、水文地质遗迹	290.37	国土资发〔2004〕16 号	2004.1.19
北京平谷黄松峪国家地质公园	国家级	火构造类、地质地貌类	36.4	国土资发〔2009〕110 号	2009.8.19
北京密云云蒙山国家地质公园	国家级	地质地貌类（花岗岩地貌遗迹）	238.2	国土资发〔2009〕110 号	2009.8.19
北京房山区圣莲山地质公园	市级	地质地貌类（岩溶地质遗迹、水文地质遗迹	28	市国土房管环〔2004〕666 号	2004.6.10

根据国土资源部办公厅《关于开展国家地质公园监督检查的通知》的要求，国土部委派专家对北京市属 5 个国家地质公园的建设与管理工作进行监督检查。经综合评定，北京石花洞国家地质公园和北京延庆硅化木国家地质公园评估结果为优秀，其余均为合格。

指导房山和延庆世界地质公园联合申办 2018 年第八届世界地质公园大会，进一步提升北京市世界地质公园在亚太地区和世界地质公园网络的影响力。

按照《国家地质公园建设标准》完

成十渡和云蒙山国家地质公园评估工作。

编制完成《北京市地质遗迹详查评价及保护对策研究》和《北京市地质遗迹保护项目实录》。

【矿山地质环境问题】

北京市矿山地质环境问题主要表现为矿山次生地质灾害、地貌景观破坏、水环境破坏、土地资源破坏、环境污染5种类型。

【矿山地质环境治理】

1. 矿山地质环境治理示范工程

截至年底，北京市废弃矿山环境治理恢复项目累计投入资金9.11亿元，累计治理面积35平方千米。年内在中央财政资金的支持下，组织实施2个矿山地质环境治理示范工程，包括8个治理区，治理总面积174平方千米，主要分布在房山区、门头沟区和密云区，见表3－34。

表3－34　2015年实施的北京市矿山地质环境治理示范工程一览

序号	项目名称	治理面积（公顷）
1	北京市西部山区百花地区废弃煤矿矿山地质环境治理示范工程大安山龙头沟治理区	18.23
2	北京市西部山区百花地区废弃煤矿矿山地质环境治理示范工程史家营秋林铺治理区	42.33
3	北京市西部山区百花地区废弃煤矿矿山地质环境治理示范工程城关迎风坡一期治理区	10
4	北京市西部山区百花地区废弃煤矿矿山地质环境治理示范工程潭柘寺镇北村治理区	16
5	北京市西部山区百花地区废弃煤矿矿山地质环境治理示范工程永定镇石佛村治理区	9.3
6	北京市西部山区百花地区废弃煤矿矿山地质环境治理示范工程永定镇北岭治理区	33
7	密云水库周边废弃矿山地质环境治理示范工程西智治理区	35
8	密云水库周边废弃矿山地质环境治理示范工程太师屯陡岭子二期治理区	10

2. 矿山环境恢复治理保证金缴存

自2009年建立保证金制度以来，北京市累计缴存保证金34061.48万元，累计返还矿山企业保证金24864.21万元。截至年底，全市共有28家矿山企业全部编制了保护与治理恢复方案，已实施的治理恢复项目累计投入工程治理费用36342.02万元。治理恢复项目的实施，消除了地质灾害隐患，改善了由矿山开采造成的环境破坏，提高了土地资源利用率，也为当地农民提供了就业机会。

3. 清洁空气行动计划

按照北京市清洁空气行动计划有关文件要求，先后组织申报2014—2016年度废弃矿山生态环境修复治理重点项目，其中：2015年共79个治理区（昌平区5个、房山区53个、怀柔区6个、门头沟区15个），批复工程款33521.85万元，已陆续完成勘查、设计工作。

【矿山公园建设】

截至年底，北京市共申报建立国家矿

山公园4处，见表3－35。

表3－35　　北京市矿山公园一览

序号	矿山公园名称	所在区县	面积（km^2）	批建时间	建设情况
1	北京平谷黄松峪国家矿山公园	平谷区	1.86	2005年	已开园
2	北京首云国家矿山公园	密云县	3.58	2009年	已开园
3	北京圆金梦国家矿山公园	怀柔区	5.56	2009年	建设中
4	北京史家营国家矿山公园	房山区	58.5	2013年	建设中

【地下水环境】

地下水监测复合网络覆盖平原区6528平方千米，由地下水水位监测网和地下水环境监测网组成，分别监测50米以下，50—100米，100—180米，以及180—300米等四个含水层组地下水位及水质状况。北京市地下水监测对象主要为平原区地下水水位监测和水质监测两部分。平原区已建立了“立体分层”的地下水环境监测网络，实现由原来传统的以资源目的的“平面监测”转变为资源和环境并重的“立体分层”监测。

【地下水水位监测】

地下水水位监测网共有监测井635眼，运行正常的监测井618眼。北京市平原区2015年地下水位与2014年水位比较，第一层（潜水）水位平均（加权平均）下降0.27米，第二层（第一承压）水头平均（加权平均）下降0.45米，第三层（第二承压）水头平均（加权平均）下降0.60米，第四层（第三承压）水头平均（加权平均）下降0.52米。

【地下水水质监测】

北京市共有区域水质监测井822眼，自上而下共监控4个含水层组（见表3－36），主要监测32项无机指标，其中感官性状和一般化学指标16项，毒理学指标7项，放射性指标2项，其他指标7项（见表3－37）。

表3－36　　北京市地下水环境监测网各含水层基本情况

立体分层	底界埋深	监测井控制面积（km^2）	监测井井数（眼）
第一层（潜水）	小于50m	6528	382
第二层（第一承压）	80—120m	4770	212
第三层（第二承压）	150—180m	3995	139
第四层（第三承压）	300m	3068	89

表 3－37　　北京市地下水无机监测指标

指标分类	指标	项数
感官性状和一般化学指标	色度、浑浊度、嗅和味、肉眼可见物、pH 值，溶解性总固体、总硬度、氯化物、二价铁和三价铁、锰、挥发性酚类、硫酸盐、钠、铝、氨氮、耗氧量（COD）	16
毒理学指标	硝酸盐氮、亚硝酸盐氮、氰化物、铬（六价）、砷、氟化物、汞	7
放射性指标	总 α 放射性、总 β 放射性	2
其他指标	电导率、钾、钙、镁、碳酸盐、碳酸氢盐、游离二氧化碳	7

1. 地下水综合质量状况

据本年度丰水期（9 月）地下水监测资料的综合分析，见图 3－25 和表 3－38，第一、第二含水层组水质量相对较差，第三、第四含水层组水质总体较好。

2. 地下水单指标质量状况

平原区地下水主要超标指标为总硬度、锰、溶解性总固体、氨氮和硝酸盐氮。主要超标指标中，总硬度超标面积最大，其次为锰、溶解性总固体、氨氮，硝酸盐氮超标面积最小。

平原区地下水质总体上具有如下特征：平面上，平原区北部地下水质好于南部，远郊区县好于城近郊区；垂向上，第一含水层组水质最差，随着含水层组深度的增加，水质逐渐变好。

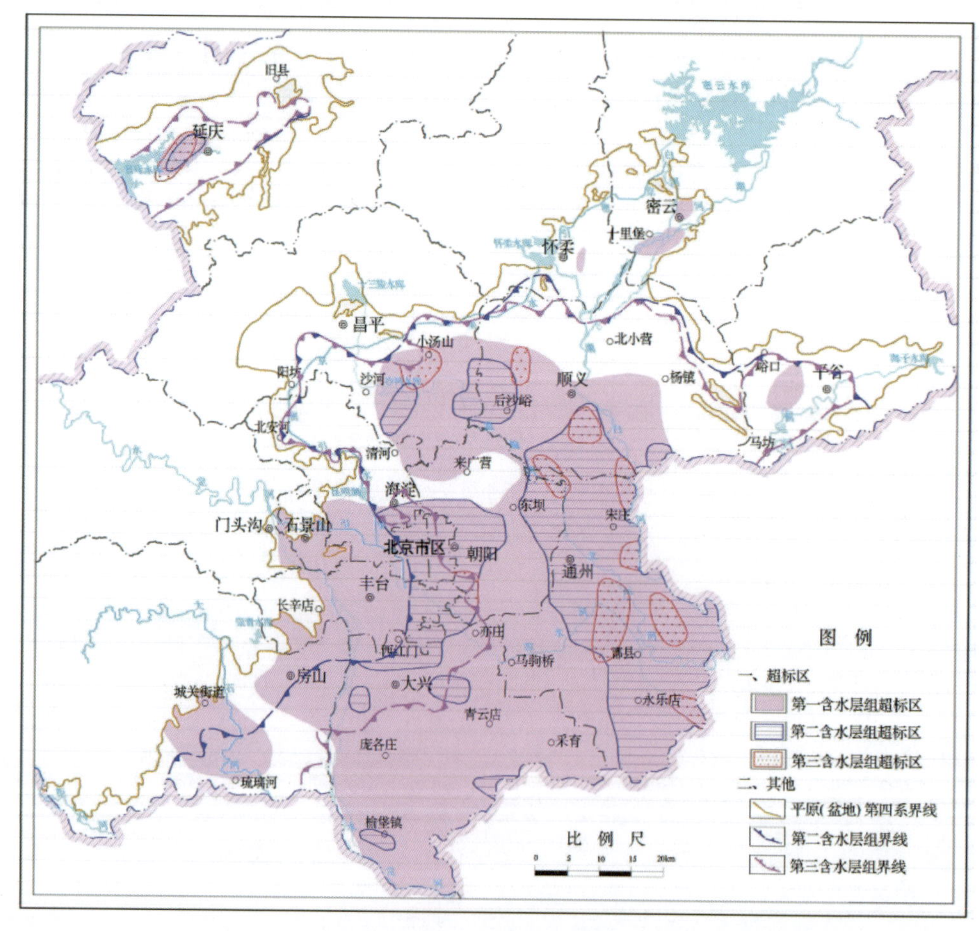

图 3－25　2015 年 9 月北京市综合质量评价超标区分布

表 3－38　　北京市地下水综合质量状况

立体分层	占总监测面积比率（%）		超标指标
	优良、良好	较差、极差	
第一层（潜水）	40.95	59.05	总硬度、锰、溶解性总固体、氨氮和硝酸盐氮
第二层（第一承压）	71.87	28.13	锰、氨氮、总硬度、溶解性总固体、硝酸盐氮
第三层（第二承压）	94.17	5.83	锰、氨氮、亚硝酸盐氮
第四层（第三承压）	100	0	—

地矿行政管理

年内，北京市地矿行政管理工作严格按照《北京市矿产资源总体规划》、《北京市人民政府办公厅转发市国土局关于加强矿产资源管理工作意见的通知》（京政办发〔2006〕15号）及其他有关要求扎实有序开展。

【探矿权管理】

近年来，本市探矿权登记矿种全部为地热。年内，共受理探矿权新立2个，探矿权延续1个、保留1个；对12个有效探矿权进行年检，涉及8个区县，6家勘查单位，登记勘查面积27.72平方千米。投入技术人员568人/月，完成勘查投入2564.32万元，完成钻探工作量12149.36米，缴纳探矿权使用费1.14万元。经复核审查，参检的12个探矿权项目全部合格。

【地质勘查资质管理】

截至年底，北京市具有地质勘查资质证书的单位共计143家，其中65家单位通过国土资源部审批，获得甲级资质。市国土局批准了109个单位的乙级、丙级地质勘查资质（其中34家单位同时具有国土资源部颁发的甲级地质勘查资质证书）。北京市各类各级地质勘查资质共计342个，具体情况见图3－26。

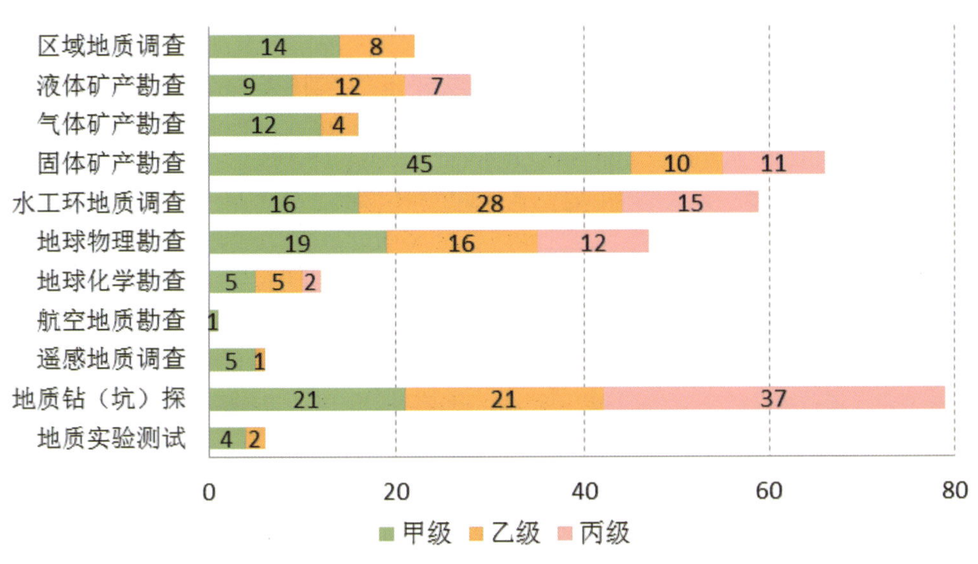

图 3－26　北京市各级各类地质勘查资质构成

年内，组织开展两批地质勘查资质集中受理审批工作，共办理28家，其中新立17家（含再次新立10家），延续8家；办理资质变更13件，注销15家。

完成2014年度北京市地勘单位地质勘查资质监督检查工作，编写工作总结并按要求上报国土资源部；部署2015年地质勘查资质监督检查工作，已完成140家单位自查自评工作，并在国土资源部地质勘查资质监督管理信息报备系统进行报备。

【地质灾害资质管理】

北京市现有78家单位获得地质灾害危险性评估、勘查、设计、施工、监理资质，共187项，较2014年减少5家单位2项资质（见表3－39）。

表3－39　2015年北京市地质灾害评估及治理工程资质数量统计

等级＼资质	评估	勘查	设计	施工	监理	小计
甲级	36	36	35	32	6	145
乙级	2	0	1	1	1	5
丙级	13	7	7	10	0	37
合计	51	43	43	43	7	187

【地质勘查项目管理】

北京市开展各类地质勘查项目166项，基础地质调查项目5项，占勘查总项目3%；矿产资源勘查项目19项，占勘查总项目11.4%；地质环境和地质灾害调查项目29项，占勘查总项目17.5%；地质科学研究与技术方法创新项目113项，占勘查总项目68.1%。

【地质行业形势统计】

组织开展北京市地勘单位地质勘查成果通报工作和地质勘查行业基本情况调查工作，完成半年度和年度《成果通报》，进行行业形势发展分析。

【矿产资源储量管理】

1. 矿山储量动态监督管理

开展2014年度矿山储量动态监测工作，在生产的20家固体矿山企业全部进行矿山储量动态检测，提交了经评审的矿山动态储量年报并在所属区县分局备案；部署开展本年度在生产矿山的储量动态监测工作。

2. 矿产资源储量评审备案工作

年内，完成矿产资源储量评审备案并出具备案证明27份，完成4个季度的储量评审备案直报系统的填报工作，上报数据均通过国土部审核。

3. 矿产资源登记统计

开展2014年度矿产资源统计工作，根据矿产企业报送的年度统计基础表，审核汇总并录入数据库，完成《截至2014年底北京市矿产资源储量表》的编制及印刷工作。

4. 建设项目压覆重要矿产资源核查

年内，共办理127件压覆矿产资源核

查申请。自2015年6月1日起，建设项目压覆重要矿产资源核查审批全部由建设项目所在地区县分局办理；根据北京市矿产资源的分布特点，建设项目位于东城区、西城区、朝阳区、海淀区、丰台区、石景山区、大兴区、通州区范围内的，建设项目用地手续不需办理压覆重要矿产资源核查工作（但建设项目用地预审属于国土资源部审批的不在此限）。

【地质资料管理】

1. 地质资料馆藏情况

截至年底，北京地质资料馆馆藏成果地质资料9651种，数字地质资料达到8134种，数据量达到792.8GB；实物地质资料142种，其中岩心1084箱计5345.66米，各类地层和矿石标本1553块，光薄片1896片，土壤地球化学样品50164件，地热井岩屑样73157件；原始地质资料178种。

2. 地质资料汇交

年内，共接收成果地质资料971种，其中接收电子文档755种，电子文档汇交率为99.2%；接收实物地质资料13种，其中整理上世纪60和80年代形成的3个区域地质调查项目原始地质资料中的实物光薄片并建档共计37盒1896片，另外还包括262件土壤样品、8口地热井4027件岩屑、采集地层和矿石标本563件；接收原始地质资料40种，比上年度增加一倍，其中环境治理类项目原始地质资料34种，占新接收量的85%。

3. 地质资料服务利用情况

年内，资料馆通过到馆借阅、电话、网站接待借阅者共计523人次，其中接待15个单位、164人次到馆借阅地质资料，累计提供1338份次、109005件次地质资料服务。

4. 地质资料信息服务集群化产业化

北京市目前在全国地质资料汇交监管平台上监管项目总数为1002个，年内发放汇交凭证66个；继续向地勘单位、汇交人推广监管平台的使用，新增7家延伸，目前北京市共有15家单位在平台上注册使用；积极开展监管平台日常运行和维护工作，保证各类地质项目纳入监管平台，有效促进地质资料的及时汇交。

【固体矿产与矿泉水采矿权管理】

年内，共完成6个行政审批事项，其中采矿权延续5个、变更1个；完成11个采矿权项目的公开交易工作，其中：采矿权延续10个、转让（司法拍卖）1个。办理的采矿登记和采矿权管理全部进入矿业权交易市场进行公开交易。矿业权交易网上监测系统运转正常，对矿业权交易的过程实施全程监督。

【固体矿产与矿泉水资源补偿费及采矿权价款征收】

截至年底，北京市征收补偿费共计562.0187万元（不含地热）；重点矿区、主要矿种和大中型矿山企业征收情况均较好。

审核确认7家申请办理延续的矿山企业采矿权出让价款，共收取采矿权出让价款629.37万元。

【绿色矿山建设】

年内，会同北京市矿业协会对第二批

国家级绿色矿山试点单位北京建昌矿业有限公司等4个矿山企业绿色矿山建设工作进行初步评估，初步评估意见报国土部，现这4个矿山已通过国土部的终期评估正式成为国家级绿色矿山。截至年底，北京市已有8家国家级绿色矿山；有4家国家级绿色矿山试点单位，正在按绿色矿山建设规划进行建设。

为推进首都生态文明建设，规范矿山企业行为，年内，印发通知要求北京市现有固体矿山在2017年底前全部建设成为绿色矿山。

【矿产资源节约与综合利用专项工作】

年内，开展北京市砂石土矿开发管理情况的调研工作，形成《北京市砂石土矿开发管理情况调研报告》报送国土部。开展北京市矿泉水开发利用情况调研，组织有关专家召开可行性分析座谈会，撰写《北京市矿泉水开发利用可行性调研报告》。为提升北京市固体矿山资源综合利用审批，分赴首钢矿业公司迁安铁矿、金隅集团鼎鑫水泥公司开展调研工作，了解学习矿产资源节约与尾矿综合利用先进经验及技术，指导北京市矿山企业改进工艺，提高矿产资源综合利用水平，进一步减少环境污染。

【打击非法开采矿产资源工作】

截至年底，开展打击非法开采巡查检查400余次，出动检查执法人员3000多人次。对19起非法开采矿产资源案件进行价值鉴定，公安机关根据价值鉴定和有关材料，依法拘留36人，移送检察院3起4人。

【矿产资源开发监督管理】

组织开展对生产矿山开发利用情况的年度检查工作。3月至4月，管理机关及矿产督察员分赴昌平、怀柔、房山、门头沟、密云等区，对市国土局负责终检的矿山进行实地检查，对区负责终检的矿山进行实地抽查。

截至年底，共有各类矿山48个（固体和矿泉水），其中固体矿山22个、矿泉水26个。全市应检矿山为32个，实检矿山32个，年检率和实地检查率均达100%；实地抽查矿山15个，抽检率为46.88%；参加年检的矿山全部合格。

【地热资源采矿权管理】

年内，北京市受理并办结地热资源采矿权行政审批业务12件，其中新设地热开采审批4件，延续3件，变更1件，注销1件，转让1件，矿产资源勘查（地热）审批2件。截至年底，全市共设置地热采矿权153个。完成矿业权设置方案修编并通过国土部备案批准。

【地热资源补偿费及矿业权价款征收】

年内，北京市征收地热矿产资源补偿费2178.52万元。确认地热矿业权出让价款8个，完成矿业权公开交易12个，收取出让价款221万元。

【地热资源动态监测】

年内，继续对各热田的开采量以及各主要热田的热储水位、水温和水质实施监测，反映出各主要热田热储水位、水温和水质的变化规律如下：

1. 全市开采地热水总量达 1009.58 万立方米，比上年度（1014.41 万立方米）减少 4.83 万立方米；回灌量达 455.97 万立方米，比上年度（411.63 万立方米）增加 44.34 万立方米；净开采量达 553.62 万立方米，比上年度（602.78 万立方米）减少 49.16 万立方米（见表 3 – 40、图 3 – 27）。

表 3 – 40　　2015 年北京市各热田开采量统计

热田名称	开采井数	开采量（万 m^3）	回灌井数	回灌量（万 m^3）	净开采量（万 m^3）
小汤山	37	327.36	12	164.91	162.45
东南城区	38	163.73	7	121.20	131.79
延庆	7	136.93	3	45.56	74.13
京西北	17	119.69	2	48.63	67.08
良乡	16	107.49	3	33.41	58.86
天竺	15	77.40	6	31.94	15.73
李遂	4	34.58	2	10.32	11.55
双桥	6	11.55	0	0.00	3.03
后沙峪	1	3.03	0	0.00	1.17
凤河营	0	0.00	0	0.00	0.00
其他	8	27.83	0	0.00	27.83
合计	149	1009.58	35	455.97	553.62

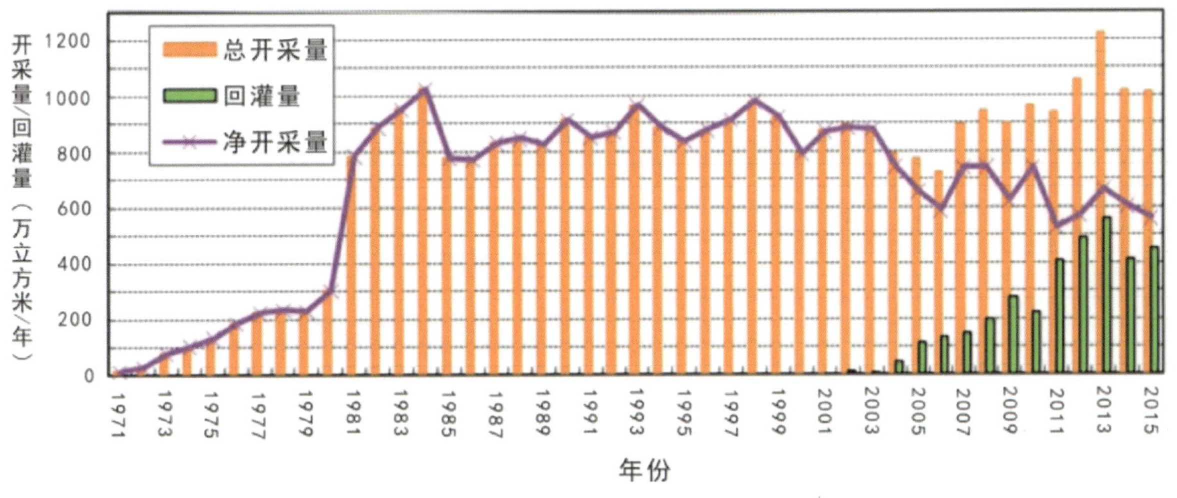

图 3 – 27　北京市主要热田开采量历年趋势图

2. 2015 年各热田热储的水位总体仍呈下降趋势，年均水位降幅 0.14 米到 4.28 米，见表 3 – 41。

3. 全市各地热田地热水温度无明显

变化。

表 3－41　　2015 年全市各监测井水位监测汇总

<table>
<tr><th rowspan="2">序号</th><th rowspan="2">热田名称</th><th rowspan="2">监测热储</th><th rowspan="2">井号</th><th rowspan="2">地址</th><th colspan="4">年度地热流体液面埋深（m）</th><th rowspan="2">多年平均静压力下降幅度（m）</th></tr>
<tr><th>日最低</th><th>日最高</th><th>年平均</th><th>比去年下降</th></tr>
<tr><td>1</td><td rowspan="6">东南城区</td><td rowspan="4">蓟县系雾迷山组</td><td>京热－50</td><td>北京昆泰酒店</td><td>77.22</td><td>67.71</td><td>72.2</td><td>0.46</td><td>1.45（20112014 年）</td></tr>
<tr><td>2</td><td>京热－60</td><td>松榆里小区</td><td>87.68</td><td>79.15</td><td>83.15</td><td>0.8</td><td>1.12（2011—2014 年）</td></tr>
<tr><td>3</td><td>京热－66</td><td>湖锦园小区</td><td>91.57</td><td>82.29</td><td>86.7</td><td>0.79</td><td>1.39（2011—2014 年）</td></tr>
<tr><td>4</td><td>京热－71</td><td>南四环集美家居</td><td>89.31</td><td>81.39</td><td>85.2</td><td>0.87</td><td>0.91（2011—2014 年）</td></tr>
<tr><td>5</td><td rowspan="2">蓟县系铁岭组</td><td>京热－51</td><td>天坛医院</td><td>91.43</td><td>82.59</td><td>86.45</td><td>0.25</td><td>1.38（2003—2014 年）</td></tr>
<tr><td>6</td><td>京热－2</td><td>天坛公园</td><td>94.3</td><td>85.9</td><td>89.82</td><td>0.14</td><td>1.37（2010—2014 年）</td></tr>
<tr><td>7</td><td rowspan="2">小汤山</td><td>蓟县系雾迷山组</td><td>汤观－1</td><td>小汤山镇</td><td>50.95</td><td>43.88</td><td>46.92</td><td>1.43</td><td>1.45（1985—2014 年）</td></tr>
<tr><td>8</td><td>蓟县系铁岭组</td><td>苗圃观测井</td><td>小汤山苗圃</td><td>44.46</td><td>41.43</td><td>43.01</td><td>1.23</td><td>1.68（2009—2014 年）</td></tr>
<tr><td>9</td><td>李遂</td><td>蓟县系雾迷山组</td><td>208－4</td><td>骨伤科医院</td><td>55.96</td><td>53.53</td><td>54.87</td><td>2.21</td><td>2.37（2003—2014 年）</td></tr>
<tr><td>10</td><td>良乡</td><td>蓟县系雾迷山组</td><td>B－4</td><td>碧溪垂钓园</td><td>91.21</td><td>89.27</td><td>90.35</td><td>0.59</td><td>1.37（2003—2014 年）</td></tr>
<tr><td>11</td><td>天竺</td><td>蓟县系雾迷山组</td><td>顺热－1</td><td>国都大饭店</td><td>109</td><td>104.6</td><td>107.18</td><td>4.28</td><td>5.23（2013—2014 年）</td></tr>
</table>

【浅层地热能开发利用管理】

北京市浅层地温能资源开发利用项目以公共建筑为主，建筑类型包括办公楼、商业建筑、工业厂房、教学楼、居民建筑、旅馆酒店、卫生建筑以及文化与体育建筑等。年内，北京市共办理浅层地热能（地埋管地源热泵）项目地质条件评估 17 件，申请项目的服务面积共 58.4472 万平方米，见表 3－42。

表 3-42　　浅层地热（地埋管地源热泵）申请项目的地质条件评估项目一览

序号	项目名称	项目地点	服务面积（万 m^2）
1	北京市平谷区教育委员会	平谷区	1.145
2	赛蒂（北京）国际服装服饰有限公司	亦庄开发区	6.001
3	北京军都旅游度假村有限责任公司	昌平区	4.865
4	北京市海淀区教育委员会	海淀区	2.3695
5	北京星明湖度假村	大兴区	3.8172
6	延庆县农村工作委员会	延庆区	2.7591
7	北京中杰天工医疗科技有限公司	平谷区	11.5425
8	中国民用航空华北地区空中交通管理局	顺义区	6.4554
9	延庆县旧县中学	延庆区	1.133
10	北京立思辰新技术有限公司	海淀区	2.777
11	北京振达园艺发展有限公司	大兴区	2.4802
12	北京市顺义区李桥中学	顺义区	2.6912
13	北京市顺义区龙湾屯中心小学校	顺义区	2.0569
14	北京市顺义区尹家府中心小学校	顺义区	1.1472
15	北京住源达通能源科技有限公司	通州区	4.0546
16	北京世纪兴卓科技股份有限公司	经济技术开发区	1.4924
17	北京市顺义区杨镇第一中学	顺义区	1.66

专项管理

北京市国土资源局执法监察总队

【机构设置与职责】

北京市国土资源执法监察总队（简称执法监察处）下设办公室、土地执法监察一室、土地执法监察二室、土地执法监察三室、信息科技室、业务指导室、违法线索受理室7个部门，在职执法监察人员37名。

主要工作职责：负责本市国土资源方面的执法监督工作，按照管理权限查处有关违法案件，受理有关投诉和举报，指导区县国土资源行政主管部门的执法监督工作。具体职责：国土资源违法案件的查处工作；涉及国土资源违法违规行为的信访工作；本系统国土资源执法监察工作制度建设；国土资源违法举报投诉受理工作；本市国土资源执法监察管理，组织开展卫片执法检查和动态巡查工作。

领导班子：

党支部书记、总队长　孙龙广
副书记、副总队长　江　卫（女）
副总队长　郑继培

【土地矿产案件查处】

年内，共立案查处1337件，同比上升38.84%，占地面积1124.9公顷，同比上升37.85%，其中结案428件420.5公顷。拆除建（构）筑物21.4万平方米，没收建（构）筑物92.7万平方米，收缴罚没款5010万元。共查处矿产违法案件30件，结案28件。

年内，通过市主要新闻媒体公开曝光9起案件。其中，公开通报李万利非法占用通州区马驹桥镇西店村集体土地建设案、平谷区夏各庄镇夏各庄村民委员会非法占地建设案、张学革非法占用顺义区高丽营镇前渠河村集体土地建设案3起。挂牌督办通州区台湖镇北神树村石材城项目非法占地案、顺义区南法信镇马树常非法占用集体土地建房案、房山区长沟镇南正村刘宝明违法占地案、海淀区四季青镇田村村民委员会非法占地建设案、北京渔山投资有限公司非法占用昌平区流村镇西峰山村集体土地建设案、北京西三旗新龙商贸集团非法占用昌平区回龙观镇三合庄村集体土地建设案6起。

【卫片执法检查】

年内，发现违法用地2901宗24649.6亩（其中耕地10124.3亩），同2013年度卫片相比，违法用地宗数增加29.8%，面积增加0.83%，违法占用耕地面积增加14.27%。全市计入问责的耕地面积962.9亩，问责比例为5.9%。与2013年度卫片计入问责的耕地面积1196.1亩相比，计入问责的耕地面积下降19.5%，问责比例下降2.5%，全市各区县问责比例均低于15%。共发现矿产疑似违法图斑128宗，其中，合法8宗，实地伪变化76宗，违法44宗，与2013年相比，矿产违法图斑减少37宗。2015年11月4日，市委常委、副市长陈刚同志对2014年度卫片监测违法用地的重点区和乡镇主要负责人进行了警示约谈，国家土地督察北京局派员参加。

【信访与12336违法举报】

年内，市国土局12336违法举报电话共接听6039个，同比2014年下降17%。收到反馈报告3186件，反馈率100 %。

本年到期应反馈核查报告2154件，已反馈核查报告2153件，延期报告1件，按时反馈率99%。此外，国土资源部2015年前三季度共受理北京市违法线索100个，同比下降85.3%，下降幅度位列全国各省份之首。北京市12336违法线索核查反馈率始终保持100%，受到国土资源部通报表扬。

【视频监测】

年底，市国土局国土资源执法监察远程视频监控系统基本建成，北京市共布建382个土地执法视频监控摄像机，24个矿产执法视频监控摄像机，可实现对全市90%的耕地、95%的基本农田以及顺义区31个矿产易发区的实时监控。北京市国土资源执法初步形成“天上看、地上查、群众报、视频探”的立体管控格局，弥补了现有执法手段发现滞后的不足，大幅提高早发现的机率，为实现“发现在萌芽、解决在初始”的“四早”目标奠定坚实基础。

【国土所管理】

进一步推动国土所基础工作的科学化、规范化、制度化，全面落实《北京市国土资源管理所标准化建设规范（试行）》（京国土监〔2011〕615号）、《北京市国土资源管理所标准化建设考核暂行办法》（京国土监〔2011〕616号），会同法制处、监察处、人事处、财务处组成市局检查组，对14个郊区县59个国土所的工作与标准化建设情况进行检查，促进了国土所在组织机构、硬件设施、规章制度、履行职责、能力素质等方面的科学、规范与制度化建设水平的提高。

【清理整治高尔夫球场】

年内，按照国家发改委等11部委《关于开展全国高尔夫球场综合清理整治工作的通知》（发改社会〔2011〕741号，以下简称741号文）要求，积极推进全市高尔夫球（练习）场的清理整治工作。一是按照国土资源部执法监察局关于高尔夫球场督办会议要求，拟定高尔夫球场占用不符合规划耕地退出及复耕情况的验收方案，并会同市农委、市发改委、市农业局对 8 家高尔夫球场进行实地验收；二是加大对尚未处罚到位球场的督办力度，并会同市城乡办、市规委、市发改委等部门就鸿华、东方鸿铭、银泰等球场处罚问题进行专题研究；三是会同局有关处室共同审核认定朝阳、京辉等球场用地手续的合法性，并就顺义区北京乡村高尔夫球场免予处罚事宜进行集体决议；四是对全市 51 家整改类高尔夫球场涉地整改落实情况进行核查。

【完善促进共同责任落实的措施办法】

年内，继续推进和完善政府收益拨付与区县遏制违法用地建设联动奖惩机制。一是会同市财政局抓紧完成对暂缓拨付制度的修改，制定违法用地上帐销账配套制度措施；二是做好 2015 年各季度区县违法用地核查和排名工作，通过财政制约手段，调动区县政府查违拆违的积极性和主动性；三是加强暂缓拨付政府收益工作的规范化和程序化，做好相关政策措施的指导和解释工作，以季度排名、年末累计等为抓手，确保分局执法监察工作的不松不懈。

北京市土地利用事务中心

【机构设置与职责】

北京市土地利用事务中心是北京市国土资源局直属事业单位，于2001年1月21日经市政府批准成立，现编制60人，设九科一室，即办公室、出让业务科、综合一科、综合二科、综合三科、监管科、财务科、地价科和受理科、综合法制科。

主要职责为：受北京市国土资源局委托负责按规定催缴土地有偿使用费用；承办本市征地及国有土地使用权划拨、出让、转让、出租、抵押以及地价评审的技术性、事务性、服务性工作。

领导班子：

主任　　　　朱　江
副主任　　　杜　涛
副主任　　　姬　铮
专职副书记　禹　佳（女）

【业务办理】

年内，共受理土地出（转）让许可类事项737件，其中：出让合同216件，出让合同变更584件；受理管理类事项823件。

共办结许可类事项519件，其中：出让合同114件，出让合同变更405件。办结服务类事项转让登记3件。办结管理类事项819件，其中：招拍挂出让项目87件，协议出让补办项目2件，地价款缴纳核实730件。

【地价评审】

年内，召开地价办公室会27次，召开地价评审专家会6次，审定项目186个。

【欠费清缴】

核实2014年下半年及2015年上半年出让项目的地价款缴纳和欠缴情况266项（其中2014年出让合同136项，2015年出让合同130项）。通过发放《缴纳地价款通知单》和约谈等方式，对欠费地价款进行追缴。共发放《缴纳地价款通知单》4份、《限期缴纳地价款通知单》58份，收缴欠费约10亿元。

【信息公开】

承办市国土局政府信息公开有关出让部分的工作。

主动信息公开事项方面：在市国土局外网网站上发布出让结果、土地出让变更信息，公示的出让结果内容包括项目的受让方、土地位置、宗地面积、规划建筑面积、签约时间、规划用途、土地成交地价款、合同开竣工时间、地上容积率；公示的土地出让变更项目内容包括项目的受让方、土地位置、宗地面积、规划建筑面积、规划用途、合同地价款、变更事项。2015年度土地出让合同办理情况和土地出让合同变更情况均已按月主动向社会公示。

依申请公开事项方面：办理依申请政府信息公开事项171件，均为书面申请，已全部办结。

【档案、数据统计、信息化】

基本完成前期遗留的各类案卷的清理，出（转）让档案。进入到随办随归的良性循环；与档案馆交接共1458卷；与信息中心交接档案共856卷。

【行政公文】

办理公文1443件，其中督办件6件，受理信访事项36件，全部办结。

【闲置地处置工作】

年内，对7批次77宗涉嫌闲置土地发出《闲置土地调查通知书》，交由相关分局进行调查，其中完成调查四批82宗。整理、汇总闲置土地认定会商会材料4次，发出《闲置土地认定书》62份，参与处置协商会并拟定处置方案四批56宗并报市政府批准后予以落实。

【土地出让项目批后监管】

依照《国土资源部办公厅关于建立土地利用动态巡查制度加强建设用地供后开发利用全程监管的通知》(国土资厅发〔2013〕30号）要求，继续完善出让项目后期跟踪管理的制度、流程，充分利用科技手段，协同相关部门，跟踪管理工作进入制度化、日常化管理的轨道，形成市、区（县）分工合作机制。

规范土地出让合同约定开发建设延期审批，形成常态化、规范化的工作流程。2015年共收到延期申请27件（协议出让6件、招拍挂出让21件），对符合延期标准的项目，已分五个批次上报批准，共计12件（全部为招拍挂出让项目，其中9件为2014年申请）；19件不符合办理标准，已告知不予办理。

自2009年国土部开展出让合同专项清理工作和2010年本市建立出让项目开发利用申报制度以来，北京市国土资源局一直通过建设用地开发利用情况申报和出让后期跟踪管理工作收集的项目宗地开、竣工数据成果向国土部监管系统进行更新。年内，将1995—2015年度出让项目总计4319个纳入市国土局监测系统，对需监测项目中1598个项目进行监测并实现数据实时更新，占需监测项目数量总数的85%。

【配合各级审计、督察工作】

配合完成审计署进驻市国土局审计工作，核实出让档案并提供相关统计数据。审计期间，调取出让合同档案91宗，共计102卷，提供电子台帐及档案文书共计3批次。

协助局相关处室，配合国土部土地督察北京局、京津冀例行督察工作，提供相关资料。

【土地出让政策研究与创新】

1. 完善行政许可及服务类事项审批程序

形成《办理国有建设用地使用权协

议出让合同变更事项规则》(初稿)，该规则从收件初审、事项办理分类审查、上报审批、办结归档四个方面细化了各阶段办事流程及办事规则，从而实现出让合同变更类事项有规可依，有规必依，依规办理，违规必究的良性办事流程；初步拟订了部分竣工项目办理办法，对项目受理条件、审核要点原则等内容进行了统一。

4 月起，土地估价改为从出让评估机构库内随机抽取土地估价机构，评估前要审核要件、确定委托事项和要求、抽取机构、出具委托书、委托交接、接收评估报告、审核报告、提出修改意见、交回评估机构修改、提交地价办公室会初审、资料归档等，截至年底完成 89 个项目的委托评估工作。

8 月 1 日起，中心行政许可事项审批环节由原来的六个环节减少为三个环节。

2. 土地出让政策研究

鉴于北京市于 2014 年 8 月 28 日发布了基准地价更新成果，调整后的基准地价以楼面熟地价形式表示，取消了原来的出让金和毛地价表现形式，增加政府土地收益、保证金转政府土地收益、补缴政府土地收益三个科目。

与市规划委用地处、执法大队专题座谈研究项目竣工后规划验收与前期批准数据对应标准问题。

与信息中心研究招拍挂项目勘测定界桩点录入系统问题，对年内全部新成交项目矢量数据进行审核及导入。

北京市土地整理储备中心

【机构设置与职责】

北京市土地整理储备中心（简称储备中心）于2001年4月28日成立，编制100名，内设“七部一室”，即财务管理部、储备管理部、开发管理部、市场交易部、项目开发一部、项目开发二部、项目开发三部、综合办公室。

主要工作职责：承担全市土地储备开发、建立政府土地储备库和土地市场交易相关工作。具体如下：

负责土地储备开发综合管理工作。参与土地储备开发政策研究；组织编制全市土地储备开发计划；负责建立土地储备库；负责市中心收储土地的期间管理工作。

负责土地储备开发项目相关工作。组织办理土地储备开发项目授权审核；组织实施市中心为主体及市中心和区县分中心联合主体的储备开发项目；组织本市土地储备机构开展土地储备开发项目监管工作；组织本市土地储备开发项目验收工作。

承担本市国有建设用地使用权市场交易工作。参与土地市场交易政策研究；组织实施国有建设用地使用权入市的招标、拍卖和挂牌交易工作；承担本市土地交易市场的相关管理工作。

负责对区县及重点功能区土地储备分中心土地储备开发和土地入市交易业务工作进行指导。

承办市政府和市国土局交办的其他事项。

领导班子：

主任　曹　慧（女）（2015年4月任职）
党总支书记　孙立钢
副主任　吕振库
副主任　燕新程
总经济师　黄永芳（女）
副主任　丁红梅（女）
副主任　周同伟（2015年6月调离）

【土地市场供应】

年内，市土地交易市场和10个远郊区县、北京经济技术开发区土地交易分市场共成交土地114宗，土地面积896.89公顷，规划建筑面积1532.04万平方米，成交价款2027.98亿元，其中，政府土地收益1129.02亿元。

年内，完成保障性安居工程新增落实用地495公顷，其中公租房用地38公顷，限价房用地111公顷，定向安置房用地

266 公顷，中央军队经济适用房用地 80 公顷。

【土地一级开发】

由于国务院关于加强地方政府性债务管理政策对土地储备开发投融资工作产生的不确定性，2015 年度土地储备计划未公布实施。

年内，核批土地一级开发授权批复 42 个（含延期批复），土地面积 1210 公顷。全市新增土地储备开发面积 956 公顷，完成土地储备开发面积 524.11 公顷，实现土地储备开发投资 492.74 亿元。

为加快北京市土地一级开发项目推进，加大政策性住房用地供应，加强土地市场调控，提高社会资本参与积极性，印发《关于进一步规范企业投资土地一级开发项目利润管理的意见》（京国土储〔2015〕37 号），意见建立了与开发周期挂钩的项目利润率确定机制，同时明确优先选择资金有保障、社会信誉良好、成本管控较好的企业参与土地一级开发工作。

表 3－43　　2015 年北京市土地储备开发完成区域分布

区域	完成开发面积（公顷）	比例
首都功能核心区	0	0
城市功能拓展区	153.03	29%
城市发展新区	297.66	57%
生态涵养发展区	73.42	14%
合计	524.11	100%

【政府土地储备】

年内，无市级新增收购储备项目。

年内，组织办理储备土地证 12 个，土地面积约 46.5 公顷。

【土地储备开发融资】

年内，筹措市级土地储备开发项目资金 254 亿元，其中市财政返还前期成本 233 亿元，市财政拨付国有土地收益基金 20 亿元，利息收入 1 亿元。

根据《国务院关于加强地方政府性债务管理的意见》（国发〔2014〕43 号），储备机构不再具备融资职能，资金需求只能通过向市财政申请发行专项债券解决。年内，市财政已发行土地储备专项债券 327 亿元，其中新增投资债券 13 亿元，存量债务置换债券 314 亿元。

【国有建设用地使用权交易】

年内，市土地交易市场和 10 个远郊区县、北京经济技术开发区土地交易分市场共成交土地 114 宗，土地面积 896.89 公顷，规划建筑面积 1532.04 万平方米，成交价款 2027.98 亿元，其中，政府土地收益 1129.02 亿元。

表 3-44　　2015 年北京市国有建设用地使用权入市交易成交统计

交易地点	成交宗数	土地总面积（万平方米）		规划建筑面积（万平方米）	成交价款（亿元）
		合计	其中建设用地		
市土地交易市场	89	725.77	579.32	1336.48	2010.40
远郊区县土地交易市场	25	171.12	135.25	195.56	17.58
合计	114	896.89	714.57	1532.04	2027.98

表 3-45　　2015 年北京市国有建设用地使用权入市交易成交统计（按用途分类）

	合计	住宅用地	商业用地	工业用地
面积（公顷）	896.89	535.02	181.70	180.17
结构比例	100%	59.65%	20.26%	20.09%

表 3-46　　2015 年北京市国有建设用地使用权入市交易成交统计（按区域分类）

区域	面积（公顷）	比例
首都功能核心区	0.53	0.05%
城市功能拓展区	214.88	23.96%
城市发展新区	580.59	64.73%
生态涵养发展区	100.89	11.25%
合计	896.89	100%

【历年土地市场公开出让交易情况】

截至年底，全市共有 1986 宗 17361.96 万平方米土地入市成交，成交价款为 11767.85 亿元，其中政府土地收益 5720.67 亿元。

表 3-47　　2001—2015 年北京市国有建设用地使用权入市交易成交统计

年度	成交宗数	交易类型			土地面积（万平方米）		规划建筑面积（万平方米）	成交价款（亿元）	
		招标	拍卖	挂牌	合计	其中建设用地		合计	其中政府收益
2001	1	1	0	0	13.97	13.97	14.14	3.17	0.59
2002	8	2	1	5	250.48	174.79	331.26	61.35	14.93
2003	48	3	1	44	201.7	158.7	277.87	49.14	19.05
2004	89	4	0	85	537.92	403.53	609.51	115.31	32.85
2005	50	2	0	48	357.39	242.12	451.97	117.51	39.31
2006	87	29	1	57	856.2	594.96	935.05	257.67	92.11
2007	85	41	0	44	897.92	600.63	1233.01	438.1	204.34
2008	184	26	0	158	1573.43	1110.19	1810.43	500.12	170.82

续表 3－47

年度	成交宗数	交易类型			土地面积（万平方米）		规划建筑面积（万平方米）	成交价款（亿元）	
		招标	拍卖	挂牌	合计	其中建设用地		合计	其中政府收益
2009	250	20	1	229	1965.16	1385.27	2391.19	966.28	556.76
2010	280	81	0	199	3012.04	2070.15	3350.46	1677.27	948.05
2011	257	52	0	205	2044.54	1447.75	2481.32	1113.29	463.17
2012	169	27	0	142	1340.4	995.17	1722.22	670.61	238.09
2013	223	53	0	170	2118.64	1342.34	2448.74	1853.15	846.81
2014	141	16	0	125	1295.28	937.67	1663.01	1916.90	964.77
2015	114	10	0	104	896.89	714.57	1532.04	2027.98	1129.02
合计	1986	367	4	1615	17361.96	12191.81	21252.22	11767.85	5720.67

【大事记】

4 月 24 日，经市国土局党组会议研究决定：曹慧同志任储备中心主任，免去利用中心主任职务。

5 月 8 日，经市国土局党组会议研究决定：周同伟同志任市国土资源局房山分局党组书记、副局长（试用期一年），免去储备中心副主任职务。

6 月 15 日，根据《北京市国土资源局党组关于曹慧等同志职务任免的通知》（京国土党组〔2015〕20 号）及工作需要，变更储备中心法定代表人为曹慧同志。

7 月 31 日，储备中心正式将西城区西直门外南路 5 号项目整体移交给西城区房屋土地经营管理中心，此举为本中心首次将收储项目移交给区县作为棚改项目。

12 月 3 日，市国土局与国家审计署签订《资产置换协议补充协议》，顺利完成审计署公租房地块置换有关工作。

12 月 18 日，储备中心与北京电子科技职业学院签订《北京市国有土地使用权收购合同解除协议》，收回金台路、将台路校区两地块收购总成本约 2.33 亿元。

北京市国土资源勘测规划中心

【机构设置与职责】

北京市国土资源勘测规划中心（以下简称“规划中心”）于2007年5月11日正式成立，是北京市国土资源局直属的正处级全额拨款事业单位。中心编制15人，内设“二科一室”，即：综合办公室、土地规划管理科、土地信息管理科。

主要职责：承担市国土局交办的土地利用总体规划、专项规划和矿产资源规划等有关规划编制（修编）的组织落实工作，负责有关规划成果和信息的汇总、整理、分析、应用等方面的事务性工作。

具体工作：

承担土地利用总体规划和基本农田保护规划的编制工作。协助市国土局规划部门组织开展市级土地利用总体规划和基本农田保护规划的编制、修订；拟定区县、乡镇级相关规划编制和实施的技术标准及管理办法；承担对区县、乡镇级相关规划编制和实施的技术标准及管理办法；承担对区县、乡镇级相关规划编制、修订业务指导和审查的相关工作。

负责土地利用总体规划和基本农田保护区规划成果管理。承担规划数据库的建设与更新；承担规划管理信息系统的建设与维护；承担规划技术资料的收集管理和分析应用。

承担土地利用规划调整的相关工作。办理规划调整的技术性事项；办理规划调整的相关事务性、服务性工作。

承担土地利用总体规划和基本农田保护规划实施评估相关工作。参与组织开展年度规划实施评估工作；组织分析规划实施情况，研提工作建议。

参与北京市其他专业规划的相关工作。参与北京市土地利用空间政策问题研究；承担土地利用总体规划与北京市其他建设发展规划协调衔接的技术性审核事项；参与北京市重大项目选址的相关工作。

承担矿产资源总体规划编制的相关工作。

承担国土资源规划技术指导和培训。组织开展对分局规划管理的技术指导；组织开展对分局规划管理人员及技术人员的业务培训。

承办北京市政府及北京市国土资源局交办的其他事项。

领导班子：

主　　任　　陈少琼（女）（2015年7月调离）

主　　任　　茹小斌（2015年11月任职）

专职副书记　　范为革（女）

副　主　任　　　陈　景

【土地规划日常管理】

1. 土地利用总体规划调整完善

年内，配合市国土局规划处推进土地利用总体规划调整完善。制定工作方案，编制项目预算，确保工作顺利启动；加强培训，组织各区县分局和课题组召开两次土地规划调整完善工作技术培训会；制定工作标准，出台《北京市土地利用总体规划（2006—2020年）区（县）实施评价要点（试行）》（京国土勘规〔2015〕203号），指导各区县扎实开展相关前期工作；关注区县诉求，实地调研座谈，及时了解各区县工作进展情况及存在问题，进行现场指导和答疑。

年内，市级土地利用总体规划中期评估成果的更新完善和区乡土地规划实施评价技术要点编制工作基本完成，其中实施评价技术要点正式下发至各区县。各区县规划实施评价初步成果基本完成，待上报市国土局进行审查。区乡土地规划调整完善方案编制要点、制图规范及数据建库标准等工作启动。

2. 土地规划日常管理

严格规划调整技术方案审查，在总结提炼以往规划调整政策和案例的基础上，印发《北京市土地利用总体规划调整工作审查细则》（京国土勘规〔2015〕15号），落实党中央疏解非首都核心功能的要求；规划数据库的动态更新与维护，及时将更新成果汇交局监管平台和反馈相关区县分局。年内，共受理审查土地规划调整方案（市局维护）73件，完成173个项目维护备案和104个项目的规划数据库更新工作。

3. 土地利用总体规划（2014年度）实施评价

年内，按照习总书记2.26讲话和京津冀协同发展的国家战略背景，结合城市总规修改、多规合一、三线划定以及土地规划调整完善等同期开展的重点工作，以及京津冀协同发展对北京市土地利用的新要求，完成2014年度实施评价工作。

年内，按照国土资源部关于全国土地规划调整完善工作的相关要求，对2013年完成的市级中期评估成果进行数据更新和成果完善。课题成果通过评审验收。

4. 市区乡三级基本农田保护区专项规划技术审查

年内，推进昌平、平谷两区专项规划的编制工作，对两区提交的专项规划对应的总规修改方案进行技术审查，重点就调入调出涉及的200余块基本农田地块进行实地抽样踏勘。平谷区规划修改方案获市政府批准，专项规划也经市国土局批复正式实施；昌平区规划修改方案基本通过规划中心技术审查，并通过专家论证会。

5. 长辛店镇镇域统筹利用集体经营性建设用地试点

年内，持续跟踪和积极参与长辛店镇镇域统筹利用集体经营性建设用地试点工作，组织申报“丰台区长辛店镇土地利用总体规划实施情况调查研究”课题，纳入市国土局2015年度自主调研计划。课题对长辛店镇土地利用情况进行逐村逐地块核实，对土地一级开发项目等专项工作开展情况进行系统梳理分析，总结该镇土地规划实施成效及存在问题，结合新时期中央对首都工作的要求及北京市在京津冀协同发展中的定位，站在镇域统筹的角度，从调整优化国土空间开发格局、切实加强土地规划实施镇域统筹力度和健全完善相关配套政策措施等方面，研究提出该镇土地规划调整完善及后续实施的政策建议，形成调研报告，相关成果提交市国土局研究室。

【统筹区域协调发展】

1. 京津冀协同发展土地规划编制

京津冀协同发展是党中央、国务院做出的重大国家战略部署，根据国土资源部的相关工作安排，配合由国土资源部牵头的《京津冀协同发展土地利用总体规划(2014—2020年)》相关核心内容（如用地指标分解、分区划定、耕地保护、土地政策等方面）的编写和修改工作。年内，规划成果已通过副总理张高丽主持的专题审议，待上报国务院审批。

2. 京津冀土地优化利用一体化管控关键技术与应用课题研究

针对京津冀协同发展在土地利用管理方面的政策和技术需求，牵头开展《京津冀土地优化利用一体化管控关键技术与应用》国土资源公益性行业科研专项项目的申报工作。项目邀请国土资源部土地整治中心、北京大学、中国人民大学等国内知名科研院所，集合北京、天津、河北三地的土地规划院（中心）共同开展。项目以实现绿色、智慧的区域土地利用为主要目标，研究京津冀土地优化利用一体化管控技术和方法，为京津冀土地利用决策提供理论、技术方法支撑。年内，本项目获得国土资源部批复正式启动。

3.《北京市“十三五”时期土地资源整合利用规划》编制

根据北京市“十三五”规划编制相关安排，承担《北京市“十三五”时期土地资源整合利用规划》(以下简称“专项规划”）的编制工作。根据党中央关于“十三五”规划的建议、京津冀协同发展规划纲要及北京市实施意见、北京市“十三五”规划纲要、京津冀协同发展土地利用总体规划等一系列重要文件精神和要求，结合土地规划调整完善和2014年度土地规划实施评价工作。年内，编制形成专项规划衔接稿正式报送市发改委。

【专项调研】

1. “三不管”砂石场专题调研

按照市国土局领导在2015年4月13日《北京日报》关于“三不管砂石场年内变身景观林”报道上的批示，赴怀柔、昌平和顺义进行实地踏勘和座谈调研，并在与相关部门进一步了解情况的基础上，提出将“三不管”砂石场一并纳入百万亩平原造林工程的相关建议。

2. 开展人口与建设用地空间分析研究

结合党中央疏解非首都核心功能的要求，“跳出规划看规划”，年内，对全市人口、建设用地空间分布的合理性进行探索研究，从土地权属、空间、用途等多个角度分区域、分圈层对北京市人口和建设用地进行匹配度分析，为做好土地规划调整完善工作打开一个新视角，相关成果纳入年度土地规划实施评价中。

3. 基本农田视频监控技术应用研究

为进一步研究视频监控网在防控占用

基本农田进行非农业建设方面的效果，探索视频监控网科学布点方式，受国土资源部执法监察局委托，承担国土资源部执法局《视频监控网防控违法占用基本农田效果研究》课题，该课题在调研总结上一阶段国内视频监控网防控试点地区相关经验基础上，对视频监控网防控违法占用基本农田效果进行评估，及时发现和总结试点中存在的问题。年内，课题通过评审验收。

【人才队伍建设】

1. 积极推进城乡空间发展研究中心建设

为进一步发挥北京城乡空间发展规划西北研究中心在研究首都国土资源领域相关问题方面的实践和理论优势，发挥平台作用，年内，会同海淀分局、昌平分局分别撰写《北京市集体建设用地规划实施情况调研报告》《城市化地区低效用地再开发利用研究——以海淀南部地区为例》和《昌平区集体建设用地现状调查与利用政策探析》三篇报告，并在北京联合大学主编的《中国城乡一体化发展报告·北京卷（2014—2015）》空间发展研究专栏正式刊载出版。

2. 开展专项课题研究规范行业发展

年内，开展《土地利用总体规划行业规范化管理专题研究》课题研究。以北京市土地规划行业为研究对象，进行调查研究，归纳总结北京市土地规划行业规范化管理现状、存在问题及原因，借鉴部分省市和类似行业的先进经验和做法，提出北京市土地规划行业规范化管理的政策建议，为加强北京市土地规划行业规范化管理提供参考，通过评审验收。

3. 完成规划机构资质审查和年审工作

年内，与北京土地学会共同完成19家新评选为规划乙级机构的资质审查工作和全市123家乙级规划机构的年审工作。

北京市不动产登记事务中心

【机构设置与职责】

北京市不动产登记事务中心（简称登记中心）于2015年6月17日成立。编制36名。主要职责：承担在京中央单位、驻京部队、保密单位等不动产登记的事务性工作；承担不动产登记资料汇交管理和信息共享工作；承担不动产登记数据管理和利用工作；承担重大不动产登记争议案件调查处理的事务性工作。内设办公室、登记一科、登记二科、档案管理科、信息管理科、监督指导科、法制科、综合研究科。

领导班子：

主任　　　詹　奕
副主任　　赖俊峰
副主任　　彭文晖（女）
调研员　　王慎言

【不动产登记整合工作】

按照北京市不动产登记筹建办公室工作部署，抽调业务骨干参与不动产登记整合筹备的各项工作。

1. 统一标准和流程

组织业务骨干对北京市原房屋、土地及林地等各类不动产登记业务的办理流程进行梳理，依据《不动产登记暂行条例》等相关规定，制定不动产登记“申请－受理－审核－登簿－发证”的业务流程，起草北京市《不动产登记内部工作手册》，统一规范了收件标准和流程。起草《北京市各区县不动产登记大厅建设规范》，就办公场所及登记窗口设立标准、人员服装、办公时间等内容进行统一规范。

2. 组织开展业务培训

组织各区县约600余名不动产登记人员，分四批次开展业务培训，详细讲解不动产登记概念和业务办理流程，及时更新一线不动产登记工作人员的业务知识，确保业务办理平稳过渡。同时，根据北京市不动产登记信息系统特点，会同登记处、信息中心研究制定双审批流程工作流程，会同信息中心对区县业务骨干进行登记系统审批流程培训。

3. 业务系统建设

从业务需求、用户权限、工作流程等方面参与业务系统建设，重点组织和实施业务系统的相关功能测试工作，通过多次安排人员加班加点，并组织人员到分局进行现场指导，及时发现业务系统问题及掌握分局实际需要，保证新旧业务系统的平稳衔接。

4. 印制不动产权证书

为确保北京市不动产统一发证工作顺

利开展，登记中心会同财务处按照市政府采购流程完成证书印制招标工作。督促中标单位于一个月内完成20万本不动产登记证书及30万张登记证明印刷工作，配送至16个区的登记部门，保障不动产登记窗口的业务需要。

5. 舆论宣传工作

在市国土局网站开通不动产登记专栏，公开各类登记业务收件标准和流程，起草82种登记窗口一次性告知单，制定登记公告模板，配合研究室参与拟定《新闻宣传备答口径》和新闻通稿，参与不动产登记宣传片制作，搜集不动产登记有关舆情，主动回应群众关切的问题，做好政策解释。

【不动产登记】

1. 明确工作职责

出台《关于做好在京中央单位、驻京部队、保密单位不动产登记有关问题的通知》，明确涉及军产、央产、保密产等不动产登记统一由北京市不动产登记事务中心负责，同时优化登记流程，提高办事效率。

2. 不动产登记发证情况

年内，北京市共完成中央单位土地登记发证104件，面积490.7公顷；驻京部队土地登记发证40件，面积270公顷。共办理各类房屋登记手续1326件，其中初始登记59件，转移登记1121件，变更登记13件，更正登记82件，遗失补证23件，抵押登记28件。11月9日，北京市不动产登记统一发证后，共颁发不动产权证书174个。

3. 改造涉密不动产登记系统

为适应不动产统一发证要求，登记中心在整合登记业务的同时，对原房屋登记密产系统进行升级改造，调整不同表单，完善登记内容，顺利满足不动产登记发证需要。

【档案管理】

1. 不动产登记档案移交

加强各类不动产登记资料移交工作，统一移交范围，规范交接手续，印发《北京市不动产登记资料移交工作方案》，北京市不动产登记事务中心共接收各分局土地登记档案共计2689，其中：延庆分局89卷、丰台分局557卷、怀柔分局65卷、平谷分局22卷、通州分局52卷、朝阳分局536卷、密云分局10卷、西城分局943卷、门头沟分局63卷、昌平分局352卷。

2. 档案管理

年内，共整理档案1200卷，办理业务借卷、还卷600余卷，协助回复信访30件，解决移交各分局档案遗留问题93件。对分局进行业务指导，召开3次档案业务会，落实工作规范，登记信息查询系统解答及查询口径等问题。

3. 档案查询

年内，共查询房产信息6942批次，查询351348人次，包括公检法查询5594批次，查询48966人次，部队清房查询478批次，查询51179人次等。

4. 档案管理制度建设

出台《不动产登记档案管理暂行办法》，规范北京市不动产登记档案管理，进一步加强档案管理工作的规范化、标准化、现代化建设。

印发《关于规范公检法等部门查询本市房屋登记信息的通知》，将以被查询人身份信息为条件的查询权限下放到各区分局不动产登记中心，并对查询流程做出明确规范，方便查询的同时，明确责任。

5. 调查研究

年内，完成《北京市不动产登记信息查询规范研究》。该课题对北京市不动产登记信息查询工作现状进行调研，参考兄弟省市成功经验，探讨研究不动产登记信息查询工作规范要求。重点研究不动产登记信息查询授权方案和信息查询的技术环境，构建法规－实践－技术三元组信息查询工作规范模式，为规范不动产登记信息查询工作提出工作思路。

【不动产登记档案历史数据整合】

11 月中旬，市国土局相关部门研究确定由登记中心牵头负责北京市不动产登记历史档案数据整合工作，登记中心会同财务处、登记处、地籍处、信息中心等部门，多次召开协调会，议定工作内容，整合方式，测算工作量，工作环节单价，部署分局申报。登记中心与市财政评审中心沟通，按照有关要求，牵头撰写《北京市不动产登记历史数据整合可研报告》，于 12 月 11 日通过专家评审。《可研报告》从项目内容、工作标准、工作方案、技术方案、测算依据等多方面提供支撑，为市财政局评审提供专业依据。确保项目预算能够通过评审。

北京市土地权籍事务中心（北京市矿产资源储量评审中心）

【机构设置与职责】

北京市土地权籍事务中心（简称权籍中心）于2015年6月18日成立，加挂北京市矿产资源储量评审中心的牌子。内设“一室、四部、两馆”，即办公室，调查一部、调查二部、信息部、权属部，档案馆、地质资料馆，编制28人。主要承担北京市土地权籍调查、土地调查的事务性工作，承担土地确权、土地权属纠纷调处的事务性工作，承担土地调查数据和土地权籍数据的管理工作，承担国土资源档案以及地质资料收集、汇交等管理工作，承担矿产储量评审的事务性工作。

领导班子：

主任　　　　　陈　轲
党支部书记　　李海军
调研员　　　　彭宏伟（女）
副主任　　　　靳　燕（女）（2015年7月调离）
副主任　　　　田凤艳（女）

【土地登记】

1. 国有土地使用权登记发证情况

2015年1—10月，北京市共办理国有土地各类登记发证16980笔。其中：国有土地使用权登记6857笔，面积6194.53公顷；国有土地抵押权登记5467笔，抵押贷款金额6805.56亿元；国有土地抵押权注销登记4593笔。

（1）国有土地使用权登记

2015年1—10月，北京市累计办理国有土地使用权登记6857笔，面积为6194.53公顷，其中：初始登记757笔，面积1374.14公顷；变更登记6100笔，面积4820.39公顷。与2014年同期相比，国有土地使用权登记业务量同比增加16.36%，面积同比增加25.51%。

2015年1—10月，北京市累计办理国有土地注销登记63笔，注销国有土地面积275.73公顷。

（2）国有土地使用权抵押登记

2015年1—10月，北京市累计办理国有土地抵押登记5467笔，累计贷款金额6805.56亿元。其中：国有土地使用权抵押初始登记5230笔，抵押面积4972.74公顷，贷款金额6064.75亿元；国有土地使用权抵押变更登记237笔，抵押面积716.98公顷，贷款金额740.81亿元。与2014年同期相比，抵押登记业务量同比增加9.27%，抵押面积同比增加9.30%，贷款金额同比减少-5.97%。

2015年1—10月，北京市累计办理国有土地使用权抵押注销登记4593笔，注销抵押贷款金额 4231. 54 亿元。

2. 开展土地登记规范化建设

按照土地登记规范化建设考核办法，通过分局之间互查、交叉检查等形式，对各分局登记窗口管理、土地登记案卷、土地登记簿和土地证书管理、登记结果的主动公开、登记信息系统应用以及登记人员勤政廉政建设等情况进行全面检查。共抽查登记卷宗 1589 卷，抽查案卷均为优秀案卷，继续保持“登记案卷创全优”的成绩。

3. 建立和完善国有土地登记结果信息公开制度

截至 2015 年 9 月底北京市土地登记结果主动公开达到 49012 条。

【土地调查】

年内，完成 2014 年度土地变更调查与遥感监测工作。以 12 月 31 日为标准时点，共调查遥感监测图斑 11912 个，且按目标要求完成数据库更新任务。通过现场调查和资料收集，与分局共同确认调查结果，北京市成果顺利通过国土部内、外业核查。

年内，开展 2014 年度城镇地籍调查数据更新汇总工作。以当年度变更调查与遥感监测成果为控制数据，结合变更调查、土地审批、登记发证等年度资料和相关经济数据，汇总更新北京市 2014 年度城镇地籍调查数据。北京市更新数据按时上报国土资源部并顺利通过验收，共更新 16 个区 292 个街道（乡镇）城镇建设用地共计 165709. 17 公顷。

年内，完成 2015 年度季度遥感监测工作。对提取的 7095 个图斑进行逐图斑实地调查，确定土地利用变化情况。按照国土部要求，开展季度批准新增建设用地统计汇总工作，按时完成季度新增建设用地季报工作。

【信息统计】

年内，梳理北京市第二次全国土地调查有关图件，整理分析调查成果数据，归纳总结土地调查相关技术，完成《北京市土地调查图集》《北京市土地调查数据集》和《北京市土地调查技术》的编写、制作工作，通过评审并出版印刷。同时，整理二次调查数据相关成果，配合国家对北京市第二次全国土地调查的预检和验收工作。

年内，完成北京市集体建设用地使用权确权发证数据库建设工作，统一汇总各区县数据库，完成北京市数据库的整合工作。

年内，开展北京市农村宅基地确权发证试点调查数据库建设工作，以农村村庄地籍调查数据为基础，搭建试点区县数据库平台，计划最终实现北京市宅基地确权发证数据库整合。

【档案管理】

年内，开展档案业务指导，提供各类档案查询服务。指导机关处室和局属单位做好文书档案、专业档案的归档工作，接收各类档案 5213 卷/5333 件；充分利用数字档案馆系统，积极开展档案利用服务，提供各类档案利用服务 9637 卷次/878 人次。

年内，推进档案信息化建设。组织开展“分局档案数字化成果整理入库”项目，在分局部署数字档案馆系统，整合数字化成果，实现分局数字化成果的电子查询以及电子档案数据集中存储和安全备份；加强市国土局日常档案数字化管理，确保数字化作业质量；对数字档案馆系统数据组织校检和错误修改，提高系统支撑能力。

年内，举办历史房地契约展览。该展览反映了不动产登记制度变迁，包含明、清、民国、共和国四个历史时期房地产买卖、租借、抵押、典当所形成的契约、证照 56 件，累计接待参观者 2000 余人次，受到业内人士和社会公众的肯定。

【地质资料管理及矿产储量评审】

年内，加强地质资料管理，做好借阅服务。接收成果地质资料 971 种，提供借阅服务 164 人次，查阅地质资料 109005 件次；接收实物地质资料 13 种；接收各类项目的原始地质资料 40 种，并对新接收的各类地质资料进行检查验收、整理归档。

年内，完善地质资料汇交监管平台。开展平台日常运行和维护工作，保证各类地质项目纳入监管平台，促进地质资料的及时汇交。本市在监管平台项目总数为 1003 个，全年发汇交凭证 66 个；向地勘单位、汇交人推广地质资料汇交监管平台，截至年底，有 15 家地勘单位完成注册使用。

年内，完善地质资料管理信息系统。完成 5781 档成果地质资料的涉密清理和纸质、电子文件一致性检查，完成 383 档旧版成果地质资料的源电子文件整理、格式转换，完成系统升级改造和数据库更新，保证地质资料涉密信息安全使用。

年内，继续开展实物地质标本采集工作。在 2014 年实物地质标本试采基础上，完成 63 个矿区共 357 件矿石标本，以及高于庄组、杨庄组地层标本 206 件，共计 563 件的采集工作，丰富了馆藏实物地质资料。

年内，规范矿产资源储量评审。完成各类报告评审 50 份，其中储量报告 30 份，勘查实施方案 3 份，地源热泵地质条件评估报告 17 份。

【大事记】

12 月 30 日，北京市第二次全国土地调查省级汇总成果通过国家级验收。

北京市国土资源局信息中心
（北京地质灾害应急事务中心）

【机构设置与职责】

北京市国土资源局信息中心（简称信息中心），加挂北京市地质灾害应急事务中心牌子，是北京市国土资源局直属正处级全额拨款事业单位，成立于2005年3月。中心人员编制30名，内设办公室、规划发展科（分局联络科）、数据运行科（数据运行中心）、技术保障科和地灾应急科；本科以上学历23人，其中博士3名，硕士9名。

主要工作职责：承担北京市国土资源系统信息化建设工作，负责国土资源信息系统运行的技术支持和保障工作，是局网络安全和信息化工作领导小组办公室的常设机构，负责贯彻执行局网络安全和信息化工作领导小组的决定，承办局网络安全和信息化工作领导小组的日常工作。承担地质灾害应急值守、险情汇总和上报工作，承担汛期地质灾害气象风险预警工作，协助开展地质灾害汛期排查、汛中巡查和汛后复查工作，开展地质灾害应急信息平台建设、运行管理和维护，指导各区县相关机构开展地质灾害应急响应工作，协助汛期地质灾害应急调查等事务性管理工作。局领导交办的其他工作。

领导班子：

党支部书记、主任	尹　岷
党支部副书记	付顺国
副主任	王　丰
副主任	李天中
副主任	张克锋

【网络安全和信息化工作统筹】

年内，经市国土局党组（扩大）会议研究决定，成立局网络安全和信息化工作领导小组，统一组织领导全局系统网络安全和信息化工作，组长由党组书记、局长魏成林同志担任，领导小组成员由机关各处室、直属各单位的主要负责人和所有区分局党组书记组成。各分局全部召开党组会议建立了网络安全和信息化工作领导小组及其办公室，全部由党组书记担任组长，进一步统筹对网络安全和信息化工作。

【不动产登记信息化】

11月6日，不动产登记频道在门户网站上线运行，频道设置不动产政策法规、一次性告知单、登记公告和结果等13个子栏目，提供不动产登记的系统登录入口，整合市住建委网站原房屋登记的

8个栏目，移植历史数据22828条。11月9日，全域范围内发放不动产权证，成为全国首个全域范围内向社会提供不动产统一登记服务的省级单位。截至12月31日，累计受理不动产登记各项业务201556件、发证126549件，日均业务受理量5000余件。

【综合监管平台应用】

年内，建立土地储备开发监测分析系统，动态监管全市1238个市区两级土地储备、一级开发项目情况，进行风险防范管理，保障重大项目快速落地。土地违法行为查处进展管理信息系统，新增12336举报线索内容实时以短信方式通知属地国土所所长进行核查处理，本年度共受理举报线索案卷2056条。企业信用信息归集系统，新增“联合惩戒黑名单”，本年度增加各类信用信息11629条。推进开发区土地集约节约利用评价系统应用推广，调查单位可以通过CA证书在分局网络环境下利用一张图等基础信息进行评价作业。搭建北京市设施农业项目用地管理系统，使全市设施农业项目用地信息上图入库。

年内，按照中央和北京市行政审批改革要求，对行政审批系统进行升级改造。一是完成土地类、矿产类24项行政审批简政放权改革，对16项矿产类审批流程重组合并最终简化为2项，删除地质灾害危险性评估报告备案流程；在审批要件方面，依照新规对所有审批流程所需要件进行删减，共删减流程要件30余项；二是案卷补正计时环节功能在全局推广，市国土局及分局总计12项行政许可类业务流程中增加补正计时环节，实现延期、超时状态自动变更，超时后只能进行退文等功能；三是推进网上电子报盘审核，节省经办人的业务审批时间。本年度完成征地业务电子报件审核231卷，共审查797次。四是配合北京市政务服务中心完成固定资产投资数据共享工作。

年内，推进国土政务本应用，基层业务工作人员利用综合监管移动平台进行移动一张图、移动地灾、移动执法等开展移动办公。新增“内网门户”模块，方便工作人员及时查看办公内网发布的信息与动态。本年度，新增国土政务本520台，完成证书更新251次。

年内，北京市国土资源监测指挥中心建设完成并投入使用，接入了市应急办视频会议系统、市气象局气象会商系统等，提供实时监控、值班值守、决策会商、应急指挥、信息展示等服务。执法监察远程视频监控指挥系统正式投入使用，有4个区的数据成功接入。建设完成北京市地质灾害预警预报系统，系统共发布预警信息40次。

年内，公务员考核管理系统承担年度月度记实12625份，季度考评3933份、年度量化考核共计2906份、年度总结1068份、1370余名副科级实职以上干部的民主测评工作。综合信息发布系统信息主动公开数量名列全市前三，发布局内网网站信息7726条，局外网网站信息23446条。信息报送管理系统实现简报报送无纸化，生成普刊、专刊及动态49期。土地出让金核对系统纳入土地入市交易信息100条，开票缴款信息541条，实际入库信息1089条。服务机构抽选系统实现对招标代理、土地估价、土地整理储备设计等9类服务机构的抽选工作，共抽选536个项目。

【国土资源“一张图”】

年内，接收包含不动产登记、遥感影像、土地利用现状等汇交数据144项，共112TB，截至年底一张图数据总量已高达200T。完成20.28G数据坐标转换。截至目前，“一张图”提供浏览服务的数据包含11大专题、1506个数据图层。同时首次建成实时在线全市域“地籍一张图”，包括带房屋和楼栋。

年内，主要协助耕保处等9个处室完成《北京市高标准基本农田建设项目》《北京市耕地质量等别年度更新项目》《基本农田与平原造林对比分析项目》等12个项目的数据利用工作。年内，探索可信网环境下的数据加工模式，海淀和房山分局完成第一批试用。

年内，推进国土资源综合分析和决策支撑服务，实现以宗地统一代码为索引，将宗地的规划、历史、现状进行串联和关联展示，形成信息产品推送到局长桌面。

【政府网站信息服务】

截至年底，市国土局门户网站发布信息2118条，分局网站发布信息21328条。实现征地业务管理全程电子化，将2008年以来经国务院、市政府批准的集体土地征收（占用）及农用地转用批复1764份，在局门户网站“集体土征收及农转用”栏目全面公开。

年内，将土地储备中心网站等信息资源整合迁移至市国土局门户网站，为公众集中提供服务。开通“土地一级开发授权批复”栏目，公开2013年以来土地一级开发项目292个；开通“闲置土地”栏目，公开全市范围内62块已进入处置程序的闲置地信息；开通“建设项目压覆重要矿产资源审批”栏目，公开该类信息113条；开通基准地价电子地图服务功能，提供片区地价的定点和地址查询；更新全市4706个地质灾害隐患点、1094个险村险户避险场地数据，更新全市33个违法用地位置，标点定位每块违法用地，曝光各违法用地点的位置村、违法主体、处理进展和案件来源等信息。此外，使用商业地图平台将地质灾害隐患点和险村险户避险场地等信息精准推送给公众。

年内，规范行政审批事项的信息公开，局外网网站群调整37项办事事项，提供全部办事事项的表格下载服务。办事大厅提供办事事项关键字检索，按业务类别、服务人群、行政类别、办理单位、办理地点5个维度进行组合条件查询和分类引导。

年内，新增依申请公开功能，上线以来网站收到公众依申请公开请求113个。民意征集方面，年内网站群组织民意征集及各类网上调查8次，共687人次参与；在线访谈方面，组织开展汛期地质灾害防治、国土资源执法监察、不动产登记等4次在线访谈，访谈期间共257人次参与，网友提问86个；电子信访方面，受理咨询投诉共计2556条，100%及时答复。

年内，市国土局门户网站各栏目、各分局网站全部设立栏目主持人，所有栏目责任到人。组织召开3次栏目主持人专题会、1次全系统栏目主持人大会，制定

《关于加强政策解读工作的通知》，发布政策解读信息2篇。印发《关于做好我局网站群信息公开保密审查工作的通知》，规范各单位信息发布保密审查流程。

6月，市国土局工作电子邮箱正式迁入市级公务员邮箱系统。

【信息安全和保障工作】

年内，市国土局未发生重大信息安全事故。重大节日期间，均成立领导小组，制定专项安全预案，明确应急事件处理流程，保障了APEC会议、纪念抗战胜利70周年阅兵等重大活动的顺利举办。

年内，初步形成从组织机构、岗位职责、安全制度到流程表单的信息安全管理体系。

年内，强化信息安全等级保护。12月，局综合监管平台和外网网站系统再次分别通过信息安全等级保护三级和二级等级测评。中国信息安全测评中心对局综合监管移动平台和朝阳、海淀分局网络系统开展信息安全测试并提出整改要求。

年内，强化网站群安全工作。实施网页防篡改、实时监控系统、Web应用防火墙、Ads硬件设备、数据库审计系统、网络审计系统、网络版杀毒软件、页面静态发布的应急响应方案等措施。利用系统监控、人工检查、网站群数据库只读、人员机房现场值守、系统安全加固等手段进行安全保障防护。

年内，加强信息化基础环境建设。完成不动产登记信息系统基础运行环境预算申报、项目采购和设备配发安装调试等工作。11月份，完成中环政务大厅结点纵向VPN网设备迁移至六里桥政务大厅。组织落实国家机关软件正版化内部自查及迎检工作。开展市国土局机关内部盗版软件清查。

年内，信息中心为市国土局32个处室、中心和总队以及17个区分局290余个科室和单位，提供系统问题申报、技术和业务咨询、用户权限配置变更等服务，共接收并解决3127次运维请求，日均约25次，响应率100%，解决率99%以上。完成服务器主机设备日常巡检238次，数据库日常巡检238次，完成备份任务3945次，排除数据库告警7次，排除纵向VPN网络故障16次，服务器主机故障8次。召开各类视频会议119次。

【内部管理和调查研究】

年内，成立中心项目采购工作领导小组，明确领导小组构成、职责和议事规则；印发中心项目采购流程和项目资金支出流程两个文件，完善细化中心“三重一大”有关信息化项目决策、采购、资金支出的程序要求；研究发布中心信息化项目验收管理办法，建立项目验收预检机制，并从验收工作组织、验收依据及前提、验收工作内容、验收工作程序及标准、档案资料移交等方面进一步规范项目验收工作；加强中心信息化项目预算管理，强调按程序加快推进项目采购工作，合理安排支付进度提高支付率，及时更新知识管理系统项目信息；探索非政采项目通过比选确定供应商的方式，完成信息化监理服务等项目的比选工作。

年内，完成6位同志的人事变动工作。完成在职及退休人员养老保险改革、绩效工资和补贴的核算发放工作。

年内，市国土局局长魏成林主编的《智慧国土：北京的探索与实践》由清华大学出版社正式出版。制作完成《北京市国土资源综合监管平台》电视片。开展全局系统“十二五”时期信息化工作调研，完成《〈国土资源信息化“十二五”规划〉总结评估自查报告》。完成《北京市国土资源信息化“十三五”发展规划》征求意见稿。同步开展国土资源云研究，信息化管理和技术规范、标准编制修订等工作。

【大事记】

5 月 26 日，北京市副市长林克庆在北京市国土资源监测指挥中心听取市国土局汛期地质灾害防治工作汇报。

8 月 7 日，市国土局党组书记、局长魏成林同志主持召开 2015 年第 11 次局党组（扩大）会议，审议了关于成立局网络安全和信息化领导小组及办公室的议题，会议原则同意成立该机构。

9 月 10 日，为确保北京市顺利向社会提供不动产统一登记服务和颁发不动产权证，不动产登记信息平台建设组在市国土局八层九会议室搭建了不动产登记大厅实景环境。

11 月 9 日，北京市不动产登记信息系统正式上线，全域范围内发放不动产权证，北京市成为全国首个全域范围内向社会提供不动产统一登记服务的省级单位。

12 月 4 日，市国土局网络安全和信息化工作办公室召开信息化“十三五”发展规划研讨会。

【表彰奖励】

7 月，信息中心党支部被评为国土资源系统 2015 年度先进基层党组织。

10 月，市国土局综合监管移动平台荣获电子政务优秀案例奖，市国土局综合监管平台荣获 ESRI 全球特别贡献奖。

北京市国土资源局业务受理中心

【机构设置与职责】

北京市国土资源局业务受理中心（简称受理中心），于2003年6月成立，是市国土局常设非正式机构，承担由市国土局负责办理的23项行政审批事项（按照行政审批制度改革要求，对原业务事项进行取消、合并和下放）的受理、分办、催办、发件、收费、统计及业务咨询等工作，同时负责对各区分局行政服务大厅实施业务指导。

根据全程办事代理制“窗口受理、限时办结、规范收费、统一发件”的要求，国土局在市政府统一协调管理下，对外设立了行政服务窗口（10月份前分设在枣林前街市固定资产投资项目行政审批综合服务大厅和国土局服务大厅，10月份枣林前街承办业务搬迁至六里桥市行政服务大厅，由受理中心具体负责管理）。包括土地（预审征地、供地）、矿产、行政公文、收费共4类9个业务窗口，负责相关业务（含中央和军队及央企）的受理、办理工作。

【业务事项受理情况】

年内，市国土局受理各类业务事项共1148件，比2014年减少830件，受理量减少41.9%。其中：土地管理类954件，占受理总量83.1%；矿产管理类194件，占受理总量16.9%。

年内，区县分局受理各类业务事项共21056件，比2014年减少328件，受理量减少1.5%。其中：土地管理类1249件，占受理总量5.9%；矿产管理类149件，占受理总量0.7%；土地登记类19658件，占受理总量93.4%。

【业务事项办结情况】

年内，市国土局办结各类事项1204件，比2014年减少883件，办理量减少42.3%。其中：土地管理类1005件，占办结总量83.5%；矿产管理类199件，占办结总量16.5%。

年内，区县分局办结各类事项17970件，比2014年减少1894件，办理量减少9.5%。其中：土地管理类1147件，占办结总量6.4%；矿产管理类156件，占办结总量0.9%；土地权属管理类16667件，占办结总量92.7%。

【业务事项费用收缴情况】

年内，市国土局收费窗口共收缴土地有偿使用收入1912.02亿元，其中包括前期成本989.03亿元。

地矿类收费收入7534.133万元。其中：矿产资源补偿费2906.10万元，探矿权使用费0.05万元，采矿权使用费26.52万元，探矿权价款525.75万元，采矿权价款882.66万元，采矿登记费0万元，勘查登记费0万元，其他3193.053万元。

【其他工作】

1. 继续推行窗口服务承诺制。年内，市国土局继续推行窗口服务质量公开承诺制，从优化服务、依法行政、改进作风等方面向社会做出承诺。

2. 逐月编制发布工作简报。通过发布工作简报的方式，逐月对系统内业务办理情况进行统计分析，对市国土局存有挂起件的单位进行督办。

3. 国土资源综合监管平台与北京市投资项目在线审批监管平台实现对接。11月份，国土资源监管平台与北京市投资项目在线审批监管平台对接，实现行政审批业务数据的实时报送。

4. 审批事项和窗口人员进驻市政务中心服务大厅。按照市政府统一部署，10月份，市国土局承担的行政审批事项和窗口工作人员进驻市政务中心服务大厅，并展开工作。

行政管理

北京市国土资源局概况

根据中共中央、国务院批准的北京市人民政府机构改革方案和《北京市人民政府关于机构设置的通知》（京政发〔2009〕2 号），设立北京市国土资源局（简称市国土局）。市国土局是负责北京市土地与矿产资源行政管理的市政府组成部门。根据《北京市机构编制委员会办公室关于同意为市国土局增设不动产登记处的函》（京编办行〔2015〕115 号）、《北京市机构编制委员会办公室关于同意市国土局调整设立北京市不动产登记事务中心等事项的函》（京编办事〔2015〕67 号）和《北京市机构编制委员会办公室关于同意市国土局设立北京市土地权籍事务中心的函》（京编办事〔2015〕68 号），市国土局增设不动产登记处、北京市不动产登记事务中心、北京市土地权籍事务中心（北京市矿产资源储量评审中心），撤销北京市土地权属登记事务中心（北京市矿产资源储量评审中心）。

截至 2015 年底，市国土局设 19 个机关处室，另含机关党委（基层工作处）、工会、离退休干部处，以及市纪委派驻纪检组监察处。9 个直属单位，各区（县）设 16 个分局，为市国土局的派出机构。实有干部职工总数 2088 人（不含市级及各区不动产登记中心划转人员），其中公务员 673 人，参照公务员法管理人员 232 人，事业单位工作人员 1183 人。

【主要职责】

贯彻国家关于国土资源管理工作的法律、法规、规章和政策，起草本市地方性法规草案、政府规章草案，并组织实施。

承担保护与合理利用土地资源、矿产资源等自然资源的责任。拟订本市国土资源发展规划，开展国土资源经济形势分析，研究提出国土资源供需平衡的政策建议，参与全市宏观经济运行、区域协调、城乡统筹的研究并拟订涉及国土资源的调控政策和措施。

承担耕地保护、节约集约利用土地资源的责任。负责本市耕地保护、基本农田保护和土地用途管制的监督管理，组织实施未利用土地开发、土地整理和土地复垦；负责政府土地储备管理，拟订并组织实施土地一级开发和收购储备计划；组织实施国有土地使用权招标、拍卖、挂牌出让工作。

承担优化配置土地资源的责任。编制、修订本市土地利用总体规划、年度计划，并组织实施；指导、审核区县、乡镇土地利用总体规划，并监督落实；拟订土地供应政策，组织编制土地供应计划，并监督实施；负责建设用地预审管理。

承担规范国土资源市场秩序的责任。拟订本市基准地价，确定土地使用权出让有关价格，指导土地价格评估工作；规范和监管矿业权市场，组织对矿业权人勘查、开采活动进行监督管理；规范和监管国土资源相关社会中介组织和行为。

负责本市土地权属管理；组织土地资源调查及土地动态监测工作；负责土地确权、地籍登记、土地定级的管理；负责各类土地登记资料的收集、整理、共享和汇交管理。

负责本市矿产资源和地质勘查的监督管理；拟订矿产资源开发、利用和保护规划，并组织实施；负责矿产资源储量管理，组织矿产资源的登记、统计、分析；负责地质勘查成果登记和地质资料汇交管理。

负责本市地质环境保护的监督管理；拟订地质灾害防治工作规划、计划及应急预案，并组织实施；负责地下水环境监测；负责地热资源勘查、开发、保护的管理；组织协调重大地质灾害的整治工作。

依法征收资源收益，规范、监督资金使用；依法组织土地、矿产资源专项收入的征管，配合有关部门拟订收益分配制度，指导、监督本市土地整理复垦开发资金的收取和使用。

负责本市国土资源执法监察工作，依法查处各种违法违规行为；依法调处各种土地权属、探矿权属、采矿权属纠纷。

拟订本市国土资源方面的科技发展规划，并组织实施；负责国土资源信息管理系统建设及信息、档案、综合统计工作。

承办市政府交办的其他事项。

【内设机构】

根据上述职责，市国土局设 19 个内设机构。

办公室

负责机关政务工作；负责文电、会务、机要、档案等机关日常运转工作；承担信息、信访、议案、建议、提案、安全保密等工作；承担重要事项的组织和督查工作。

研究室

承担本市国土资源管理重大问题的调查研究，并提出意见、建议；承担重要文稿的起草；组织、指导本系统的调查研究工作；承担新闻发布、对外宣传有关工作；组织有关地方志、年鉴的编纂工作。

法制处

负责本系统推进依法行政综合工作；起草国土资源管理方面的地方性法规草案、政府规章草案；负责行政执法工作的监督、指导和协调；承担行政复议、应诉的有关工作；承担机关行政规范性文件的合法性审核和有关备案工作。

科技与对外合作处

承担本市国土资源、科技管理工作；拟订国土资源科技工作的发展规划和年度计划，并组织实施；拟订国土资源对外交流与合作的工作规划、计划，并组织实施；承担本系统外事工作；组织协调国土资源科研开发、新技术推广、科技成果评审、学术交流等工作；承担有关软科学项目的管理工作。

调控和监测处（综合处）

负责本市国土资源经济形势分析，研究提出国土资源供需总量平衡的政策建议，参与本市宏观经济运行及相关改革研究；拟订土地供应政策，编制土地供应计划；拟订土地市场管理、地价调控等政策措施；承担土地价格动态监测和地价指数编制工作；承担国土资源行政许可工作的组织协调和督查考核；承担国土资源行政许可事项的接待受理、证件核发、档案验收、业务档案管理等工作；承担国土资源管理业务的内部综合以及与相关部门的协调联系工作；组织本系统政府信息公开工作，承担国土资源综合统计、专业统计和数据资源共享工作，分析、上报、发布有关统计信息；指导本系统行政许可工作。

规划处

承担本市国土资源综合规划的管理及各类规划的协调工作；拟订土地利用、矿产资源、地质环境等总体规划；编制、修订基本农田保护，土地整理、复垦、开发，矿产资源开发、利用、保护，以及地质环境保护等专项规划；指导和审核区县、乡镇土地利用总体规划，并监督落实；依法承担建设用地预审工作。

耕地保护处

承担本市耕地保护、集体建设用地利用、农用地使用等方面的监督管理，拟订有关管理办法和政策措施，依法承担相关的行政许可工作；编制土地复垦、整理的工作规划和年度计划，拟订耕地开发复垦费标准，并组织实施；监督落实占用耕地的建设项目的占补平衡措施；组织实施土地整理储备以及宜耕土地后备资源库、补充耕地储备库建设管理等工作。

地籍处

承担本市地籍管理工作，拟订有关管理办法和政策措施；承担土地调查（地籍调查、土地利用现状调查）、登记、统计和动态监测工作，拟订地籍管理技术规范；承担土地权属登记、确认、变更、抵押、终止等监督管理，依法调处重大土地权属纠纷；承担地籍管理信息系统建设工作。

土地利用处

承担本市国有建设用地和土地市场管理工作，拟订有关管理办法和政策措施，依法承担相关的行政许可工作；指导土地价格评估工作；承担国有土地使用权招标、拍卖、挂牌出让的组织实施；承担企业土地资产处置的有关管理工作。

征地处

承担本市农用地转为建设用地、征用集体土地等方面的监督管理，拟订有关管理办法和政策措施，依法承担相关的行政许可工作；承担农用地用途管制工作；监督管理土地征用安置补偿工作；组织实施征地区片综合地价测算工作。

不动产登记处

负责指导监督本市土地登记、房屋登记、林地登记等不动产登记工作；会同有关部门起草不动产统一登记的地方性法规和规章草案，建立不动产统一登记制度，拟定不动产权属争议的调处政策；推进不动产登记信息管理基础平台建设。

根据有关精神，本市农村土地承包经营权纳入不动产统一登记予以五年过渡期。

过渡期内，不动产登记处配合有关部门开展农村土地承包经营权的统一登记工作。

矿产资源勘查储量处

承担本市矿产资源储量管理和地质勘查管理工作，拟订有关管理办法和政策措施，依法承担相关的行政许可工作；组织矿产资源储量的登记、统计以及动态监测、供需形势分析；承担矿产资源储量评审机构和专业技术人员的管理工作；承担地质科技成果登记、推广，地质勘查行业技术监督，以及地质资料汇交管理等工作。

矿产资源开发处

承担本市矿产资源开发、利用、保护的监督管理，拟订有关管理办法和政策措施，依法承担相关的行政许可工作；承担矿产资源开发秩序的整顿和规范工作；征收、管理矿产资源补偿费。

地质环境处

承担本市地质环境保护和地质遗址保护的监督管理，拟订有关管理办法和政策措施，依法承担相关的行政许可工作；组织实施矿山环境保护与恢复治理规划；组织地质环境动态监测；承担地质灾害突发事件的应急管理工作；承担地下水勘查、评价、规划、监测、统计、分析的管理工作；承担地质遗迹管理工作；编制、发布地质环境公报。

地热处

承担本市地热资源开发、利用、保护的监督管理，拟订有关管理办法和政策措施，依法承担相关的行政许可工作；承担地热资源勘查、开采及地热井开凿的监督管理；承担地热资源勘查开发计划的编制和勘查报告的审查工作；征收、管理地热资源有关费用。

财务处

负责机关及直属单位的财务、固定资产、内部审计等工作；依法承担本市国土资源有关专项收入的征管工作；拟订本系统财务、资产管理制度，并组织实施。

审计处

负责局系统内部审计工作管理；组织拟定相关管理政策和制度；负责领导干部经济责任审计；负责对局系统重大项目的审计监督；负责局系统财务制度执行情况、预算编制及执行情况、财务核算审计监督；承办领导交办的其他事项。

信访处

主要接收办理群众来信、来访、“政风行风热线”、“市长信箱”、局外网投诉，以及国土部、市信访办等上级部门转办的信访件。主要工作有：一是接访；二是办理电子信访；三是办理群众来信；四是统计报送；五是催办、督办；六是做好市局领导班子成员下访约访有关工作；七是维稳工作；八是完成领导交办的其他任务。

人事处

负责机关及直属单位的人事、机构编制等工作；组织有关教育培训、专业技术职务评定等工作；承担本系统干部队伍建设规划及部署的组织实施工作。

机关党委（基层工作处）

负责机关及直属单位的党群工作；承担本系统思想政治工作及基层建设工作。

工会

负责机关及直属单位的工会工作。

离退休干部处

负责机关及直属单位离退休人员的管理与服务工作。

纪检、监察机构按有关规定派驻。

综合行政

【公文管理】

年内，共收文8971件。其中：办文3785件；阅文1771件；督办件197件；杂文572件；协执1304件；政府信息953件；建设用地申报表24件；提案4件；议案1件；密件360件；全部公文均按要求完成登记、扫描工作，并根据文件内容研提拟办意见，呈报领导批示或提请相关处室、单位办理。

【审发公文情况】

年内，共发出编号文604个，编号便函1410个，党组文件61个，代政府发文（划拨决定书）34个，简报35期，局务会会议纪要6期，局长办公会议纪要11期，局长专题会议纪要38期，一般性会议纪要33期，党组会议纪要17期。

【专项工作督办情况】

年内，共收到市政府等上级部门领导批示件641件，其中需研提意见及报送决策督查项目进展情况的公文196件，196件督办文中已完成167件，近期批转及其他原因正在办理中的29件，办结率85%；阅示、阅处、落实的公文445件（含市国土局上报市政府请示、报告的批示件）。2015年市国土局共上报市政府请示260件，报告44件，印发各区县分局市领导批示转阅单141件。

【会议组织安排情况】

年内，组织安排年度工作会，市委、市政府、国土资源部大型视频和电视电话会，局长办公会以及安排局领导和处室领导参加局外部工作会、协调会；处理提请局领导或处室领导出席会议通知2199个。

【建议、提案办理情况】

年内，共办理完成建议提案86件，主办20件，会办66件，代表建议47件（主办12件，会办35件），委员提案39件（主办8件，会办31件）。主（单）办的建议、提案主要涉及土地确权登记颁证、土地储备开发、征地补偿、土地管理利用、耕地保护等重点工作和难点问题，基本涵盖市国土局中心工作。在办理建议提案工作中，办公室牵头主动加强与代表委员的沟通交流，及时与各部门进行联系，争取理解支持，提高办理质量，完成本年度建议、提案办理任务，得到代表、委员的肯定和认可，以及市人大、政协办公厅和政府办公厅的好评。

【政务信息报送情况】

年内，共收集全局各单位报送信息约2500篇，印发《国土资源信息》普刊29期、动态19期、专刊2期。经选编，共向国土资源部和市委、市政府报送信息约200篇，其中：国土资源部采用约60篇，市委、市政府采用约80篇，部分信息得到市委、市政府领导的关注。

调查研究

【国土资源改革】

年内，制定印发《北京市国土资源局关于贯彻落实〈市委十一届四次全会重要改革举措实施规划（2014—2020年）〉任务分解方案》，其中，由市国土局作为牵头单位承担的改革任务有13项，作为参加单位承担的改革任务有32项。将各项改革任务分解到具体的责任处室，并要求各责任处室根据市委全面深化改革领导小组及各改革专项小组的安排，制定具体的改革工作实施方案，确保按时限、按质量完成各项改革任务。制定《北京市国土资源局关于贯彻落实国土资源部〈国土资源改革2015年工作要点〉责任分工的通知》。各项改革任务都按照计划稳步推进，其中，不动产统一登记工作和农村集体经营性建设用地入市试点作为重点改革任务取得阶段性成果。

【调查研究】

年内，印发《北京市国土资源局2015年调研计划课题》，确定《北京市农村集体经营性建设用地入市制度研究》等34项课题作为本年度调研计划课题（其中包括4项重点课题、6项关注课题、20项部门课题、4项招募课题），并召开调研工作会议，全面部署相关工作。定期跟踪了解各项课题进展情况，做好相关协调、服务保障工作。组织开展调研课题的结题和调研成果的评审、评优工作。针对局领导下基层调研时提出的重点调研内容，组织有关分局、国土所开展调研，多次深入基层配合做好课题调研工作。按照国土部和市委研究室的部署，组织相关部门完成2014年度重点调研课题并上报调研成果。其中，《关于北京市农村集体经营性建设用地入市的探索与思考》被国土资源部评为国土资源优秀调研成果。

【综合性文稿撰写】

年内，起草市国土局2015年工作报告《改革创新 依法行政 推动国土资源事业持续健康发展》和《魏成林同志在2015年北京市国土资源局工作会议上的讲话》。局领导班子工作总结、局2015年上半年工作总结和下半年工作思路。局长魏成林署名文章《深入贯彻落实十八届四中全会精神 不断提升国土资源管理法治化水平》和《节约集约用地 推动首都土地利用方式根本转变——纪念第25个全国土地日》。局长魏成林在2015年北京土地科学管理学术论坛上的主题演讲稿《落实城市功能定位 推进节约集约用地》。

副局长张维署名文章《规划调整进行时描绘空间新蓝图》。起草第86次市政府常务会、市委十一届八次全会、2016年政府工作报告、市委十三五规划建议说明重点问题说明——北京市集体建设用地利用与改革有关情况、“十三五”规划纲要解读素材、中央城市工作会议材料、市政府研究室2015年城建系统研究室主任会材料等汇报材料。起草《北京市国土资源局关于我市对接国家“一带一路”战略有关措施建议的复函》《关于构建“大城管”城市综合管理格局的意见》《关于研提人口调控政策措施的复函》，为落实首都功能定位，提高发展的质量和效益积极出谋献策。起草《中共北京市国土资源局党组党的群众路线教育实践活动整改工作情况报告》《北京市国土资源局领导班子2014年度民主生活会对照检查材料》《北京市国土资源局领导班子2014年度民主生活会整改方案》、局党组2015年度“三严三实”专题民主生活会《领导班子对照检查材料》、市领导关于深化不动产统一登记改革的调研报告、《关于赴德国、芬兰调研不动产登记的报告》等。

【主动宣传和舆论引导】

年内，印发《北京市国土资源局2015年度新闻宣传要点和工作安排》。做好局长魏成林带队走进12345服务热线活动的组织协调工作，就北京市国土资源管理工作倾听群众声音和诉求，答疑解惑。组织召开土地市场形势分析座谈会，加强土地供应计划及具体地块信息的主动解读，为土地市场平稳有序运行营造良好的舆论氛围。与市防汛办合作，利用“北京防汛”官方微信订阅号发布地质灾害防治专题微信，通过官网和官方微博等宣传渠道预报灾情、对市民进行出行提示，通过“在线访谈”介绍本市基层一线汛期地灾防治工作。组织市属主流媒体和国土资源报对地质灾害防治进行正面报道并帮助宣传地灾防治常识。

【网络名人国土行活动】

年内，为迎接第25个全国土地日，由国土资源部、国家互联网信息办共同主办，中国国土资源报社和市国土局具体承办的“网络名人国土行——身边的节约集约”主题活动于6月24日上午在北京举行，活动邀请陈里、徐志军、侯建民、彭凯雷4位网络名人和新华社、人民微博、新浪微博、腾讯网、今日头条、新京报等知名网络媒体参加。通过参观调研东城区车辇店胡同立体停车场和奥体文化商务园，分别展现出北京市旧城区和新建区土地的节约集约利用。此次活动充分利用网络名人影响力大，微博传播速度快的特点，在新浪、腾讯、人民网等微博平台进行微直播并设定话题讨论，通过与网络名人的线上互动和线下交流，以及粉丝和广大网民的广泛参与互动，有效传播宣传节约集约用地理念，据统计，新浪微博#网络名人国土行#阅读量为148.3万，#身边的节约集约#阅读量为143.9万，人民微博阅读量为19.7万，腾讯当天把话题推为“热门话题”，相关微博2万条，整体舆情平稳正面，是一次加强与新媒体代表人士交流互动，利用新媒体进行正面宣传的有益尝试。

【不动产统一登记宣传工作】

年内，将宣传工作与业务工作同部署、同推进，制定《北京市不动产统一登记工作宣传工作方案》，明确各阶段工作重点和职责分工。通过舆情分析会商，明确突出“便民”主题进行宣传。全面深入梳理舆论关注点，统一对外口径。11月6日，联合市住建委向社会发布实施不动产统一登记制度有关事项的通告，当天同步召开媒体会座谈会介绍情况，加强政策解读，重点传播便民信息。11月8日颁发北京市首本不动产权证书，北京市委常委、副市长陈刚，国土资源部党组成员、副部长王广华出席。市国土局邀请中央和市属主流媒体进行集体现场采访，第一时间向其他中央和市属主流媒体发布新闻通稿和新闻图片。二十余家中央和市属主流媒体、各大门户网站对统一登记后的便民措施和“不变不换”等信息进行集中、正面报道。联合千龙网推出《北京市不动产统一登记办事指南动漫宣传片》，通过PC端和微信进行传播。加强市、区协调联动，统一口径，在机构职责整合阶段和全面向社会提供不动产统一登记服务阶段分别下发加强新闻宣传和舆论引导的指导意见，加强市区的统筹联动。及时解答媒体关注的问题，配合核对稿件信息，根据不同媒体的特点提供服务。市国土局与千龙网联合推出聚焦北京市不动产统一登记专题1个、动漫宣传片4集、原创稿件8篇，均在千龙网头条或首页突出位置显示，新华网、中国日报网、搜狐、网易、凤凰等数十家中央重点新闻网站及商业网站进行转载，获得良好社会反馈。

【农村集体经营性建设用地入市试点首宗地块上市舆论调控工作】

组织舆论调控工作会，邀请市委宣传部、市外宣办、市网信办等有关单位参加，共同研究舆情调控工作意见，制定首宗地块上市舆论调控工作方案。搜集媒体舆情关注点，开展舆情分析会商。邀请北京晚报、国土报等媒体共同研究分析舆论关注点和调控方向，撰写舆情会商情况报告。并请国土部、市委宣传部、市外宣办、市网信办协助开展舆论调控工作。

【媒体服务沟通】

年内，做好日常媒体采访接待工作，寓管理于服务，积极构建良好的媒介关系。妥善应对记者对敏感问题的采访，努力化解舆论风险，化危为机。妥善处置《新产经》采访申请，记者对市国土局的态度从要把市国土局作为“为官不为”的典型曝光变为对局工作的理解、认同。妥善处置《中国房地产报》和《财新传媒》采访申请，积极协调相关部门研究口径并及时回复记者，未产生负面报道。

【政务微博】

开设新浪、腾讯、人民网三个政务微博，保持同步运行。微博粉丝量稳定在新浪微博18万、腾讯微博21万、人民微博33万。全年发布（含转发）微博信息450余条，回答网友提问、评论及互动96次，未发生微博信息热点事件，整体运行平稳。发布的微博信息以北京市国土资源领域的政务类和便民服务类工作信息为主，占比达到90%，其中原创内容超过6成。政务微博与局官网形成呼应，在发挥速度快、覆盖广、易阅读特性的同时，通过言简意赅的文字简介使得网友能够直通进入官网了解更为详细的情况，满足不同受众需求。2015年3月1日《不动产登记暂行条例》正式实施，引发社会广泛关注。市国土局政务微博向广大网友介绍北京市不动产登记工作情况，回答社会舆论和公众普遍关心的问题。所发的7条微博信息在新浪微博上累计阅读量超过17万，很多媒体引用微博原文进行客观报道。2015年11月9日，北京市全面实施不动产统一登记制度，局政务微博第一时间发布权威信息，把不动产统一登记有关政策和群众利益结合起来解读，达到让公众“听得懂、信得过”的效果。在汛期地质灾害防治工作中，针对网友郊区旅游需求，政务微博推出地质灾害隐患点电子地图，方便网友查询景点及道路周边地灾隐患情况，为有效避险提供基础服务保障。

【政策解读】

年内，制定印发《北京市国土资源局关于加强政策解读工作的通知》，从明确解读范围、落实解读责任、做好解读工作、及时回应社会关切和相关要求五个方面规范政策解读。对《北京市国土资源局关于征地及农转用管理等有关问题的通知》和《北京市国土资源局 北京市发展和改革委员会 北京市财政局 北京市规划委 北京市住房和城乡建设委员会关于印发北京市国有建设用地使用权出让地价评审暂行规定的通知》进行政策解读，并在外网发布。

【开展4期“在线访谈”】

年内，开展4期“在线访谈”并在市国土局网站同步播出。内容分别为：“市国土局党组落实党风廉政建设主体责任情况”“延庆国土分局开展汛期地质灾害防治工作”“我市国土资源执法监察工作有关情况介绍”“市国土局谈北京市不动产统一登记工作情况”。

【发布“舆情监测”162期】

舆情监测增加对热点、敏感舆情的专报和分析研判，共发布“舆情监测”162期。年内共监测到与北京市国土资源领域相关的新闻报道1022篇，与市国土局直接相关的报道743篇，其中正面及中性报道689篇，占92.7%；批评性报道54篇，占7.2%。坚持季度舆情分析报告制度，对当季度舆情总体情况进行详细分析，对下一季度舆情走势做出预判并在局长办公会上进行通报，年内报送季度舆情分析报告4期。

【开展“国土宣传业务讲坛”培训】

年内，邀请国土资源部办公厅新闻处处长谢辉作《国土资源舆情分析与媒体应对》专题授课。撰写《提高新闻意识 妥善服务媒体采访》一文，进一步提高宣传队伍的舆情监测分析应对能力、突发事件应对能力和媒体应对能力。组织各处室、分局新闻发言人和宣传员参观学习国土资源报社的“新媒体”融合发展之路，深入媒体内部了解采编出版过程，进一步掌握媒体工作特点和信息传播规律。

【修志】

年内，稳定修志队伍，理顺人员关系，明确执行主编，重新组建修志办，合理安排修志工作计划。继续修改完善志书初稿。对入志的资料进一步查遗补缺。启动《国土资源志》图照资料的搜集工作。积极协调市地勘局、市地方志办等单位，按照市国土局修志工作计划，完成《国土资源志》初审评议报告以及篇目设计方案，并以公文正式上报至市地方志办。

【年鉴】

年内，完成《北京市国土资源年鉴2015》的编撰、出版工作。全书共计425千字，本期年鉴对篇目设置进一步优化。全书由特稿、重要文献，大事记汇总，市级国土资源管理，区县国土资源管理，学术社团，统计资料及附录7个部分组成，年鉴框架定位更趋准确、合理。

信息公开

【主动公开】

年内，市国土局主动公开政府信息9745条，主动公开数量比2014年减少2431件，全文电子化率100%。其中增规范性文件3条。

【依申请公开】

年内，市国土局收到公民、法人和其他组织提交的政府信息公开申请5608件，比2014年减少1782件。其中当面申请3911件，占69.73%；以传真方式申请2件，占0.03%；以互联网方式申请72件，占1.28%；以信函形式申请1634件，占29.13%。申请内容主要涉及土地预审、征地、土地利用、土地登记、土地储备及相关政策信息。

年内，市国土局答复政府信息公开申请5103件，比2014年减少2234件。其中同意公开2811件，占55.13%；同意部分公开9件，占0.17%；不予公开29件，占0.58%；信息不存在的1889件，占37.01%；非本机关掌握的85件，占1.66%；申请内容不明确的243件，占4.76%；非政府信息的34件，占0.66%；已主动公开的3件，占0.05%。

【收费情况】

年内，市国土局共收取依申请公开政府信息检索费、复印费6985.6元，其中免收困难人员政府信息检索费、复印费568.5元，对政府信息的邮寄费用全部免收。

【咨询服务】

年内，市国土局接受公民、法人及其他组织政府信息公开方面的咨询8771人次。其中，现场咨询5597人次，占总数的63.81%；电话咨询3164人次，占总数的36.07%；网上咨询10人次，占总数的0.11%

【组织政府信息公开工作培训部署会】

7月份，市国土局组织政府信息公开工作培训部署会，共110人参加培训。市国土局总规划师丁晓同志就如何做好政府信息公开工作提出明确要求。法制处结合政府信息公开行政复议、行政诉讼的案例进行分析讲解；海淀、顺义分局就工作中存在的问题进行现场沟通互动。局信息公开办建立系统工作人员专项专业微信群，为政府信息工作交流沟通搭建平台。

【岗位轮训】

年内，按每期两个分局参加、集中三个月时间的方式，完成对各分局从事政府信息公开一线工作人员的首次轮训。

【增设在线申请业务】

11 月 30 日，在现有四种（当面、传真、邮寄、电子邮件）申请公开方式的基础上，增开网上“在线申请”，为申请人提供便捷服务。

【征地类信息实现主动公开】

12 月 20 日，完成对2008 年以来北京市经国务院、市政府批准的 1764 份集体土地征收（占用）及农用地转用批复及对应的“一书四方案”、征地报批前公示、征地补偿协议、征地结案表公示、征地批准后公告六项内容的主动公开。

科技与对外合作

【工作职责】

承担本市国土资源科技管理工作；负责拟订国土资源科技政策、规划和计划，并组织实施；负责组织协调国土资源科研开发、新技术推广、科技成果评审、学术交流；承担有关软科学项目的管理；负责本市国土资源行业技术标准的归口管理；组织开展国土资源科普工作；拟定国土资源对外交流与合作的工作规划和计划并组织实施；负责局系统因公出国（境）事务的管理；负责局系统涉外工作；承办领导交办的其他事项。

【科技工作】

组织开展国土资源公益性行业科研专项项目。组织开展《典型城镇村节地技术研究与示范》项目验收结题工作。推进《面向公众的首都土地利用服务关键技术研究与应用》项目实施。召开本年度国土资源公益性行业科研专项—《京津冀土地优化利用一体化管控关键技术与应用》项目专家评审会。

组织开展市科委科技计划（绿色通道）项目。年内，会同相关部门协调解决《北京地区页岩气资源成藏机理及关键技术研究》项目配套经费问题。顺利完成《农村集体土地智慧产权系统关键技术与示范》、《北斗与卫星遥感融合的国土资源移动管理技术系统研制》两个市科委绿色通道项目结题验收。结合党中央、国务院对京津冀一体化协同发展的要求，及北京市疏解“非首都核心功能”对土地资源管理的新需求，组织申报《非首都核心功能疏解的用地保障研究》为本年第一批市级科技计划绿色通道项目。

申报推荐2015年度国土资源科学技术奖。推荐《北京平原区典型第四系水文地质剖面及水交替演化规律研究》等6个项目，为2015年度国土资源科学技术奖备选项目。此外，组织开展第二批国土资源高层次创新型科技人才培养工程推荐遴选工作，推荐《杰出青年科技人才培养计划》2名，《科技创新团队培育计划》1个。

【国土资源标准化工作】

建设完成市国土局内网“标准文本库”。年内，在局内网“政务信息－标准化工作”栏目中新增“标准文本库”栏目，栏目中上传了土地资源和地质矿产两大类标准的电子文本，共294项标准。其中：土地资源各类标准共50项；地质矿产各类标准共238项；北京市地方标准6

项。计划以“标准文本库”为基础，即时上传、发布新的国土资源标准电子文本，推动标准宣贯和实施。

初步拟定市国土局国土资源标准体系。结合国土资源部发布的2008—2015年国土资源行业标准年度制修订计划，初步拟定《北京市国土资源标准体系结构图》、《北京市国土资源标准体系表》(土地资源子体系1.0)、《北京市国土资源标准体系表》(地质矿产子体系2.0)，该标准体系的作用在于全面掌握国土资源行业领域的标准状况。

推进两个标准化研究项目。年内，会同调控监测处，启动文化创意产业用地技术标准研究，委托北京大学开展《北京市重点发展的一类文化创意产业用地技术标准研究》项目研究工作。与地质环境处配合，申报《地质灾害治理项目实施技术规范》为2015年地方标准二类研究项目，该项目正式列入北京市地方标准制修订项目计划。

开展国土资源标准化工作调研。4月9日，在副巡视员周旭峰带领下，赴中国国土资源经济研究院就国土资源标准化工作进行学习调研。中国国土资源经济研究院负责人详细介绍本院基本概况、业务机构和主要职能、科研领域和研究方向，特别强调近年来国土部领导对国土资源领域标准化工作的部署和要求。

召开北京市国土资源标准化工作培训会。5月26日，召开标准化工作培训会，聘请市质监局副局长姚娉详细介绍近年来首都标准化工作的先进理念、经验做法、标准重要性、标准与法律法规的关系等。通过调研和培训，拓展标准化工作的视野，提升全局对标准化工作重要性的认识，进一步夯实工作基础。

【科普工作】

4月19日至25日，市国土局组织开展第46个世界地球日科普宣传周活动，宣传主题是：“珍惜地球资源，转变发展方式——提高资源利用效益”。地球日活动在北京市第五十五中学设立主会场；在朝阳分局、海淀分局、房山分局、延庆硅化木公园科普基地4个单位设立分会场；其他各单位围绕地球日主题广泛开展国土资源科普知识进校园、进企业、进乡村、进社区等宣传活动，在乡镇街道、社区、景区、辖区内交通枢纽或人口密集地区等场所设立宣传站点。同时，各国土资源科普基地在活动周期间免费或优惠向社会开放，围绕地球日主题开展内容丰富、形式多样、通俗易懂，集知识性、趣味性于一体的相关宣传活动。通过采取围绕青少年进行集中宣传，围绕特殊场所进行重点宣传，围绕乡镇街道进行普遍宣传等方式方法，积极营造科普氛围，激发公众参与热情，扩大国土资源科学知识的普及率。

4月22日，由北京市国土资源局、北京市东城区人民政府、北京市地质矿产勘查开发局主办，北京市东城区教育委员会、北京市国土资源局东城分局承办，北京市第五十五中学协办的“第46个世界地球日主题宣传活动”在北京市第五十五中学隆重举行。国土部科技合作司、市国土局、东城区政府、市地勘局、东城区教委、市国土局东城分局、北京市地质学会等单位负责同志出席本次活动。有来自五十五中学、一六六中学、汇文中学、中央工艺美术学院附属中学、北京第一师范学校附属小学、中央工艺美术学院附中艺美小学、曙光小学、史家胡同小学、西中街小学、府学胡同小学、景泰小学11所学校的500余名师生参加活动。活动现场气氛热烈，学生们观看科普教育宣传片，表演自己编写的校园科普剧，展示师生们自己设计的地球日标识作品，开展科普图书交流活动，现场共发放图书23套，1000余本。通过本次地球日活动，倡导青少年树立起“珍爱地球、节约资源、低碳发展、生态文明”的理念，加深同学们对地球科普知识、国土资源国情国策、资源与环境的理解，唤起同学们节约集约利用资源、承担起保护地球的责任意识，用实际行动肩负起建设“美丽家园”的重任。

地球日活动周期间，设计制作宣传展板328块；印制宣传喷绘典型案例340张；制作横幅标语77条；购买地球日宣传资料71900本（册/份），其中：市国土局订购宣传品41400份，各分局购买和印发宣传资料30500份；制作宣传小礼品16种88500个；刊发文字稿件4篇、播发电视新闻6条11分32秒，发送微信15000条；设计制作地球日宣传专题网页，地球日活动周期间上传信息25条，总浏览量内网359人次，外网9610人次。

【对外交流与合作】

因公出国（境）考察、培训工作情况。贯彻执行财政部、外交部《关于印发〈因公临时出国经费管理办法〉的通知》及市委外事领导小组《关于印发〈北京市关于进一步规范局级以下国家工作人员因公临时出国的办法〉的通知》要求，认真执行因公出国管理相关规定，严格控制经费支出。年内，组织局系统共32人出国（境）培训和出访，其中：自组出国访问团1批次，6人；承办随团出访13批次，14人；承办随团培训8批次，12人。

印发《北京市国土资源局因公临时出国管理办法》。为进一步全面规范局系统因公出国（境）管理工作，根据中央和市委、市政府对因公出国（境）的新规定、新要求，结合市国土局实际，重新修改、制订《北京市国土资源局因公临时出国管理办法》。办法中梳理、修订市国土局因公出国的管理机构和工作职责、计划编制、出访审批程序、出访管理和成果共享、经费管理及费用标准、证照管理、外事纪律和监督检查等。

广开渠道，扩大对外交流与合作。积极探索建立国际友好国土局的渠道，与国外相关机构进行广泛深入的友好磋商和洽谈。年内，接待印度尼西亚国会代表团、芬兰阿尔托大学代表团等来访任务，为开展对外友好合作与交流奠定良好基础。做好外事服务保障工作，为赴德国、芬兰不动产登记考察团组购买外事礼品26件。

财务审计

【非税收入上缴】

本年全市土地出让总收入上缴财政专户 1912.02 亿元，其中土地储备前期成本 989.03 亿元，政府收益 922.99 亿元，政府收益同期减少 26%，超额完成年初收入计划。

实现矿产类非税收入共计 4985 万元，其中，矿产资源补偿费收入 3542 万元、探矿权、采矿权使用费及价款收入 1443 万元。

收缴执法罚没收入共计 22316 万元；收取耕地开垦费 8898 万元；代收防洪费 15308 万元。

【年度预决算】

年内，批复部门预算 229.77 亿元，其中：财政当年拨款 228.9 亿元；统筹结余资金 19.11 万元；继续使用财政结转资金 5822.70 万元；其他收入 2928.99 万元。

本年年终决算全年收入 322.02 亿元，其中财政资金 311.85 亿元，经营收入 557.60 万元，其他收入 9.61 亿元；全年支出 319.56 亿元。

全年全系统土地储备机构通过债务融资 366 亿元，包括新增银行贷款 39 亿元，定向置换债券 65.19 亿元，市财政局通过公开发行债券融资 261.48 亿元。土地储备债务存量规模有所降低，地方政府债务所占比重不断提升，融资成本有所降低，储备资金运转安全。

【内控建设】

年内，内控制度建设全覆盖。对现有制度进行系统梳理，补充完善规章制度；通过发放调查问卷，重新规范财务管理流程，完成内控手册制定工作。组织召开全局内控规范建设总结及经验交流会，在系统内建立健全内控制度。

年内，初步建立内控管理信息系统。通过该信息系统建立和运行，明确预算资金支出各个环节的责任人，规范审批流程，固化协办部门，完成数字签章及内网平台嵌入，实现资金审批全流程信息自动记录。

【不动产登记机构整合工作】

年内，确保资金需求。本年度不动产登记预算追加 1712 万元，包括不动产登记证书印制费用、登记人员培训费用以及登记发证信息系统开发费用等。

协商解决机构整合过程中的财务管理问题，印发《北京市国土资源局关于不动产登记机构整合期间财务管理有关问题的通知》，对不动产登记预算资金安排、决算编制、资产移交以及财经纪律等有关问题做出明确规定。

年内，理顺收费程序。落实不动产登记过程中涉及的登记费、补交土地出让金等有关价款的收费依据、收取渠道、方式等事宜，刻制不动产登记收费专用章，为各区县不动产登记大厅开通市级财政非税收入收费系统，组织了收费人员专门培训。

【预算支出管理】

年内，建立预算考核体系。制定印发《北京市国土资源局项目预算管理考评细则》。围绕项目预算执行的合规、进度和效益等方面进行综合打分评价，预算执行考评工作从定性变为定量，并将预算执行考核与人事部门的年终考评工作挂钩，与本单位本部门年度预算安排挂钩。

年内，推动预算项目进展。通过国库支付系统，定期导出项目预算执行进度，督促业务部门资金使用质量及进度；建立重点项目动态追踪机制，及时沟通了解项目执行过程中的困难。

【政府采购管理】

年内，加强制度和机制建设。印发《北京市国土资源局服务机构库管理办法》，规范部门集中采购管理，节省各单位采购工作时间，服务机构库管理工作有章可循；会同市信息中心开发完成中介机构库抽取系统，实现上线运行，并完善系统功能。

年内，充实机构库建设。组织开展招标代理服务公司入围库的招标工作，共入围10家公司；开展测绘机构建库的前期调研工作，广泛调研测绘服务机构库建立的相关问题，初步完成招标文件编制。通过招标方式共建立了土地出让地价评估等9个服务机构库。

年内，严格执行项目采购。全局系统共办理项目采购62项，采购金额为4.41亿元。其中市局机关对16个项目进行政府采购，采购金额7723.67万元，节约资金103万元；各分局对48个项目实行政府采购，采购资金3.63亿元，节约资金798万元。

【资产管理】

年内，全面开展机关办公资产清查。在市局机关开展资产核对工作，重新制作资产管理卡，共张贴1892件办公设备，3768件家具等标签。清理报废了以前年度不良资产58件，上交回收公司165件报废资产。

年内，开展事业单位产权登记年度检查工作。全年完成7家事业单位的产权登记年度检查工作，建立了分工协作制度、资产核查制度、岗位责任等制度，年度检查全部合格。

【其他工作】

年内，结余资金清理。年内，按照中央及市级财政预算资金管理要求，清理上缴以前年度中央资金支持的开发整理项目资金3300万元；清理上缴往来资金科目清理2700万元。

年内，严控“三公”等经费支出。本年度全系统“三公”经费支出1171万元，比上年共计减少157万元，降低幅度12%。

财务规范工作检查。本年度继续开展财务基础工作检查，对16个区县分局和8个直属事业单位的会计基础工作进行全面检查。

年内，公车改革。严格落实市政府公务用车管理改革政策，市局机关及参公事业单位的公车按规定进行停驶，对符合报废条件的公车进行报废处理。及时核减运维费用预算，调增交通补贴预算，并已按时发放至职工。

年内，职工住房物业、供暖改革。严格落实市政府关于职工住房物业服务、供暖改革的有关政策，在逐一核实当年职工住房两项费用支付情况的基础上，及时申报预算调整，及时向全体职工发放物业费、供暖费补贴。

年内，开展继续教育培训。分两期对全局系统150余名财务人员进行继续教育培训，集中学习非税收入收缴、新《预算法》、项目管理审计、财务核算等内容。

预决算公开。按时在政府信息公开网站进行部门预、决算信息公开，并做好相应的解释说明工作。

配合财政部驻浙江省财政监察专员办事处对市国土局财政存量资金有关情况进行检查。

取消土地估价师考试、考务费和土地登记代理人员职业资格考试、考务费两项行政事业性收费项目。取消北京市国有土地有偿使用收费专用收据，于2015年4月1日起停止使用。取消并注销市局及所属分局、事业单位的《收费许可证》(含正本、副本)。

银行账户清理。清理检查全局332个银行账户，取消27个项目专用账户。

【开展内部审计】

年内，预算执行审计。在预算执行自查自纠的基础上，继续完成朝阳分局、顺义分局、信息中心3个二级预算单位2014年度部门预算执行情况审计。重点围绕中央八项规定精神，关注“三公”经费、会议费使用，关注公务卡制度执行等情况。自内部审计机构成立以来已累计完成3批9个单位的预算执行审计。

年内，政府投资项目审计。首次针对地质环境类在施项目开展事前事中审计，对密云、平谷、怀柔、门头沟、房山等5个分局承担的32个废弃矿山地质环境治理示范工程和16个地质灾害治理项目实施审计，48个项目全部为正在开展或已完工未验收的项目，涉及中央资金2.46亿元。重点针对尚未实施的项目采取事前审计沟通提出管理要求；对正在实施的项目重点环节进行梳理指出风险点；对已完工的项目协助管理单位完善和规范管理。

【审计问题整改】

年内，开展政府审计整改。开展市审计局保障性安居工程审计问题整改。协调相关区政府及委办局、明确整改责任，积极推进审计问题整改。按照统一安排，积极开展国家审计署兰州特派办的土地出让金收支和耕地保护审计问题整改工作。

年内，内部审计整改跟踪。针对内部审计发现问题未实行整改的单位和项目，实行督办制度，下发审计整改通知、审计专报等形式督促整改落实，强化审计成果运用。

【配合政府审计】

配合审计署京津冀特派办做好北京市"十二五"期间保障性安居工程专项审计工作；配合审计署广电通讯审计局中国国际新闻中心审计延伸调查，审计署上海特派办中国人寿审计延伸调查；配合市审计局2015年稳增长促改革调结构惠民生防风险政策措施落实情况跟踪审计检查；配合市审计局高速公路审计延伸调查及其他审计项目调查工作。

信访工作

【基本情况】

市国土局信访处于2012年4月正式成立，前身为市国土局信访室，隶属于市局办公室。年内新接受安置军转干部1名，信访工作人员共7名。

市国土局信访处主要接收办理群众来信、来访、网上信访（含政风行风热线、市长信箱、局长信箱、网上咨询、民意征集），以及国土资源部、国家土地督察北京局、市信访办等上级部门转办的信访件；负责市国土局系统的矛盾纠纷排查调处和维护稳定工作；承办领导交办的其他事项。

【加强组织领导】

市国土局党组、局领导高度重视信访工作。定期听取汇报，讲评工作，参与约访接访，加强与区政府领导沟通研究解决重点信访问题，形成强有力的领导机制。局党组书记、局长魏成林先后9次在局长办公会、局务会上听取信访工作情况汇报并做讲评，21次与相关区政府主要负责人座谈或电话沟通商讨重点信访问题的解决办法，对150余封群众来信做出批示。主管副局长李军亲自参加信访专题会议，对存在问题共同分析、共同研究，对疑难问题进行协调化解。朝阳区、海淀区、丰台区、石景山区、房山区、怀柔区、密云区等国土分局主要领导批阅信访件，接待信访群众。在组织领导上形成领导带头抓、上下联动做的良好氛围。

【建章立制夯实基础】

固化全局信访工作6项制度。坚持每季度在局长办公会上通报信访工作情况、每两个月召开信访工作例会、每月对全局信访工作情况进行通报、每月市国土局领导下访约访制度、每月各分局由信访部门牵头召开信访工作专题会议并形成会议纪要报送市局；每日由市局信访处汇总当天信访情况上报局领导并反馈相关分局。

建立信访工作定点联系制度，指定市国土局信访处人员划区分片每月对各区分局进行督导联系、指定专人每月与国土资源部信访办公室和北京市信访办沟通联系，构建“横向到边、纵向到底”的信访联络机制。建立信访督办制度，信访处指定专人负责督办工作，建立台帐，年内共接到国土部转送件134批，对其中96批进行督办，要求分局上报办理情况报告，确保有权处理部门履职到位。建立与地方政府联合化解矛盾机制，16个区国土分局坚持依法处理问题，兼顾情、理、法的关系，采取多元化化解矛盾的方法，协调处理信访问题，维护广大群众的合法权益。

【法治化建设】

严格落实国土资源部办公厅《关于推进通过法定途径分类处理信访投诉请求工作通知》(国土资厅发〔2015〕35 号) 要求，结合实际将信访请求归纳为“四类”：第一类是信访事项，纳入信访渠道办理；第二类是依法履职事项，纳入法定渠道处理；第三类是咨询类事项，坚持及时就地解决；第四类是已通过司法途径解决，落实诉访分离。针对信访量较大的四类信访请求（约占信访量的90%），进一步建立和规范处理意见。先后出台和协调有关部门出台《关于国土资源涉嫌违法行为举报事项核查处理有关工作的通知》(京国土监〔2015〕92 号)《关于宅基地信访处理程序有关问题的通知》(京国土访〔2015〕144 号)《不动产登记反映问题处理有关工作的通知》(京国土访〔2015〕374 号)《关于妥善做好土地储备开发项目信访矛盾调处化解工作有关事宜的函》(京国土储函〔2015〕1153 号)。进一步明确信访事项处理责任主体、规范工作流程，依法办理信访事项的法规基础逐步完善。

【信息化建设】

严格落实国家信访局和北京市信访办部署要求，开通网上信访信息系统，市国土局信访处和 16 个区国土分局信访部门全部上线运行，网上信访工作运行顺畅。强化网上信访工作责任落实，对来访、来信、网信、复查复核、督查督办和人民建议征集六个模块，分别指定专人负责，做到分工明确、签收及时、按时办结。按照国家信访局做好信访信息录入“百日会战”通知要求，扎实开展全局系统信访信息录入“百日会战”活动，确保市国土局信访处和各区国土分局本年信访信息全部录入。

【维护信访工作良好秩序】

贯彻落实国务院《信访条例》和《北京市信访条例》精神，严格信访事项受理、转送、办理、送达、录入和督查督办等 6 个关键环节落实，确立信访事项办理“三见面、四满意”标准，规范信访答复意见“四个方面内容”，提出信访答复意见“三个不出手”要求，确保规定执行到位、程序合法。

年内，认真贯彻落实中办、国办《关于创新群众工作方法解决信访突出问题的意见》和《关于依法处理涉法涉诉信访问题的意见》精神，坚持做到诉求合理的解决到位，诉求无理的教育到位，生活困难的救助到位，行为违法的依法处理。对少数长期缠访闹访的，加强与属地政府沟通，先后 30 余次函告相关区党委政府，通报属地群众缠访闹访情况，并提出化解问题的建议意见。加大与属地公安分局、治安支队和派出所的联系，在做好思想疏导、矛盾化解和行为管控的基础上，对依然我行我素、无理取闹的上访人员依法进行处理，维护信访秩序。

【受理群众来访情况】

年内，市国土局系统共办理信访请求

6763件次，与2014年同期相比下降5.6%。其中，市局办理信访请求4411件次，与2014年同期相比下降2.3%；区县国土分局共办理信访请求2352件次，与2014年同期相比下降11.2%。

年内，市国土局共办理来访请求1305批次/2480人次，与2014年同期相比批次下降19.5%、人次下降37.5%，其中，登记受理来访316批次/816人次，同比批次下降6.3%、人次下降28.2%。登记受理集体访45批次/354人次，同比批次下降10.0%、人次下降44.3%。登记受理重复访48批次/146人次，同比批次下降38.5%、人次下降52.4%。来访批次较少的区有：东城区、西城区、石景山区、门头沟区、怀柔区、大兴区、昌平区；市国土局登记集体访中，有8个区批次、人次双下降，其中，石景山区、怀柔区、密云区下降100.0%，昌平区下降87.5%、通州区下降70.0%、房山区下降57.1%、顺义区下降33.3%，东城区连续五年未出现集体访；市国土局登记重复访中，有9个区重复访批次呈下降趋势，其中下降幅度较大的地区：门头沟区、大兴区、怀柔区、延庆区下降100.0%、通州区下降90.0%、顺义区下降66.7%、密云区下降42.9%、房山区下降33.3%、平谷区下降28.6%。

年内，市国土局共办理来信947件次，同比上升29.2%。947件次来信中，联名信107件次/2830人次，同比件次上升30.5%、人次下降48.7%。其中，朝阳区、海淀区、石景山区、门头沟区、昌平区等5个区呈下降趋势。

年内，市国土局共办理电子信访件2159件次，同比上升2.0%，按时办结2159件次，按时办结率100%。其中，政风行风热线37件次；市长信箱14件次；局长信箱1394件次；网上咨询714件次。

年内，市国土局共办理上级部门转、交办信访件340件次，已全部办结。

年内，市国土局共受理复查申请13件次，复查量继续保持较低水平。

市国土局群众信访事项中，有三个方面需要重点关注：一是反映违法用地问题660件次，占登记总数的52.3%，仍是群众关注的热点，今后信访工作的重点。二是反映征占地补偿安置问题113件次，占来信来访登记总数的8.9%，较上年度有所上升，此类信访量有逐年上升趋势。三是反映不动产登记问题89件次，占来信来访登记总数的7.1%（7月—12月），不动产登记工作全面展开后，仅6个月时间此类信访事项激增，涉及众多历史遗留问题，牵涉群众切身利益，也是下一步信访工作的重点。

人事教育

【机构编制工作】

年内，完成事业单位分类工作。根据《关于进一步做好北京市事业单位分类工作的通知》（京编办发〔2015〕12号）精神，组织相关单位对全局系统19个暂未分类的事业单位（储备中心、服务中心、登记中心和16个区县分局登记中心）进行有关分类工作，并形成《北京市国土资源局所属未分类事业单位分类方案》。根据市编办批复，市国土局系统19个未分类事业单位，全部列入公益一类。

年内，完成不动产登记机构整合。根据《北京市机构编制委员会办公室关于同意为市国土局增设不动产登记处的函》（京编办行〔2015〕115号）《北京市机构编制委员会办公室关于同意市国土局调整设立北京市不动产登记事务中心等事项的函》（京编办事〔2015〕67号）和《北京市机构编制委员会办公室关于同意市国土局设立北京市土地权籍事务中心的函》（京编办事〔2015〕68号），2015年6月市国土局增设不动产登记处、北京市不动产登记事务中心、北京市土地权籍事务中心（北京市矿产资源储量评审中心），撤销北京市土地权属登记事务中心（北京市矿产资源储量评审中心）。

根据北京市机构编制委员会办公室关于整合设立北京市东城区等16个区县不动产登记事务中心的通知（京编办发〔2015〕13－28号），2015年8月北京市16个区成立不动产登记事务中心，为市国土局各区分局所属相当副处级公益一类事业单位。全市不动产统一登记机构整合工作完成。

【领导班子和干部队伍建设】

年内，共召开局党组（扩大）会议17次，讨论干部工作15次，组织系统内民主推荐7次，提拔处级干部24人。为促进干部成长，推进干部工作科学化、民主化、制度化，2015年12月底启动副处级领导职位竞争性选拔工作，采取笔试、民主推荐、面试、资历评价、组织考察的方式，选拔优秀科级干部。

【干部交流】

年内，遴选优秀基层干部。根据市委组织部、市人力社保局的统一部署，结合市国土局相关业务处室用人需求，组织开展2015年度公开遴选公务员工作。择优遴选7名来自局系统各区县分局和参公事业单位人员，进入市局机关处室和权籍中心、执法总队等7个部门工作。

年内，干部挂职锻炼工作。继续做好“三个一百”干部挂职锻炼工作，选派3名处级干部分别到中央金融机构、内蒙古自治区、天津市挂职，接收8名来自中央企业、乌鲁木齐市、内蒙古通辽市、贵州省贵阳市干部到市国土局挂职。

【教育培训】

制定印发《北京市国土资源局关于2015年干部教育培训工作的意见》，按照组织重点班次培训、抓好各类业务培训、积极开展自主培训、落实全员在线培训的要求，分步骤组织实施干部教育培训工作。做好局级领导干部和处级干部参加各类主体班、专题班及任职培训班组织保障工作；开展具有国土特色的专题教育培训班，包括处级领导干部提高依法行政能力培训班、依托中国地质大学开展北京市国土资源局第三期国土资源业务知识培训班、2014年新任科级干部任职培训班、2014年新招录公务员和事业单位人员初任培训班等。

年内，累计培训8232人次，其中：局级干部43人次，处级干部1836人次，科级及以下干部5923人次，专业技术人员430人次。全局系统完成干部教育培训目标任务（处级干部每年110学时、处级以下干部每年100学时、专业技术人员每年72学时继续教育）。在线学习参学人数901人，实现完成率100%目标。

【人才引进】

年内，完成考试录用公务员工作。年内，市国土局系统共招录公务员34名，包括4名应届毕业生和31名两年以上基层工作经历社会在职人员，其中硕士研究生学历20名。

年内，实施事业单位公开招聘工作。年内，市国土局严格按照《北京市事业单位公开招聘工作人员实施办法》和《北京市国土资源局关于进一步加强和规范事业单位公开招聘工作有关问题的通知》等政策要求，组织开展面向社会公开招聘事业单位工作人员工作。全局系统44个事业单位共录用工作人员77名，全部为本科以上学历，其中硕士研究生21人，占录用人员总数的27.2%；社会在职人员62人，占录用人员总数的80.5%。

年内，完成军转干部安置工作。完成2015年度军转干部安置任务，共接收军转干部13名，其中团职干部7名，非团职干部6名，全部具有大学以上学历。

【职位管理和流动调配】

加强职位管理和流动调配工作。年内，共办理全局系统机关、事业单位干部核定职务152人次。其中晋升干部职务140人，交流轮岗干部12人次。办理公务员转任7人次，调任8人次。

【干部考核】

完成本年度考核。市国土局党组组织对各分局、局属各单位领导班子进行考核测评，并对全系统公务员进行量化考评。局系统公务员共1125人参加考核，217人考核等次为优秀，53人获三等功，217人获嘉奖。事业单位（不含参公和工资规范管理的事业单位）共991人参加考核，194人考核等次为优秀。

【专项工作】

年内，局系统党的群众路线教育实践活动整改落实情况专项检查工作。制定并印发《市国土局教育实践活动整改落实情况专项检查工作方案》，收集汇总各二级单位整改落实进展情况，对全局系统各单位、各部门整改情况进行督促检查，进一步推动整改工作落实，巩固和拓展全局系统教育实践活动成果。

年内，推动“三严三实”专题教育活动。制定并印发《北京市国土资源局关于在处级以上领导干部中开展“三严三实”专题教育的实施方案》，在全局系统开展“三严三实”专题教育活动。由机关党委牵头，局领导班子成员通过自学、集中研讨、调研、召开座谈会等方式，完成三个专题的学习研讨。根据市纪委、市委组织部和市委指导组有关工作精神，制定《北京市国土资源局领导班子“三严三实”专题民主生活会方案》，统筹协调、积极推动局领导班子民主生活会前集体学习、征求意见、谈心谈话、撰写对照检查材料等各项准备工作，按照市委指导组要求高效保质完成。制定并印发《中共北京市国土资源局党组关于开好“三严三实”专题民主生活会的通知》，对各区分局、直属各单位召开民主生活会进行统一部署，指导各单位按照工作进度做好民主生活会前各项准备工作。

年内，局系统干部人事档案专项审核工作。根据市委组织部的统一工作部署，5月上旬制定并印发局系统工作方案，组织召开动员会，正式启动处级干部人事档案审核工作。9月下旬开展对各区县分局和直属单位的业务培训，启动科级干部人事档案审核工作，11月底，共完成257名处级干部的人事档案专项审核工作，发现问题534项，收集补充处级干部档案材料423份，其中涉及“三龄二历一身份”不一致问题的调查核实材料共59套。针对已经调查核实清楚的问题分两批进行集体上会研究，根据认定结果填写《干部任免审批表》(审核专用）和《干部人事档案专项审核认定表》，交干部本人核对并签字确认，并做好归档工作。

年内，开展违规办理和持有因私出国（境）证件专项治理工作。按照市委组织部、北京市公安局开展违规办理和持有因私出国（境）证件专项治理工作的部署，5月下旬市国土局部署开展专项治理工作，按照“应报尽报、应查尽查”的原则，重新梳理登记备案人员信息和集中保管因私出国（境）证件信息，重新进行登记造册。共梳理备案人员信息259条，证件信息261条。7月底根据市委组织部反馈的查询结果，对市国土局登记备案人员办理和持有因私出国（境）证件及因私出国（境）情况进行认真仔细核查，共有25人持有因私出国（境）证件，相关登记备案人员已按要求统一交市国土局人事处专人保管，做到应交尽交，一个不少，完成专项治理工作。

法制建设

【行政审批制度改革】

年内，对外公布《北京市国土资源局市级行政审批事项清单（2015年版）》。根据市政府《关于公布市政府各部门行政审批事项汇总清单的通知》（京政发〔2015〕16号）要求，5月，市国土局对外公布了《北京市国土资源局市级行政审批事项清单（2015年版）》，市级行政审批事项共24项（《地质灾害危险性评估报告备案》随后取消，目前为23项）。每一事项内容均包括：事项名称、事项编码、事项类别、设定依据、审批对象、实施机关、办理处室、受理方式、受理地点、审批流程、申报材料、审查内容、审查标准、批准形式、收费依据、收费标准、办理时限、有效时限等内容。梳理《北京市国土资源局区县级行政审批事项清单》，区县级行政审批事项共21项，目前市政府审改办正在审核中。

年内，梳理行政职权事项。根据市编办《关于印发北京市编制权力清单责任清单工作方案的通知》（京编办发〔2015〕5号）要求，10月，市国土局按照职权法定、权责一致、公开透明的原则，依据相关法律、法规、“三定”方案，以及北京市国土资源管理实际，对承担的行政职权事项进行全面梳理，共梳理行政职权事项51项。其中行政征收8项、行政检查12项、行政确认2项、行政奖励9项、行政裁决4项、其他类16项。并将每一职权事项的类别、名称、依据、实施主体等录入“北京市行政执法信息服务平台”，并于2016年2月底对外公布职权事项依据、办理流程图和监督方式等内容。

年内，加强投资项目审批事项标准化工作。2014年7月，将《北京市国土资源局投资项目市级审批事项清单》（包含区县分局承办并由区县政府批准的事项）共16项（《地质灾害危险性评估报告备案》随后取消，目前为15项）），以公告的形式对外公布。2015年11月，根据市政府审改办《关于进一步推动投资审批和服务事项标准化梳理系统工作的通知》要求，对市国土局涉及的15项投资项目进行了进一步梳理，并将投资项目相关内容录入“北京市行政审批事项目录管理系统”，基本做到事项名称统一、申报材料统一、审批结果统一，促进审批事项标准化工作开展。

年内，调整和优化相关行政审批流程。为做好服务中央单位和落实京津冀一体化的总体部署，2015年6月，市国土局提出中央国家机关建设项目和各级财政投资项目，以及通州区市政基础设施建设项目进一步调整和优化有关审批的意见：一是对建设项目用地预审分类实施，取消有关前置条件；二是取消有关税费缴纳作为市国土局审批事项中的前置条件；三是减少划拨用地重复报批；四是用地单位可以不再办理《建设用地批准书》。上述意见已经市政府批准，相关措施待审改办统一协调部署后实施。

【加强事中事后监管和服务】

协调利用部门建设北京市出让土地批后监管系统应用。出让土地批后监管系统满足了业务处室对出让用地地块的管理、监测、核查、上报等要求，初步形成了对出让用地流程化、可视化监管的新模式。

协调征地部门整合内部管理资源、创新监管运行机制，切实做好北京市征地及农转用事中事后监管工作。

按照市政府《关于做好“先照后证”改革衔接工作加强事中事后监管的实施意见》(京政办发〔2015〕29号）要求，结合北京市工作实际，制定煤炭开采审批事中事后监管工作方案。

【规范行政处罚工作】

2014年，按照北京市全面深化改革领导小组要求，梳理市国土局行政处罚权力清单共101项，并绘制行政处罚权力运行流程图，2015年4月已对外公布。2015年11月，按照合法性、合理性、适当性原则，综合考虑法定依据、违法情形、性质情节、危害程度、处罚种类、处罚尺度等因素，制定《北京市国土资源局行政处罚裁量基准（2016年版)》，报市政府法制办和国土部备案，并于2015年11月30日对外公开，2016年1月1日起施行。实现国土资源行政处罚裁量基准统一、裁量模式统一、公示文本统一。

【行政复议和行政诉讼工作完成情况】

截至年底，市国土局共发生由上级机关立案审查或者裁决的行政复议案件526件，其中维持349件，驳回11件，终止9件，撤销67件，确认违法4件，责令履责2件，尚未审结84件。另外作出行政复议管辖权告知8件，办理市政府行政复议意见书3件、国土资源部行政复议意见书2件。

截至年底，人民法院受理行政诉讼案件385件，其中法院驳回诉讼请求和裁定驳回起诉191件，原告撤诉28件，判决限期履责的13件，撤销9件，撤销并限期重做40件，确认违法8件，尚未审结96件。

【组织开展第25个土地日宣传周活动】

组织开展第25个土地日宣传周活动。“6·25”全国土地日当天，各区县分局在本地区设立宣传站点，摆放宣传展板、播放宣传片、发放宣传材料、现场咨询答疑，开展主题宣传活动；深入村镇、社区、项目现场等，宣传国土资源法律法规；在《国土资源报》发行《北京市国土资源局全国土地日特刊》；市国土局在办公楼北外墙悬挂宣传标语。通过宣传周活动，营造珍惜土地资源、节约集约用地的良好氛围，促进全社会合理利用土地资源。

【完成规范性文件备案】

年内，完成规范性文件备案3件，分别是：《北京市国土资源局 北京市农村工作委员会 北京市园林绿化局 北京市农业局关于贯彻落实国土资源部 农业部进一步支持设施农业健康发展有关问题的通知》《北京市国土资源局 北京市发展和改革委员会 北京市财政局 北京市规划委 北京市住房和城乡建设委员会关于印发北京市国有建设用地使用权出让地价评审暂行规定的通知》《北京市国土资源局关于印发〈北京市国土资源局行政处罚裁量基准〉（2016年版）的通知》。

【依法行政和"六五"普法总结验收】

根据国土资源部办公厅《关于开展国土资源管理系统推进依法行政和"六五"普法总结验收的通知》（国土资厅发〔2015〕23号）要求，认真准备备查资料，积极开展自查工作。

全国国土资源系统推进依法行政先进单位和先进个人名单：

1. 先进单位：

北京市国土资源局东城分局

北京市国土资源局亦庄分局

2. 先进个人：

北京市国土资源局海淀分局主任科员韩青

北京市国土资源局昌平分局科员杨贺

北京市国土资源局通州分局执法队队长陈静

北京市国土资源局平谷分局七级科员李满芝

全国国土资源管理系统"六五"普法先进单位和先进个人名单：

1. 先进单位：

北京市国土资源局西城分局

北京市国土资源局大兴分局

2. 先进个人：

北京市国土资源局朝阳分局副局长吴江

北京市国土资源局门头沟分局执法队副队长贾文波

北京市国土资源局亦庄分局副主任科员袁勋

党群工作

【落实党组主体责任和纪检组监督责任】

市国土局党组建立了落实“两个责任”联系会议制度，加强工作部门之间的沟通联络。联席会原则上每季度召开一次，党组和纪检组相关负责人组织相关部门对全系统党风廉政建设形势进行分析研判，沟通解决重点问题。开展责任制落实情况的监督检查，对各分局、机关处室和直属单位的党风廉政建设情况进行检查。加强同各区纪委的沟通协调，函请区纪委通报各分局责任制考核检查情况。

【党员队伍教育管理】

从严抓好政治思想建设，加强政治理论学习。组织学习贯彻党的十八届三中、四中、五中全会精神，学习习近平总书记系列重要讲话，市委十一届六次全会精神。

结合市国土局实际，扎实开展“践行三严三实、争做五个表率”主题实践活动。制定印发《北京市国土资源局党组开展“三严三实”专题教育学习研讨安排的通知》，以“三严三实”专题教育为契机，引导党员干部在各项工作中发挥先锋模范作用。

坚持个人自学和集体学习相结合，配合辅导报告、观看教育片等方式，共集中学习11次，听报告4次，看教育片3次，局党组班子成员全年共组织学习28次。在局内网开设“三严三实”专栏，购买学习资料300余册，制做下发“三严三实”学习卡片500张。

【党建工作】

严格落实党内生活各项制度，抓好党员干部学习。市国土局党组共组织32次集中学习。做到经常性教育与集中培训相结合，年内为党员购买各类学习书籍2000余册。号召全体干部职工安装APP学习中国手机软件。为支持大家学习，为局领导和每个支部购买《习近平谈治国理政》。严格落实领导干部参加双重组织生活制度和重大事项报告制度。举办落实全面从严治党责任暨党风廉政建设主体责任党支部书记培训会，共59人参加培训。

严把党员入口关，在发展党员工作中严格按照坚持标准、保证质量、改善结构、慎重发展的方针，年内新发展党员2名，接转组织关系71人次，完成16名同志的情况外调。此外，选派25名党员参加纪念中国人民抗日战争胜利暨世界反法西斯胜利70周年庆祝活动。

凝聚爱心显党性。“七一”前夕，机关党委组织各处室、直属单位开展本年度共产党员献爱心捐款活动，捐款金额共4.667万元，捐款人数399人。其中：共产党员357人，捐款4.352万元；民主党派、非党人员42人，捐款0.315万元。

【围绕中心促党建】

年内，围绕市国土局中心工作，推进服务型党组织建设。制定下发《北京市国土资源局市局、相关分局领导班子成员联系国土所工作制度》，局党组书记、局长魏成林3次到国土所调研，帮助基层解决困难和问题。

组织开展国土系统政风行风建设相关工作，采取多种形式征求政风行风社会监督员意见建议。通过发放征求意见表的形式，征求政风行风社会监督员意见建议。各位监督员通过电子邮件、来信等形式对市国土局如何更好开展国土资源管理工作提出合理化建议；通过定期寄送《北京土地》等国土系统期刊杂志等形式，帮助政风行风社会监督员学习了解国土资源管理法律、法规和相关政策规定；结合局监察处对市国土局行政审批制度改革和依法行政开展立项行政检查工作的相关要求，制定局系统《行政服务大厅窗口单位考评指标考评表》和《行政服务大厅窗口单位测评表》。

【强化廉政建设责任制】

年内，为局机关、直属各单位支部及党员干部发放廉政学习书籍2500余册，影视光盘近十种。结合“三严三实”教育实践活动，组织全系统观看廉政警示教育片。举办全系统纪检监察干部培训班。制定《党风廉政建设主体责任任务分解台账》，层层签订2015年《党风廉政建设责任书》，强化“一岗双责”的责任意识。通过开展各类廉政教育活动、组织座谈讲座、法制宣传日、支部党日活动等有效形式提高各级党组织的廉政意识。先后组织全系统开展“廉洁国土”、廉政文化创建教育、法制宣传等廉政教育活动。制定下发《北京市国土资源局落实北京市贯彻落实〈建立健全惩防体系2013—2017年工作规划〉的分工方案》，深化廉政风险防控“三个体系”建设。

【纪检监察部门履行监督职责】

驻局纪检组对市国土局局、处两级领导班子及其成员落实党的路线方针政策和决议、遵守党的政治纪律和政治规矩、贯彻民主集中制、执行“三重一大”事项决策制度等情况进行监督，督促落实党内监督制度。对作风建设情况进行监督检查，督促职能部门加大端正党风政风的教育引导力度。利用信访举报、实地检查等方式，多渠道了解党员干部作风建设中存在的问题，对涉及违反中央八项规定精神和作风问题的信访举报及时组织调查核实。

【学习型工会组织建设】

学习贯彻中央和市委重要会议、文件及习近平总书记系列讲话重要精神。配合市国土局机关党委，采取听报告、看展览、开座谈会等多种形式加强政治思想宣传教育，组织工会干部和广大干部职工认真学习贯彻党的十八届五中全会、中央和市委《关于加强和改进党的群团工作的意见》、市直机关党的工作会议和市总工会十三届二次全会精神，深入做好干部职工思想教育工作。

积极培育和践行社会主义核心价值观。组织干部职工，参加市直机关工会组织开展的“市直机关最美家庭”活动、“中国梦·公仆情”主题摄影活动、“书香国土”主题学习系列活动，加强干部职工社会公德、职业道德、家庭美德和个人品德建设，使社会主义核心价值观成为干部职工的价值追求和自觉行动。

【组织干部职工争优创先】

大力弘扬劳模精神。通过观看“劳模先进事迹宣传片”、参加“弘扬劳模精神”主题摄影征集活动、组织申报“2015年北京市劳动模范、先进工作者和模范集体推荐评选工作”等方式，用劳模的先进事迹和优秀品质教育职工、鼓舞职工、激励职工。尊重劳模、关心劳模、学习劳模、争当劳模。坚持开展“两节”送温暖、“五一”关爱劳模、劳模疗休养等慰问活动。引导干部职工以劳模先进为榜样立足本职、建功立业，积极推动首都科学发展，组织市国土局青年职工参加“我为改革献一策”、“北京市机关第二届青年技能大赛”活动。

【维护工会会员权益】

听取干部职工意愿呼声，掌握干部职工利益诉求，畅通维护干部职工合法权益的有效渠道。在局内网建立了“三委委员”及“工会小组长”群组。不定期召开工会干部工作会，举办“工会干部培训班”。

落实职工的保险福利待遇。为市国土局全体干部职工办理职工重大疾病互助保险，为全体在职女职工办理特殊疾病保险。对本人或直系亲属患重大疾病的职工送去慰问补助。

关注特殊群体。深入一线慰问窗口单位干部职工，“五一”关爱劳模慰问，对支援西部地区的职工家属、本命年和即将退休的职工、因病住院职工、有新生子女职工等开展一系列慰问活动。“三八妇女节”“五四青年节”“八一建军节”等特殊节日举办相应慰问活动。

重视职工工作生活条件的改善。为全体工会会员办理京卡·服务卡，并及时将京卡·服务卡的优惠活动告知大家。继续做好“职工消费合作社”日常服务工作，先后组织对顺义沙古堆樱桃、台湾金钻凤梨、海淀有机蓝莓、门头沟红头香椿、昌平苹果和“京合田野蔬菜套餐”的各类预定团购活动。

服务职工身心健康发展，营造健康向上的心理氛围和工作环境。邀请教育部国培专家库心理专家做《阳光心态与压力管理》专题讲座，组织工会小组长、局属单位工会负责同志及三委委员开展心理健康指导员培训，积极普及“职工健步走121”手机APP线上应用，组织干部职工参加体质监测。

【丰富干部职工文化生活】

组织开展机关兴趣小组活动。局机关工会组建了摄影、健步走、乒乓球、台球、烹饪、书法、瑜伽、桥牌、读书、太极拳和跳操等11个兴趣小组，报名参加各兴趣小组活动的人员共计459人。

开展文化体育活动。组织春游、秋游，利用业余时间先后组织干部职工开展桥牌邀请赛、乒乓球友谊赛、迎新春扑克牌比赛等，活跃工作气氛，促进和谐机关建设。

积极组织参加市总、市直工会组织的各项活动。组队参加北京市直机关第九届“和谐杯”乒乓球比赛、2015北京市直机关第三届羽毛球比赛。参加市总工会举办的第十届首都职工文化艺术节活动，并在其中的书画展作品征集和摄影比赛中获得较好成绩。

【工会自身建设】

坚持“会家合一”，不断加强实体化建设。与服务中心配合开设“综合活动室”，每周在活动室分别安排太极拳、健身操、瑜伽、桥牌等多项活动。为局机关健身房更新增配功能训练机、划船机、动感单车等7件套健身设施和体育器材。通过职工自愿捐书和工会购买图书的形式建立“职工自助图书角”，目前藏书约1000册。充分利用局域网等信息化技术手段，开设网上“兴趣小组专栏”，及时发布服务项目、活动情况和相关信息；在局内网建立“三委委员”及“工会小组长”群组，及时沟通情况，促进交流。

加强工会干部队伍建设。采取召开座谈会、集中学习等多种方式组织学习培训，不断提高工会干部的政治素质和实际工作能力。

严格规范管理。注重工会的各项规章制度建设，先后制定《工会会员缴纳会费的规定》、《“送温暖”活动实施办法》等政策，认真贯彻落实中央八项规定精神和《党政机关厉行节约反对浪费条例》，严格工会会费管理工作。

【加强学习型团组织建设】

学习贯彻习近平总书记系列讲话精神和相关重要会议文件精神。协助机关党委组织参加辅导报告、专题研讨、读书交流等多种方式，组织机关团员青年深入学习、领会中国特色社会主义理论体系和习近平总书记系列重要讲话精神。

召开机关团委委员会，组织参加市直机关团委书记专题培训等形式组织共青团干部积极学习宣传贯彻《中共中央关于加强和改进党的群团工作的意见》。

引导青年培育和践行社会主义核心价值观。以纪念抗日战争暨世界反法西斯战争胜利70周年为契机，通过组织团员青年参加和平里街道纪念“七七事变”78周年党团员主题教育活动、参观纪念抗日战争胜利70周年京津冀档案文献展等形式，影响带动机关团员青年培育和践行社会主义核心价值观。

以阅兵观礼活动为契机进行爱国主义教育。9月3日，组织20余名团员青年到天安门广场参加9.3阅兵现场观礼活动，实地进行爱国主义教育和革命传统教育。

围绕中心工作，深入推进团的各项任务。组织广大团员青年先后参加团市委组织的“我为改革献一策”、北京土地学会组织的第七届北京土地青年学术论文交流、市直机关第二届青年技能大赛等一系列主题活动。

【服务青年成长发展】

组织开展形式多样的文化活动。围绕国土业务中心工作，不断创新活动组织形式，丰富团员青年文化生活。3 月，组织 10 余名团员青年到大兴区永定河东岸六合庄林场“北京市直机关林”开展春季义务林木养护活动。5 月 4 日，联合通州分局团总支组织 50 余名团员青年开展“深入交流促友谊，立足岗位建新功”主题活动，参观通州城市副中心规划和运河核心区建设。组织单身青年同志参加市直机关团工委、和平里街道等单位主办的青年联谊活动。通过组织开展特色主题活动，为团员青年搭建健康身心、拓宽视野、展示自我、沟通交流的平台。

积极推进长效化志愿者服务。3 月 4 日，局机关团委组织 20 余名团员青年到地坛公园开展交通引导、文明出行志愿服务和国土资源管理知识宣传。围绕“邻里守望”主题，以东城区和平里“社区青年汇”为主阵地，依托国土系统“青年宣讲团”，发挥国土机关事业单位团组织和团员青年的先锋模范作用，开展志愿服务活动。

业务学习。围绕青年关注的社会热点问题以及国土资源领域全面深化改革相关问题，通过组织机关团委委员会参加市直机关青年读书大讲堂等形式，在市国土局广大团员青年中营造业务学习氛围。

【团组织自身建设】

加强团干部能力建设。组织团干部和青年骨干积极参加机关事业系统团委书记学习沙龙、市直机关团委书记培训班和市直机关青年读书大讲堂等各项学习培训活动，切实提高国土系统基层团干部的业务能力和管理水平。

运用新媒体手段，强化青年工作的影响力。广泛使用团市委“80 后公社”等手机 APP 和“北京青年”微信公众号，拓展服务青年内容、提升服务青年水平。

离退休干部管理

【离退休干部管理概况】

截至年底，市国土资源系统共有离退休干部职工 769 人。其中：离休干部 32 人（局机关 30 人，局属事业单位 2 人），退休干部 616 人（局机关 290 人，分局 218 人，局属事业单位 108 人），退休职工 121 人（局机关 16 人，分局 38 人，局属事业单位 67 人）。

现有离退休干部党总支 1 个。党支部 14 个（其中，离休干部党支部 2 个，离退休干部混编党支部 1 个，退休干部党支部 11 个）。

现有离退休党员 562 名。其中：离休干部党员 30 名（局机关 28 名，局属事业单位 2 名），退休干部党员 492 名（局机关 240 名，分局 176 名，局属事业单位 76 名），退休职工党员 40 名（局机关 7 名，分局 15 名，局属事业单位 18 名）。

现有离退休干部专职工作人员 13 人。其中，离退休干部处 7 人，老干部活动站 6 人。

【离退休干部职工服务与管理】

市国土局党组认真组织学习全国离退休干部“双先”表彰大会精神和全市老干部工作会议精神，局党组书记、局长、局离退休干部工作领导小组组长魏成林亲自审定《北京市国土资源局 2015 年离退休干部工作要点》，并就贯彻落实“双先”表彰大会相关要求和局系统本年度离退休干部工作提出明确要求。结合局、处两级领导班子的调整，及时对局离退休干部工作领导小组成员和局领导联系离休干部的分工进行调整，继续加强对离退休干部工作的领导力度。局党组成员、副局长师宏亚同志到任后，第一时间认真听取离退休干部工作汇报，多次深入老干部活动站调研，协调解决具体问题。春节等重大节日，局领导深入老同志家中、医院和养老院慰问联系对象。纪念中国人民抗日战争暨世界反法西斯战争胜利 70 周年前夕，局领导带领离退休干部工作领导小组成员看望慰问市国土局 8 名抗战老战士、老同志，送去了纪念章、慰问金和慰问品。

离退休干部思想政治建设和党支部建设不断加强。年内，各离退休干部党支部经常开展活动，集体活动共 28 次，参加活动党员共计 868 人次。活动中引导老同志深入学习领会习近平总书记系列重要讲话及中央、市委重要会议精神。结合学习内容，为老同志选购《2015 年政府工作报告》《人民日报论协调推进“四个全面”》《中国共产党廉洁自律准则》《中国共产党纪律处分条例》和《法治热点面对面》等学习辅导材料。考虑到年龄大、身体欠佳、出门不便的老同志实际，编印《资料选编》(共12期计4080份)，定期邮寄给老同志，引导他们同步学习。先后选派10名新任离退休干部党支部书记、委员参加市老干部局组织的离退休干部党支部书记培训班，提高他们做好新时期离退休党支部工作的能力和水平。结合离退休干部统计工作，对局系统的离退休干部党支部、党小组设置情况进行梳理，掌握局系统离退休干部党组织的现实情况。全年还认真落实上级单位和局党组的指示要求，鼓励离退休老同志参与社区“两委”换届工作，引导离退休老同志积极参加“网上正能量活动”。

离退休干部服务管理。年内，组织新春茶话会和春节、五一、七一、国庆慰问等活动，共走访看望离退休干部240人次，重点看望长期不能参加活动和不能自理的32位离休干部。按照上级通知精神，为局系统离退休人员增加离退休费、取暖费和物业费，为离休干部调整护理费，为退休干部职工调整年龄补贴；组织187名离退休干部职工参加年度体检，协助机关后勤服务中心为21名老同志变更定点医院；编印《保健与养生》12期计4080余份；登门为22位离休老同志贺寿；协助家属为6名去世退休干部办理后事；做好8名退休干部职工的接收工作；为老同志看病、活动派车380余次。

【开展各类文体活动】

以“展示阳光心态、体验美好生活、畅谈发展变化”为主题，结合纪念建党94周年活动，组织离退休干部开展“讲传统、话作风——职责是这样履行的”征文活动，收到老同志征文30余篇，并向上级单位推荐作品6篇，其中张一峰等5名同志的征文入选市直机关工委编辑的征文集，曹玉成同志的征文《战争年代的“寻夫启事”》在《北京老干部》杂志中刊出。结合纪念抗日战争胜利70周年重大活动，举办市国土局老同志“纪念抗日战争胜利70周年书画摄影展”，55名老同志的82幅作品参展，并精选出8幅作品参加市直机关工委在市老干部活动中心举办的“老干部纪念抗日战争胜利70周年书画作品展”，狄从等5名老同志的作品入选，并收入《铭记历史，共筑中国梦》市直机关老干部书画作品集。先后组织参观考察北京世界花卉大观园和参观“抗日战争纪念馆”活动，共246名老同志参加。年内，常态化地组织书画、歌咏、摄影、篆刻等兴趣小组活动52次，参加人数达310人次。年内，为丰富退休人员的生活，成立舞蹈队，每周定期开展活动，受到老同志好评。

【自身建设】

认真开展“三严三实”专题教育活动和“为官不为”、“为官乱为”问题专项治理工作。针对工作队伍建设中存在的问题进行研究和思考，并对照“四个全面”要求提出具体改进意见和措施，迈开工作人员轮岗步伐。根据处（站）工作人员退休、补充的实际情况，坚持以《北京老干部工作》为基本教材，认真组织全体工作人员学习各级领导关于老干部工作的讲话，引导大家认清当前离退休干部面临的形势和任务。继续加强制度建设，明确岗位职责，传递任务压力，认真落实《北京市国土资源局离退休干部处（站）工作人员首问负责制》，增强为老同志服务的意识和本领。继续做好局系统离退休干部信息统计分析工作，完善相关基础数据，提高离退休干部工作决策科学化水平。加强硬件建设，修缮卫生间和水房，整修厨房和食堂，为老同志活动提供保障。加强安保工作，严格落实安全生产工作规定，专题组织消防知识培训，更换消防器材，检修水、电、暖、气线路，更换闸刀、插座，消除安全隐患。严格落实值班制度，加强对保安和临时用工人员的管理，定期或不定期进行安全检查，确保老干部活动站在“春节”“两会”“大阅兵”“十一”和小长假等重要敏感时期的安全。

后勤服务

【安全保卫工作】

年内，组织开展消防、安全工作检查15次，未发生治安违法案件、火灾隐患等事故。6月19日，会同物业管理中心组织消防安全实战演练，检验办公区消防设施设备，锻炼和提高应急队伍处理突发事件能力。8月，组织局机关和事业单位消防知识培训，就消防器材如何使用进行现场讲解和实操演练，提高全员安全责任意识。11月，利用“119消防宣传日”，组织开展以“参与社区消防，建设平安家园”为主题的宣传活动，呼吁大家珍爱生命从防火做起，消除火险从我做起，为做好消防安全工作奠定基础。积极配合土地市场拍卖，保证拍卖现场安全，参加土地拍卖现场安全维护42次，投入安保人员500人次。配合信访部门对上访人员进行疏导、劝阻80余次，涉及人员1600余人，有效处置上访人员强行闯入办公楼事件4起，为保障机关正常有序工作提供安全保障。

【爱国卫生、计划生育、无偿献血工作】

按照北京市爱国卫生运动委员会统一部署，结合市国土局实际情况，开展城市清洁日、卫生月活动，清除垃圾6吨，可回收物1.65吨，塑料制品0.8吨，办公环境得到改善。5月29日，组织开展《北京市控制吸烟条例》宣传，制作宣传展板、发放控烟宣传手册，引导大家正确认识烟草危害，提高全员健康意识。组织开展控烟工作巡视检查，及时制止和劝阻吸烟人员，保持办公区域干净、整洁、卫生良好的工作环境。

贯彻落实计划生育政策，利用局域网，刊登宣传计划生育政策和妇幼保健方面知识，为孕龄产妇发放育儿书籍，为职工办理计划生育服务证。

组织职工参加北京市无偿献血工作。10月22日，组织市国土局机关和直属事业单位5名同志参加北京市红十字会团体自愿无偿献血。

【住房补贴工作】

按照北京市房改办的统一部署，上报申请局系统住房补贴87人，金额45万元；为100余名职工办理住房补贴及公积金支取和变更工作。在工资调整基础上，组织进行追加测算和上报，保证职工住房补贴及时落实到位。

【医疗保险管理工作】

严格执行北京市医疗保险规定，为市

国土局机关申报医疗保险基数核定，为102人办理变更定点医院、异地就医、增减员手续，为5人申报特殊病和工伤保险，为7人办理申领生育补贴、个人账户退费，共计149640元。审核报销独生子女医药费35人次，共计2万余元。

【办公楼施工改造工作】

加强办公楼设备管理，定期对系统设备进行维护保养、检测和检查，发现问题、及时处理。年内日常设备报修1102次，维修及时率100%；1月，按照市国土局要求，完成局办公楼二层综合指挥中心土建、装修工程。

【公务用车管理工作】

合理调配机关公务用车，保证机关老干部、地质灾害等重要工作用车。组织开展驾驶员安全教育，定期进行车辆安全检查、维修保养工作，保证机关公务车辆运行安全。年内，车辆安全行车20万公里，未发生重大交通责任事故。按照北京市公车改革工作统一部署和要求，完成机关公务车辆改革工作，对31辆公务用车进行封存。其中，10辆车进行报废处理，8辆进行移交。

【健康教育和体检工作】

完善更新局域网生活信息栏目，更新刊登健康知识和生活小常识36条，提高职工健康意识。3月，组织机关处室、部分事业单位职工健康体检，总体检人数479人。通过健康体检，对职工疾病做到早发现、早预防、早治疗。

【职工餐厅服务工作】

年内，改造食堂取餐台，加装照明灯具，改善职工就餐环境。严把食品安全关，做到食品用料逢进必检、安全入库，被东城区食品药品监督管理局评为场所等级A级。广泛听取干部职工意见建议，开通服务园地意见栏，加强与职工沟通和交流，保证职工用餐可口、满意。经统计本年度保障职工就餐21万人次，安排接待用餐32桌次，防汛值班用餐557人次，受到机关同志好评。开通网上外卖食品预订系统，为机关同志选购和预订外卖食品提供方便。

【会议服务保障工作】

控制会议经费开支，做好会议服务保障工作，协助机关处室外出办会10余次，累计支出会议费100余万元。按照市政府统一安排，参加科博会、文博会、京交会对口接待工作，受到组委会和代表团肯定。

【办公用品服务保障工作】

为机关处室发放办公用品270人次，印制日常办公用品、书籍培训等资料32次，共计105万元；为机关处室订制报纸107份，书刊杂志49份，共计8万余元。

【大事记】

9月11日，北京市编制委员会办公室《关于明确第二批市属事业单位类别的通知》（京编办发〔2015〕30号），北京市国土资源局机关后勤服务中心为公益一类事业单位。

11 月 20 日，北京市人民政府机关办公用房管理中心致函北京市国土资源局《关于市国土局向市政府办公厅移交丰台区西罗园二区 14 号楼的复函》，“接收此处房屋，由市政府机关办公用房管理中心与你局落实房屋产权、移交、过户等相关工作。请市国土局尽快腾退移交”。

12 月 21 日，北京市国土资源局致函市财政局《关于向市政府办公厅移交丰台区西罗园二区 14 号楼产权的函》。

12 月 31 日，北京市财政局致函《关于同意北京市国土资源局资产调拨处置的函》(京财经二〔2015〕2666 号)，“同意北京市国土资源局机关后勤服务中心丰台区西罗园二区 14 号楼产权（房产证号：京房权证丰国字第 04412 号、建筑面积 4274 平方米、资产价值 1028.03 万元）和土地（土地使用证号：丰国用〔2007〕第 002848 号、土地使用权面积 2187.67 平方米）调拨至市政府办公厅”。

第四部分
区县国土资源管理

北京市国土资源局东城分局

【土地资源概况】

东城区位于北京市中轴线以东的城区东部，坐标为北纬 39°51′—39°58′，东经 116°21′—116°26′。东部、北部与朝阳区相连，南部与丰台区接壤，西部与西城区相接。辖区设东华门、景山、交道口、安定门、北新桥、东四、朝阳门、建国门、东直门、和平里、前门、崇文门外、东花市、龙潭、体育馆路、天坛、永定门外 17 个街道办事处。

东城区辖区总面积 4182.04 公顷，所属地类全部为城镇村及工矿用地。

【机构设置】

北京市国土资源局东城分局（简称东城分局）内设办公室、综合科、地籍科、国土资源利用科、重点工程科、财务科、政工科、执法监察科和纪检监察科 9 个职能科室。下设北京市东城区不动产登记事务中心、北京市东城区土地利用事务中心、北京市土地整理储备中心东城区分中心 3 个事业单位。在职人员 106 名（其中公务员 38 名，工勤人员 5 名，事业编人员 63 名）。

东城分局领导班子：

局　长	林　毅
党组书记	李凤海 （2015 年 7 月退休）
副局长	童四见
副局长	刘翠华
副局长	孔德智
副局长	陈建宁
纪检组长	窦丰启

【建设项目用地预审】

年内，共 10 个建设项目通过用地预审，总用地面积约 30.62 公顷。其中公共管理与公共服务用地 4 个，约 10.8 公顷；住宅用地 1 个，约 0.05 公顷；商服用地 3 个，约 2.84 公顷；住宅与商服用地 1 个，约 0.48 公顷；储备用地 1 个，约 16.45 公顷。办理 3 件建设项目用地预审意见延期。

【土地供应计划及实施】

本年度土地供应计划共申报建设项目 11 个，约 12.41 公顷。其中公共管理与公共设施用地 3 宗，约 1.19 公顷；交通运输用地 1 宗，约 1.23 公顷；特殊用地 1 宗，约 0.29 公顷；商服用地 6 宗，约 9.70 公顷。

年内，完成土地供应面积 0.91 公顷，其中公共管理与公共设施用地 2 宗，约

0.38 公顷；商服用地 1 宗，约 0.53 公顷。

【土地储备开发】

年内，编制完成东城区 2015 年度土地储备开发计划，共申报建设项目 3 个，分别为定安里项目，文章胡同东口项目和东交民巷 29、31 号院项目。计划供应土地规模 2.62 公顷，总投资 2.7 亿元。

年内，提出“引入社会资本，纳入棚改范围；变更项目主体，改变管理方式；项目范围内土地利用”等三种项目推进思路寻求突破，推动彭庄等停滞项目已纳入区政府重点调研范围。推进前门大街及东片保护整治项目 G10、G11 地块完成入市，实现政府收益 5.36 亿元。

【批后监管】

年内，完成 16 个出让、4 个划拨项目的 30 次阶段性监管，对 13 个项目送达了《违约通知书》、《督促开工通知书》，对 2 个项目送达了《涉嫌违约通知书》。完成了自 2008 以年来原划拨项目的数据补充上报，对国土部土地动态巡查系统内 12 个分局划拨项目开展 30 次动态巡查和系统上报。完成了辖区内 40 宗涉嫌闲置项目情况更新调查工作。督促前门大街东侧路西片 B4、C2、C4 组团地块、前门大街及东片 B16 地块两个项目的整改落实。启动了老舍纪念馆项目土地处置程序。

【不动产登记】

11 月 8 日，东城区不动产登记事务中心大厅揭牌，首本不动产权证书颁发，中心正式运行。自 11 月 9 日至 12 月 20 日，共颁发不动产登记证书 2412 本，不动产登记证明 1311 本，抵押注销 1056 本，办理登记业务共计 4779 笔。年内，全国共有 3 个省市的国土部门前来参观交流。

【地籍管理】

开展东城区地籍管理数据更新调查工作。年内，完成 17 个地籍区（街道）的地籍管理数据更新调查工作，共涉及 55 个地籍子区、23068 宗地、面积约 41.84 平方公里。生成了全新的发证宗地图层，共完成 840 幅 1∶500 地籍图；更新棚改区、平房区、变化区的地籍数据，保证了数据库的现势性、精准性；梳理历史登记档案 12800 卷，扫描新增宗地档案 2100 卷，实现与地籍信息系统的宗地挂接，为不动产统一登记工作提供了基础数据。

【依法行政、执法监察】

开展青年湖公园高尔夫练习场违法用地查处工作。年内，完成核查群众举报 5 件，按照相关程序处理完毕。开展打击违法用地违法建设专项工作督查工作。年底顺利通过国家督察北京局第四季度督察工作，并在全国范围内荣获国土部授予的推进依法行政先进单位。组织开展“4.22 地球日”“6.25 土地日”“12.4 国家宪法日”等主题宣传活动。

【信息化建设】

深度挖掘综合监管平台的应用，配合市国土局信息中心开发东城分局移动办公监管平台，开发使用资产管理模块、办公用品领用模块，实现办公用品申领的全系统服务；健全《门户网站栏目任务分解台账》，主动公开政府信息2354条，微博信息43条、图片信息48条；开展安全宣传活动，进行安全检查，制定五项禁止性措施。

【地热资源管理】

完成2014年度地热采矿权年检工作，进一步加强了对东城区地热资源的跟踪管理，为更好地为地热矿权单位服务夯实了基础。

【信访工作】

年内，开展3次重点矛盾纠纷排查，将信访事项、矛盾隐患划分关注等级，采用不同的处理方式办理。年内办理来信59件，办理“12345”北京市非紧急救助热线答复75件，区长信箱15件，全部在时限内答复完毕。年内办理行政诉讼案件29件，行政复议2件。

【政府信息公开】

编制2015年政府信息公开年报，修改完善政府信息公开指南。累计上网公开政府信息2645条，受理依申请政府信息公开401件，全部在时限内答复完毕。完成土地登记结果主动公开213条。

【调研工作】

完成中关村东城园土地利用现状调查；完成东城区地籍管理更新调查项目。

【大事记】

4月22日，为纪念第46个世界“地球日”，由市国土局、东城区政府、市地质矿产勘查开发局主办，东城区教委、市国土局东城分局承办，北京市第五十五中学协办的“第46个世界地球日主题宣传活动”在北京市第五十五中学隆重举行。

5月15日，东城分局组织召开东城区地籍管理数据更新调查工作阶段成果汇报会。市国土局局长魏成林、东城区副区长张立新莅临分局听取汇报并现场指导工作。

5月20日，东城区副区长张立新主持召开专题会，重点协调推进东城区在施土地储备开发项目，国土分局汇报了已完成搬迁和正在推进搬迁的8个土地储备开发项目的基本情况、存在问题和解决思路，与会单位进行讨论并提出建议。

6月3日，市国土局局长魏成林、副局长师宏亚带领办公室、利用处、地籍处、储备中心负责人到东城前门地区调研，东城区区长张家明、副区长陈之常、副区长张立新及国土分局、规划分局等相关委办局领导、天街集团负责人陪同调研。

6月5日东城区副区长张立新召集区编办、财政局、国土分局、信息办、房管局、机关事务服务管理中心等相关单位专题研究东城区不动产统一登记工作。

9月9日，东城区副区长张立新主持召开东城区不动产登记职责整合专题会，区国土局、区房管局、区财政局、区编办、区信息办、区机关服务中心、区房屋一中心主要领导及相关负责同志参加会议。

10月20日，围绕不动产统一登记、闲置土地整改、土地管理领域专项整治、信访等问题，国家土地督察北京局牛珏专员带队到东城区督察工作。国家土地督察北京局对东城区工作给予肯定。

11月8日，不动产登记大厅揭牌仪式顺利举行。国土资源部副部长王广华、登记局常务副局长冷宏志、登记局副局长何平，国家土地督察北京局局长李永杰、督察专员牛钰，市领导陈刚，市住建委主任徐贱云，市国土局局长魏成林、副巡视员樊文祯，区领导张家明、张立新出席。陈刚、王广华为“北京市东城区不动产登记事务中心”揭牌，并分别为居民颁发北京市第一本和第二本《不动产权证书》。

北京市国土资源局西城分局

【土地资源概况】

西城区是首都功能核心区之一，辖区面积50.33平方公里。东以鼓楼外大街、人定湖北巷、旧鼓楼大街、地安门外大街、地安门内大街、景山东街、南长街、北长街、天安门广场西侧、前门大街、天桥南大街、永定门内大街为界，与东城区相连；西以三里河路、莲花池东路、马连道北路为界，与海淀区、丰台区接壤；北以南长河、西直门北大街、德胜门西大街、新街口外大街、北三环中路、裕民路为界，与海淀区、朝阳区毗邻；南以永定门西滨河路、右安门东城根、右安门西城根为界，与丰台区相连。辖区设西长安街、新街口、月坛、展览路、德胜、什刹海、金融街、大栅栏、天桥、椿树、陶然亭、广安门内、牛街、白纸坊、广安门外15个街道。

西城区辖区总面积5033.13公顷，所属地类全部为城镇村及工矿用地。

【机构设置】

北京市国土资源局西城分局（简称西城分局），下设办公室、综合科、地籍科、国土资源利用科、重点工程科、财务科、政工科、执法监察科、纪检监察科9个职能科室。下设北京市西城区不动产登记事务中心、北京市西城区土地利用事务中心、北京市土地整理储备中心西城区分中心、北京市土地整理储备中心金融街分中心4个事业单位。在职人员141人。

西城分局领导班子：

党组副书记、局长　　李　伟

党组书记、副局长　　靳　薇（女）

党组成员、副局长　　吕仕锋

（自2015年10月起兼任北京市西城区不动产登记事务中心主任）

党组成员、副局长　　程建英（女）

党组成员、副局长　　黄东华

党组成员、纪检组长　刘宽新

党组成员、副局长　　高　扬（女）

【建设项目用地预审】

年内，共有26个建设项目通过用地预审，总用地面积约67.77公顷。其中：商服用地2个，约3.78公顷；公共管理与公共服务用地10个，约9.89公顷；市政基础设施用地7个，约12.82公顷；住宅用地6个，约41.17公顷；特殊用地1个，约0.11公顷。

【土地供应计划及实施】

本年度土地供应计划共申报建设项目

16个，约17.76公顷。其中：交通运输用地3宗，约2.24公顷；公共管理与公共设施用地11宗，约9.59公顷；商服用地1宗，约2.53公顷；住宅用地1宗，约3.4公顷。

年内，西城区以划拨方式供应国有建设用地项目9个，共计完成土地供应面积2.72公顷。

【保障性住房用地供应】

根据市住保办下达保障性安居工程任务，年内，全部完成保障性安居工程供地共3公顷。

【土地储备开发】

年内，编制西城区2015年度土地储备开发计划。共申报建设项目12个（均为结转项目），约42.91公顷。计划完成开发项目4个，约8.24公顷；计划供应经营性用地项目1个，约2.53公顷；计划总投资26.86亿元。

年内，西城区土地储备开发项目共计12个，总计完成投资16.58亿元。其中，在施土地开发项目10个，占地面积39.81公顷，规划建筑规模123.7万平方米，完成拆迁进入供地验收程序7.31公顷。拟收储项目2个，占地面积0.99公顷，规划建筑规模4.5万平方米。

年内，加强对全区23个土地一级开发、25个“城中村”环境整治项目的月监管，定期梳理项目信息、进展情况及存在的困难。大栅栏煤市街以东C3、H地块取得入市规划条件，完成审核等入市前期准备；完成桃园二期F1地块权属审查、成本审核、市政咨询、地上物测绘等土地一级开发；开展广安联储一期项目拆迁及控规调整，拆迁工作完成87%，并完成项目的授权、预审、拆迁许可证等部分手续的延期办理；推进手帕口南街64号、丰盛危改小区西区C区、新兴盛危改小区、庄胜二期H、J、K、L地块、西直门小区南区、西单东南D西项目一级开发；推动西便门内大街东西两侧、南菜园街72号等历史遗留项目收储进展。

【地籍管理】

截至颁发不动产权证书之前，完成各类国有土地使用权登记897件。其中，国有土地使用权土地登记420件、抵押登记238件、抵押注销登记239件。抵押登记涉及评估金额9513891.84万元、贷款金额4945950.58万元。抽调业务骨干，多次研究，主动服务国家机关事务管理局、首都医科大学附属北京儿童医院添建血液肿瘤中心、北京地质研究院、自来水集团、西城区棚户区改造等土地确权登记工作。

年内，对土地登记发证信息系统进行数据维护与完善，完成西城区土地宗地数据汇总，对区内宗地总数、发证宗地数、未发证宗地数及铁路、河流、街巷、绿地及其他宗地数目进行了统计；完成第二次全国土地调查成果在西城区土地登记和区域建设中的应用研究以及西城区“边角地”项目、西城区公交场站用地两个数据库的数据更新。

年内，加强档案管理工作，顺利通过区档案局档案执法检查。

【不动产登记】

按照《北京市机构编制委员会关于

整合成立西城区不动产登记事务中心的通知》文件精神，10 月 9 日，西城区副区长李岩主持召开西城区不动产登记事务中心成立大会，正式宣布原房管局的房屋登记中心及档案信息中心 61 人、西城区国土分局的土地权属登记事务中心 17 人，共计 78 人调整到西城区不动产登记事务中心编制，完成人员和办公场所的集中整合。

11 月 9 日，西城区不动产登记事务中心颁发首本不动产权证书，标志着西城区不动产统一登记颁证工作启动。截至 12 月 31 日，共受理不动产登记业务 8100 余件，颁发不动产权证书 3087 本、不动产权证明 1652 本。

开展不动产统一登记业务以来，接待天津、新疆、内蒙古、青海四个省市相关单位调研。

【土地执法监察】

年内，开展“4·22 地球日”“6·25 土地日”“12·4 法制日”等执法宣传，开展“六五”普法宣传活动，宣传国土法规政策，发放宣传资料 4800 余份、宣传品 2100 余个。

【信息化建设】

完成移动城区版“一张图”的定制工作；完成不动产登记大厅新增防火墙和交换机的安装调试；完成窗口人像采集设备采购及安装调试工作；完成新设办公区和受理窗口及后台审批终端内网审批系统的安装调试；完成原房管局工作人员 CA 数字证书办理，国土一点通功能及相关系统权限开通；分局信访、信息公开、行政复议、行政诉讼 4 项信访涉诉事项 OA 系统流程搭建完成，正式上线运行，基本实现了信访涉诉事项在分局内部无纸化流转。

【地热资源管理】

年内，开展西城区地热资源开发利用 2014 年度年检工作。主要检查地热开发利用单位的地热井泵房构造、管道通路、水表、远程计量设备等设施的年度运转情况、水温水位变化幅度、用途用量和缴费情况。

【信访工作】

年内，受理来信 90 件，接待来访 435 人次。妥善处理城镇私房历史遗留问题群访 8 起，避免矛盾激化，未形成到上一级机关的集体访，办结率 100% 。

【调研课题】

年内，按照区“十三五”规划研究编制工作统一部署，自主编写《西城区“十三五”时期土地资源节约集约利用路径研究报告》，规划“十三五”时期土地利用方向，提出土地资源管理新路径，为推动区域发展方式转变、加快功能和人口疏解提供技术支撑和决策依据；完成《新形势下西城区旧城改建与土地开发模式探索专题研究》。《什刹海街道土地利用情况及发展模式初探》等 8 篇论文分获第七届北京土地青年学术论文 4 个二等奖、4 个三等奖。注重深化调研成果应用。完成一级开发、地铁织补、边角地、工矿仓储用地等 9 类调研数据的更新汇交；深化对第二次全国土地调查成果的应用研究，为棉花片危改等区域重点建设提供有力的数据支持。

【大事记】

4月22日，西城分局在大观园南门举办以“珍惜地球资源，转变发展方式——提高资源利用效益”为主题的第46个世界地球日宣传活动。

6月25日，西城分局在大观园南门广场举办第25个“土地日”宣传活动，活动紧紧围绕“节约集约利用土地，转变土地利用方式”的主题内容，深入宣传中国土地资源国情、国策，重点宣传不动产统一登记制度新进展，为推动不动产统一登记制度改革营造良好的舆论环境，《西城报》等相关媒体参加了宣传活动。

10月9日，西城区副区长李岩主持召开西城区不动产登记事务中心成立大会，正式宣布原房管局房屋登记中心及档案信息中心61人、西城分局土地登记中心17人，共计78人调整到西城区不动产登记事务中心编制，完成人员的集中整合。

11月9日，西城区不动产登记事务中心颁发首本不动产权证书，标志着西城区不动产统一登记颁证工作启动。

北京市国土资源局朝阳分局

【土地资源概况】

朝阳区位于北京市区的东部和东北部，介于北纬39°48′—40°09′、东经116°21′—116°42′之间。东与通州区毗邻，西与海淀、西城、东城三区毗邻，南与丰台、大兴两区毗邻，北与顺义、昌平两区毗邻。辖区设41个街道办事处（乡、镇）。

朝阳区土地面积454.7812平方公里（含朝阳区管辖首都机场街道，面积为470.8平方公里），地类数据详见表4－1。

表4－1　　2014年度北京市朝阳区土地利用现状汇总　　单位：公顷

土地调查面积	45478.12
耕地（01）	2563.77
园地（02）	667.84
林地（03）	3596.95
草地（04）	12.18
城镇村及工矿用地（20）	33895.57
交通运输用地（10）	2249.04
水域及水利设施用地（11）	2116.53
其他土地（12）	376.24

【机构设置】

北京市国土资源局朝阳分局（简称朝阳分局）内设办公室、政工科、财务科、纪检监察科、综合科、耕地保护科（矿产资源科）、土地利用科、地籍科8个科室。下设北京市朝阳区不动产登记事务中心（根据市编办文件精神于8月21日设立，11月9日正式挂牌成立。原北京市朝阳区土地权属登记事务中心注销）、北京市朝阳区国土资源执法监察队、北京市朝阳区土地利用事务中心、北京市土地整理储备中心朝阳分中心、北京市土地整理储备中心商务区分中心、北京市国土资源局朝阳分局第一、二、三国土资源管理所等8个事业单位。现有正式在编人员202名，其中公务员29名、机关工勤1名、事业单位172名。事业单位中参照公务员法管理的人员111名（朝阳区不动产登记事务中心），工资规范事业单位人员7名（朝阳区国土资源执法监察队）。

朝阳分局领导班子：

局　长	赵北亭
党组书记、副局长	李　燕（女）
副局长	张雅明
纪检组长	吴　江
副局长	武　鸿（女）
副局长	胡良俊
副局长	张长峰
正处级调研员	赵志刚
副处级调研员	沙凤山
副处级调研员	韩金勇

【土地利用总体规划】

年内，土地利用总体规划调整项目7个，总面积约91.31公顷，调整面积为28.47公顷。其中公益性项目3个，用地面积约60.85公顷，调整面积为2.55公顷；经营性项目4个，用地面积约30.46公顷，调整面积为25.92公顷。

【建设项目用地预审】

年内，办结建设项目用地预审82件，涉及占地面积845.84公顷。

【征地及农用地转用项目用地管理】

年内，受理集体土地征收（农转用）前期工作申请3个，申请用地面积116.345公顷；受理建设项目征地结案申请20件，用地总面积约312.781公顷。

【土地整理及耕地占补平衡】

年内，全面完成市级下达的133.33公顷（2000亩）高标准基本农田的建设任务，实际建成高标准基本农田134.17公顷（2012.5亩），经市国土局和专家评审团审验后取得区政府验收批复。有序推进长店土地复垦项目，多次召开协调会，施工单位于11月正式开始进场施工，实施后可新增耕地面积约21公顷。严格落实耕地占补平衡管理要求，保障土地储备等重点工程的顺利推进，实现耕地占补平衡的目标。

【耕地保护责任书签订】

年内，完成2015年度耕地保护责任书签订工作。全区共签订区乡级责任书14份，乡村级责任书78份，做到耕地保护责任全覆盖、无死角、规范化。

【土地供应计划及实施】

年内，以市国土局签订土地出让合同数据统计，市国土局出让涉及朝阳区土地31宗，土地面积72.01公顷。其中现状项目办理出让14宗，土地面积8.23公顷；新建项目办理出让17宗，土地面积63.78公顷。年内划拨土地供应17宗，土地面积74.98公顷，其中：市国土局供应2宗，土地面积25.94公顷；朝阳分局供应15宗，土地面积49.04公顷。

【保障性住房用地供应】

年内，保障性安居工程用地计划供应12公顷，实际完成12.88公顷，完成比例为107.33%。其中：限价房4公顷，已供4.56公顷，完成比例为114%；定向安置房8公顷，已供8.32公顷，完成比例为104%。

【土地储备开发】

年内，公开供应一般经营性用地7宗，总供地体量约60.05公顷，建设用地约51.81公顷，建筑规模约94.77万平方米，经营性建筑规模约87.99万平方米，成交价约221.93亿元。其中土地储备朝阳分中心为主体的项目5宗，供地体量约42.5公顷。配合办理协议出让供地2宗，供地体量9.44公顷。引入中交地产公司和中电建地产公司等社会资本参与土地一级开发项目，截至年底已落实到位56亿元。本年度偿还银行贷款及利息约206.37亿元，截至年底贷款余额为596.8亿元，同比降低13%（不含政府债）。

年内，土地储备商务区分中心处置CBD核心区二期剩余安置房源106套。全年实现资金收入约1.7亿元，完成资金支出共计约27.6亿元。

【地籍管理】

1月，顺利通过市颁证办关于朝阳区集体建设用地使用权确权登记颁证工作的检查验收，全面检查朝阳区3377宗档案情况，检查率为100%。现已完成了集体建设用地宗地的入库、校对工作，数据库建设符合验收标准，质量居全市前列。

开展农村村庄地籍调查试点工作。选取高碑店乡高碑店村作为朝阳区农村村庄地籍调查试点工作试点村。已完成全部调查、数据库建库工作，共调查宅基地2105宗、集体建设用地182宗。填制地籍调查表2287宗，绘制宗地草图2287幅。发出确权指界通知书2287份，界址点测量6547余个。

年内，完成土地权属审查125件，涉及土地面积658.92公顷。

【不动产登记】

年内，全力推进不动产统一登记工作。成立区级层面的不动产统一登记专项工作推动小组，健全区级层面协调机制。拟定了朝阳区不动产统一登记工作的总体安排，分阶段确定重点工作。对承担不动产登记职责部门的人员情况、机构职责、办公场所、资产等情况进行实地调研和摸底调查。

8月21日，根据市编办《关于整合设立北京市朝阳区不动产登记事务中心的通知》，设立北京市朝阳区不动产登记事务中心（简称登记中心）。8月24日，正式启动过渡期工作模式，实施“双址办公”。10月8日，基本实现土地登记的受理、审批、发证等工作均在原房屋登记大厅完成。11月9日，登记中心正式挂牌成立。

自登记中心成立起，开始全面启用新版不动产登记簿证，向社会提供不动产统一登记服务。全年共办理不动产登记业务211952件，约占全市总业务量的三分之一，其中土地登记业务6273件，房屋登记业务205679件。全年代收登记费2344万元，代收土地出让金35034.78万元，代收印花税22.76万元。

【土地执法监察】

年内，立案查处违法用地案件92件，涉及土地面积206.37公顷（3095.53亩），其中耕地面积6.10公顷（91.47亩），基本农田面积5.75公顷（86.28

亩）。没收违法建筑物面积41.05万平方米，罚款金额763.05万元。顺利通过了2014年度土地卫片执法检查省部级验收。违法占用耕地面积占新增建设用地占用耕地总面积的比例（问责比例）为2.94%，较上年下降6.26%；依法履职到位160宗，履职到位率为100%；整改到位率为70.51%，较上年上升8.15%；在全市14个区县中问责比例排名第11名（工作成绩位列全市前三名）。

科技创新落地，国土资源违法综合管理系统一期于5月完成建设并正式运行。该系统集成了卫星、视频、12336电话举报、巡查、媒体曝光、领导批示等多种发现手段，建立了发现、核查、处置、验收、销案，并辅以监察、督办的闭环管理系统。一期工程布设视频监控点位30个，实现对朝阳区耕地、基本农田综合覆盖率为42.7%。及时发现并有效制止了45起违法行为。

【土地出让批后监督管理】

年内，完成外业巡查任务406宗地，行驶里程15330公里。对朝阳区未开工30宗用地开展督促检查，其中19宗已开工建设，工作进展受到北京督察局好评。

【信息化建设】

年内，顺利完成第二、第三国土资源管理所、不动产登记事务中心接入政务专网工作，保障了网上办公及各项工作的顺利开展。

开展地籍管理信息平台的优化升级工作。包括流程配置、查询多图层功能优化、登记卡修改功能升级、档案挂接功能优化、图层注记优化、权限控制等功能，进一步提升系统的易用程度。

【矿产资源概况】

朝阳区矿产资源主要是地热、矿泉水。全区共有114眼地热井，

其中报废井20眼、未成井3眼、成井后待用井47眼、观测井1眼、回灌井6眼、开采井37眼。有采矿许可证在用单位32家。原有3家矿泉水企业，现已全部停产，采矿权已注销。

【地质勘查储量管理】

年内，完成建设项目压覆重要矿产资源核查2件，现场检查8家在朝阳区注册的地勘单位。完成4家探矿权项目年检，督促纠正2家没有按时开工的勘探项目。

【矿产资源开发管理】

年内，开展打击非法盗采砂石活动，对停用矿泉水井进行检查。

【地热资源管理】

年内，组织地热资源开发利用管理工作会议，组织32家有采矿许可证的地热开发利用单位开展了年检，完成了年度地热资源开发利用统计报表，开展了涉矿安全大检查活动。

【地质灾害防治】

年内，修订《朝阳区突发性地质灾害应急预案》，深入街道、乡村、学校进行宣传教育，发放宣传资料、物品3000余份。完成建设项目用地地质灾害危险性评估备案4件。

【信访工作】

年内，受理群众信访及举报事项319件（信访事项223件、举报事项96件），均予以妥善答复。

【法制工作】

积极应对行政诉讼和行政复议。年内，共办理行政诉讼和行政复议137件（行政诉讼95件、行政复议42件）。建立局长、主管局长出庭应诉制，通过亲自出庭应诉发现工作中存在的问题和隐患，改进工作方式方法，确保依法履职到位。

开展法制宣传工作，培养法治思维。年内开展“4·22世界地球日”“6·25全国土地日”“12·4法制宣传日”等宣传活动。开展各项法制专题培训。

【政府信息公开】

加大主动公开力度，信息公开工作更加规范。年内，共受理依申请信息公开527件，已完成答复500件，27件正在办理，按期答复率100%，受理信息公开量在市各级行政机关中位居前列。通过朝阳分局对外网站、首都之窗等渠道主动公开信息1210条，其中建设用地预审信息81条、国有建设用地划拨信息11条、征地信息115条、土地权属登记信息1003条。进一步加大主动公开力度，首次完成2008—2014年共113件征地信息的网上主动公开工作。

【内部管理】

1月1日，朝阳分局开始施行《采购管理办法》等四个管理办法，边试行边总结完善，不断优化程序。全年共启动采购项目91个，已完成70个，资金节约效果明显；开展3个由分局评审的项目；梳理存量合同661份，召开合同会签审核会26次，审核新合同254份，实时跟踪合同执行进度。有效保障了我局各项经济活动的安全，同时兼顾了效率。

【党风廉政建设】

年内，全面落实从严治党政治责任，制定了党组及其成员党风廉政建设责任清单、年度党风廉政建设任务台账，完善了“三重一大”事项决策4项制度，扎实开展“三严三实”专题教育和“为官不为”、“为官乱为”的专项治理。

按照市国土局关于加强分局下属事业单位纪检监察工作力量的意见，朝阳分局创造性地提出“加强工作力量，延伸工作手臂”的工作思路，在不动产登记中心、土地储备朝阳分中心设立专职纪检监察员，在其他6个事业单位设立兼职纪检监察员。

聘任北京市朝阳区人大代表王玉满（女）等5名同志为朝阳分局政风行风社会监督员。

【调研课题】

年内，完成朝阳区“十三五”时期提高土地资源集约利用的思路与措施研究、朝阳区建设用地节约集约利用研究、朝阳区农用地优化布局研究；完成了《关于朝阳区耕地及基本农田保有量的调研报告》；开展了国土所动态巡查履职到位问题研究；以《土地空间资源调控战略研究》及《北京商务中心区土地空间资源调控规划》成果为基础，构建《北京商务中心区土地空间资源调控规划管理原型系统》，现已取得了国家版权局颁布的软件著作权认证。

【“十二五”期间保障性安居工程土地供应】

“十二五”期间，朝阳区保障性安居工程供地计划指标为579公顷，实际完成586.05公顷，完成比例为101.22%。

【“十二五”期间土地储备开发】

“十二五”期间，朝阳区土地储备涉及11个乡、49个村，共17个项目，总面积约60平方公里，涉及被拆迁居农民8.7万人，预计总投资规模约2000亿元。截至2015年底，已整理完成约25平方公里，实施绿化约1000公顷（1.5万亩），代拆区域实施平原造林约366.66公顷（5500亩）。土地储备工作累计实现转工转居3.4万人；完成住宅拆迁约795万平方米，非住宅拆迁约1291万平方米，减少流动人口约40万人；建成765万平方米的农民安置房；实现土地供应41宗，供地体量约570公顷；累计投资约1326亿元，实现引入社会资本81亿元。

“十二五”期间，商务区分中心完成拆迁总面积约23.13万平方米，其中住宅拆迁约3.57万平方米，约572户，非住宅拆迁涉及单位22家，拆迁规模约19.56万平方米。实现土地供应9宗，供地体量约7.44公顷，建筑规模约107万平方米。

【“十二五”期间建设项目用地预审】

“十二五”期间，共办理建设用地预审482件，项目总体面积5172.36公顷（含重新办理项目）。

【“十二五”期间土地划拨审批】

“十二五”期间，完成划拨土地供应51宗，涉及土地面积167.28公顷（不含市国土局划拨）。

【“十二五”期间建设项目征地结案】

“十二五”期间，受理建设项目征地结案申请38件，用地面积约1222.257公顷。

【“十二五”期间土地权属审查】

“十二五”期间，办理土地权属审查801宗。

【大事记】

1月16日，朝阳区东坝南区1106－692、634、693地块二类居住、基础教育用地（20号地）项目国有建设用地使用权挂牌出让工作结束。北京首都开发股份有限公司和北京龙湖中佰置业有限公司联合体竞得该项目国有建设用地使用权。

1月30日，土地储备商务区分中心偿还国资中心剩余专项借款8.8亿元本金及相应利息，标志着CBD核心区二期项目全部债务性资金清偿完毕。

2月10日，朝阳区太阳宫乡0301－615、0301－616地块S2广场用地、C2商业金融用地项目国有建设用地使用权挂牌出让工作结束。绿地控股集团有限公司竞得该项目国有建设用地使用权。

4月1日，土地储备朝阳分中心与中

交地产有限公司签订土地一级开发委托协议，委托该公司作为亮马住宅小区（J、K）项目带资实施主体，负责项目资金筹措及一级开发具体实施工作。此举是实现降低政府性债务规模的重要途径和有效措施，对朝阳区土地一级开发模式转变具有里程碑意义。

4月2日，区人大常委会副主任苑文新一行到朝阳分局开展《中华人民共和国土地管理法》贯彻执行情况调研。

4月7日，朝阳区基本农田整理项目（二期）第一包金盏乡标段，完成施工开评标工作。标志着朝阳区高标准基本农田建设项目已完成全部前期手续。

4月9日，朝阳分局张长峰副局长作为案件代理人出庭应诉吴某诉北京市国土资源局政府信息公开行政诉讼一案。这是朝阳分局推行分局领导及科室部门负责人出庭应诉机制迈出的第一步。

4月21日，朝阳分局在奥林匹克森林公园开展以“珍惜地球资源，转变发展方式——提高资源利用效益”为主题的第46个地球日宣传活动。

4月24日，土地储备商务区分中心组织建立的《北京商务中心区土地储备规划管理原型系统》取得了国家版权局颁布的著作权认证证书。

5月30日，朝阳区“国土资源违法综合管理系统”一期工程建成投入运行。

6月16日，土地储备朝阳分中心与中电建地产公司签订土地一级开发委托协议，委托中电建地产公司带资实施小红门乡剩余建设用地项目。

6月25日，朝阳分局开展“全国土地日”宣传系列活动。向各乡下发宣传通知及宣传品，开展土地法制宣传；向办事群众进行土地登记业务知识的普及；邀请市二中院行政审判庭庭长开展法制宣传专题讲座；开展土地规划的政策研讨。

6月底，完成2015年度乡、村两级耕地保护目标管理责任书的签订工作。

7月16日，国家土地督察西安局专员姚青林一行到朝阳分局视察朝阳区国土资源违法综合管理系统建设情况。姚青林对该项目给予肯定，希望能够借鉴该系统的成果与经验，应用到西安市国土资源管理工作中。

7月23日，召开朝阳区基本农田整理项目（一期）竣工验收会议。项目（一期）位于孙河乡下辛堡村和东郊农场地块，现建成高标准基本农田30.5442公顷（458.16亩），并通过验收。

8月24日，朝阳区率先启动不动产职责整合工作，启用过渡期工作模式。实行双址办公，在区房屋登记大厅增设5个土地业务办理窗口，朝阳分局保留原有登记业务窗口。维持原工作模式不变。

8月，六公主坟棚户区改造项目签订土地出让合同完成土地供应工作。该项目是北京市第一个将棚户区改造前期工作及拟改造土地的使用权一并在土地市场通过招标方式确定使用权人的项目，由北京昆泰房地产开发集团有限公司通过招标方式取得。

9月2日，孙河乡北甸西村2902－18、2902－19、2902－27地块社区配套服务设施、住宅混合公建、二类居住用地（CDE地块）项目国有建设用地使用权挂牌出让工作结束。北京保利营房地产开发有限公司和北京首都开发股份有限公司联合体竞得该项目国有建设用地使用权。

9月8日，东坝南区1106－657地块（24号地）住宅混合公建用地（配建“限价商品住房”）国有建设用地使用权挂牌出让工作结束。北京保利营房地产开发有限公司、北京首都开发股份有限公司和北京龙湖中佰置业有限公司联合体竞得该项目国有建设用地使用权。

9月9日，孙河乡西甸村2902－L01、2902－L02地块机构养老设施、二类居住用地（K地块）国有建设用地使用权挂牌出让工作结束。北京懋源房屋开发有限公司和北京懋源宏展投资管理中心（有限合伙）联合体公司竞得该项目国有建设用地使用权。

9月11日，黑庄户乡黑庄户村32－125地块B1商业用地项目国有建设用地使用权挂牌出让工作结束。北京农产品中央物流园有限公司竞得该项目国有建设用地使用权。

11月9日，朝阳区不动产登记事务中心挂牌成立。朝阳分局通报了中心的工作机构设置和职能职责，动员和部署了近期不动产统一登记工作。

11月12日，常营乡1201－602、603地块住宅混合公建用地（配建“限价商品住房”）项目国有建设用地使用权挂牌出让工作结束。北京世博宏业房地产开发有限公司和北京首都开发股份有限公司联合体竞得该项目国有建设用地使用权。

11月19日，CBD区域NW07－1土地储备项目作为朝阳区首例市财政投资评审中心竣工决算审计项目，已完成竣工决算审计。

11月下旬，朝阳区完成农村村庄地籍调查试点的全部外业调查任务。朝阳分局邀请市颁证办到朝阳区指导农村村庄地籍调查试点工作，为下一步试点验收工作奠定了良好的基础。

12月10日，金盏乡皮村、楼梓庄村和黑庄户乡万子营东村地块基本农田整理项目（二期）顺利通过全面验收。至此，朝阳区“十二五”时期2000亩高标准基本农田建设任务全部完成。

12月15日，朝阳区顺利通过新一周期国土资源节约集约模范县（市）创建活动达标复核。

12月23日，朝阳区农村集体建设用地使用权确权登记颁证工作顺利通过市级验收。

北京市国土资源局海淀分局

【土地资源概况】

海淀区位于北京市城区西北部，地理坐标北纬39°53′—40°09′，东经116°03′—116°23′之间，东连西城区、朝阳区，南邻丰台区、西城区，西接石景山区、门头沟区，北抵昌平区。地处太行山余脉西山山脉与华北平原西北边缘交会地带，地势西高东低。西部山区统称西山，面积不到70平方公里，山势基本为南北走向，以百望山为界，将海淀区天然划分为南、北两部分，山南习称“山前”，山北则称“山后”。辖区设22个街道，7个镇。

海淀区辖区面积43076.87公顷，土地利用现状面积详见表4－2。

表4－2　2014年北京市海淀区土地利用现状汇总　单位：公顷

土地调查面积	43076.87
耕地（01）	2031.15
园地（02）	2557.2
林地（03）	10440.92
草地（04）	47.25
城镇村及工矿用地（20）	24316.59
交通运输用地（10）	1565.74
水域及水利设施用地（11）	1678.26
其他土地（12）	439.76

【机构设置】

北京市国土资源局海淀分局（简称海淀分局）内设办公室、综合科、地籍科、土地利用科、耕地保护科、地质矿产科、财务科、政工科、纪检监察科等9个科室。下设海淀区土地权属登记事务中心、海淀区土地利用事务中心、海淀区国土资源执法监察队、北京市土地整理储备中心海淀区分中心、北京市国土资源局海淀分局第一、二、三国土资源管理所等7个事业单位。2015年8月成立海淀区不动产登记事务中心，海淀区土地权属登记事务中心注销。全局在编人员153人，其中公务员35人、事业单位116人、工勤2人，科级领导干部33人。

海淀分局领导班子：

局长、党组副书记　　梁桂明
（2016.5.8由党组书记改任党组副书记）

党组书记、副局长　　郎运波
（2016.5.8任职）

副局长　　武克非

副局长　　和金庆

纪检组长　　许　荔（女）

副局长　　纪　妍（女）

副局长　　向　文（女）

【土地利用总体规划】

积极推进海淀区土地利用总体规划调整完善工作，完成海淀区土地利用总体规划（2006—2020年）实施评价。海淀区创新土地整治规划实施机制工作取得系列成果，向市国土局上报了《海淀区土地整治功能单元划定方案与技术说明》《海淀区土地整治功能单元规划编制审批管理若干意见》《七王坟村土地整治功能单元规划（2010—2020年）》和《两山片区景观提升土地整治功能单元规划（2014—2020年）》；以土地整治功能单元规划为引导，同步实施"万亩良田"等五大整治工程，起草了《北部地区城乡建设用地增减挂钩项目整体实施方案》和《海淀区生态景观提升工程管理办法》；对五路居、东升等节约集约用地先进经验进行总结，着手编制创新土地整治典型案例手册。

【建设项目用地预审】

年内，办理建设项目用地预审49件，通过预审总面积323.17公顷，同比下降24%。

【征地及农用地转用项目用地管理】

年内，受理集体土地征收前期项目9件，拟征用集体土地面积216.16公顷，其中农用地62.22公顷，拟新增建设用地44.22公顷。取得征地批复的项目12件，批准征地面积203.31公顷，新增建设用地面积74.40公顷。完成征地结案12件，总用地面积约143.67公顷，新增建设用地74.63公顷。组织召开苏家坨公交场站项目听证会。

【土地整理及耕地占补平衡】

年内，组织编制《海淀区贯彻落实创新土地整治规划实施机制实施方案万亩良田整治工程指导意见》《海淀区土地整治项目管理办法》《海淀区耕地指标使用管理指导意见》和《海淀区北部地区城乡建设用地整体增减挂钩项目实施方案》。推进海淀区苏家坨镇周家巷村等3个土地整治项目，完成外业踏勘和测绘，编制相关报告和图册，确定实施主体和投资来源。

2015年10月，海淀区第一个高标准基本农田建设项目——上庄镇高标准基本农田建设项目通过验收，顺利完成了"十二五"期间市政府下达的2000亩建设任务。该项目由海淀分局牵头，上庄镇政府承担，涉及上庄镇前章村、东马坊村、西马坊村、西辛力屯村和西郊农场五个权属单位。总建设规模2089.71亩，总投资预算600万元，审计决算580.14万元。整治工作于2014年3月启动，2015

年10月竣工，主要工程包括灌溉、排水和田间道路等。实施后有助于完善农田水利配套设施，提高田间道路等级，优化田间路网和灌溉系统，促进农业结构调整，增加农民收入。

加强耕地保护，落实各级耕地保护目标管理责任书签订工作。积极配合海淀区农委推进基本农田和耕地保护制度建设和奖励机制，做好政策宣传。严格落实耕地“占补平衡”，解决翠湖D21、D22地块等8个项目20.66公顷耕地指标，向市财政缴纳耕地开垦费619.85万元。

【土地供应计划及实施】

全年海淀区土地供应分解指标142公顷，全年完成170公顷，完成计划指标的120%。完成大北农、航天天绘、高能时代在内的园区用地供应，大牛坊安置房、六里屯安置房、振兴安置房在内的保障性安居工程用地供应，以及星竹园商住地、中发展与软件园联合体多功能用地在内的平衡资金用地供应。承担的供地任务促开工项目10个，投资额40.46亿元。计划内项目完成供地6宗，涉及投资30亿元；计划外完成供地2宗，涉及投资74.67亿元。加强土地批后监管，及时更新国土部土地市场动态监测与监管系统的数据。全年监查市局供应的项目用地153宗，共监测上传292次；监查海淀区供应的项目用地151宗，共监测上传436次。

【保障性住房用地供应】

年内，海淀区保障性安居工程土地供应分解指标59公顷，其中公租房5公顷，安置房54公顷。达到土地供应标准的项目8个，面积约39公顷。其中公租房项目3个，土地面积约5公顷；安置房项目5个，土地面积约34公顷。

【土地市场交易】

年内，海淀区招拍挂供应土地9宗，分别为永丰新4－1－044、058（气象科技园）、永丰基地Ⅳ－4地块（中发展、软件园联合体）以及Ⅱ－14地块（中关村壹号北区项目）、安宁庄项目及安宁庄项目内北侧用地、环保园031、062地块和潘庄二期；供应土地面积约32.79公顷（含代征用地则为45公顷），建筑规模约81.6万平米，供地总价120.45亿元。其中，F1住宅混合公建用地1宗，商业金融用地3宗，教育科研用地4宗，绿地、道路1宗。

【土地储备开发】

年内，海淀区在施土地一级开发与收储项目46个，面积262.94公顷（一级开发项目4个、面积100.04公顷，收储项目42个、面积162.9公顷），投资总额约为11.28亿元。海淀区土地储备分中心还款付息支出32.29亿元，完成预算额的98.5%；项目支出7.94亿元，完成预算额的16.32%；成本返还支出1.58亿元，完成预算额的5.6%。办结中关村创新园3－2－130地块等11宗地块的解抵押手续。学北项目、凤凰岭旅游设施项目、八家地区整体改造项目等一级开发项目的搬迁腾退、地上物清理和前期手续办理工作取得进展，安宁庄钢材市场项目和西北旺C2地块两个收储项目分别签订土地开发补偿协议。

【地籍管理】

年内，全面完成海淀区集体建设用地使用权确权登记发证工作，并通过市颁证办检查。该项工作于2013年3月正式启动，历时两年，实际调查集体建设用地912宗，面积861.7公顷；完成确权246宗，其中：完成土地登记45宗，登记率4.93%，登记面积68.74公顷；完成确权不发证201宗，面积259.12公顷，确权率22.04%。深化集体土地确权登记发证成果应用，制发镇（村）土地管理控制图和海淀区土地管理控制图册，为各镇定制“镇级移动政务终端E人E本”，实现通过政务专网实时查看土地业务属性的功能。

开展农村村庄地籍调查试点工作，完成苏家坨镇车耳营村全部外业调查及地籍测绘。经调查，车耳营村宅基地124宗，土地面积65825.95平方米；集体建设用地141宗，土地面积138175.61平方米。

完成2014年度土地利用变更调查，2014年末全区现状耕地面积约2031.15公顷，同比减少28.86亩；建设用地面积约25396.56公顷，同比增加245.48公顷。完成土地权属审查164件，调处解决数十件土地权属争议和土地登记疑难案件。

【不动产登记】

年内，顺利实现不动产统一登记职责机构整合和业务融合，成立海淀区不动产登记事务中心，11月9日正式实施不动产登记颁证工作。按照国土部有关要求开展数据整合工作，完成“户落幢”楼房15107幢，“幢落宗”4300宗。梳理完善业务流程，制订《海淀区不动产登记业务办理暂行规则》。对窗口信息化设备进行升级改造，完成办事大厅标准化建设。提升服务水平，优化办事流程，开发网上预约系统。实施不动产登记以来，共受理各类不动产登记业务17150件，完成复审13955件，颁发不动产权证书11792本。

办理国有土地使用权登记895件，涉及土地面积459公顷；办理国有土地抵押权登记630件，融资金额约750亿元。

【土地执法监察】

2014年度海淀区发生违法占地204宗，应做一般违法项目处理的100宗。按照国土部和市国土资源局制定的整改标准，2014年度卫片查处履职到位率100%，整改到位率为83.5%，问责比例为1.61%，顺利通过国土部验收。2015年土地变更调查卫片执法检查前三季度涉及海淀区新增建设用地215宗，其中需查处的一般违法用地91宗。海淀分局以两个“零容忍”为尺度严格查处，依法履职，做到新生违法建设“零增长”。

推进京新高速路两侧、六环路高里掌桥历史遗留堆放渣土问题查处工作，大部分堆土完成清理或按区政府审定意见整治，东玉河村一名村级干部被追究刑事责任。联合相关单位从7月1日至8月20日开展“严厉查处违法用地违法建设大干50天‘夏季专项行动’”，梳理历年未拆除整改的违法用地103宗，拆除整改到位63宗。会同海淀区农委、园林局制定实施农田和生态林补贴发放与土地违法查处挂钩机制，对未能及时整改新生违法用地违法建设的镇村，扣减农林补贴，通过经济手段遏制新生违法用地。加强土地违法动态巡查，累计巡查332天，出动巡查人员986人次，巡查里程27800公里，共发现集体、个人、公益等各类违法违规用地行为163宗。推进远程视频监控系统建设，安装8处网络摄像头，配备5台监控电脑和彩色显视器，视频监控系统稳步运行。

【信息化建设】

依托市国土局"一张图"平台，初步建成具有海淀特色的"一张图"数据中心。"2014年北京市国土资源综合监管平台升级改造项目海淀分局土地业务数据整理及关联服务"通过验收，形成系列数据成果。对各类业务事项和档案分析，确定可关联的土地业务事项58项，分组后汇总形成了4大类土地业务。在市国土局举行的年度国土资源政务信息网上公开执行情况检查评比中，海淀分局获得第二名，并被推选参加2015年度国土部网站评比。土地业务档案电子并档数据整理项目通过验收，项目共完善了2014年度4228件业务事项信息卡，实现业务事项与档案、业务事项之间的关联整合（预审、征地、供地、登记、抵押）。整理后形成4228个信息卡，与档案关联度达100%，各环节业务数据关联达到89%。

【地质灾害防治】

切实履行海淀区地质灾害防汛专项分指挥部的职责，汛前对全区33处突发地质灾害隐患点进行了全面排查，检修更换地质灾害提示牌和语音提示杆，举办地质灾害防治群测群防员培训班，广泛开展地质灾害防治宣传。汛期会同相关单位联合发布蓝色地质灾害气象预警4次，黄色地质灾害气象预警1次。接到灾害险情报告7起，第一时间组织应急调查队展开应急处置，未出现人员伤亡。

【节约集约模范县（市）创建】

海淀区通过市国土局组织的2013年度、2014年度创建活动达标复核考核，并开展了新一周期第一批次国土资源节约集约模范县创优评选活动。海淀分局先后调研地铁五路居上盖项目现场和北部地区节地模式与创新特色，并作为海淀区典型案例进行宣传。结合创新土地整治规划实施机制、低效用地盘活再利用等工作，深入挖掘典型案例，推广节地技术，探讨各项成果的深化应用，并在《国土资源报》上刊发专题报道。

【行政案件】

年内，办理行政案件107件（被告为市国土局的93件、被告为区政府的13件、以区储备分中心为第三人的1件），其中行政诉讼案件75件（一审案件57件、二审案件18件），行政复议案件32件。针对败诉案件增多的形势，定期组织会商，邀请法律专家指导，开展专题培训，分析败诉原因，印发行政案件汇编，提高全局工作人员依法行政意识。

【信访工作】

健全"接访、下访、约访"制度，坚持领导包案制度。规范信访办理流程，严格落实登记备案、定期催办、重大信访件和群体访事件集体讨论等规定。完善信访件办理系统，提升工作效率和质量。全年接待来访群众96批次162人次，接收处理局长信箱47件次，区政府非紧急救助服务中心转办件119件次，市局各类转办件63件次，区政府转办件94件次。

【政府信息公开工作】

制定印发《政府信息公开工作实施意见》，修改示范答复文书，组织梳理依申请信息公开目录，修订《北京市国土资源局海淀分局政府信息公开工作手册》。全年共办理依申请公开490件（含区政府转办77件、市国土局转办18件），其中同意公开274件，信息不存在143件，非本机关12件，撤销申请24件，非政府信息5件，补正28件，主动公开1件，不重复答复3件。

【人大建议和政协提案办理工作】

年内，办理市区人大建议、政协提案件13件，其中承办市级人大建议1件、区级人大建议9件、区级政协提案1件，协办人大建议和政协提案各1件。所有建议和提案均按期办结，并提交办理报告。

【调研课题】

荣获海淀区2014年度调研工作先进单位，《创新“三山五园”历史文化景区土地生态整治实施机制研究》被评为二等奖。承担区级调研课题3篇，市局调研课题1篇。参加市局调研课题竞投3篇，其中《进一步加强和改进海淀区国土信息公开工作的研究报告》在同类竞投调研课题中获得专家一致好评。

【大事记】

1月7日，海淀分局新一届机关党委召开第一次全体会议。梁桂明同志当选为机关党委书记，王晋龙同志当选为机关党委专职副书记。

1月13日，中关村国家自主创新示范区核心区（CID）地标性建筑群中首宗商务用地在北京市土地市场以挂牌方式成交，由中关村发展集团股份有限公司和北京中关村软件园发展有限公司联合体竞得。

1月下旬，经市国土局审核并报国土部批准，海淀区通过2014年度地质灾害防治高标准“十有县”验收，成为全国第一批高标准“十有县”建设达标区县。

1月30日，海淀区政府召开2014年度海淀区政务服务窗口主题实践活动交流会，海淀分局受理中心获评“十佳群众满意窗口”。

2月9日，海淀分局和国土资源模范县（市）创建活动课题组、创新土地整治规划实施机制课题组一同参观了北京市十号线五路停车场上盖综合利用项目，并对项目节约集约模式进行深入探讨。

2月10日，海淀区综合行政服务中心召开工作总结会，海淀分局受理中心获评2014年度海淀区综合行政服务大厅“优质服务窗口”称号，刘洋同志被评为2014年度海淀区综合行政服务大厅“优秀岗位能手”。

2月16日，海淀分局召开2015年党风廉政建设工作部署会，总结了2014年党风廉政建设和反腐败工作，部署2015年工作。班子成员与分管部门签订了

2015 年度党风廉政建设责任书。

2 月 16 日，海淀分局机关党委书记梁桂明同志主持召开党员干部大会，部署 2015 年党建工作，并补选刘延彤同志为机关党委委员。

3 月 12 日，海淀分局梁桂明局长主持召开 2014 年度党员领导干部民主生活会，市国土局樊文祯副巡视员、驻市国土局纪检组监察处正处级纪检监察员房仕庭同志全程监督指导。梁桂明局长代表分局领导班子发言并提出了改进措施，班子成员逐个进行对照检查，认真开展了批评与自我批评。

3 月 20 日，海淀区土地储备分中心提前归还凤凰岭二期项目农业银行贷款及中关村创新园 3－2－173、3－2－166 地块农发行贷款，节省贷款利息 541.302296 万元。

3 月 20 日，市国土局对海淀区集体建设用地使用权颁证工作进行验收，现场检查了抽检的四季青镇集体建设用地使用权宗地。

4 月 1 日至 3 日，海淀区创新土地整治规划实施机制课题组开展系列调研活动。4 月 1 日，纪妍副局长主持召开南部中关村科学城土地整治功能单元划定研讨会，对南部低效用地调查情况进行了交流；

4 月 17 日，海淀分局会同海淀图书馆联合举办第 46 个的世界地球日宣传活动，向群众赠送科普图书 200 余本、宣传资料 500 余套，展示地球资源知识展板 30 个。

5 月 12 日，海淀分局在温泉郊野公园、香山公园等地举办 5.12 地质灾害防治宣传日活动，发放《北京市突发地质灾害宣传手册》800 余册，宣传单 1000 余张，小书签、环保袋等宣传礼物 2000 余份，地质灾害“临灾避险”五步法科普动画光盘 50 余套。

5 月 13 日，市国土局魏成林局长带队到海淀区门头重点村现场进行调研，现场踏勘门头重点村土地一级开发项目资金平衡用地及 A5 代拆地块，海淀区龚宗元副区长陪同。

5 月 19 日，市国土局魏成林局长参加了中共海淀区委工作会，海淀区委、区政府主要领导参加。会议重点研究了四季青镇门头村平衡资金用地、学院路北端、玲珑巷、党校西墙外、永丰（新）G、H、翠湖科技园 D21 等项目存在的问题和困难，并提出解决方案。

5 月 28 日，海淀分局承办“城六区土地储备工作研讨会”，市国土局师宏亚副局长参加。

5 月 29 日，市国土局周旭峰副巡视员一行到海淀区检查地质灾害防治工作，实地勘察了香山普安店地区地面塌陷隐患点，听取了海淀分局关于汛期防灾准备工作的汇报，并观看了宣传材料和警示牌设立情况。

6 月 2 日，海淀分局召开郎运波同志职务任命会，市国土局党组成员、总规划师丁晓出席。

6 月 4 日，海淀分局组织召开海淀区第一次设施农用地联席会，讨论通过了海淀区设施农用地备案流程，研究已批设施农业项目监管和执法检查工作，审议了上庄镇和东升镇上报的设施农业项目。

6 月 25 日，海淀分局在北京植物园、甘家口大厦和温泉公园组织开展“全国土地日”主题宣传活动，海淀区龚宗元副区长参加主会场活动。主会场展出宣传展板21块，发放各类宣传材料和宣传品8000余份。

7月1日，海淀区常务副区长穆鹏和副区长龚宗元主持召开海淀区不动产统一登记工作专题会，传达了北京市不动产登记工作联席会扩大会议精神，并部署海淀区不动产登记职责机构整合工作。

7月8日，海淀区龚宗元副区长主持召开海淀区打击违法用地违法建设大干50天夏季专项行动部署推进会，强调专项行动的工作重点，明确查处范围和工作安排。

7月中旬，海淀分局为北京市自来水集团有限责任公司承建的北京市自来水集团供水抢险中心项目办理了划拨决定书。项目用地面积12200平方米，建筑控制规模25940平方米。

8月6日，市政府办公厅督查室和市国土局执法总队到海淀区检查市政府督办的违法用地整改情况，对海淀区农田生态林补偿与违法用地挂钩的机制给予了充分肯定。

8月31日，海淀区龚宗元副区长主持召开海淀区第一次不动产登记联席会，明确了任务分工和下一步工作安排。

9月2日，海淀分局组织领导班子“三严三实”教育活动集中学习，传达中央和北京市委的有关指示精神，并对第二阶段的学习计划进行了部署。

9月下旬，海淀区首个高标准基本农田建设项目——上庄镇高标准基本农田建设项目全面竣工，并树立标识牌。

10月14日，海淀区政府组织召开高标准基本农田建设项目验收工作会。经内业审查和现场踏勘，上庄镇高标准基本农田建设项目通过验收。

10月27日，中关村环保科技示范园3－3－062地块在北京市土地市场以挂牌方式成交。

10月28日，北京市海淀区“海淀北部地区整体开发”HD－0303－0031地块B2商务用地（原环保园3－3－031地块）在北京市土地市场以挂牌方式成交。

11月2日，海淀分局召开海淀区土地批后监管课题专家研讨会，研究了《北京市海淀区人民政府建设用地批后监管办法》有关内容。国土资源部有关部门、市国土局相关处室和海淀区区政府法制办参加了会议。

11月6日，海淀区召开不动产登记事务中心成立暨工作动员大会，宣布党组成员、副局长武克非同志兼任不动产登记事务中心主任。当天开始实施不动产统一登记制度，并启用不动产登记簿证。

11月9日，海淀区不动产登记事务中心在上地办公区大厅颁发了海淀区第一本《不动产权证书》和第一本《不动产登记证明》。

11月上旬，国家土地督察北京局到海淀区调研和督察不动产统一登记工作进展情况，并针对海淀分局在不动产登记过程中遇到的问题给予了政策指导。

11月20日，海淀分局召开工会换届选举代表大会，许荔、王晋龙、郝建颖、梁登和刘庆新等5位同志当选新一届工会委员，王晋龙、胡贺、蒋永光等3位同志当选经审委员会委员。会后，两委分别召开了第一次全体会议，许荔同志当选工会委员会主席，王晋龙同志当选工会委员会副主席和经审委员会主任。

12月4日，海淀分局组织开展“12.4全国法制宣传日”活动，向全体员工发放了《宪法》、土地管理法律法规手册等宣传材料，并组织开展知识问卷评比。

12月21日，海淀区储备分中心提前归还了银行贷款8.81亿元，结构化融资本金33亿元，两项共计41.81亿元。因土地储备开发需要向银行及其他金融机构获取的贷款与结构化融资全部清偿完毕。

12月23日，北京市农村土地确权登记发证办公室召开全市农村集体建设用地确权登记发证工作验收会，海淀区区农村集体建设用地确权登记发证工作顺利通过市级验收。

12月30日，国土部国土资源节约集约模范县（市）创建活动评优考核组王守智司长一行莅临北京市检查创建工作开展情况，并对海淀区创建活动开展情况进行实地考核。市国土局丁晓总规划师、海淀区龚宗元副区长参加。

北京市国土资源局丰台分局

【土地资源概况】

丰台区位于北京市的西南部，坐标东经116°04′—116°28′，北纬39°46′—39°54′。东临朝阳区，北接东城区、西城区、海淀区和石景山区，西北为门头沟区，西南和东南为房山区和大兴区。辖区设21个街道办事处（乡、镇）。

丰台区辖区总面积30552.63公顷，地类数据详见表4-3。

表4-3　　2014年北京市丰台区土地利用现状汇总　　单位：公顷

土地调查面积	30552.63
耕地（01）	2138.88
园地（02）	759.02
林地（03）	4216.76
草地（04）	79.11
城镇村及工矿用地（20）	19201.67
交通运输用地（10）	2731.08
水域及水利设施用地（11）	1228.58
其他土地（12）	197.53

【机构设置】

北京市国土资源局丰台分局（简称丰台分局）内设办公室（财务科）、综合科、地籍科、耕地保护科、土地利用科、地质矿产科、政工科、纪检监察科8个职能科室，其中办公室加挂财务科牌子。下设不动产登记事务中心、土地利用事务中心、土地整理储备分中心、国土资源执法监察队、第一国土所、第二国土所、第三国土所7个事业单位。截至年底，全局编制内工作人员99名。其中处级干部7名，科级干部45名（含主任科员3名、副主任科员9名）；公务员28名，机关工勤4名；参照公务员管理事业单位人员13名；纳入规范管理事业单位人员9名，全额拨款事业单位工作人员44名。

丰台分局领导班子：

局长、党组副书记　　李文忠

副局长　　董志坚

副局长　杨　坤（女）
副局长　姜新焕（女）
纪检组长　石　莉（女）

【行政许可与服务事项】

年内，受理行政许可事项82件、服务事项1475件；办结行政许可事项80件、服务事项1363件。受理信息公开311件，完成答复288件；主动公开政府信息646件。档案查询982人次、出具证明及遗失补证13件、接收法院协助执行118件。

【土地利用总体规划】

年内，在新一轮丰台区土地利用总体规划实施过程中，坚持规划的严肃性与准确性，对土地利用总体规划进行动态维护或局部修改。年内对7个项目进行规划修改或动态维护工作，城乡建设用地机动指标新增21.56公顷，特殊用地、交通用地、水域用地机动指标增加2.15公顷，保证项目依法合规审批。

【建设项目用地预审】

年内，完成土地预审项目55件，总用地面积约450.9公顷，涉及农用地18.56公顷，其中耕地7.67公顷；建设用地423.27公顷，未利用地9.07公顷。其中居住用地18宗，储备开发用地6宗，交通运输用地11宗，公共管理与公共服务用地15宗，商服用地3宗，水域及水利设施用地2宗。

【土地征收与耕地保护】

年内，征地工作稳步有序开展，共完成长辛店棚户区A地块、西一区C地块等5个项目的征地结案工作，完成结案面积111公顷。共完成征（占）地13宗，审批用地面积295公顷。其中6个项目使用耕地27公顷，全部实现占补平衡。严格农转用审批程序，严格执行土地利用总体规划，分别与丰台区5个乡镇人民政府、1个办事处、2个国有农场及36个村委会签订了耕地保护目标管理责任书，确保全区2600公顷耕地保有量的实现。

完成“十二五”期间丰台区高标准基本农田建设项目139.2公顷（2088亩）；2个土地复垦项目开始进场施工，3个土地复垦项目申报立项，实现近15年来无新增耕地指标的“破冰”。

【划拨供应】

年内，区政府批准13个项目按划拨方式供应建设用地，总用地面积23.51公顷，其中建设用地面积19.80公顷，代征道路3.05公顷，代征绿化0.66公顷；办理划拨决定书20件，划拨宗地面积27.80公顷，建筑规模56.87万平方米。

【土地供应计划】

年内，编制完成《北京市丰台区2015年度国有建设用地供应计划建议方案》和项目表，2015年度共有55宗用地办理了供地手续，土地供应205.98公顷。

【市属国有企业用地调查】

年内，对辖区范围内的市属国有企业用地进行情况梳理，共涉及用地近800宗，并对其中60余宗重点企业用地进行了现场核实，涉及用地面积近800公顷，较全面掌握了区域内市属国有企业用地实际利用情况。

【保障性住房用地供应】

年内，编制完成《丰台区2015年度保障性安居工程用地供应计划》，累计实现保障房用供地约36.04公顷，完成比例为146%；规划建筑规模103.94万平方米，其中，定向安置房49.11万平方米、公租房17.26万平方米、限价房25.02万平方米、自住型商品房12.55万平方米。

【土地市场交易】

年内，累计实现经营性用地成交土地总面积约117.96公顷，其中：建设用地89.05公顷、代征地28.91公顷；规划建筑规模约256.58万平方米，成交价约623.65亿元，位居全市第一；实现政府土地收益约370.77亿元。按项目性质划分，丽泽、科技园区两个重点功能区成交土地面积约35.37公顷，约占成交土地总面积的30%；重点村成交土地面积约52.47公顷，约占成交土地总面积的44%；其他项目成交土地面积约30.12公顷，约占成交土地总面积的26%。

【土地储备开发】

年内，土地储备开发项目完成投资约100亿元，同比下降约16%；经营性用地成交土地面积约118公顷，规划建筑总规模约257万平方米，成交价约624亿元，实现土地一级开发成本回笼约253亿元，实现政府收益约371亿元。

【土地调查】

年内，前三季度土地变更调查涉及丰台区图斑348个，面积150.34公顷，耕地76.39公顷。经核查，一般性违法图斑61宗，面积16.93公顷，耕地8.59公顷，全部拆除整改到位。

国土部2015年度土地变更调查涉及丰台区图斑322个（对个别图斑拆分后330个），面积145.61公顷，耕地86.87公顷。其中违法用地图斑224个，面积75.26公顷，耕地44.12公顷。130个图斑已拆除清理到位，面积48.18公顷，耕地34.84公顷。5个图斑办理设施农用地手续，面积0.75公顷，耕地0.45公顷；26个图斑办理临时用地手续，面积11.52公顷，耕地8.01公顷。

【国土资源执法】

年内，卫片发现疑似违法用地图斑315宗，总面积236.70公顷，耕地面积91.78公顷。其中违法用地183宗，土地面积107.16公顷，耕地34.61公顷。在区政府领导下，各部门协调联动、密切配合，大力推进整改工作。通过整改，违法用地履职到位率达100%，整改查处到位率64.4%，问责比例下降到13.71%，顺利通过市级验收。

【农村集体土地使用权确权登记】

3月，市颁证办对“丰台区农村集体建设用地使用权确权登记颁证工作”进行检查验收，听取汇报并检查了登记、确权、调查三类档案及图件成果、数据库并实地核查测绘成果。市颁证办肯定了丰台区的工作成果，为集体建设用地盘活奠定了良好的基础，要将此次确权的结果充分运用起来，加强对农村集体土地常态化管理。12月完成市级农村集体建设用地使用权确权登记颁证工作验收工作。

【农村村庄地籍调查试点工作】

按照市、区颁证办关于农村村庄地籍调查试点工作方案及实施细则要求，全面完成长辛店大灰厂村农村村庄地籍调查试点工作，为下一步制订农村村庄登记颁证工作政策奠定了坚实的基础。共调查387宗地，322户，调查面积为12.83公顷。市颁证办对该项工作的外业调查、内业档案以及数据库建设进行了全面的检查。

【土地权属登记】

年内，办结国有土地使用权登记645件（大业主土地发证145件；小业主土地发证491件；国有土地证注销9件）；办结国有土地使用权抵押登记767件（其中国有土地使用权抵押登记404件、国有土地使用权抵押变更登记13件、国有土地使用权抵押注销登记350件）。

【矿产资源概况】

丰台区主要矿产包括地热、矿泉水、冶金用白云岩、制灰用灰岩、水泥配料用页岩。年内，没有新增矿产地和新查明重要矿产资源储量。开发利用的矿种有矿泉水资源及地热资源2种。已开发利用矿产地22处，其中矿泉水2处，地热20处。

【地热资源管理】

年内，积极开展地热资源和矿泉水资源开发利用管理工作，对全区地热开采情况进行调查和年检，区内共有地热井30眼，其中有20眼正在使用，7眼待用，3眼停用，1眼报废。

【地质灾害防治】

年内，与区气象局合作建立丰台区地质灾害气象预警预报机制，及时发布地质灾害应急预警2次，共计组织巡查检查8次，开展地质灾害应急调查4次，出动应急人员113人次，加强汛期预警值守，确保安全度汛。

【地矿管理工作】

加强矿产资源监督管理，对易发生偷挖盗采地区定期组织开展巡查和检查，共计开展巡查检查二十余次。

及时处理群众举报，第一时间组织地方乡镇政府到现场进行调查核实，及时排除是否属于非法开采矿产资源行为，共办理举报线索35起。

【出让土地批后监管工作】

年内，以市国土局出让土地批后监管系统为依托，严格按监测流程对出让土地开发利用情况进行调查，督促受让方依出让合同约定时限开、竣工，进一步加强动态巡查工作力度，强化源头管理，提高土地利用效率。全年共对109宗、447.32公顷出让土地开展了192次调查工作，已累计上传监管系统各类扫描件2434件。

【闲置土地查处工作】

建立丰台区闲置土地认定联席会议制度，年内，调查、清理11宗、40.05公顷涉嫌闲置出让土地，促进开工建设，避免土地闲置。

【不动产登记】

年内，全面完成不动产统一登记整合工作。按照市政府关于不动产整合要求，在区政府统一领导下，区编办、财政局、国土分局、房管局等7个部门积极配合，完成了整合工作，正式成立丰台区不动产登记事务中心，将正式向社会提供不动产统一登记服务。本年度办理不动产登记9万件，抵押登记2.8万件，抵押融资3400亿元。

【信访工作】

年内，丰台分局与市局信息中心合作开发分局OA办公系统，将信访、举报、咨询事项分别纳入分局日常办公流程。分局办公室新设信访接待大厅改善了信访接待环境；制定了《信访工作制度》、《信访稳定突发事件应急处理机制（预案）》，从信访工作制度执行、内部工作程序、领导干部接待以及突发事件的应急处理等做出全面工作要求。

全年信访总量408件/次，其中受理来信122件、接待来访205批次/722人次、网上信访81件次。完成市网上信访信息系统“百日会战”工作上级交办71件信访件及分局自收83件共154件信访件的录入、核查和信息补录工作；接受96005电子访130件；通过12336举报平台受理举报53件。对于群众的来信来访，分局积极了解群众诉求，坚持“四个方面”、“三不出手”的原则，引导群众多种途径解决问题、化解矛盾。

【大事记】

3月19日，市国土局副巡视员樊文祯带领市颁证办对“2014年丰台区农村集体建设用地使用权确权登记颁证工作”进行检查验收，听取汇报并检查了登记、确权、调查三类档案及图件成果、数据库并实地核查测绘成果。

3月26日，为落实市国土局部署的关于国家审计署对高尔夫球场整改工作要求，积极推进查处工作，丰台分局组织各乡镇、村及高尔夫球场占地主体召开了专题会。会议传达了国家审计署对高尔夫球场及练习场整改工作要求，对丰台区涉及的2个高尔夫球场和5个练习场查处工作进行了专题部署。

4月3日，中国园林博物馆完成征地结案工作。中国园林博物馆是园博会的重要场馆，该项目是市级重点工程，征收土地总面积6.48公顷。

4月20日，由丰台分局组织中国农业大学、中国地质大学的教授及区农委、区财政局、区水务局专家组成的专家组，对全区高标准基本农田建设项目的规划设计方案进行了评审。

4月22日，为落实市政府第73次常务会议精神及市国土局关于开展2014年度土地矿产卫片执法监督检查警示约谈和问责工作的要求，刘文洪副区长对丰台区2014年度卫片一般违法在全区排名前三的长辛店镇、花乡、王佐镇和2013年度卫片违法占用耕地比例超过15%的南苑乡主要领导进行警示约谈。

4月27日，丰台区丽泽金融商务区E01、05、06地块在北京市土地交易市场完成挂牌出让。

7月1日，经市、区土地登记部门、储备中心、国开行、华夏银行等多家单位共同研究、协作配合，顺利完成郭公庄一期储备地块的解押工作。

8 月 31 日，丰台区城乡一体化石榴庄村旧村改造项目（二期）在北京市土地交易市场完成挂牌出让。

9 月 18 日，由市国土局组织中国农业大学、中国水科院、农业部规划设计研究院、北京师范大学及国土资源部土地整治中心等专家组成专家组对长辛店镇大灰厂村、张郭庄村，王佐镇怪村土地复垦项目的规划设计方案进行了评审。

10 月 14 日上午，市审计局检查高标准基本农田建设项目的财政投资情况和施工建设情况。听取了丰台分局对丰台区王佐镇庄户村等五个村基本农田整理项目的汇报，查看了相关的财务票具及招标合同文本，详细询问招标和施工过程。并到高标准基本农田建设项目现场查看质量和进度。

10 月 30 日，丰台分局被首都精神文明建设委员会评选为“首都文明单位”。

10 月 30 日，丰台区城乡一体化槐房村、新宫村旧村改造项目第一期 A 组团地块在北京市土地交易市场完成挂牌出让。

11 月 2 日，完成了丰台区泰颐春养老中心项目的供地工作。

11 月 2 日，丰台区城乡一体化槐房村、新宫村旧村改造项目第一期 B 组团地块在北京市土地交易市场完成挂牌出让。

11 月 9 日下午，丰台区不动产登记事务中心颁发了丰台区第一本《不动产权证书》和第一本《不动产登记证明》，标志着丰台区不动产统一登记全面实施。

11 月 11 日，为进一步加大辖区内违法用地遏制工作，丰台区政府召集区监察局、区委组织部、区拆违办、区财政局、区规划分局、区国土分局等单位，研究制定《丰台区违法用地责任追究办法》，会议由刘宇副区长和吴继东副区长主持。

11 月 16 日，丰台分局组织区财政局、区水务局、区农委、分局财务以及社会专家等组成专家组，对《北京市丰台区王佐镇庄户村等五个村基本农田整理项目》进行验收并顺利通过。

北京市国土资源局石景山分局

【土地资源概况】

石景山区位于北京市西部，因永定河畔的石景山而得名。坐标为北纬 39°53′—39°59′，东经 116°07′—116°14′。东与海淀区相连，南与丰台区搭界，西与门头沟相邻，北与海淀区相邻。辖区设 9 个街道办事处（含鲁谷社区）。

石景山区辖区面积 8438.21 公顷，土地利用现状面积详见表 4－4。

表 4－4　2014 年北京市石景山区土地利用现状汇总　单位：公顷

项目	面积
土地调查面积	8438.21
耕地（01）	66.58
园地（02）	65.45
林地（03）	2362.83
草地（04）	6.94
城镇村及工矿用地（20）	5388.76
交通运输用地（10）	221.19
水域及水利设施用地（11）	309.89
其他土地（12）	16.57

【机构设置】

北京市国土资源局石景山分局（简称石景山分局）内设办公室、财务科、政工科、综合科、纪检监察科、土地利用科、地质矿产科、地籍科、土地利用中心 9 个职能科室。下设北京市土地整理储备中心石景山区分中心、北京市石景山区不动产登记事物中心、北京市石景山区国土资源执法监察队、北京市石景山区土地一级开发管理中心、北京市国土资源局石景山分局国土资源管理所 5 个事业单位。其中，北京市石景山区不动产登记事物中心为 2015 年新批准设立的副处级参公管理单位，编制 31 人。全局编制人数共 101 人，其中行政编制 27 人、事业编制 74 人。机关新招录 2 名工作人员，事业单位新招录 5 名工作人员，石景山区住房和建设委员会划转分局 20 人。全局在编在岗人员共 98 人。

石景山分局领导班子：

局长　　　　　　　　左小兵
党组书记、副局长　　霍　丽（女）
党组成员、副局长　　张　坚
党组成员、纪检组长　马桂兰（女）
党组成员、副局长　　唐于龙
党组成员、副局长　　尚宏瑛（女）

【土地利用总体规划】

年内，编制完成《石景山区“十三五”时期土地资源整合利用规划》、国有建设用地供应计划和保障性安居工程用地供应计划。年内，计划供应 13 个项目，供地总量为 51.20 公顷。

【建设项目用地预审】

年内，完成 22 个项目的建设项目用地预审审批工作，审批用地面积约 188.66 公顷。

【征地及农用地转用项目用地管理】

年内，完成区文化中心工程建设项目、古城创业大厦项目、黄庄职业高中改扩建项目、西黄村棚户区改造土地开发项目的前期征地初审工作，共征收集体土地 26.69 公顷（400.40 亩）。

【土地整理及耕地占补平衡】

年内，配合市国土局完成石景山区耕地质量等级评价、耕地后备资源调查等专项工作，提出石景山区耕地不适宜耕种、无耕地后备资源的结论并得到市国土局的认可。

【土地供应计划及实施】

年内，编制完成国有建设用地供应计划和保障性安居工程用地供应计划，2015 年，石景山区计划供应 13 个项目，供地总量为 51.20 公顷。完成土地供应项目 8 个，供地面积 15.02 公顷。

【保障性住房用地供应】

年内，完成保障性住房供地 8.14 公顷，建筑规模 17.07 万平方米，可建设限价商品房约 2300 套，公租房 100 套，基本完成保障性住房供地任务。

【土地市场交易】

年内，完成土地储备项目供地 3 个，分别为中关村科技园石景山园北 I 区 1605－648 地块、苹果园交通枢纽商务区 M、N 地块、首钢铸造厂南区限价房项目，供地 13.86 公顷，建设用地面积 11.59 公顷，总建筑规模 34.84 万平方米。总成交价 53.46 亿元，回收土地一级开发成本 21.61 亿元，实现政府收益 31.85 亿元。

【土地储备开发】

年内，编制完成《石景山区 2015 年度土地储备开发计划建议方案》，全区在施土地储备开发项目 26 个，无新增项目，总用地面积 605.66 公顷，其中建设用地 298.75 公顷。

【地籍管理】

年内，收集全区 2014 年度地籍管理数据，包括土地登记发证数量（国有土地使用权、集体土地所有权、集体建设用地使用权、宅基地使用权）、土地权属争议数量（已受理和已处理）、公开查询次数、持证上岗人数等，叠加汇总历史数据，完成《地籍管理工作进度表》。对2014年度地籍管理进度汇总统计工作进行全面总结，分析问题及总结经验，编写上报《2014年石景山区地籍管理进度汇总分析报告》，整理上报全区宅基地相关数据成果。

【不动产登记】

11月9日，北京市实施不动产统一登记制度并启用不动产登记簿证。副区长肖平于11月10日颁发了石景山区第一本《不动产权证书》。

9月25日，举行房屋登记中心划转人员交接仪式。原土地登记中心人员于11月24日正式受理房屋初始登记业务及房改房、转移登记、抵押登记等各类批量业务。截至年底，共完成单位批量业务30余批次，受理1249件，颁发不动产证书、证明830件。

【土地执法监察】

年内，积极开展季度卫片执法监察工作。经外业调查认定新增建设用地14块。合法用地图斑2块（PJ图斑），面积13亩；B类图斑3块（增补图斑），面积7.1亩（耕地）；W图斑9块，面积29.6亩，其中：公共公益类图斑8块，面积28.2亩；飞地图斑（30号）1块，面积1.4亩。

【信息化建设】

信息系统整合。年内，继续开展地籍、登记发证系统与综合监管平台系统整合工作。整合后的信息系统于2015年6月15日开始试运行，在全市国土系统较快地完成了地籍登记发证信息系统的整合工作，实现信息化建设“五统一”的要求。

不动产信息化建设。年内，依据《北京市国土资源局不动产登记信息平台建设工作意见》，按照市国土局要求做好建委登记中心信息化整合工作。深入调研建委登记中心信息化建设情况，形成建委登记中心信息化工作整合建议，为下一步网络改造及北京市不动产统一登记系统的运行做好前期准备工作。

【矿产资源概况】

目前石景山区域已探明的矿产资源有无烟煤、凝灰岩、陶粒岩、铸石辉绿岩、砂石、矿泉水、地热等矿产资源。

【地质勘查储量管理】

年内，完成矿产资源储量登记工作，办理建设用地是否压覆矿产资源核查工作。

【矿产资源开发管理】

年内，落实矿产资源补偿费征收，开展矿泉水企业原水的水质检测工作，开展矿泉水企业开发利用年检工作，办理有关矿泉水厂采矿权延续工作。对矿泉水企业资源数据进行统计，完成数据模块更新工作。加强矿产资源开发利用保护工作，规范地质矿产管理工作。

【地质灾害防治】

经专家评审，石景山区域共确定地质灾害隐患点24处，涉及金顶街、广宁、苹果园、五里坨4个街道，隐患点多为人工削坡违章建房形成人工边坡造成隐患。结合区域地质灾害防治特点，扎实做好2015年汛期地质灾害防治工作。汛期成立应急调查队伍，落实相关制度，完善分局年度地质灾害防治《方案》、应急《预案》，更新应急《通讯录》。与有关街道签订《责任书》，协调街道与群测群防员签订《责任书》，将隐患点监测落实到社区、责任人，把防灾贯穿到地质灾害防治工作全过程。

组织专家对5处治理完工的地灾隐患点完成了验收等相关工作，开展并完成了2015年、2016年地质灾害隐患点工程治理4个项目的前期勘察设计工作。截至年底已治理地灾隐患点13处，最大限度地降低和减少地质灾害给人类生命财产带来的损失。其他未治理的隐患点多为道路部门负责的道路中的地灾隐患点。

【信访工作】

严格落实信访代理制，积极推进依法信访，重点做好来访事项界定，抓好分转、督办、登记统计、资料整理等环节，规范信访程序，遵守回复时间节点。年内，受理信访事项总计42件，其中咨询12件，举报30件，信访总量同比下降21%，重复访和一信多访大幅减少。

【大事记】

3月5日，石景山区副区长司马红率队与市发改委沟通协调石景山区重点上市项目相关问题。

3月10日，石景山分局完成《石景山区“十二五”国土资源保护与开发利用规划评估报告》，为“十三五”规划编制奠定基础。

4月22日，石景山分局联合石景山区环保局、九三学社石景山区工委、石景山社区青年汇在石景山区雕塑公园门口共同举办第46个“地球日”宣传咨询活动。市国土局副巡视员郭创兴参加宣传。

6月25日，石景山分局开展第25个“全国土地日”宣传活动，宣传节约集约利用土地。

10月20日，石景山土地整理储备分中心顺利完成首笔地方政府债券置换银行贷款工作。

11月9—10日，石景山区不动产统一登记全面铺开，副区长肖平颁发首本不动产权证书。

11月16日，石景山分局召开党组织换届选举党员大会，产生新一届党组织委员。

11月23日，苹果园交通枢纽M、N地块商业金融用地现场竞价活动在北京市土地交易市场正式举行。北京市华远置业有限公司和北京上同致远房地产开发有限公司联合体以35.4亿元的成交价格竞得该项目的土地使用权。

12月22日，首钢铸造厂南区限价商品住房项目完成土地使用权出让，首钢房地产开发有限公司获得该项目国有土地使用权。

12月30日，北辛安棚户区改造A区项目投标、开标、评标工作在北京市土地交易市场正式举行。该项目共有3家投标单位，通过专家评标最终确定中海地产集团有限公司为中标人。

北京市国土资源局门头沟分局

【土地资源概况】

门头沟区位于北京市西部，坐标为北纬 39°48′—40°10′，东经 115°25′—116°10′。东临海淀区和石景山区，南接房山区和丰台区，西部及西北部与河北省的涞水县、涿鹿县以及怀来县接壤，北与昌平区为邻。辖区设 13 个街道办事处（镇）。

根据 2014 年度土地变更调查数据，全区土地总面积现为 1447.85 平方公里，土地利用现状面积详见表 4－5。

表 4－5　　2014 年北京市门头沟区土地利用现状汇总　　单位：公顷

土地调查面积	144785.16
耕地（01）	872.99
园地（02）	5180.15
林地（03）	100448.61
草地（04）	22980.74
城镇村及工矿用地（20）	8156.74
交通运输用地（10）	1467.42
水域及水利设施用地（11）	1457.35
其他土地（12）	4221.16

【机构设置】

北京市国土资源局门头沟分局（简称门头沟分局）下设 6 个职能科室，即：办公室（财务科）、综合科、地籍科、土地利用科（耕地保护科）、地质矿产科、政工科，此外纪检监察科单独设立。所属 8 个事业单位：北京市土地整理储备中心门头沟区分中心、北京市门头沟区国土资源执法监察队、北京市门头沟区不动产登记事务中心、北京市门头沟区土地利用事务中心及北京市国土资源局门头沟分局第一、第二、第三、第四 4 个国土资源管理所（办公地点分别设在永定、军庄、王平、斋堂）。编制 138 名，实有人数 129 名。

门头沟分局领导班子：

局长、党组副书记　　王桂忠

党组书记、副局长　　贾　骥
(5月任命，由市国土局利用处到分局)
党组成员、副局长　　金建伟
党组成员、纪检组长　杜钢钎
党组成员、副局长　　王晓明
党组成员、副局长　　华金玉
调研员　　　　　　　姜伯辉
副调研员　　　　　　李安生

【土地利用总体规划】

年内，完成建设项目规划动态维护14件，报市政府规划修改1件。

【建设项目用地预审】

年内，完成建设项目用地预审59件，面积427.48公顷。

【征地及农用地转用项目用地管理】

年内，完成集体土地征收前期工作1项，面积4.1286公顷；完成征地结案5项，面积118.8333公顷。

【土地整理及耕地占补平衡】

已验收土地整治项目3个，即：妙峰山镇上苇甸等二村土地整理项目、雁翅镇田庄村土地开发整理项目、斋堂镇火村等两个村土地整理项目。新增耕地批复的土地整治项目2个，即：清水镇黄安坨等二村土地开发项目、妙峰山镇上苇甸等二村土地整理项目，新增耕地共14.4581公顷(216.87亩)。

完成5个建设项目的耕地占补平衡，使用补充耕地储备库指标3.5746公顷(53.619亩)，收缴耕地开垦费80.4285万元。

【土地供应计划及实施】

年内，编制完成《2016年度土地供应计划》。2015年计划供应土地114.8628公顷，实际供应建设用地122.6022公顷，其中供应基础设施及公共设施用地98.9302公顷，商服用地6.5360公顷，商品住宅用地12.17公顷，保障性安居工程用地4.9660公顷。

【保障性住房用地供应】

年内，计划完成政策性住房供地指标2公顷，实际完成供地4.9660公顷，其中：完成定向安置房供地1.8076公顷，经济适用住房供地0.3956公顷，限价商品房供地0.57公顷，公租房供地2.1928公顷。

【土地市场交易】

年内，完成入市4宗地块交易，成交面积21.31公顷，规划建设规模65.63万平方米，成交金额135.06亿元，实现政府收益约95.63亿元。

【土地储备开发】

年内，实施土地一级开发项目16个，其中：市区联储及分中心为主体项目10个，企业为主体项目6个。完成土地储备开发投资32.07亿元。完成新增哻罗坨、秋坡、石佛村土地一级开发项目及三定三限安置房项目报批工作。

【设施农业项目】

年内，完成1件设施农业项目备案。

【多规合一试点工作】

门头沟区土地利用总体规划调整完善

暨“多规合一”试点工作方案获区政府批复，经市国土局、市规划委同意开展“两规合一”试点工作，启动“多规合一”试点工作各专题研究。

【地籍管理】

年内，集体建设用地使用权确权登记颁证成果通过市级验收。全区共有集体建设用地使用权726宗，符合发证条件的宗地487宗，符合只确权不发证条件的宗地100宗，已全部完成确权工作，确权率80.9%。完成了宅基地房屋普查及资料锁定补充完善工作。对全区29876宗宅基地进行了调查锁定，实现调查率100%，指界签字率83.9%。开展了农村村庄地籍调查试点工作。8月13日—11月24日，完成了试点村庄东马各庄村87宗宅基地的外业测绘和入户调查工作，调查率100%，签字完成27宗地，签字率31%。

办结各类土地登记214宗，其中，国有土地使用权初始登记46宗，涉及面积77.67公顷；国有土地使用权变更登记81宗，涉及面积82.99公顷；国有建设用地使用权土地注销登记22宗，涉及面积26.09公顷；补发国有土地使用证1宗，涉及面积0.55公顷；土地抵押权初始登记36宗，涉及面积206.34公顷，抵押金额174.10亿元，评估金额442.93亿元；土地抵押权变更登记1宗，涉及面积1.9公顷，抵押金额8亿元，评估金额23.28亿元；土地抵押权注销登记25宗，涉及面积86.01公顷，抵押金额44.22亿元，评估金额88.94亿元。

【不动产登记】

年内，按照市国土局的统一部署，分局积极推动不动产统一登记职能机构整合工作，明确机构整合阶段、实施阶段、培训测试阶段重点任务；明确人员划转原则，共涉及16人。顺利完成不动产统一登记职能机构整合工作，区不动产登记事务中心按时挂牌运行。期间共受理不动产登记1045件，颁发不动产权证书818本、不动产权证明202本。

【土地执法监察】

2014年度国土部土地卫片执法检查涉及门头沟区疑似变化图斑134宗，总面积1620.74亩（耕地107.9亩），其中：实地伪变化24宗；合法用地54宗；违法用地56宗。经查处，整改到位率为88.17%，履职到位率为100%。

【信息化建设】

明确门头沟分局网络安全和信息化工作领导小组及办公室职责；签订了2015年网络及信息安全责任书；积极落实国土部县级网站考评，对门户网站栏目进行整改，变更建立32个栏目；推进软件正版化工作，分局计算机系统、软件正版率达标；深化应用综合监管平台，实现了依申请政府信息公开网上办理。

【矿产资源概况】

门头沟区内矿产资源较为丰富，主要矿种包括煤炭、石灰石、叶腊石、砂石等。截至年底，门头沟区只保有固体矿山企业1家，矿泉水企业3家。

【地质勘查储量管理】

年内，定期与固体矿山图纸交换，指

导完成上年度储量动态监测工作。

【矿产资源开发管理】

年内，办理采矿权延续2个；对辖区7家矿山现场检查，未发现越界开采行为；完成上年度矿山年检，合格率100%；完成补偿费收缴106.26166万元；完成叶腊石矿的保证金返还75万元。完成了示范工程二期西达么、白道子、鲁矿等3个治理区项目与向阳口1个地灾治理项目竣工验收；完成了示范工程二期灵水项目复工80%工作量；开展了示范工程三期北村、北岭等2个治理区项目与雁翅镇1清空项目工程施工建设，完成投资3000万元；启动了示范工程三期石佛项目招标工作；开展了2015年度潭柘寺镇+清水镇、妙峰山镇等2个清空项目勘查设计。

【地质灾害防治】

经评估排查，确定涉户地质灾害隐患点163处；组织95名群测群防员参加了岗前培训；补竖警示牌30个；印发了区《2015年度突发性地质灾害防治方案》、《突发性地质灾害应急预案》和门头沟分局《汛期突发地质灾害应急预案》；认真执行汛期值班制度与地质灾害应急调查制度；结合“4.22地球日”和“5.12防灾减灾日”主题宣传活动，设展板30余块次、发放宣传材料1200余份。发放村级、户级明白卡88份、1286份；年内共启动预警响应5次，应急响应5起，未发生地质灾害人员伤亡事故。7月8日，区长办公会研究通过了《门头沟区地质灾害防治规划（2015—2020年）》。完成了地灾治理项目5个：2015年度雁翅镇河南台付家台、田庄+山神庙村、王平镇河北新村3个地灾项目预算审核，2016年度清水镇黄塔村、潭柘寺镇草甸清水村2个项目勘查设计。

【财务内控建设】

编制印发《北京市国土资源局门头沟分局服务机构库管理暂行办法》、《北京市国土资源局门头沟分局合同管理办法》；开展《财务制度汇编》修订工作。

【信访工作】

年内，共接到群众反映事项117项，全部办结。

【调研课题】

年内，完成“门头沟区建设用地盘活利用调查”“关于政府工程未批先建手续补办工作的相关建议”“政府发债融资背景下土地储备工作方向研究”等调研报告。

【大事记】

2月3日，门头沟区委书记韩子荣主持召开2015年度门头沟区土地入市工作调度会，听取门头沟分局2015年门头沟区土地入市工作存在问题及相关建议。门头沟区委、区政府相关领导张贵林、付兆庚、陈国才、郑伟革、陈卫东参加会议。

5月4日，门头沟区政府组织召开门头沟区土地利用总体规划调整完善暨“多规合一”试点工作方案汇报会，门头沟区长张贵林、常务副区长陈国才、副区长陈卫东、副区长张永等领导出席会议，听取门头沟区土规调整完善暨“多规合一”试点工作方案。

6月19日，门头沟区委副书记、区长张贵林，区委常委、常务副区长陈国才，区委常委、副区长张永，区政协副主席高连发等区领导听取门头沟分局关于城市周边永久基本农田划定初步任务核实举证工作情况报告。

8月10日，门头沟区区委书记韩子荣到门头沟分局调研，听取了门头沟分局关于新城地区土地规划实施的情况报告。区委常委常务副区长陈国才、区委常委副区长郑伟革陪同。

8月17日，市国土局副巡视员周旭峰和副总规划师陈一昕检查北京谭龙鑫磊叶蜡石矿安全生产工作。听取了企业负责人安全生产情况汇报，查看安全生产工作预案、方案和培训等各项记录，检查企业生产设施、设备。

10月22日，国家土地督察北京局牛珏专员、董毓敏主任一行赴门头沟区就土地保护、管理和利用开展督察工作，门头沟区区委常委、常务副区长陈国才主持会议。会上，门头沟分局汇报了区不动产统一登记机构整合、闲置及批而未供土地整改、土地审计问题整改、土地整治项目进展、国土部全天候遥感监测数据查核处理、制度机制建设等方面情况。市国土局副总规划师王兵参加会议。

11月6日，门头沟区区委书记韩子荣、区长张贵林带队到S1线区域组团土地储备项目现场对市政建设情况进行调研，就门头沟区已完成入市及拟入市地块的基本情况与问题，提出工作要求。

11月9日，门头沟区不动产登记事务中心举行揭牌仪式。门头沟区委常委、常务副区长陈国才为中心揭牌。同日，颁发了第一本不动产登记证书。

北京市国土资源局房山分局

【土地资源概况】

房山区位于北京市西南部，坐标为北纬 39°30′—39°55′，东经 115°25′—116°15′。东北与丰台区相邻，东与大兴区以一水相隔，南和西面与河北省涿州市、涞水县相连，北与门头沟区以百花山为界。辖区设28个街道办事处（乡、镇）。

房山区辖区总面积199472.67公顷，地类数据详见表4－6。

表4－6　2014年北京市房山区土地利用现状汇总　单位：公顷

土地调查面积	199472.67
耕地（01）	25004.15
园地（02）	15708.77
林地（03）	60614.73
草地（04）	45547.54
城镇村及工矿用地（20）	31002.59
交通运输用地（10）	5165.65
水域及水利设施用地（11）	6992.81
其他土地（12）	9436.43

【机构设置】

北京市国土资源局房山分局（简称房山分局）内设办公室、综合科、地籍科、耕地保护科、土地利用科、地质矿产科、财务科、政工科、纪检监察科9个行政科室。下设不动产登记事务中心、执法监察队、土地整理储备中心、土地利用事务中心、6个国土所等10个事业单位。正式在编人员176名。

2个内设机构是：法制科、信访室

房山分局领导班子：

党组副书记、局长　于英虎
党组书记、副局长　周同伟
党组副书记、纪检组长　李泽田
党组成员、副局长　周振国
党组成员、副局长　鲁永来
党组成员、副局长　石广欣（女）

党组成员、副局长　　王慧文

【土地利用总体规划】

年内，依法依规开展土地利用总体规划调整工作，完成动态维护项目9个，规划修改1个，同时结合京津冀协同发展规划纲要，紧密衔接城市总体规划修改，稳妥推进房山区土地利用总体规划调整完善工作。

【建设项目用地预审】

年内，共受理建设项目用地预审955件，其中土地预审64件，总用地规模614.08公顷，政府信息公开424件，土地登记174件，土地抵押及注销190件，农业设施出图4件，压矿核查26件，地灾评估11件，土地划拨17件，其他用地手续45件。

【征地及农用地转用项目用地管理】

年内，共受理征占地项目7宗，用地面积75.16公顷，其中新增建设用地面积59.36公顷，农用地转用58.95公顷，耕地转用45.96公顷，农转非安置人员257人。受理划拨项目16宗，涉及供地面积29.96公顷。受理出让项目2宗，涉及供地面积3.77公顷，政府收益531.95万元，总地价金额4472万元。办理征地结案7宗，用地面积为122.50公顷。60032.49万元征地补偿安置费用全部监管到帐。

【土地整理及耕地占补平衡】

年内，房山分局共有在施各类土地开发整理项目28个，其中市级项目11个，区级项目17个。建设总规模7468.73公顷（112031亩），预算投资42501万元，预计新增耕地117.33公顷（1760亩）。年内，共完成18个项目（约112.67公顷）的耕地占补平衡工作。

完成高标准基本农田建设任务。年内，共计完成高标准基本农田建设4880公顷（7.32万亩），圆满完成了“十二五期间”市政府下达给房山区的15万亩高标准基本农田建设任务。

【土地供应计划及实施】

房山区2015年市级供地指标为130公顷，完成供地140公顷，完成计划的108%。

【保障性住房用地供应】

年内，完成保障房供地12公顷，完成计划的100%，定向安置房投资5.58亿元。

【土地市场交易】

年内，完成供地140公顷，实现政府土地收入123亿元，政府收益60亿元。

【土地储备开发】

全年，共完成土地储备投资20亿元，完成土地储备开发82公顷。

【地籍管理】

4月1日，市颁证办对房山区农村集体建设用地使用权确权发证工作进行检查验收，检查组检查了内业档案资料、调查技术保障、数据库建设等情况。工作成果通过了市颁证办的检查验收。房山区共有集体建设用地使用权6380宗，面积6279.38公顷。完成确权登记发证327

宗，登记发证面积89.35公顷，符合确权条件2114宗地，面积2097.78公顷；不符合确权宗地3860宗，面积3967.26公顷。

农村村庄地籍调查试点工作顺利完成。房山区农村村庄地籍调查试点工作范围确定为大石窝镇独树村，独树村村域面积200万平方米，现居住人口737人，232户。本次调查共设立390宗地，面积148245.57平方米。其中宅基地使用权宗地293宗地，面积86679.95平方米；其他类型宗地3宗，面积177.85平方米；村集体建设用地使用权宗地94宗，面积61387.77平方米。截至年底试点工作顺利完成。2016年初已通过市颁证办检查验收。

开展2015年度土地变更调查。截至年底，配合技术单位完成全区所有土地变更调查数据的外业核查工作，并与市国土局完成了初步对接。房山区2015年土地利用现状变更调查与遥感监测图斑共1074个，面积为9116.5亩，占耕地2685.3亩，占基本农田为833.2。经与市国土局最终对接，结果如下：维持原地类图斑共401个，其中市国土局直接维持的69个；提供推填土证明维持的42个；上农调认定表维持的7个；提供耕保证明维持的94个；上拆除表维持的189个。设施农用地图斑共146个，其中有备案手续的61个；实地种养殖的85个。新增坑塘水面和农村道路图斑共22个，其中新增坑塘水面4个；新增农村道路18个。新增建设用地图斑共505个，其中有合法手续的57个；六类图斑未通过的129个；新增建设用地319个。

【不动产登记】

完成对土地、房屋、林权等登记部门的职能、机构、资产、人员以及办公系统整合工作，房山区不动产登记事务中心于2015年9月28日正式成立，11月9日正式颁发不动产登记证书，自此房山区不动产登记机构全部整合完毕，正式为社会提供不动产登记服务。

权属登记中心在不动产登记整合前共办理土地登记275件，房屋登记43156件，整合后办理不动产权证14897件；完成日常发证地籍调查工作124宗；完成政府信息公开135件。

【土地执法监察】

通过2014年度国土部卫片验收。6月12日，市国土局检查组到房山区对2014年年度卫片进行验收，最终依法履职到位率100%，整改查处到位率75.6%，以违法占用耕地和问责比例分别为71.8%和7.2%的成绩通过市局验收。2014年度卫片工作中，房山区共计拆除违法图斑413块，拆除面积1099.6亩，退还耕地586.2亩。

逐步转变暂缓拨付工作的被动局面。一季度暂缓拨付工作中，房山分局充分总结2014年经验教训，“早动手、早整改、早验收”。房山区第一家拿到数据、第一家就工作如何开展进行部署、第一家组织拆除整改、第一家向市局上报数据、第一家邀请市局实地验收、第一家拿到市局反馈数据。“六个第一”使房山区在全市其它区县还在做数据分析的时候，就已经进入组织拆除整改阶段。最终房山区一季度全部清零，顺利通过验收。2015 年 10 月 29 日二季度验收工作也已结束，房山区已全部清零。三季度暂缓拨付由初始剩余项目 79 宗，占地面积 731.8 亩，耕地面积 449.1 亩，消减为目前剩余项目 7 宗，占地面积 28.9 亩，耕地 9.8 亩。

顺利完成 2013 年度、2014 年前三季度整改工作。2015 年 8 月 11 日，市政府督查室带队对市政府 73 次常务会部署整改的违法用地到房山区开展专项督查。房山区共计 24 宗项目接受了督查组的验收检查，截至目前，房山区已全部完成整改工作，共计拆除 14 宗，拆除面积 83.1 亩，处罚 6 宗，占地面积 44.1 亩，退还耕地 6.1 亩。

做好土地违法案件查处工作。2015 年共下达行政处罚决定书 150 宗，占地面积 14520.7 亩，拆除构筑物 392.99 万平方米，没收建筑面积 113.53 万平方米，退还土地 14092.7 亩，处罚金额 10745.45 万元（实际缴款 3644.07 万元）。

【信息化建设】

年内，通过日常运维，房山分局互联网、政务内外网、金财网运行稳定、监管平台、一张图、地籍信息管理系统、公务员考核系统整体安全稳定运行；完成国务院办公厅政府网站考核工作，房山分局外网信息发布逾一千条；完成不动产登记系统的搭建工作；完成房山区国土资源管理数据整理及关联服务工作；完成国土所网络改造项目；增设网络端口 23 个，优化了房山分局网络环境；推广移动办公终端，设备保有量 43 台，移动办公终端的推广和应用，提升了国土资源管理的效率和质量。

【矿产资源概况】

房山区已发现矿产资源种类 20 余种，尤其是以煤炭、建材为主的非金属矿产分布，储量大、品种多，质量好，是房山区有特色的优势矿产。截至年底，区现有煤矿 2 家（长沟峪煤矿、大安山煤矿），属于市属国企，由市国土局直接监管，房山分局只负责年检初审等工作；非煤固体矿山 6 家，矿泉水 1 家。

【矿产资源开发管理】

年内，加强采矿权监管。按时完成矿产资源开发利用统计年报工作，圆满完成 2014 年度矿产资源开发利用年检工作，2014 年度矿产资源开发利用年检全区应检矿山 9 个，实检矿山 9 个，年检合格率 100%；坚持按季度征缴矿产资源补偿费，并及时填报矿产资源补偿费直报系统；督促各采矿权及时缴纳矿山生态环境恢复保证金，并积极实施矿山生态环境恢复治理工作；加强实地检查巡查力度，督促各矿严格按照矿山《矿产资源开发利用方案》科学、有序开采；多次下发通知部署、定期不定期检查相结合，切实加强矿山安全生产管理工作。

坚持依法行政，严格矿山执法。2015 年间立案查处越界开采、无证开采违法案件 7 起，已结案 7 起；配合公安机关查处非法采矿案件，申请市局出具矿产资源破坏价值鉴定结论 2 份。

认真组织开展 2014 年度矿产卫片执法监督检查工作。房山区 2014 年度矿产卫片疑似违法图斑 55 个。根据核查，其中1个图斑权属属于河北省，1个图斑属于军事项目造成图斑变化，合法图斑6个，伪变化图斑26个，违法图斑21个。

【地质环境管理】

顺利推进北京市西部山区百花山地区废弃煤矿矿山地质环境治理示范工程建设。该项目是一个三年治理计划，2012年度治理工程是该计划的第一年。2012年度治理工程，国家拨付资金5994.4万元，分布在史家营、大石窝、长沟3个乡镇共4个治理区，治理区总面积2943亩，2015年全部通过竣工验收。2013年度示范工程项目，共获得中央财政补助资金5195万元，治理区面积约3100亩，共六个治理区，2015年，河北、南窖、大安山三个治理区已通过竣工验收，史家营椴树港、霞云岭、大石窝后石门三个治理区正准备逐步组织验收。2014、2015年度示范工程项目已落地，争取国拨资金约6347万元，共5个治理区，治理面积约3900亩，史家营秋林铺、大安山龙头沟、城关迎风坡三个治理区已开工建设，周口店穆岩寺和霞云岭下石堡治理区已进入招标阶段。

顺利推进市政府2013至2018年度清洁空气计划工作。北京市清洁空气行动计划项目是北京市大气污染综合治理领导小组办公室下达的一个跨年度的计划项目，主要工作任务是恢复矿区植被、植树造林，时间跨度为2013至2018年。房山区计划在大石窝、青龙湖等14个乡镇229个矿区展开工作，计划争取项目资金约11亿元。2014年度清洁空气计划7个治理区已全部开工建设，治理资金4300万元，治理面积2062亩。2015年度清洁空气计划53个治理区正逐步进行开工建设，治理资金2.1亿元，治理面积19000亩。2016至2018年度总体修复计划已上报市国土局。

【地质灾害防治】

完善地灾防治相关基础性工作。制定《房山区2015年度地质灾害防治工作方案》，完善了地质灾害速报机制，做到地质灾害隐患早发现、早报告、早处理。2015年5月底与各乡镇政府签订了《2015年度汛期地质灾害防治工作责任书》，并与群测群防员签订了四方协议，严格落实责任到人。及时更新各类信息台帐。

积极开展巡查、排查工作，完成对重点部位的隐患排查。于汛前完成14个乡镇中的200余个重点隐患点进行了详细排查。入汛后，严格落实汛期“三查”制度及24小时值班制度，特别是在7月16日至19日暴雨期间，密切关注雨情，部分乡镇及时转移群众，确保了群众生命安全。分局对群众反映的各类险情第一时间赶赴现场核查，分局及国土所与应急调查队一道共开展巡查排查60多处，编写地质灾害应急调查报告4份，排查报告2份。查明新增隐患点3处。其中威胁居民的1处，威胁村级道路的2处。

及时发布预警，保障群众安全。年内，共发布地质灾害气象风险预警7次，其中黄色预警3次，蓝色预警4次，均在上述两场大雨期间发布。分别为7月16日、17日、18日、19日（两次）及27日（两次），及时有效地提醒人民群众避险、转移。

积极开展宣传、培训、演练工作。年内，以“4.22 世界地球日”、“5.12 防灾减灾日”等重要宣传日为契机，广泛开展地质灾害防治科普宣传活动。举办了北京市地质灾害应急演练和房山区地质灾害应急演练。分别在房山区霞云岭乡下石堡村和十渡镇五合村举行了地质灾害应急演练。演练锻炼了队伍，增强了群众的应急逃生自救能力，为真正发生灾害后的应急行动提供经验保证，演练取得了较好效果。并通过演练把预案提高到一个新的高度。

积极推进治理项目的实施。年内，正式启动 2015 至 2019 年度地质灾害治理计划，完成 20 处地质灾害隐患点的勘查设计工作，涉及 9 个乡镇。

【信访工作】

全年，房山分局受理群众来信、来访、网上诉求共 341 件，其中分局自收的共 168 件，市信访办、市国土局、房山区信访办、市长信箱、国家信访局转送的共 173 件；受理局长信箱来信共 109 件；房山分局受理答复信访举报事项共 450 件。房山分局接待群众来访 61 批次，来访 191 人次；集体访 6 批次，来访 48 人次。

【大事记】

1 月 16 日至 17 日，市国土局组织召开全市土地储备工作经验交流研讨会，此次会议由房山分局承办，市储备中心、全市各区县分局主管副局长、储备分中心主任及相关负责人参会，市国土局副局长师宏亚、市储备中心副主任周同伟，房山区区长曾赞荣、副区长吴会杰参加会议。

1 月 18 日，房山区召开治理违法占地工作紧急会。会议通报了国土部 2014 年年度变更调查的新政策、新要求，房山区 2014 年度变更调查情况以及 2014 年度变更调查新增疑似违法汇总情况。

3 月 11 日，房山区区委副书记、区长曾赞荣主持召开区政府常务会，3 月 17 日区委书记刘伟主持召开区委常委会，审议通过了《房山区关于违法用地违法建设责任追究的意见》。

3 月 24 日，北京市西部山区百花山地区废弃煤矿矿山地质环境治理示范工程霞云岭治理区举行开工仪式。霞云岭治理区位于房山区霞云岭乡堂上村，治理区总面积共 1640.26 亩，国拨资金 1572.06 万元。通过治理，可恢复可利用的林地 1465.22 亩，建设用地 32.99 亩。

4 月 24 日，为纪念第 46 个“世界地球日”，房山分局联合世界地质公园管理处、区水务局、长沟镇政府共同在长沟地质公园博物馆举办“走进地质博物馆暨第 46 个地球日”主题宣传活动。局党组副书记李泽田出席活动，市国土局地环处领导也参加了此次宣传活动，现场参与活动的是来自北京市门头沟区西辛房中学的约 400 名师生。

4 月 17 日，佛子庄乡敖峪沟泥石流治理项目顺利开工。该项目总预算金额为 252.09 万元，项目由市地质研究所设计完成，建设监理中标单位为市水文地质工程地质大队，施工中标单位为北京路桥瑞通养护中心有限公司。

5 月 21 日、22 日，房山分局组织召开为期两天的“2015 年房山区地质灾害防治工作培训会”，聘请地质专家和气象专家为涉及地质灾害防治的相关委办局、14 个乡镇主管领导、科长、相关工作人员及群测群防员开展业务培训，共 260 余人参加了培训活动。

6 月 2 日，房山分局组织在霞云岭乡下石堡村开展了市国土局地质灾害防汛应急演练，副区长卢国懿出席演练活动。

6 月 25 日，房山分局及各国土所采取主题日宣传和宣传周巡展形式，由法制科为牵头组织科室，以各国土所为宣传主体，全局各科室参与。宣传日当天，全区共展出了展板 60 多块，横幅 60 条，发放宣传品约 2 万件，宣传材料 1 万 5 千余份。

7 月 15 日，房山分局牵头组织开展阎村镇、琉璃河镇等两个高标准基本农田建设项目评审工作。两个项目建设总规模 3 万余亩，总投资 6230 万元。

8 月 10 日上午，市国土局执法总队代表市政府联合检查组（市政府督查室、市监察局、市国土局组成）对房山区 2013 年度、2014 前三季度卫片中一般违法用地尚未整改项目的整改工作进行验收。

10 月 9 日，房山区整规办联合区委政法委带领区打击非法开采小分队在青龙湖镇晓幼营村发现 2 处非法开采点，现场销毁空压机 2 台，没收非法开采工具若干。

11 月 9 日上午 10 时，前来房山区不动产登记事务中心办理房屋登记业务的刘女士从于英虎局长手中接过房山区首本《不动产产权证书》，标志着房山区不动产统一登记工作已全面展开，正式向社会提供不动产登记服务。

北京市国土资源局通州分局

【土地资源概况】

通州区位于北京市东南部，北纬39°36′至40°02′，东经116°32′至116°54′，地处京杭大运河起点。西邻朝阳区、大兴区；北与顺义区接壤；东隔潮白河与河北省三河市、大厂回族自治县、香河县相连；南和天津市武清县、河北省廊坊市交界。

通州区辖10个镇、1个民族乡，475个行政村，4个街道办事处，110个社区居委会。

通州区辖区面积90579.21公顷，土地利用现状面积详见表4－7。

表4－7　　2014年北京市通州区土地利用现状汇总　　单位：公顷

土地调查面积	90579.21
耕地（01）	33570.48
园地（02）	3473.88
林地（03）	7840.77
草地（04）	120.40
城镇村及工矿用地（20）	30139.35
交通运输用地（10）	4812.35
水域及水利设施用地（11）	8603.91
其他土地（12）	2018.07

【机构设置】

北京市国土资源局通州分局（简称通州分局）内设办公室、综合科、地籍科、耕地保护科、土地利用科、财务科、政工科、纪检监察科8个科室，机关行政编制31名；其中局党组书记兼副局长1人，局长兼党组副书记1人，副局长4人；科级领导职数8正3副。机关工勤编制4名（实有人数3人）。下设北京市通州区不动产登记事务中心、北京市通州区土地利用事务中心、北京市土地整理储备中心通州区分中心、北京市通州区国土资源执法监察队、北京市国土资源局通州分局第一、二、三、四国土资源管理所等8个事业单位，编制104名，实有人数94人。

通州分局领导班子：

局长兼党组副书记　　靳　京
党组书记兼副局长　　康振宇
副局长　　张士祥
副局长　　王满屯
副局长　　王　玥（女）
副局长　　张洪兴

【土地利用总体规划】

年内，完成文化旅游区等9个项目规划动态维护工作，项目总用地面积312.95公顷，使用区级城乡建设用地机动指标38.33公顷，特殊用地、交通用地、水域及水利设施用地机动指标14.70公顷，同时收回规划城乡建设用地机动指标52.09公顷，特殊用地、交通用地、水域及水利设施用地机动指标2.33公顷。

首次对2个土地复垦项目进行土地规划动态维护工作，通过动态维护共收回规划城乡建设用地指标50.83公顷，占目前区级城乡建设用地机动指标约五分之一，缓解全区城乡建设用地指标的压力。

开展通州区土地利用总体规划调整完善工作。完成土地规划实施评估的调研，收集本局历年征供地、执法监察、土地储备、土地整理等资料数据，与区发改、规划、农委等部门进行调研，收集未来5年拟实施建设的市政基础设施、公共公益项目等重点项目清单，在此基础上完成了规划实施评估初稿的编制和征求意见工作，报区政府待批。

完成城市周边永久基本农田划定核实举证工作，涉及7个乡镇、3205个图斑，基本农田3226.61公顷。

完成通州区城乡建设用地实施与潜力研究审议稿的编制工作。该项研究以通州区人口、经济发展和土地利用现状为切入点，分析城乡建设用地增长趋势和特点，研究潜力，预测需求，提出今后城乡建设用地发展空间、时序和规模的建议，并探索相关管理办法，截至年底已完成审议稿的编制，报通州区政府待批。

【建设项目用地预审】

年内，共办理建设项目用地预审107件，总用地面积2028.19公顷，其中：农用地991.32公顷，建设用地977.55公顷，未利用地59.32公顷。以上项目中基础设施类47个、272.40公顷，土地一级开发类11个、340.25公顷，棚户区改造27个、1197.68公顷，商业、居住类18个、191.33公顷，科教文卫类3个、22.73公顷，工业类1个、3.8公顷。

【征地及农用地转用项目用地管理】

年内，办理征收土地项目14个，征地面积136.56公顷，农转非1094人，转非劳动力614人，超转372人。年内2个征收土地项目获得市政府批复，总面积8.42公顷（包括农用地5.83公顷），其中商住类项目1个，面积0.76公顷，基础设施类项目1个，面积7.66公顷，农转非10人，转非劳动力4人，超转4人。另有4个农转用项目（宅基地）获得市政府批复，面积2.03公顷。

【土地整理及耕地占补平衡】

年内，台湖镇垛子村等6个村土地复垦项目通过验收，建设总规模74.67公顷，新增耕地面积74.46公顷，总投资2892.92万元。

为北京市国际种业科技园区建设项目提供了占补平衡指标，补充耕地面积3.96公顷。

【土地供应计划及实施】

国有建设用地计划供应总指标276公顷。实际供应土地8宗，面积91.21公顷，完成计划指标的33.05%。其中，工矿仓储用地2宗，面积25.81公顷，完成该项计划的43.75%；商服及商品住宅用地3宗，面积45.28公顷，完成该项计划的62.89%；各类政策性住房项目用地3宗，面积20.12公顷，完成该项计划的32.45%。

年内，办理国有建设用地使用权划拨项目11宗，总面积23.711公顷。

【保障性住房用地供应】

年内，完成各类保障房项目供地6宗，用地面积62.6公顷。其中，公租房20公顷，限价房14.6公顷，定向安置房28公顷（不含计划外供地项目）。

【土地市场交易】

年内，通过土地市场供应土地8宗，总用地面积91.21公顷，建设用地67.42公顷，建筑规模162.45万平方米，成交总额117.05亿元，政府土地收益85.95亿元。其中：经营性用地6宗，总用地面积65.4公顷，建设用地44.05公顷，建筑规模127.39万平方米，成交总额113.35亿元，政府土地收益85.23亿元（其中，住宅用地3宗，总用地面积20.12公顷，建设用地18.35公顷，建筑规模40.02万平方米，成交总额32.15亿元，政府土地收益19.66亿元）；工业项目2宗，总用地面积25.81公顷，建设用地23.37公顷，建筑规模35.06万平方米，成交总额3.7亿元，政府土地收益0.72亿元。

【土地储备开发】

年内，土地储备开发在施项目48个，总占地面积约3766公顷，其中，联储项目3个，用地面积约2586.71公顷，包括3号地、环渤海高端总部基地、文化旅游区项目；以分局储备中心为主体项目30个，用地面积约673.35公顷；社会企业为主体项目15个，用地面积约505.95公顷。

【地籍管理】

年内，办理权属审核198件，面积818.03公顷。其中办理文化旅游区，宋庄文化集聚区，两站一街等征地上市项目的权属审核74件，面积816.07公顷；宅基地权属审核124件，面积1.96公顷。

调解潞城召里村、胡各庄村、堡辛村三村对胡各庄小学权属争议和潞城镇前北营村、宋庄镇师姑庄村之间权属界线争议。

7月，开展漷县镇苏庄村宅基地试点调查外业工作，历时一个月。共调查261户，223宗建设用地，其中：宅基地182宗，集体建设用地41宗，完成调查216宗（7宗宅基地由于户主不配合，未完成调查工作）；调查面积共15.6公顷，其中宅基地5.32公顷，集体建设用地10.28

公顷；216 宗建设用地已完成测绘、出图、填表、指界和数据入库工作。

12 月，国土部下发通州区 2015 年度土地变更调查监测图斑 826 块，实际变化拆分图斑 833 块，总面积 351.5 公顷。根据各乡镇监测图斑量，主管地籍及执法监察的副局长召开专题会议，由登记中心牵头，提供技术支持，国土所按照分管的乡镇，成立调查小组，逐块图斑进行核实，根据拍照的影像资料，主管局领导、权属登记中心、执法队、土地管理所人员共同研判是否为新增建设用地。调查核实显示的初步数据是：监测新增图斑共 588 块，面积 225.28 公顷，其中：占耕地面积 103.27 公顷，占基本农田面积 48.88 公顷；伪变化图斑 245 块，总面积 126.25 公顷。

【不动产登记】

年内，共办理各类房屋登记业务 77019 件（11 月 9 日至年底共办理房屋登记业务 11144 件），登记金额 1985.01 亿元（11 月 9 日至年底登记金额 181.3 亿元）、登记面积 1863.5 万平米（11 月 9 日至年底登记面积 238.31 万平米）、收取登记费 892.94 万元（11 月 9 日至年底收取登记费 124.96 万元），收取 1% 土地出让金 588.96 万元、6% 差价 84.53 万元（11 月 9 日至年底 1% 土地出让金 227.95 万元、6% 差价 5.4 万元。）。

办理国有土地使用权登记业务 936 宗，面积 2478.59 公顷，其中，国有土地使用权登记发证 255 宗、注销国有建设用地使用权登记 5 宗；抵押权设立及变更登记 387 件、抵押权注销登记 295 件。

【土地执法监察】

土地执法监察工作以健全完善执法工作机制为抓手，进一步规范了行政处罚程序，不断提高执法工作人员的依法行政能力，加大执法工作的力度，重点开展了五项工作。

推进土地执法规范化建设。结合分局行政执法情况，制定了《北京市国土资源局通州分局行政处罚案件相关工作制度》（京国土通办〔2015〕1 号），规范通州分局执法案卷制作标准及审理标准。根据新诉讼法的实施要求，结合通州分局应诉及信访工作情况，制定了《北京市国土资源局通州分局关于规范行政诉讼、行政复议应诉工作流程的制度》及《北京市国土资源局通州分局关于规范办理信访工作流程的制度》，使行政执法工作有章可循。全年登记审理案件 91 件，对 82 件做出行政处罚，涉及面积 1162.07 亩，罚款金额 59134.16 万元。巡查发现一般违法用地案件 130 件，占地面积 587.55 亩，占耕地面积 187.95 亩，其中非立案处理到位 108 件，其余案件已立案处理。办理行政复议案件答复 11 件，已裁决 5 件（其中 2 件撤诉，3 件败诉），其余 6 件正在审理中。涉地行政诉讼案件 13 件，已结案 10 件（6 件胜诉，3 件撤诉，1 件败诉）其余 3 件正在审理中。

实行专组、专人查处工作机制，推进专案、难案查处工作。根据国家审计专项工作要求及市局专项工作部署，通州分局督促完成了辖区 3 宗尚未整改到位的高尔夫球场项目整改工作，其中伯爵园（北京莱克西施绿色体育俱乐部）高尔夫球场不符合规划的15.33公顷（230亩）耕地已按整改标准腾退完毕，宋庄镇政府与其签订了退租协议。配合发改部门推进其他高尔夫球场的整改工作；涉及卫片、巡查、举报发现的重点案件，完成查处、整改拆除到位7宗。

严把政策界限，深入开展土地执法检查工作。对2014年度执法卫片应拆除的20宗违法用地督促拆除；对每个季度卫片检查的图斑进行现场勘查，及时通报各乡镇拆违整改情况，本区拆违进度由全市一季度位居十一名，转变为二季度全市第四名，取得较好的成效。同时，加大了专项整治工作落实的力度。对督察整改涉地的资金收支管理、闲置土地处置、设施农用地管理、违法违规占地等4类89个问题进行督察，除9宗正在整改中的设施农业项目外，其余问题全部整改到位。

履行土地执法监管职责，加大了重点案件查处力度。对涉嫌刑事责任的北京梓坤物业有限公司非法占地建设石材城的案件移送司法部门，公安部门已将当事人拘捕。

加大警示约谈工作的力度。通州分局会同区监察局，对2014年度国土部卫片执法检查违法违规用地面积排位前三名的张家湾、台湖、潞城镇政府主要领导要进行了警示约谈；对永乐店镇违法用地重点案件的当事人进行督促整改约谈，进一步分析利害关系、明确拆除整改工作要求，推进了案件整改工作。

【信息化建设】

做好日常信息化运维工作，保证办公需要。完成上报市国土局信息化运维申请60余次，包括工作人员权限调整、信息变更、CA证书申请等。共完成局内计算机、打印机等软硬件维修、网络维护等工作200余次，保障通州分局日常工作的正常开展。

为保证不动产登记机构整合信息平台的顺利对接，增设内网防火墙1台、各类交换机10余台，完成了30余台终端网络连接工作，铺设网线近40余条，保证了房屋与土地登记业务系统并行办理。

完成第一次全国政府网站普查工作。对网站详细内容的录入和网站内容进行自检，并根据市政府和市局阶段检查反馈的意见进行完善，现通州分局政府网站已经达到全国政府网站普查要求。与市国土局有关部门合作完成了分局网站改版工作，本次改版不仅对网站页面进行了美化，同时增设、调整、完善了5个一级栏目、14个二级栏目。

完成通州分局互联网邮箱梳理备案工作。梳理、调整更新邮箱153个，报市局进行备案。

【地热资源管理】

依据《矿产资源开发登记管理办法》和《北京市矿产资源管理条例》的有关规定，对地热资源进行日常管理。

【地质灾害防治】

年内，对94宗建设用地项目进行地质灾害审核。

【信访工作】

强化通州分局信访工作岗位责任制和信访工作答复工作要求。全年共受理信访举报事项139件，同比增长27.5%；已办结126件，办结率为90.6%；其余正在办理中。其中：分局受理信访38批次、74人次（信访5批次、14人次，受理来访举报违法事项33批次60人次）；受理上级转办来信101件次（按人信访程序办理47件次，按举报事项办理54件次）。

国土部及市国土局转办12336举报电话反映违法线索275件，同比下降17.7%，已按时办结反馈市国土局257件，其余违法线索正在办理中。

通州分局局长信箱来信78封，同比上升32.2%，已回复解答74封，其余正在办理中。受理电话举报事项96件；受理北京市非紧急救助电话105件（其中50%是反映不动产登记事务中心的业务办理相关问题），同比上升40%，已全部办结。

【调研课题】

通州分局局长靳京执笔完成了《通州区“二次调查”成果在北京市副中心建设中应用情况的调查报告》；国土二所所长崔笑、胥蕊萱等共同完成的《违法用地形势分析及对策》的调研报告，获得市局优秀调研成果奖；刘学撰写的《浅论规范农村集体经营性建设用地入市》获一等奖，张婧撰写的《基于“多规合一”的规划管控制度设计研究》获二等奖，崔笑撰写的《小堡村经营集体建设用地的探索和实践》和胥蕊萱同志撰写的《以通州为例，浅谈如何做好基层国土所信访举报工作》获得三等奖。

【大事记】

1月30日下午，国土资源部执法监察局李建勤局长、市国土局李军副局长、副巡视员杨洪范一同到本区检查指导温榆河高尔夫球场清退整治工作。通州区崔松光副区长、通州国土分局靳京局长、宋庄镇柳德利镇长等领导陪同检查。

2月6日，中央教育实践活动领导小组办公室第二调研督查组到通州分局检查群众路线教育实践活动的整改情况。

3月18日，市国土局师宏亚副局长带队到通州区调研安居工程等情况。在听取了相关工作情况汇报后，到重点项目现场进行查看，师宏亚副局长对通州区工作给予肯定并提出三点具体要求。

3月26日，市农村土地确权登记颁证工作领导小组办公室，对本区农村集体建设用地使用权确权登记发证工作进行检查验收。

5月27日，通州分局会同区监察局，并邀请市国土局执法监察总队领导对2014年度卫片拆除整改不力的张家湾镇、台湖镇、潞城镇三镇人民政府的主要领导进行警示约谈。

6月9日，通州分局领导与区编办、区建委、区社保局、区园林局领导就不动产登记机构整合问题进行磋商，通州区不动产机构整合准备工作全面启动。

7月8日，国土资源部执法监察局郭宝平副局长到本区督导检查伯爵园高尔夫球场整改情况，通州区政府崔松光副区长及市国土局执法监察队郑继培副总队长、宋庄镇人民政府、区发改委、区农委相关领导同志参加督导检查。

7月20日，通州分局的5个权属调查组对漷县镇苏庄村宅基地进行外业调查。

8月5日，通州分局局长靳京同志主持召开全体工作人员参加的“为官不为”、“为官乱为”问题专项治理工作部署会。副局长王满屯同志对分局专项治理工作的开展进行了全面部署，党组书记康振宇同志针对专项治理工作目的、意义和工作的推进提出三点要求。

9月6日，完成通州区不动产登记机构业务设备交接工作。通州分局共接收通州区住建委划转人员66人，其中原通州区产权产籍管理中心19人、聘用编外人员47人。接收房地产交易中心划走13台电脑以外的原房产登记中心剩余资产。

11月9日，举行北京市通州区不动产登记事务中心成立挂牌仪式。通州区副区长王岩石、通州分局及通州区相关委办局领导参加，即日起本区启用不动产统一登记簿证。

12月26日，通州分局国土三所所长崔笑在人民大会堂参加了“全国国土资源系统先进集体和先进工作者表彰暨第十四次李四光地质科学奖颁奖大会”，并与国土资源部姜大明部长合影。

北京市国土资源局顺义分局

【土地资源概况】

顺义区位于北京市东北部，坐标为北纬 40°00′—40°18′，东经 116°28′—116°58′。顺义东邻平谷区，北连怀柔区、密云区，西接昌平区、朝阳区，南界通州区、河北省三河市。

顺义区辖 12 个镇、7 个地区办事处（加挂镇牌）和 6 个街道办事处，共 426 个村民委员会、85 个居民委员会。

顺义区辖区面积 101950.63 公顷，土地利用现状面积详见表 4－8。

表 4－8　**2014 年北京市顺义区土地利用现状汇总**　单位：公顷

土地调查面积	101950.63
耕地（01）	33673.67
园地（02）	4938.54
林地（03）	15202.60
草地（04）	1746.66
城镇村及工矿用地（20）	28449.66
交通运输用地（10）	7233.14
水域及水利设施用地（11）	7634.79
其他土地（12）	3071.57

【机构设置】

北京市国土资源局顺义分局（简称顺义分局）内设办公室、综合科、地籍科、耕地保护科、土地利用科、地质矿产科、财务科、政工科、纪检监察科 9 个职能科室。机关行政编制 34 名，实有 30 名；机关工勤编制 5 名，实有 5 名。下设北京市顺义区土地利用事务中心、北京市土地整理储备中心顺义区分中心、北京市顺义区国土资源执法监察队、北京市顺义区不动产登记事务中心（由原北京市顺义区土地权属登记事务中心、原北京市顺义区住房和城乡建设委员会房屋登记事务中心整合成立，11 月挂牌）、北京市国土资源局顺义分局第一、二、三、四国土资源管理所等8个事业单位，编制127名，实有114名。

顺义分局领导班子：

党组书记、副局长　孟庆秋
党组副书记、局长　韩凤桐
党组成员、副局长　王军生
党组成员、副局长　纪品良
党组成员、副局长　赵丽婷（女）
党组成员、纪检组长　张晓梅（女）
党组成员、副局长　杜井龙

【土地利用总体规划】

开展编制《十三五规划》工作。在顺义区发改委统筹协调下完成《城乡建设用地集约节约利用对策研究》、《十三五时期土地资源整合力规划》的编制，于11月发至顺义区发改委参加专家评审。

开展顺义区土地利用总体规划中期调整工作。依据国土部办公厅关于印发《土地利用总体规划调整完善工作方案的通知》及市国土局印发《北京市土地利用总体规划调整工作审查细则（试行）的通知》、《关于商请同步开展区乡土地利用总体规划调整完善的函》，顺义区政府需完成《顺义区土地利用总体规划》（2006—2020年）及《19个镇级土地利用总体规划（2006—2020年）》的中期调整工作。年内，已经完成前期的调研，数据收集，外业勘查及规划实施评价工作。。

日常规划调整工作。年内，在《土地利用总体规划》和《镇域土地利用总体规划》编制完成的基础上，开展因项目占地不符合规划而导致的规划调整工作。

开展永久基本农田划定工作。该项工作涉及顺义区永久基本农田划定工作（全市试点）及城市周边永久基本农田划定工作（国土部直接部署）两项内容。年内，依据市国土局的政策指导，已完成两项工作的外业调查，资料取证，基本方案等工作，并依据市国土局所提意见进行修改后报市国土局规划处；已将城市周边永久基本农田划定成果上报国土部。

基本农田标牌的工程建设。按照市国土局的统一安排部署，全市将统一完成基本农田保护标志的设立工作，统一规范基本农田保护标志牌和界桩。年内，已经完成基本农田标牌设定的预算报送工作。

【建设项目用地预审】

年内，共办理建设项目用地预审47件，总用地面积465.73公顷。其中，住宅用地项目4个，用地面积49.99公顷；工矿仓储用地项目17个，用地面积131.66公顷；公共管理与公共服务用地项目14个，用地面积51.37公顷；交通运输项目9个，用地面积208.76公顷；商服用地项目2个，用地面积5.57公顷；储备用地项目1个，用地面积18.38公顷。

【征地及农用地转用项目用地管理】

年内，办理征地项目7个，征地总面积222.69公顷。其中：农用地90.66公顷，涉及占用耕地49.33公顷。农转非761人，转非劳动力480人，超转202人。

【土地整理及耕地占补平衡】

年内，组织实施1个高标准基本农田建设项目，建设总规模3859.75公顷，拟新增耕地200公顷，预计投资13890.88

万元。由顺义区2012年高标准基本农田建设项目为顺义区7个建设项目提供占补平衡指标，补充耕地面积16.41公顷。

【土地供应计划及实施】

年内，国有建设用地供应总指标168公顷，实际供应土地14宗，面积113.33公顷，完成计划指标的67%，其中：工矿用地4宗，面积为27.6公顷，超额完成计划的250%；商服项目4宗，面积33.16公顷，完成计划的49%；居住项目6宗，面积52.57公顷，完成计划的59%。完成《顺义区2015年度国有建设用地供应计划建议方案及附表》的编制工作。

【国有建设用地出让转让】

年内，完成国有建设用地使用权工业用地出让4宗，出让面积18.34公顷，签署合同地价款3770.87万元；国有建设用地使用权转让2宗；国有建设用地使用权出让合同变更32宗；地价款缴纳情况证明共计31宗，其中：用于土地登记发证、抵押及预售13宗，用于房屋初始登记18宗。完成区经信委已供地工业项目进行全要素评价共计16件。完成19个镇、5个功能区管委会的低效工业用地调查。完成36宗市属国有企业用地现状情况调查工作。完成催缴拖欠地价款共12.4107万元，其中：资金占用费1.52万元，滞纳金10.89万元。

【保障性住房用地供应】

年内，完成保障性住房用地供应7宗，总用地面积43.39公顷。其中：限价房用地26.19公顷，公租房用地9公顷，定向安置房用地8.2公顷。另外，供应自住型商品房用地7.98公顷。

【土地市场交易】

年内，通过公开招拍挂方式供应土地14宗，总用地面积113.33公顷，建设用地90.17公顷，建筑规模147.65万平方米，成交总额123.3亿元，政府土地收益66.74亿元。其中：居住项目6宗，总用地面积52.57公顷，建设用地52.57公顷，建筑规模87.44万平方米，成交总额91亿元，政府土地收益47.7亿元；商服项目4宗，总用地面积33.16公顷，建设用地19.24公顷，建筑规模46.56万平方米，成交总额30亿元，政府土地收益18.66亿元；工业项目4宗，土地总面积27.6公顷，建设用地18.34公顷，建筑规模13.65万平方米，成交总额2.29亿元，政府土地收益0.37亿元。

【批后监管及闲置土地处置】

年内，完成出让用地批后监管工作现场踏勘共247宗次，送达违约、督促开工及涉嫌土地闲置通知书174份，下发《闲置土地调查通知书》45份，《限期开工通知书》34份，《闲置土地认定书》26份，《闲置土地处置听证权利告知书》1份。填制出让项目跟踪管理卡、收集建设项目动工开发、竣工申报书、出让合同/划拨决定书后期监管工作授权人员名单及授权委托书、项目开竣工手续，留取现场影像资料等，并将资料全部存档，扫描并上传至市局网站批后监管系统或国土部动态监测系统。完成市国土局下发的涉及《闲置土地调查通知书》10个项目的现场踏勘、资料收集、询问笔录等工作。完成2014年专项督查和专项审计中共涉及顺义区项目闲置土地46宗调查、认定、处置工作。闲置土地的处置率为100%，总处置到位率（按宗数计）为82.05%，可处置到位率（按宗数计）为96.70%。

【土地储备开发】

年内，土地储备开发在施项目58个，总占地面积2322.69公顷。其中，以储备机构为主体并直接投资模式的在施项目18个，用地面积742.88公顷（包括联储项目10个，用地面积237.93公顷；分中心直接投资项目8个，用地面积504.95公顷）；以储备机构为主体并委托企业带资实施模式的在施项目16个，用地面积516.21公顷；直接授权企业为主体模式的在施项目24个，用地面积1063.6公顷。

【地籍管理】

国有土地使用权登记发证情况。年内，共办理国有土地使用权登记309宗，登记总面积1930.25公顷。其中：国有土地使用权初始登记40宗，共162.59公顷（包括出让国有土地使用权初始登记26宗，共136.26公顷；划拨国有土地使用权初始登记14宗，共26.33公顷）；国有土地使用权变更登记269宗，共1767.66公顷（包括大业主转移登记15宗，共23.98公顷；小业主转移登记177宗，共7.28公顷；其他变更登记77宗，共1736.40公顷）。

土地抵押登记情况。年内，共办理土地抵押权初始登记220宗，抵押总面积440.43公顷，贷款总金额300.83亿元。其中，大业主出让土地抵押权初始登记144宗，抵押面积为434.52公顷，贷款金额为286.95亿元；小业主出让土地抵押权初始登记73宗，抵押面积为3.56公顷，贷款金额为8.43亿元；划拨土地抵押权初始登记3宗，抵押面积为2.35公顷，贷款金额为5.45亿元。共办理国有土地使用权抵押变更登记10宗，抵押总面积42.53公顷，贷款总金额28.39亿元。共办理国有土地使用权抵押权注销登记234宗，抵押注销总面积697.89公顷，抵押注销贷款总金额243.86亿元。

土地权属审查情况。年内，共办理土地权属审查业务71件，为67家单位和个人提供了用地范围清晰、面积准确、权属无争议的《权属审查告知书》、《权属审查测量成功报告》和《地籍状况表》。

宅基地管理工作情况。年内，共办理宅基地使用权登记205宗，其中，初始登记23宗，变更登记15宗，挂失补办70宗，宅基地更名67宗，移民30宗，登记总面积6.7191公顷。受理信访件78件，处理行政诉讼案件9件、行政复议案件4件。

农村村庄地籍调查试点工作。年内，完成宅基地调查169宗地（包含2宗争议宗），面积51158.34平方米；完成集体建设用地调查57宗，面积37331.47平方米；调查并标注工作底图3幅；布设图根控制点36个；测绘1:500地籍图31幅。

变更调查工作。1－3季度，市局下发监测图斑915个，监测面积398.11公顷（5971.64亩）。占用耕地113.31公顷

（1699.66 亩），基本农田 79.24 公顷（1188.6 亩）。年内，国土资源部下发图斑 733 个，监测面积 238.62 公顷（3579.3 亩），占用耕地 83.58 公顷（1253.7 亩），基本农田 56.96 公顷（854.4 亩）。

开发区土地集约利用评价调查工作。顺义区内共有一个国家级开发区，两个市级开发区，两个开发区的发展方向区。顺义分局组织队伍对开发区基本信息、用地状况、用地效益、管理绩效和土地供应状况按 2013 年 12 月 31 日和 2014 年 12 月 31 日两个时间节点进行了调查。调查面积 7882.25 公顷，涉及地块 2910 块，实地测量建筑占地面积 150 公顷、收集企业经济数据 568 家，其中高新技术企业 6 家、园区典型企业 49 家、收集园区批准文件、年鉴、规划图等纸质文件 45 份。最后对上述数据进行整理、校对、录入形成两个数据库，为市国土局评价工作提供了基础数据。

协助执行司法查封和信息公开工作。协助各地法院执行司法查封案件 71 件，处理信息公开案件 790 件。

【不动产登记】

机构整合工作基本情况。按照北京市统一部署，顺义区不动产登记职责机构整合工作于 9 月底全面完成。10 月，完成对北京市不动产统一登记系统的 6 次整体测试，发现问题 30 余处，并及时进行整改，确保了全市不动产统一登记工作如期进行。11 月，北京市顺义区不动产登记事务中心正式挂牌，并于 11 月 9 日起颁发不动产登记证书。

主要业务工作完成情况。共办理不动产登记 44840 件，同比增加 53.99%。其中，所有权登记业务 23200 件，同比增加 33.4%；抵押权登记 20610 件，同比增加 85.13%；限制登记 1030 件，同比增加 74.28%。

所有权登记中，初始登记 94 件，同比增加 11.9%；转移登记 22838 件，同比增加 34.85%；补证换证登记 120 件，同比增加 2.56%；更正登记 26 件，同比增加 30%；异议登记 37 件，同比增加 32.14%。

抵押权登记中，抵押权设立登记 12872 件，同比增加 80.41%；抵押权注销登记 7738 件，同比减少 93.55%。

【土地执法监察】

本年度土地矿产卫片涉及顺义区违法用地项目 308 宗，占地 57.31 公顷，耕地 17.63 公顷。全年共拆除违法项目 302 宗，腾退土地面积 84.6 公顷，耕地 40 公顷。全年共巡查发现违法违规用地 48 宗，占地面积 14.4 公顷，耕地 10.2 公顷，全部下发了《责令停止土地违法行为通知书》。全年共收到 12336 电话举报事项共计 351 件，已反馈 337 件，反馈率 96%。其中，属实和部分属实 140 件，不属实 197 件。全年立案 201 件，做出行政处罚并已结案 89 件；待移送案件 53 件；立案后自行整改确认不符合立案条件待终止或撤案 56 件；正在履行程序 3 件。

【信息化建设】

年内，在市国土局的主导下对分局网站进行了改版，完成了分局信息化“十二五”规划总结和“十三五”发展需求调研任务；对分局网络和电脑的使用进行全面调整，规范内网及外网的使用，并严格实行实名制，确保数据信息的安全；做好信息化日常运维，计算机终端、视频会议系统、机房设备运行平稳，为全局业务工作正常运转提供有力支撑。全年《政府信息公开目录》栏中新增主动公开信息656件，受理依申请公开1029件，及时回复率100%。全年分局外网挂网信息254条，内网挂网信息624条；市国土局采用19条，区政府采用21条。

【法制建设】

年内，修订汇总了《北京市国土资源局顺义分局制度汇编》，包括：依法行政、政务公开、督查督办、党风廉政、干部管理、综合治理等12大类，107项制度。从党风廉政责任制、《党内监督条例》《纪律处分条例》《公务员法》《公务员处分条例》《廉洁自律准则》六个方面入手编制了党员干部《讲规矩、守纪律、应知应会100问》手册。

【矿产资源概况】

全区共有合法正规开采的矿山企业15家，其中固体矿山4家，矿泉水1家，地热10家。

【矿产资源开发管理】

年内，完成固体矿山变更延续工作。顺义区共有固体矿山企业4家，正常生产的2家企业的采矿权证有效期到12月11日截止。分局于4月启动变更延续相关工作，依照上级领导部门意见，陆续推进新建矿区储量核实报告、矿山开发利用方案、出让价款评估等相关手续。在此基础上根据市国土局矿产资源开发处的要求，完成企业矿山恢复治理方案和企业绿色矿山规划方案。年内，完成4家固体矿山企业及1家矿泉水企业的年检工作，并通过电子系统上报归档。

【地热资源管理】

年内，在市国土局地热处的统一部署下，对辖区17家涉嫌盗采企业逐一调查，为下一步规范管理与服务奠定基础。如期完成10家地热企业年检工作，并通过电子系统上报归档。

【地质灾害防治】

年内，进一步全面优化、系统完善防治方案和应急预案，落实地质灾害的宣传与防治，加大防灾知识宣传普及力度，发放各类宣传品1000余册；联系区气象局开展汛期地质灾害预报预警，汛前深入高丽营镇西王路村地震断裂带上勘查断裂带发育情况，排查隐患，加强群众防范知识宣传，充分发挥村级组织作用。

【信访工作】

年内，共受理群众来信来访294件，全部办结。其中市国土局转件182件，区转18件，自接56件，市长信箱2件，国土部转件共36件。按照《北京市国土资源局转发北京市信访办贯彻落实〈国家信访局关于开展信访信息录入“百日会战”的通知〉有关要求的通知》精神，将信访信息透明化，完成全部信访件信息录入工作。按照法定途径分类处理信访投诉请求工作的要求，坚持诉访分离，将群众反映的问题进行细分，引导群众通过法定途径解决信访问题。对信访工作人员加强培训，提高对群众信访投诉请求的甄别能力，导入法定途径依法按规处理。

【调研课题】

年内，顺义分局党组副书记、局长韩凤桐撰写的调研课题《国土资源管理工作助力我区城市品质提升的初步思考》刊登在《顺义调研》(2015 年 5 月刊) 上。

在第七届北京土地青年学术论文交流活动中，顺义分局报送土地学会十二篇论文，内容涉及到土地信访、农村宅基地问题、集体土地流转、土地管理执法、不动产登记等。

北京市国土资源局大兴分局

【土地资源概况】

大兴区位于北京南郊，是首都的门户。坐标为北纬 39°26′—39°51′，东经 116°13′—116°43′。东与通州区相邻，西隔永定河与房山区、河北省涿州市相望。北与丰台、朝阳两区相连，南与河北省固安县、廊坊市接壤。东西宽度、南北长度均约 44 公里。区政府所在地黄村卫星城，距北京城区约 20 公里。大兴区现辖 14 个建制镇、8 个街道办事处。

大兴区辖区面积 103633.66 公顷，土地利用现状面积详见表 4－9。

表 4－9　　2014 年北京市大兴区土地利用现状汇总　　单位：公顷

土地调查面积	103633.66
耕地（01）	40813.78
园地（02）	8121.72
林地（03）	6436.76
草地（04）	328.76
城镇村及工矿用地（20）	34600.70
交通运输用地（10）	4133.25
水域及水利设施用地（11）	6565.06
其他土地（12）	2633.63

【机构设置】

北京市国土资源局大兴分局（简称大兴分局）内设办公室、政工科、综合科、地籍科、耕地保护科、土地利用科、地质矿产科、财务科、纪检监察科共 9 个职能科室，编制 33 人，实有 30 人，其中工勤人员 2 人；下设北京市土地整理储备中心大兴区分中心、土地利用事务中心、不动产登记事务中心、国土资源执法监察队和国土资源管理所（4 个）共 8 个事业单位，编制 132 人，实有 124 人。

大兴分局领导班子：

局长、党组副书记　　芦亚静（女）
党组书记、副局长　　苏贤清
党组成员、副局长　　国玉栋

党组成员、副局长　　景文成
党组成员、纪检组长　李　刚
党组成员、副局长　　邵国军
党组成员、副局长　　杨　挺

【土地利用总体规划】

年内，经区政府同意，成立专项工作领导小组，制定工作方案并落实经费。在实施评价阶段，基本完成大兴区本轮规划实施评价，目前本轮规划实施评价成果已上报市局。

根据市国土局、市农委、市农业局工作部署，结合大兴区实际，制定了《大兴区城市周边永久基本农田划定初步任务核实举证工作实施方案》，明确区国土分局、农委两家牵头单位及其他成员单位职责。5 月 19 日组织召开由区各相关部门及镇政府负责人参加的工作会，部署了永久基本农田核实举证工作任务。在区各部门的通力合作下，大兴城市周边永久基本农田划定初步任务核实举证总体情况已上报市国土局汇总。

【建设项目用地预审报批】

年内，在建设项目用地预审工作中，共审批建设项目用地预审 47 件，用地面积约 1298 公顷；回复区发改委项目用地征求意见函 56 件。

【征地及农用地转用项目用地管理】

年内，共受理集体土地征收前期及农转用 19 件，其中征地前期 11 件，农转用前期 8 件。总用地面积 587 公顷，其中农用地 514 公顷（耕地 412 公顷），涉及转非人口 1975 人。办理征地公告 4 件，总用地面积 112 公顷，涉及补偿款 43962 万元；办理征地结案 13 件，总用地面积 243 公顷，涉及征地补偿款共 47899 万元，已全部支付到位。

【土地整理及耕地占补平衡】

年内，共完成奔驰项目、南海子公园一级开发项目、大兴区一中新校址等 21 个耕地占补平衡项目，占用耕地 217 公顷，收缴耕地开垦费约 1.6 亿元。

年内，大兴区两次组织召开“高标准基本农田建设项目验收会”，分别对 2013 年实施的 4 个高标准基本农田建设项目和 2014 至 2015 年实施的 5 个高标准基本农田项目进行了验收。

【土地供应计划及实施】

年内，完成开发项目任务指标 90 公顷，项目投资任务指标 50 亿元。实际完成开发项目土地面积 110 公顷，完成量 122%；完成投资 59 亿元，完成量 118%；供地面积 153.3 公顷。

【保障性住房用地供应】

年内，大兴保障房供地任务为 139 公顷，于 7 月中旬完成 175 公顷保障房供地（其中：定向安置房用地 148 公顷，通过入市供应配建限价房用地 26 公顷，配建自住商品房 1 公顷），在全市各区县中，率先超额完成年度保障房任务，同时在供地总量及保障房用地结构方面，提前完成“十二五”期间供地任务。

【土地市场交易】

年内，经营性用地项目地块成交 12

宗，总用地面积约78公顷，建设用地面积69.76公顷，总建筑规模134.96万平方米，总成交价195.49亿元，实现政府收益约137亿元；工业用地项目地块成交13宗，总用地面积75公顷，建设用地面积51公顷，总成交价6.5亿元，实现政府收益约1亿元。

【土地储备开发】

年内，完成投资59亿元，完成开发项目土地面积110公顷。

【地籍管理】

年内，不动产登记中心成立前，共完成受理抵押登记388件，其中，233宗为土地抵押权初始登记，贷款金额为人民币约330亿元，涉及土地总面积406公顷；155宗为土地抵押权注销登记。

年内，对大兴区719个监测图斑外业核实工作。

【不动产登记】

按照《市编办关于整合设立北京市大兴区不动产登记事务中心的通知》的要求，大兴分局、区编办、区住建委加快推进整合工作。一是成立机构。国土、建委主管领导组成整合领导小组，对人员、资产、档案业务、信息化工作逐一落实。二是建立例会制度。及时掌握工作进度，解决工作难题。三是扎实推进工作。对原住建委所属的57万卷房屋登记档案进行清点交接，将原住建委房屋登记大厅改造成不动产登记大厅，将全部不动产登记业务纳入其中，做到一站式办理。

年内，不动产登记日常业务统计，一是土地登记：不动产登记中心成立后，共受理各类使用权登记213宗，办结土地登记发证250宗；抵押登记31宗，抵押金额约387万元；抵押注销登记14宗。协助人民法院执行查封、解封土地63件，回复协执办理情况22件。二是房屋登记：9月24日至11月6日共办结房屋登记4165件，房屋抵押登记1417件。三是不动产登记：自11月9日，大兴区开展不动产登记以来，累计办理各类不动产登记业务10920件，发放办理不动产登记证书6506本，不动产登记证明2961件；办理抵押权注销登记1453件。

【土地执法监察】

年内，大兴分局共发现国土资源违法行为166起，154公顷，均已立案查处，已结案109宗，其余57宗按程序查处中。没收构建物17.9万平方米，收缴罚款1275.33万元，申请法院强制执行案件62宗。

核实国土部2014年度卫片，大兴区新增建设用地527宗、占地总面积647.93公顷（9719亩）、占用耕地面积400.73公顷（6011亩），其中：合法用地约151宗、占地总面积458.67公顷（6880亩）、占用耕地面积57.93公顷（4869亩）；违法用地376宗、占地总面积189.27公顷（2839亩）、占用耕地面积9.47公顷（1142亩）。此项工作顺利通过了市国土局验收。

核查了2015年前三季度自有卫片，大兴区涉及宗地584宗604.6公顷（9069亩），其中违法用地179宗140.73公顷（2111亩）。

【信息化建设】

大兴分局成立了网络安全和信息化工作领导小组及办公室，负责统筹协调全局网络安全和信息化工作各事项，进一步强化网络安全和信息化工作的统一领导，形成了主要领导亲自抓，分管领导具体抓，相关科、室、中心、队、所具体落实的工作格局，一级抓一级，层层抓落实。为进一步升级硬件设施，保障网络和信息安全，大兴分局于年初实施了机房升级改造工程，新建了机房，对老旧交换机、防火墙等设备进行更新换代，对办公楼进行重新网络布线，加强信息化基础环境建设，新增环动监控、消防报警等设备，提升了日常监控预警功能。

【地质灾害防治】

组织5.12减灾宣传工作，配合区应急办做好灾害预警工作。

【信访工作】

年内，大兴分局共受理信访总件次312件次，其中，信访事项4件次，举报事项308件次。已办结285件，正在办理27件。信访总量较去年同比上升4%，举报件总量较去年同比下降3%。举报问题涉及较多的有违法占地建房、征占地及储备、权属及不动产登记、农村宅基地等问题。

【大事记】

11月9日，大兴区正式启动不动产登记工作，区国土分局和住建委完成了机构和人员整合工作，由住建部门承担的房屋登记和国土部门承担的土地登记业务整合到国土部门统一办理。

12月11日大兴区将西红门镇2号地小B（2－004）地块F81绿隔产业用地集体经营性建设用地进行地块上市公告，该项目位于西红门镇，主要规划用途为F81绿隔产业用地。北京日报、中国国土资源报及大兴分局网站公开发布了出让的相关信息。

北京市国土资源局昌平分局

【土地资源概况】

昌平区位于北京市西北部，坐标为北纬 40°02′—40°23′、东经 115°50′—116°29′之间，是北京的北大门，北与延庆区、怀柔区相连，东邻顺义区，南与朝阳区、海淀区毗邻，西与门头沟区和河北省怀来县接壤。全区地处温榆河冲积平原和燕山、太行山支脉的结合地带，地势西北高、东南低，北倚燕山西段军都山支脉，南俯北京小平原，主要河流属温榆河水系。全区辖 15 个镇、5 个街道办事处，306 个行政村。

昌平区辖区面积 134246.74 公顷，土地利用现状面积详见表 4 – 10。

表 4 – 10　　2014 年北京市昌平区土地利用现状汇总　　单位：公顷

土地调查面积	134246.74
耕地（01）	11625.20
园地（02）	12581.59
林地（03）	63286.29
草地（04）	1444.50
城镇村及工矿用地（20）	34135.35
交通运输用地（10）	5137.34
水域及水利设施用地（11）	4139.65
其他土地（12）	1896.82

【机构设置】

北京市国土资源局昌平分局（简称昌平分局）内设办公室、综合科、地籍科、土地利用科（耕地保护科）、地质矿产科、财务科、政工科共 7 个行政科室；另设纪检监察科；机关行政编制 33 名，机关工勤编制 3 个。下设北京市昌平区不动产登记事务中心、北京市昌平区土地利用事务中心、北京市土地整理储备中心昌平区分中心、北京市昌平区国土资源执法监察队、北京市国土资源局昌平分局第一、二、三、四、五国土资源管理所，共 9 个事业单位，事业单位人员编制共计 149 名。

昌平分局领导班子：

党组副书记、局长　　汪少群
党组书记、副局长　　李亚琴（女）
党组成员、副局长　　梁　英（女）
党组成员、副局长　　张兴国
党组成员、副局长　　许启明

【三级基本农田保护区专项规划工作】

年内，在充分征求各镇街及委办局意见的基础上，形成了《区乡两级规划修改方案》及《昌平区市区乡三级基本农田专项规划》。2015 年 12 月 30 日，通过了市国土局组织有关专家和相关部门的评审。

【昌平区土地利用总体规划调整完善工作】

年内，编制完成《昌平区土地利用总体规划调整完善工作方案》，并印发至各成员单位，报请区政府同意成立了工作领导小组。

【建设项目用地预审工作】

年内，共审核完成建设项目用地预审 65 件，总用地面积约 543.71 公顷，其中农用地 205.99 公顷，建设用地 321.60 公顷，未利用地 16.12 公顷。

【征地及农转用批复情况】

年内，审核上报集体土地征收项目 4 件，用地面积 50.8346 公顷；审核上报集体占地项目 2 件，用地面积 1.8627 公顷；审核上报村民宅基地 2 件，用地面积 0.0335 公顷；办理设施农用地备案 14 件；收到市政府建设用地批复 7 件，总用地面积 147.5326 公顷。

【土地供应情况】

年内，共受理国有土地使用权划拨事项 16 个，总用地面积 120.42 公顷；办理出让项目 28 宗，宗地总面积 178.9132 公顷。其中协议出让项目 16 宗，宗地总面积 87.9550 公顷；招拍挂项目 12 宗，宗地总面积 90.9581 公顷。

【经营性项目用地入市交易工作】

年内，完成经营性项目用地入市 11 宗，土地面积 87.85 公顷，规划建筑规模 229.02 万平方米，总成交额约 252.53 亿元。

【基本农田整理和土地开发工作】

年内，先后完成流村镇黑寨村等 8 个村基本农田整理项目、南口镇前洼村等 9 个村基本农田整理项目、流村镇马刨泉村土地开发项目、崔村镇大辛峰村等 12 个村基本农田整理项目、阳坊镇基本农田整理项目和流村镇马刨泉等 5 个村基本农田整理项目的验收工作，建成高标准基本农田面积 1953.33 公顷，新增耕地面积 21.87 公顷。

【保障性安居工程用地供应】

年内，完成新增供应保障性安居工程用地 29.48 公顷。其中：限价商品房用地 24.05 公顷，公租房用地 5.43 公顷，全面完成 2015 年保障性安居工程用地供应指标任务。

【土地储备开发情况】

2015 年，全区土地储备开发工作继续

以“严控增量、消化存量”为重点稳步开展。全年共完成土地储备开发面积 76.48 公顷，实现土地储备开发投资 35.53 亿元。

【国有土地使用权日常登记发证工作】

年内，完成国有土地使用权日常登记发证 684 宗，涉及土地面积 1739.81 公顷；其中：国有土地使用权初始登记 72 件，面积 244.52 公顷；国有土地使用权变更登记 243 件，面积 762.71 公顷；土地更正登记 1 件，面积 0.004 公顷；法院协助执行土地登记 3 件，面积 0.24 公顷；补证土地登记 1 件，面积 0.004 顷；土地注销登记 2 件，注销土地面积 14.3 公顷；国有土地使用权抵押登记 210 件，抵押土地面积 457.96 公顷，抵押贷款金额 285.36 亿元；国有土地使用权抵押注销登记 152 件，注销抵押登记土地面积 260.07 公顷，注销抵押登记贷款金额 364.18 亿元。

【农村土地确权登记颁证工作】

年内，完成全区 5633 宗农村集体建设用地使用权确权登记颁证工作：核查历史已发证宗地 1727 宗；核查不符合确权登记颁证条件宗地 3906 宗；对 3906 宗地的调查档案进行整理完善并开展数据入库工作。

【农村村庄地籍调查试点工作】

年内，全区农村村庄地籍调查试点工作基本完成。8 月，全区农村村庄地籍调查试点工作正式启动，兴寿镇沙坨村被确定为试点村。历经 5 个月，已完成外业调查测绘、数据建库、成果资料整理及数据汇总等各项工作。共调查测绘控制范围面积 247126.36 平方米，涉及宅基地 333 宗；道路及其他乡村集体建设用地 59 宗。

【国土资源执法监察巡查工作】

年内，充分利用昌平区国土资源远程视频监控系统，对全区耕地和基本农田全覆盖式实时监控，严防新增违章违法建设。全年共监测预警 61 个。巡查发现 46 处新增违法用地，占地面积 14.37 公顷，建筑面积 75409 平方米，均已下达《责令停止国土资源违法行为通知书》。

【土地矿产卫片执法检查】

2014 年度土地卫片进入执法环节共计 444 宗，占地面积 338.16 公顷（5072.47 亩），占用耕地 91.26 公顷（1368.83 亩）。全年共拆除违法用地 86 宗，总面积 22.189 公顷（332.83 亩），退还耕地面积 5.26 公顷（78.96 亩）。

【打击偷挖盗采砂石工作】

年内，昌平区严厉打击偷挖盗采砂石行为，共出动执法检查 9868 人次，出动执法车辆 2485 车次，发现并制止盗采砂石违法行为 8 宗，查扣参与盗采的机械设备 13 台，全部立案并对其中 8 宗违法当事人实施行政处罚，收缴罚款人民币 34.6 万元。

【地质灾害防治工作】

年内，完成汛前排查工作，更新隐患点台账和群测群防网络，相比 2014 年新发现隐患点 38 处。其中涉及险村险户的隐患点34处，景区隐患点4处。编制了《昌平区2015年度地质灾害防治工作方案》，并于5月28日由区政府办正式发布，明确了地质灾害隐患的分布、重点防范期、防范重点和相应的防治措施。开展“5.12防灾减灾日”宣传活动，在亢山广场现场发放防灾知识手册、宣传片光盘等各类宣传材料1000余份，并组织国土所开展下乡宣传；整个汛期在昌平区电视综合频道和点歌频道播放宣传地质灾害防治避险公益广告、宣传片和科普动画片。组织完成突发地质灾害应急避险演练2次，与区气象局联合发布突发地质灾害气象风险预警4次，实现安全度汛。

【全国土地日宣传活动】

6月25日，围绕“节约集约利用土地，转变土地利用方式”主题，创新宣传方式，改变以往被动接受群众咨询，向群众发放宣传品的局面，在宣传前准备了《国土资源实用知识问答》，设计了依法依规用地常识等方面的问题，通过提前向群众发放试题，设置有奖问答环节等方式，吸引群众更加深入地参与到宣传中来，宣传效果更加显著；向各镇街及重点违法地区分发国土资源管理书籍、横幅、喷绘进行重点宣传，并在《昌平报》上连续发表8篇文章，以专栏形式进一步扩大宣传范围。

【政府信息公开工作】

年内，主动公开信息633条；受理依申请信息公开事项129件，同比增长40%；接待信息公开咨询180人次，同比增长12%。

【信访工作】

年内，强化和完善了信访工作机制，畅通信访救济渠道，开展了社会矛盾排查化解工作，坚持重点案件领导包案制和领导接访制度。年内，共接待群众来访122批次、180人次；受理来信222件，已办结222件，办结率100%。

【调研工作】

年内，完成《“十三五”期间昌平建设用地集约节约利用对策研究》调研课题。

北京市国土资源局平谷分局

【土地资源概况】

平谷区位于北京市东北部，地处燕山南麓与华北平原北端的相交地带，东西长40.61公里，南北宽38.82公里，区政府所在地距北京市区约70公里，是首都北京的卫星城，地理坐标位于东经116°55′—117°24′，北纬40°02′—40°22′之间。全区现辖14个镇、2个乡、2个街道办事处，全区共设273个行政村、36个社区。

平谷区辖区面积94824.04公顷，土地利用现状面积详见表4－11。

表4－11　　2014年北京市平谷区土地利用现状汇总　　单位：公顷

土地调查面积	94824.04
耕地（01）	11737.26
园地（02）	23411.53
林地（03）	34866.56
草地（04）	6116.04
城镇村及工矿用地（20）	10449.93
交通运输用地（10）	2562.03
水域及水利设施用地（11）	4045.24
其他土地（12）	1635.45

【机构设置】

北京市国土资源局平谷分局（简称平谷分局）内设办公室、政工科、纪检监察科、财务科、综合科、耕保征地科、土地利用科、地籍科、地质矿产科等9个行政科室，下设执法监察队、不动产登记事务中心、土地利用事务中心、土地整理储备中心和国土资源管理一、二、三、四所等8个事业单位，内设部门有矿产执法队、法制信访室。全局人员共有128名，其中机关工作人员32名，参照公务员管理14名，规范工资人员15名，事业单位人员52名，退休人员15名。

平谷分局领导班子：

党组书记、副局长　　付景玉

党组副书记、局长　　王国韬（2015.7.1免职）

党组副书记、副局长　　靳　燕（女，2015.7.1任职，主持行政工作）
党组成员、副局长　　张洪元
党组成员、副局长　　张雅民（女）
党组成员、副局长　　常　亮
党组成员、纪检组长　　郭利军（女）

【土地利用总体规划】

年内，完成22宗建设项目用地动态维护方案的审查批复，3宗建设项目方案初审获得市政府批复。4月份，启动了《平谷区土地利用总体规划（2006—2020年）实施评价工作》，12月底规划实施评价方案以区政府名义上报市国土局。

【基本农田保护区专项规划】

年初，对全区未划为基本农田的耕地进行了调查分析，完善了针对平谷区基本农田专项规划的《平谷区区级、乡级土地利用总体规划修改方案》，取得市政府批复。根据调整后的基本农田布局，完善了《平谷区市区乡三级基本农田保护区专项规划》，并取得市国土局批复。

【建设项目用地预审】

年内，完成建设项目用地预审29宗，占地面积221.59公顷，其中：公共管理与公共服务用地19宗，占地90.16公顷；交通运输用地2宗，占地24.85公顷；储备用地4宗，占地90.23公顷；商服用地2宗，占地7.16公顷；住宅用地1宗，占地8.91公顷；特殊用地1宗，占地0.28公顷。

【征占地用地管理】

年内，上报并获得市政府4个审批的征地项目，总用地面积18.0542公顷，分局已办理完征地公告和部分征地结案手续。

【宅基地审批】

年内，完成农村宅基地审批52户，涉及9个乡镇、22个村。完成15个镇（乡）的110个村的宅基地农转用审批的前期工作，其中91个村前期手续上报市国土局审核，19个村获得市政府批复。

【耕地占补平衡】

年内，借用市国土局占补平衡指标29.366公顷，其中17个村宅基地农转用项目占用耕地5.6056公顷，9个征占地项目占用耕地23.7604公顷。

【土地开发整理】

年内，实施土地整治项目1个，为北京市平谷区金海湖镇等两个镇、滑子村等六个村土地开发项目，项目于11月完工，正在开展竣工验收工作。计划实施土地整治项目1个，为北京市大华山镇后北宫村土地开发项目，已完成项目前期踏勘、选址工作，正在进行可行性研究方案编制。

【耕地保护目标管理责任考核】

年内，指导各乡镇与所辖村签订村级耕地保护目标管理责任书。对平谷区16个乡镇、1个街道办事处的耕地保护目标管理责任完成情况进行了检查考核。

【土地集约节约利用】

年内，平谷区通过国土资源节约集约模范县（市）创建活动市级复核，待国土部复核后，继续保留模范县（市）荣誉称号。

【土地供应计划及实施】

年内，平谷区土地供应 54.46 公顷（不含划拨用地），其中住宅用地 19.78 公顷，商服用地 34.68 公顷。

【保障性住房用地供应】

年内，完成平谷区经济适用房 1 宗，为平谷区天成开元经济适用房二期工程，供地面积是 2.6501 公顷。

【土地市场交易】

年内，共有马坊镇 B01－1 地块商业金融项目，夏各庄新城 2 号 2－02 地块 R52 小学、2－06 地块 F1 住宅混合公建、2－08 地块 A61 机构养老设施用地，夏各庄新城 2 号 2－15 地块 A61 机构养老设施用地，平谷镇王辛庄镇 PG00－0002－6011、6015 地块 F1 住宅混合共建用地、6018 地块 F3 其他类多功能用地、6013、6014A33 基础教育用地，平谷新城 05 街区 PG－0005－099、103、104 地块 R2 二类居住用地及 113 地块 R53 托幼用地，等 5 个地块入市交易，土地面积 77.02 公顷，实现政府土地收益 20.55 亿元。

【土地储备开发】

年内，完成土地储备开发项目 5 个（一级开发项目 4 个，收储项目 1 个），土地总面积为 77.02 公顷，其中：通过挂牌供应的土地面积 54.46 公顷，通过移交（绿地）供应土地面积为 22.56 公顷。挂牌成交总价为 42.87 亿元，实现政府收益 20.55 亿元。

【土地调查】

年内，平谷区 2014 年土地调查范围面积为 94824.10 公顷，该调查范围国有土地面积 8353.08 公顷，集体土地面积 86471.02 公顷。

农村集体建设用地使用权确权登记颁证工作通过市级验收，涉及 18 个乡镇（街道）283 个行政村（社区），调查集体建设用地宗地 2583 宗，面积 1592.95 公顷，达到“应确尽确、应发尽发”这一目标。7 月份正式启动平谷区夏各庄镇王都庄村农村村庄地籍调查试点工作。此次调查宗地 432 宗，土地面积 19.3252 公顷，调查率 100%。

【不动产登记】

年内，按照市国土局和区政府工作部署，进行不动产统一登记职责机构整合，将区住建委的房屋登记职能、区园林绿化局的林地林权登记职能以及区经管站的农村土地承包经营权登记职能（农村土地承包经营权有 5 年的过渡期）划转到国土分局。11 月 9 日，平谷区不动产登记事务中心正式挂牌，向社会提供不动产统一登记服务，启用新版证簿及不动产登记信息系统。2015 年共完成土地登记 418 宗，面积 3223.19 万平方米。完成房屋登记 9627 件，总建筑面积 349.36 万平方米。

【土地执法监察】

年内，以巡查各类新增建设用地，在建工程，在建工程原有用途的改、扩建工程为重点，共巡查896车次，人员2152人次，巡查总路程37313公里。2015年全年共立案查处土地违法案件48件，做出行政处罚决定48件，罚款158.82万元。完成了2014年度卫片执法检查工作。平谷区实施土地执法视频监控前端监控点位共33个（球形网络摄像机2个、枪式网络摄像机31个），其中2个监控点位可兼顾查看矿产执法区域。监控点分布在大华山镇、金海湖镇、东高村镇等15个乡镇，视频监控范围覆盖全区耕地95.3%，覆盖基本农田98.4%。监测指挥中心的选址设备器材全部安装到位，并通过了市国土局检查验收。

【行政许可、服务事项及信息化建设】

年内，综合监管平台信息发布子系统实现对分局外网网站、市国土局内网网站、政府信息公开子站信息同时发布。每月收集信息并保证主动公开政府信息在15个工作日内网上公开。2015年主动公开政府信息共939条。

全面推行“一站式”服务，共受理行政业务事项288件（其中：行政许可事项91件、行政服务事项197件），与2014年同比下降467.36%（主要是因为2014年集中开展了集体土地确权颁证工作，造成行政服务业务事项大幅增加）；受理政府信息依申请公开86件，与2014年（324件）同比下降274.74%；接待咨询1700余人次。

【矿产资源概况】

平谷区矿产资源丰富，已知的矿物有金、铜、铅、锌、钨、钼、锰、铁、钾、石英岩、大理石、花岗岩、水泥灰岩、重晶石、麦饭石、白垩等20多种。黄金矿线由东到西长约60公里，曾是北京市黄金主要产地，2004年已全部禁止开采。

【地质灾害防治】

年内，全面摸查地灾隐患点，全区地灾隐患涉及12个乡镇、68个行政村、7个景点、受威胁户2245户、受威胁人数7132人，采取设置警示牌、手机短信提示等方式，提高群众的防范意识。组织开展汛前、汛期和汛后隐患排查，加强雨前、雨中、雨后隐患巡查，确保防范措施落实到位。建立群测群防网，深入乡（镇）、村、户，采用发放明白卡、张贴展板等形式增强险村险户防范及避险能力。完善了《2015年平谷区突发性地质灾害预案和分局工作方案》，为相关人员配备部分防汛设备，做到了汛期地灾预警和地灾响应时的迅速反应。

【矿产资源管理】

年内，取得《采矿许可证》的企业1家，为中安国信（北京）矿泉饮品有限公司。灾害危险性评估报告备案2件，办理建设项目压覆矿产资源核查9件，地源热泵备案15件。

【矿产资源监察】

年内，对平谷区各涉矿乡镇执法巡查350余次，巡查里程25000公里，出动执法人员1100余人次，参与区政府及查违办等相关部门组织的联合执法行动50次，立案处理5起非法开采行为，扣押违法盗采车辆4辆，没收采矿灯具3盏，销毁摩托车6辆，收缴罚金8万元。对金海湖镇将军关和黑水湾等地区非法破坏矿产资源严重的开采点，依法进行了严厉打击。

【矿产资源环境治理】

年内，刘家店镇北吉山村、大华山镇李家峪村、熊儿寨乡南岔村、金海湖镇上堡子村、金海湖镇彰作村等5个不稳定斜坡治理项目及密云水库周边废弃矿山地质环境治理示范工程——刘家店万庄金矿治理区工程、熊儿寨乡魏家湾村地灾治理工程全部通过市级验收。王辛庄镇太后村、大华山镇苏子峪村、镇罗营镇关上村、镇罗营镇北水峪村地灾治理四个项目已经完成勘查设计，准备进行区级设计方案专家评审。

【法制建设与信访工作】

年内，处理咨询271件，通过各类渠道反映的实际受理登记转办523件，反馈率100%，与去年同期相比信访举报总量下降了22%。依法履行行政应诉和复议答复工作职责，落实行政机关的负责人出庭应诉制度，共完成行政复议答辩7件，行政诉讼53件。

【调研课题】

年内，完成调研课题4个：浅谈国土资源执法监察工作体制改革；浅谈我国土地资源的利用与保护；如何通过改革解决当前农村宅基地管理中的突出问题；新时期推进国土资源机关依法行政的实践与思考。

【大事记】

1月1日，平谷分局内设法制信访室成立。

3月12日，市登记中心、市颁证办检查组对平谷区农村集体建设用地使用权确权登记颁证工作进行检查验收。

4月初，平谷区完成2015年（考核年为2013年）国土资源节约集约模范县（市）创建活动指标测算工作。

4月20至21日，平谷分局会同平谷区农委、规划分局、区查违办等部门，分4组对全区16个（镇）乡和兴谷街道的2014年度执行平谷区耕地保护目标管理责任工作进行考核。

4月22日，市国土局副巡视员杨洪范、平谷区副区长周泽光及市局执法总队、国土分局在平谷区府前街以“珍惜地球资源，转变发展方式——提高资源利用效益”为主题，开展第46个“世界地球日”宣传活动。

5月28日，市国土局周旭峰副巡视员带领地环处及市应急调查队专家对平谷区小峪子村进行汛前检查，与平谷分局就群测群防员的培训、地灾隐患点警示牌的树立和地灾隐患点的防治进行指导和交流。

7月1日，靳燕同志任市国土局平谷分局党组副书记、副局长；免去王国韬同志北京市国土资源局平谷分局局长、党组副书记职务。王国韬同志调到市国土局工作。

7月9日上午，市国土局金兴利纪检组长与周旭峰副巡视员、办公室高英军主任、地环处公庆联副处长和张会昌同志到平谷区检查重点涉灾隐患点地质灾害防治工程情况。

7 月 29 日，平谷区政府组织平谷分局、平谷区编办、财政局、机关服务中心、机关事务管理服务中心、住建委、农委、绿化局、经管站负责人，专题研究和部署不动产统一登记职责机构整合工作。

8 月 4 日，市政府督查室到平谷区检查违法违规用地整改工作，对平谷区“疏、堵”结合的整改方案给予肯定。

8 月 7 日，崔保祥同志任平谷分局调研员，免去其平谷分局党组成员、副局长职务。

10 月 15 日，平谷区通过模范县（市）市级复核，达标考核评测结果经市国土局门户网站公示无异议。

11 月 9 日，平谷区不动产登记事务中心正式挂牌，向社会提供不动产统一登记服务，启用新的不动产登记簿证。

11 月 12 日、13 日，市国土局组织对平谷区刘家店镇北吉山村、熊儿寨乡南岔村、金海湖镇上堡子村、金海湖镇彰作村不稳定斜坡地灾治理工程进行竣工验收。

12 月 4 日上午，平谷分局以“弘扬宪法精神，服务科学发展”为主题，开展第 12 个全国法制日宣传活动。

12 月 10 日，平谷分局修订完善了《财务管理文件汇编》并印发执行。

12 月 17 日，市国土局权籍中心对平谷区村庄地籍调查试点工作完成情况进行初检。

12 月 23 日，平谷区农村集体建设用地确权登记发证工作通过市级验收。

12 月 28 日，完成《平谷区土地利用总体规划（2006—2020 年）》实施评价上报工作。

北京市国土资源局怀柔分局

【土地资源概况】

怀柔区是北京市的远郊区，地处燕山南麓，北京的东北部，北纬40°14′—41°04′，东经116°17′—116°55′。东临密云县，南与顺义区、昌平区相连，西与延庆县搭界，北与河北省赤城县、丰宁县、滦平县接壤。辖区设14个乡镇，共284个行政村，常住人口约30万人。怀柔区地形南北狭长，呈哑铃状，南北长92公里，东西最窄处仅11公里。地势北高南低，以著名的万里长城为界，北依群山，南偎平原，层次鲜明地分为深山、浅山、平原三类不同地区，山区占总面积的88.7%。境内最高点海拔1705米，最低点海拔仅34米。

怀柔区辖区面积212282.33公顷，土地利用现状面积详见表4－12。

表4－12　2014年北京市怀柔区土地利用现状汇总　单位：公顷

土地调查面积	212282.33
耕地（01）	10038.73
园地（02）	17670.96
林地（03）	162684.11
草地（04）	1647.50
城镇村及工矿用地（20）	10547.97
交通运输用地（10）	2934.78
水域及水利设施用地（11）	4823.68
其他土地（12）	1934.60

【机构设置】

北京市国土资源局怀柔分局（简称怀柔分局）内设办公室、综合科、地籍科、耕保征地科、土地利用科、地质矿产科、财务科、纪检监察科8个行政科室，行政编制41个，工勤人员4人，机关在岗行政人员39人；下设北京市土地整理储备中心怀柔区分中心、北京市怀柔区不动产登记事务中心、北京市怀柔区国土资源执法监察队及6个国土所共9个事业单位，事业编制110个，事业单位在岗职工106人。

怀柔分局领导班子成员：

党组书记、副局长	周相民
局长、党组副书记	孙宪海
副局长、党组副书记	唐军生
副局长	王永兴
副局长（调研员）	常淑霞（女）
纪检组长	胡海玲（女）
副局长	要启明

【建设项目用地预审】

年内，办理各类建设项目用地预审17件，总用地面积为58.54公顷，其中农用地30.73公顷（占用耕地17.99公顷），建设用地26.45公顷，未利用地1.36公顷。

【征地及农用地转用用地管理】

加强耕地保护，完成怀柔区耕地保护责任目标履行情况自查工作，签订2015年度耕地保护目标管理责任书，从严控制新增建设用地占用耕地。

年内，完成农村村民宅基地审批22户，完成乡镇（村）公共设施公益事业使用集体建设用地审批1件，完成设施农业用地备案1件，完成集体土地征收（农用地转为建设用地）审批4件。

【土地整理与占补平衡】

年内，在施项目12个，建设总规模约2288.36公顷，总投资预算13650.71万元。其中，8个项目已完成验收，建设规模约2155.36公顷，总投资9686.09万元，新增加耕地约12.8公顷，建成高标准基本农田约2058.66公顷。

【土地市场交易】

年内，完成入市交易项目1个，土地总面积为4.47公顷，全部为建设用地。土地成交价格2.24亿元，实现政府土地收益1.66亿元。

【土地储备开发】

年内，梳理确定土地一级开发在施项目11个（16个地块），总占地面积约460.91公顷。

【土地供应计划】

本年度怀柔区供地指标总量为41公顷，其中：住宅用地23公顷；商服用地8公顷；工矿仓储用地10公顷。涉及9个项目，截至年底，已供地4.47公顷，为北京市长城伟业投资开发总公司申报的怀柔新城13－066地块商服用地，其他均未能实现供地。

【土地日常登记工作】

国有土地使用权登记。年内，共办结国有土地使用权登记87件，面积约181.2公顷。其中：国有土地出让登记63件，面积约115.1公顷；划拨登记24件，面积约66.1公顷。办理国有土地使用权注销登记9件，面积约3.3公顷。

土地使用权抵押登记。年内，共审查办结抵押登记发证110件，抵押面积约167.6公顷，贷款金额93.8亿元，办结土地抵押注销登记100件。

【农村集体土地确权登记颁证工作】

年内，怀柔区2877宗集体建设用地使用权宗地，经过逐宗梳理、逐宗核实、逐宗确认，对198宗符合颁证条件的宗地，纳入颁证程序，报请区政府批准登记并颁发证书。对不符合确权条件的宗地，经过认真分析梳理，逐宗找出不符合确权条件的原因，逐宗记录成册。目前各项数据分析、汇总详实准确，验收工作已于12月23日完成。

【村庄地籍调查试点工作】

按照市局《北京市农村村庄地籍调查试点工作方案》和试点工作培训会相关要求，完成怀柔区桥梓镇口头村村庄试点地籍调查488宗，其中宅基地453宗、集体建设用地35宗，调查面积约11.8公顷。实现逐家逐户、全面细致掌握宅基地及地上物、构筑物情况。现入户调查、外业测绘和宗地出图等工作均完成市局下达的任务目标。

【不动产登记工作】

11月9日不动产登记颁证工作正式启动以来，不动产登记系统运行正常，业务办理合理有序，大厅秩序平稳，公众知晓率逐步提高。

【土地执法监察】

年内，共完成动态巡查3100多人次，巡查行程15.8万多公里，覆盖辖区内285个行政村。发现涉嫌土地违法行为217次，下发责令停工通知217份。

积极组织开展国土部2014年土地矿产卫片执法监督检查工作。怀柔区2014年度土地卫片新增建设用地137宗，占地总面积116.85公顷，占用耕地面积47.62公顷（含可调整地类，下同）。其中：合法用地18宗，占地总面积19.85公顷，占用耕地面积15.72公顷；违法用地119宗，占地总面积97.0公顷，占用耕地面积31.9公顷。怀柔区违法总面积全市排名第10，违法占耕地面积排名第7，一般违法占地面积排名第13，一般违法占耕地面积排名第10，计入问责的违法占用耕地面积占新增建设用地占用耕地总面积的比例为5.86%，全市排名第8。

年内，通过卫片执法检查、动态巡查、群众举报等各种渠道发现的违法违规用地共立案调查55宗，面积29.8公顷，其中耕地3.5公顷，已全部下发处罚决定书。申请法院强制执行31宗。

加强小产权房和高尔夫球场清理监管工作。严格控制新增、新建和续建续售等行为，实现了2010年以来小产权房无新建续建续售行为。积极配合相关部门做好高尔夫项目的清退工作，完成高尔夫球场退出整改工作，退出类球场一个，整改类球场一个，基本完成验收工作。

认真做好行政复议、行政诉讼应诉和法律法规宣传工作。全年办理行政复议案件3件，行政诉讼案件7件。利用“4.22世界地球日”“6.25全国土地日”“12.4法制宣传日”进行法律法规宣传，在全区20余块LED显示屏滚动播放宣传片10000余次，悬挂横幅50余条，制作宣传展板42个，发放宣传品3万余件。

认真做好信访和矛盾调处工作。

12336违法线索举报全年受理并办结91件，其中属实60件，不属实31件。

严格开展案件审理工作。全年集中召开案件集体讨论会6次，审查各类案件42个。

做好业务档案归档工作，全年整理并数字化档案52本。

【信息化工作】

年内，完成市国土局档案馆系统设备购置、部署工作。完成办公软件正版化工作。完成分局机关监控系统升级改造工作。完成不动产登记中心网络设备配置工作。协助完成监管平台行政审批－地籍子系统的调研、深化、运维等工作。完成正版软件统计、县级国土资源政务信息网上公开检查、全国政府网站普查、信息化需求调研以及国土资源信息化“十二五”规划总结和“十三五”发展需求调研提纲工作。完成汛期、节假日应急视频会议保障工作。

【矿产资源概况】

怀柔区矿产资源较为丰富，有固体矿产资源、矿泉水、地热资源等类型。其中已发现的固体矿产有四大类、八亚类，三十多个矿种。历代已开采的矿种有金、银、铜、铁、钼、萤石、粘土、石灰石、花岗岩等十余种。目前全区有矿山企业4个，开采矿种有铁、水泥灰岩、矿泉水等。

【矿产资源开发管理】

按照北京市政府关于固体矿山企业的总体要求，怀柔区从2004年6月起不再批设新的采矿权，对现有矿产企业不断加大管理力度。截至年底，全区共有矿产企业4个，其中铁矿1家、矿泉水2家、水泥灰岩矿1家。其中正常生产的有乐百氏（广东）饮用水有限公司、北京大唐庄园饮品有限公司；北京兴发水泥有限公司因企业转型，8月后即停产。北京前安岭铁矿近几年来也一直停产。年内，共收取企业矿产资源费用111290.84元，其中矿产资源使用费4000元。

【地质灾害防治】

年内，突发性地质灾害隐患点共715处，地质环境点840处，其中地质灾害隐患点包括崩塌420处，泥石流223处，不稳定斜坡66处和滑坡6处。按威胁对象的不同可分为四大类：险村险户、道路、景区和其他（农田和空房）隐患点。险村险户隐患点共计227处，涉及怀柔区11个乡镇，86个行政村，5028人；道路隐患点319处，涉及国道G111怀柔段，怀柔区各省道、县乡道沿线及其他各类乡村道路；景区隐患点共计73处，涉及怀柔的数十个景区及景区范围内的部分度假村、饭店等；其他类型（农田和空房）隐患点共计96处，涉及怀柔区10个乡镇及50个行政村。按照市局及怀柔区有关工作要求，结合本区防汛工作特点和以往汛期地质灾害的基本做法，进一步健全和完善了地质灾害预案、方案、责任制等制度建设，并提高工作标准和要求，细化工作环节。及时通过下发文件、召开会议、实地检查、隐患点再排查、加强监测和值守、细化预警预报传送方式、开展应急演练等多种方式，强化地质灾害易发区域的防治工作，落实各项防治措施。同时，还通过发送地质灾害预防指南、宣传图册、手册、折页等形式，大力宣传普及地质灾害防治政策法规以及预防、避险、自救和互救等地质灾害防治知识和自我防护意识，提高了应对能力。

【地质灾害治理项目】

年内，完成地质灾害治理工程3个，项目总资金1142万元，分别是密云水库周边废弃铁矿矿山环境治理（四道沟治理区）、宝山镇牛圈子西沟泥石流治理项目和九渡河镇撞道口村泥石流治理项目。通过治理，减轻或消除了地质灾害隐患给周边群众带来的生命财产威胁。

【矿产勘查储量】

年内，按照市国土局矿山储量动态管理工作要求，北京兴发水泥有限公司委托北京市地质工程设计研究院对其所属的制碱用灰岩矿区进行年度检测工作。按时报送《北京市怀柔区北京兴发水泥有限公司石灰石2015年度矿山储量年报》。北京怀柔前安岭铁矿有限公司因本年度停产，因此未进行矿山储量动态检测工作。

【行政服务事项办理】

年内，共办理行政服务事项12件，其中建设用地压覆重要矿产资源核查9件，地质灾害危险性评估备案3件。按照市国土局要求，自6月1日起，怀柔分局地质灾害评估备案事项被取消。

【国土宣传与信息工作】

年内，共整理科级单位报送信息715条，整理编辑多头采用1207条。其中：国土部动态转载2条；市政府《昨日市情》采用1条；《北京土地》采用3条；市国土资源信息动态采用565条；市局办公室《国土资源信息》等部门采用24条；区委办《怀柔信息》采用24条，其中副区长刘久刚批示信息1条；怀柔网、怀柔报、电视台等采用21条。编辑《怀柔国土资源信息》89期，刊登长、短信息573条、图片257张。

【信访工作】

年内，共接到各类信访诉求142批/件次，包括咨询33批86人次、市区批转件27件和局长信箱32件，北京市网上信访信息系统50件，现已全部得到妥善办理。共办理12336举报电话91件。

【大事记】

1月8日，市国土局副总规划师、矿开处陈一昕处长，肖远副处长、杜黎明副处长一行来怀检查非煤矿山安全工作。针对辖区内前安岭铁矿和兴发水泥2家矿山企业安全生产及生活状况，检查组分别到矿区实地进行查看，并强调了两节期间安全工作的重要性。

2月9日，市国土局副局长谢俊奇、纪检监察处孟庆秋处长参加怀柔分局党员领导干部民主生活会。怀柔分局党组书记周相民同志主持会议并代表领导班子作对照检查发言。怀柔分局党组副书记、局长孙宪海同志代表领导班子就群众路线教育实践活动整改落实情况进行通报；领导班子成员分别做个人对照检查发言，并相互间开展批评与自我批评。

5 月 20 日，市局纪检组长金兴利带队，副巡视员周旭峰、办公室主任高英军、地环处处长于秀治等领导来怀调研指导工作。听取了怀柔分局党组书记周相民、纪检组长胡海伶、副调研员王冬对分局基本情况、主要工作开展、党风廉政建设和地质灾害防治工作情况的汇报。

北京市国土资源局密云分局

【土地资源概况】

密云区位于北京市东北部，是北京市远郊区，坐标为北纬40°14′—40°48′，东经116°41′—117°30′。北部、东部与河北省承德市滦平县、承德县、兴隆县接壤；西部、南部与本市怀柔区、顺义区、平谷区毗邻。密云区辖17个镇，2个街道，1个地区，334个行政村和92个居委会。

密云区辖区面积222592.14公顷，土地利用现状面积详见表4-13。

表4-13　　2014年北京市密云区土地利用现状汇总　　单位：公顷

土地调查面积	222592.14
耕地（01）	17478.51
园地（02）	29327.68
林地（03）	130044.47
草地（04）	2317.65
城镇村及工矿用地（20）	14004.63
交通运输用地（10）	3252.67
水域及水利设施用地（11）	22371.19
其他土地（12）	3795.34

【机构设置】

北京市国土资源局密云分局（简称密云分局）内设办公室（政工科）、地籍科（综合科）、耕地保护科、土地利用科、地质矿产科、财务科、纪检监察科7个职能科室，编制28人，实有27人。下设土地整理储备分中心、不动产登记事务中心、土地利用事务中心、执法监察队、北京市国土资源局密云分局第一、二、三、四、五、六国土资源管理所等10个事业单位。事业单位编制103人，其中参公编制15人，实有13人；规范管理编制15人，实有14人；事业编制73人，实有72人。

密云分局领导班子：

局长　党组副书记　　孙全春

副局长　党组书记　　刘娜（女）

副局长　党组副书记　　王国辅
副局长　　　　　　　　张义臣
纪检组长　　　　　　　潘连筠
副局长　　　　　　　　马建国

【土地整治专项规划】

密云县土地整治专项规划经过密云分局编制、县政府论证、市国土局审查、密云分局修改完善等一系列过程后，于2014年1月经市国土局正式批复同意。该政策的实施有利于土地利用总体规划目标的落实，解决了密云县耕地用地指标不足的难题，同时推进了农村制度改革，实现密云县土地整治效益的最大化。

【建设项目用地预审】

年内，完成建设用地预审项目20个，总用地面积193.28公顷。其中：农用地133.11公顷，建设用地37.84公顷，未利用地1.28公顷。为2015年平原地区造林、京津风沙源治理二期工程等32个项目出具了预审意见复函。

【征地及农用地转用项目用地管理】

年内，完成农用地转用工作4个项目，为公益性建设项目3个，总用地面积21.19公顷，其中占用耕地14.83公顷，按占用耕地先补后占原则完成补充耕地并将补充耕地资金上缴财政。办理建设用地批准书2件。

【土地整理及耕地占补平衡】

年内，对5个土地开发整理项目进行验收，新增耕地约173.33公顷。666.67公顷高标准基本农田项目进展顺利。

【土地供应计划及实施】

年内，按照国土资源部《划拨用地目录》和市国土局《实施〈划拨用地目录〉细则》的要求，为密云县体育局1个项目核发了划拨决定书，用地总面积6.86公顷。

【保障性住房用地供应】

年内，完成保障性住房即限价商品房供地任务2公顷，以配建方式落实在密云县原富帛公司收储项目范围内，该地块于5月5日以挂牌方式入市交易。

【土地市场交易】

年内，完成土地供应3宗，总面积约20.64公顷，建筑规模19.64万平方米。土地总成交价款15.82亿元，含土地开发成本4.57亿元，政府收益11.25亿元。其中：经营性用地项目2个，总用地面积15.63公顷，建筑规模15.29万平方米，总成交价款15.46亿元，含土地开发成本4.37亿元，政府收益11.09亿元（含城后街项目异地建设保障房2500万元）；工业用地1宗，用地面积5.01公顷，建筑规模4.35万平方米，土地总成交价款0.36亿元，含土地开发成本0.20亿元，政府收益0.16亿元。

【土地储备开发】

年内，在施土地储备开发项目20个，总用地面积312.17公顷，规划建设用地183.83公顷，建筑规模308.74万平方米。分中心为主体项目12个，用地总面积276.95公顷，以企业为主体项目8个，用地总面积35.22公顷。

【地籍管理】

年内，办理土地权属审查26宗，涉及土地面积85.54公顷。处理权属争议15件。在季度变更调查的基础上，完成年度386个图斑的核查工作。完成集体建设用地使用权确权颁证工作，确权1896宗，总面积1613.70公顷，发证569宗，总面积229.13公顷。

【不动产登记】

本年度办理国有建设用地使用权登记发证78宗，土地总面积110.78公顷。办理国有建设用地使用权抵押登记87宗，土地总面积169.87公顷，贷款金额35.3亿元。

11月9日开始颁发统一的不动产权证书，年内，共颁发不动产权证书1376本，土地总面积21.61公顷，房屋总面积13.77万平方米。办理不动产抵押登记757件，抵押土地总面积81.05公顷，贷款金额24.3亿元；抵押房屋总面积7.19万平方米，贷款金额10.13亿元。

【宅基地报批】

年内，受理密云县北庄、溪翁庄、冯家峪、穆家峪、高岭、大城子6个乡镇、13个行政村20户村民宅基地申请，用地面积0.323公顷。按照审核规定对所有新增宅基地申请户的申报材料进行内业审核，对符合申报规定的，现场进行拟定选址的规划和现状地类核实工作，经内业审核，外业踏勘核实报区政府批准办结。

【土地执法监察】

年内，立案查处违法用地92件，移交违法建设案件76件，申请强制执行76件。按时办理12336违法举报128件。严厉打击非法开采运输矿产资源行为，全年查扣盗采盗运机械、车辆8台（辆），立案处理6辆，上缴罚款13.5万元。

【矿产资源概况】

密云县矿产资源丰富，金属矿物有铁、金、银、钨、铬、铅、锌等，其中铁矿已探明储量9.67亿吨，占全市铁矿总储量98%，其主要分布在密云水库周边地区，包括太师屯、不老屯、高岭、巨各庄、冯家峪、石城、穆家峪7个镇。非铁矿以砂石、石灰石为主，其中砂石储量最大，主要分布在潮白河流域、西田各庄镇、十里堡镇等地。

【地质勘查储量管理】

年内，组织密云县域内5家铁矿企业编制《矿山储量年报》，并组织专家进行评审。

【矿产资源开发管理】

年内，完成密云县区域内7家矿产资源企业年度矿产资源开发利用年检工作，并进行现场检查，合格率100%。对5家县属铁矿企业进行了是否存在超层越界开采行为的检查工作，未发现越界开采行为。收缴本年度矿产资源补偿费180万元，采矿权使用费0.95万元。

【地质灾害防治】

密云县大部分山区乡镇均位于地质灾

害易发生区，通过逐级建立落实防灾责任制，严格执行地质灾害险情巡查、灾害应急调查、灾情速报等制度，同时指导各镇开展地质灾害防治工作，树立警示牌、组织避险演练、发布避险提示短信、设立群测群防员，建立隐患台账，落实“七包、七落实”政策，开展宣传教育，向受地质灾害威胁群众发放地质灾害防治明白卡，提高群众防灾避险意识。认真实施地质灾害治理项目，并组建由密云分局工作人员和专家技术人员构成的应急调查队，最大限度保障群众生命财产安全。

【矿山环境治理】

年内，完成2012年立项的密云水库周边废弃矿山治理项目4个治理区的验收工作。2014年立项的2个治理区和1个清洁空气计划项目完成招投标工作。

【信访接待】

年内，接待土地问题群众来访198批605人次，其中5人以上（含5人）集体访12批65人次。办理非紧急救助和局长、市长信箱来件319件。

【调研课题】

年内，完成《关于密云县村庄地籍总调查相关问题的研究》的调研报告，并通过外业调查、内业整理，经市级验收，总结区县级试点工作方案、试点数据库建设方案等方案、报告、记录共18本，数据光盘1张。整理村庄地籍调查档案941卷。生成调查工作底图、村庄地籍图等各类图件28幅，村庄地籍调查（宅基地）统计清册等表格清册10套，并以市国土局颁布的村庄地籍调查建库标准和规范为依据，建立村庄地籍调查试点数据库，对宅基地、集体建设用地使用权进行了扫描录入，对现有地籍数据库进行更新，完成农村村庄地籍调查试点工作数据库系统的建设。

【大事记】

1月16日，密云分局党组为进一步贯彻落实党风廉政建设责任制党组的主体责任、纪检组的监督责任，将两个责任落到实处，制定《关于落实党风廉政建设党组主体责任、纪检组监督责任的实施办法》。

1月23日，密云分局在国土资源部于2013年开始的地质灾害防治高标准“十有县”建设中，已顺利通过验收，成为全国第一批高标准“十有县”建设达标单位。

5月8日，刘娜任密云分局党组书记、副局长职务。

5月13日，市国土局纪检组长金兴利、副巡视员周旭峰以及矿开处一行人员到首云矿业股份有限公司调研，实地查看了露天采矿场、首云国家矿山公园、指挥调度中心，并到井下检查了地下开采和井下排水设施情况。

5月14日，密云分局联合密云县水务局、密云县气象局举办2015年防汛知识培训会。全县151名镇、村地质灾害群测群防员、100余名小水库塘坝管理员参加了培训。

5月28日，市国土局周旭峰副巡视员与地环处一行人员到密云县检查2015年地质灾害防治工作。检查组实地查看了北庄镇北庄村达峪沟地质灾害隐患点和避险场地情况，密云分局、镇政府汇报了地质灾害防治准备工作。

6 月 15 日，密云分局为进一步提高党员干部廉洁自律能力，增强预防职务犯罪意识，组织党员干部 60 余人到密云县反腐倡廉警示教育基地参观学习，接受廉政教育。

6 月 29 日，密云分局组织全体党员赴古北口抗战纪念馆开展“追寻先烈足迹、践行‘三严三实’”主题党日教育活动。

7 月 29 日，密云县副县长李光辉主持召开专题会议，研究部署密云县不动产登记职责整合工作。密云分局局长孙全春汇报了市政府和市国土局关于不动产登记职责整合工作会议精神及《密云县不动产登记职责整合工作方案》。

9 月 16 日，密云分局召开“为官不为，为官乱为”专项整治工作检查动员会，密云分局局长孙全春主持会议，市国土局纪检监察员王学军做报告，分局领导班子全体成员参加会议。

10 月 23 日，密云分局组织中国农业大学专家及密云县水务局、密云县农委、密云县财政局等相关单位，召开了密云县 2013 年土地整治项目竣工验收会，对密云县 2013 年投资建设的“北京市密云县太师屯镇小漕村等五个村土地开发项目”“北京市密云县高岭镇高岭屯村等五个村土地整理项目”“北京市密云县不老屯镇燕落村等六个村土地开发项目”“北京市密云县穆家峪镇西穆家峪村等三个村土地整理项目”和“北京市密云县西田各庄镇白道峪村等 6 个村土地整理项目”5 个开发整理项目进行验收。

11 月 9 日，北京市密云区不动产登记中心正式挂牌，不动产登记中心统一登记颁发新的不动产登记证工作正式启动。

北京市国土资源局延庆分局

【土地资源概况】

延庆县地处北京市西北部。坐标为北纬 40°16′—40°47′，东经 115°44′—116°34′。东、南与怀柔区、昌平区相邻，西、北与河北省怀来县、赤城县接壤。辖区设 15 个乡（镇）。

延庆县辖区总面积 1994.8848 平方公里（199488.48 公顷），地类数据详见表 4－14。

表 4－14　　**2014 年北京市延庆县土地利用现状汇总**　　单位：公顷

土地调查面积	199488.48
耕地（01）	28333.61
园地（02）	10639.38
林地（03）	135500.53
草地（04）	2744.22
城镇村及工矿用地（20）	9434.49
交通运输用地（10）	3540.60
水域及水利设施用地（11）	6411.71
其他土地（12）	2883.94

【机构设置】

北京市国土资源局延庆分局（简称延庆分局）内设办公室（财务科）、地籍科（地质矿产科）、土地利用科（耕地保护科）、综合科、纪检监察科（政工科）5 个职能科室。下设北京市延庆区不动产登记事务中心、北京市延庆区土地利用事务中心、北京市土地整理储备中心延庆区分中心、北京市延庆区国土资源执法监察队、北京市国土资源局延庆分局第一、二、三、四、五、六国土资源管理所 10 个事业单位。分局人员编制 145 人，其中机关行政编制 23 人，机关工勤编制 2 人，事业编制 120 人。

分局领导班子：

党组书记、局长　　刘亚利
党组成员、副局长　　徐　智
党组成员、副局长　　房秀利
党组成员、纪检组长　　孙仲军

党组成员、副局长　　李淑华（女）

【土地利用总体规划】

年内，延庆县土地利用总体规划调整完善工作启动。其中完成了土地利用总体规划实施评价工作。

【建设项目用地预审】

年内，共办理建设项目用地预审21件。

【征地及农用地转用项目用地管理】

年内，完成农转用前期工作及集体土地征收前期工作共10宗，涉及面积33.84公顷；完成征地结案3宗，批准用地面积56.94公顷，落实征地补偿费8749.32万元。

【土地整理及耕地占补平衡】

年内，完成高标准基本农田建设项目工程验收7个，涉及7个乡镇，总建设规模为0.897万公顷，总投资为26192.42万元，涉及基本农田面积为0.61万公顷。年内，完成土地整治项目工程验收10个，总建设规模为572.04公顷，总投资为9652.37万元，拟新增耕地面积147.34公顷，其中市财政投资项目3个，社会投资项目7个。年内，完成7个建设项目的耕地占补平衡工作，共补充耕地23.67公顷，政府收益共7762.69万元，其中为外区县建设项目补充耕地4个，为全县建设项目补充耕地3个。

【土地供应计划及实施】

《北京市2015年度国有建设用地供应计划》分解到全县的约束性指标共计8公顷，其中：商品住宅4公顷，商服用地1公顷，保障性住房3公顷。

商品住宅及保障性住房用地计划在延庆新城05街区05－037、05－043地块土地一级开发项目中落实；商服用地计划在延庆县四海镇四海村北门外（四海印刷厂）国有土地收储项目、延庆县四海镇四海村（四海镇政府）国有土地收储项目中落实。

年内，完成第七幼儿园项目、官厅水库防汛及水资源调度管理中心项目、延庆县垃圾综合处理工程项目的划拨供地手续，3个非经营性用地项目供地面积共计4.36公顷。

【保障性住房用地供应】

延庆县2015年度保障性安居工程用地供应计划落实总量3.13公顷，其中公租房（含廉租房）用地0.09公顷，定向安置房用地3.04公顷，计划在延庆新城05街区05－037、05－043地块土地一级开发项目中落实。

【土地储备开发】

全年土地一级开发项目15个，其中2014年结转项目13个，2015年新增2019北京世界园艺博览会等项目3个，撤项1个。在施土地面积522.44公顷，规划建筑规模286.57万平方米。新增项目总用地面积163.02公顷，规划建筑规模61.9万平方米。撤项项目用地面积8.13公顷，规划建筑规模9.76万平方米。

【地籍管理】

年内，延庆县完成永宁镇狮子营村农

村村庄试点外业调查工作。共调查了187宗地，面积87168.05平方米。其中村庄宅基地178宗，面积65370.88平方米；村集体建设用地5宗，面积4902.77平方米；村集体建设用地道路4宗，面积16894.40平方米。共调查房屋390幢，占地面积20101.93平方米，房屋建筑面积20283.95平方米；完成率达到100%。

【不动产登记】

年内，完成了不动产统一登记职责机构整合工作。延庆县不动产登记事务中心于2015年11月9日挂牌，不动产登记证正式启用。

年内，完成国有土地使用权登记39宗；完成国有土地使用权抵押登记61宗，抵押金额200336万元；完成国有土地使用权抵押注销登记32宗，抵押金额85403万元；完成国有土地使用权抵押变更登记2宗，抵押金额7839万元。完成不动产权登记613宗、不动产登记证明581宗。

【土地执法监察】

年内，通过动态巡查共发现违法用地行为74宗，均现场制止并责令停止违法行为，且全部下达《责令停止违法行为通知书》。共立案查处违法占地和矿产违法案件15起，罚款共计179.66万元，其中：违法占地案件8起，罚款共计173.66万元；矿产违法7起，没收违法所得共计6万元。

年内，执法监察远程视频监控系统完成建设。系统共安装建立了60个视频监控点，涵盖了延庆县延庆镇、张山营镇、旧县镇等14个乡镇，每个监控摄像头理论上能够监控半径为3公里的区域，全县耕地监控覆盖率达95.2%，基本农田监控覆盖率达97.2%。

【信息化建设】

年内，实施了全市不动产统一登记信息系统建设，完成房屋、地籍信息系统升级改造工作。年内，市国土局综合监管移动平台在工作中进一步应用，信息化载体已融入日常工作。

【矿产资源情况】

延庆县固体矿山企业已于2008年全部到期关闭，其采矿许可证已全部注销。截至年底，延庆县还有1家矿泉水开发利用单位、4家地热探矿权单位、4家地热采矿权开发利用单位。

【地质勘探储量管理】

年内，完成13件建设项目是否压覆重要矿产资源核查工作。

【矿产资源开发管理】

年内，完成1家矿泉水采矿权年度检查工作。

【地热资源管理】

年内，完成4家地热探矿权初检工作；完成4家地热采矿权年度检查工作。

【地质灾害防治】

年内，共调查各类地质灾害隐患点563处。年内，新增千家店镇六道河村崩塌隐患点1处，涉及4户，12人，20间房屋。

年内，延庆县完成永宁镇王家堡村、

井庄镇箭杆岭村不稳定斜坡地质灾害治理项目。刘斌堡乡小吉祥、下虎叫村灾害治理工程、珍珠泉乡水泉子村南沟门泥石流灾害治理工程进入工程招标阶段。香营乡上垙、山底下、屈家窑村治理项目、旧县镇盆窑村治理项目、珍珠泉乡八亩地治理项目完成勘查设计方案评审。

全年发生5起崩塌事件，崩塌土石方共约621立方米，均无人员伤亡情况。共发布地质灾害气象风险预警信息2次，均为蓝色预警。

【信访工作】

年内，信访来访61批次，282人次，其中集体访16批次，240人次，未出现重复访、重大访情况。接到12336国土资源违法线索热线举报80件，属实或部分属实51件（其中轻微违法11件，挖砂盗采9件，一般违法31件），均按期处理。通过12345接到举报18件，均已答复。

【大事记】

3月18日，市颁证办对延庆县农村集体建设用地使用权确权登记颁证工作进行了检查验收。

8月31日，延庆分局召开全县15个乡镇土地利用总体规划调整完善工作专题会和冬奥会与土地利用总体规划的前期衔接座谈会。延庆县15个乡镇的主管领导和冬奥会相关的8个单位主管领导参加了会议。

9月14日，市政府同意2019年中国北京世界园艺博览会土地一级开发项目新增，由北京世园投资发展有限责任公司作为世园会项目一级开发主体。该项目总用地面积约375.71公顷，规划建筑规模约58.58万平方米。

9月21日，市国土局授权北京世园投资发展有限责任公司作为主体组织开展2019年中国北京世界园艺博览会土地C、F地块的一级开发工作。

9月24日，2019年中国北京世界园艺博览会土地一级开发项目（C地块）（F地块）取得土地储备前期整理规划条件。

9月4日至10月4日，2019年中国北京世界园艺博览会园区涉迁村庄全部完成拆迁协议签订工作。共涉及谷家营、李四官庄两村、712处宅院（1034户）。

11月3日，北京世界园艺博览会围栏区非住宅拆迁动员培训暨廉政风险防范工作会议在延庆县延庆镇政府召开。

11月9日，延庆县按照全市统一部署，启用新的不动产登记簿证。副县长魏怡为延庆县第一本不动产登记证权利人颁发了证书。

11月11日，2019年中国北京世界园艺博览会土地一级开发项目（C地块）（F地块）完成立项。

11月15日，北京世界园艺博览会围栏区内延庆县延庆镇谷家营、李四官庄两个村非宅基地拆迁完成全部签约工作，签约率达到100%。

11月18日，市颁证办来延庆检查村庄地籍调查试点工作，对延庆分局村庄地籍调查试点工作给予肯定。

11月20日，国土资源部整治中心召开“十二五”高标准农田建设综合成效评估试点工作专题会。会议对延庆县试点工作进行部署。

12 月 4 日，延庆分局执法监察远程视频监控系统完成建设。系统共安装建立了 60 个视频监控点，涵盖了延庆县延庆镇、张山营镇、旧县镇等 14 个乡镇，全县耕地监控覆盖率达 95.2%，基本农田监控覆盖率达 97.2%。

12 月 16 日，北京市农村颁证办到延庆县对农村试点村庄地籍调查数据库成果进行检查。通过检查，延庆县颁证办对检查组提出的问题现场进行了整改。

12 月 23 日，北京市农村集体建设用地使用权确权登记颁证工作成果验收会在北京会议中心召开。延庆分局代表延庆县作了典型发言。市颁证办验收组对延庆县农村集体建设用地使用权确权登记颁证工作给予充分肯定，予以通过验收。

北京市国土资源局经济技术开发区分局

【土地资源概况】

北京经济技术开发区（简称经济技术开发区分局）目前对北京东南部地区约57平方公里的区域实施经济管辖，其管理范围如下：

1994年8月25日国务院《关于同意设立北京经济技术开发区的批复》（国函〔1994〕89号）批准开发区规划面积10平方公里，四至范围为：东到东环路，南到新凤河，西至凉水河，北至北环路。

2000年8月22日，《关于对北京经济技术开发区启动北侧绿化带隔离带绿化试点工作的批复》（京国土房管权字〔2000〕第234号）批准开发区启动北侧绿化隔离带试点工作，绿化带内建设用地涉及有偿使用的，出让合同由开发区管委会房地局签订，土地置换等房地报批手续，可由开发区房地局统一办理，开发区管委会保证北侧绿化带的实现。2001年7月3日，《关于北京经济技术开发区北侧绿化隔离地区土地置换的批复》（京政地〔2001〕92号）同意由开发区管委会实施北侧绿化带拆迁安置及绿化工作，组织实施498公顷绿化隔离地区的土地置换方案，通过土地转换和整理后，将原零星分散的建设用地都整理到北侧绿化带南部，绿化用地则集中到北部。至此，北侧绿化带总用地面积4.98平方公里，南起开发区北环路北红线，东至京津唐高速公路西红线，北至规划公路一环，西至凉水河东岸纳入开发区管理范围。

2002年8月8日，《关于北京经济技术开发区扩大发展用地的复函》（外经贸资开函〔2002〕779号）和《北京市人民政府关于北京经济技术开发区扩大发展用地的通知》（京政发〔2003〕10号）批准开发区在一期15.8平方公里的基础上向京津唐高速路东和凉水河以西扩展，其中：京津唐路以东约14平方公里，四至范围为：京津唐路以东，大羊坊路以南，大羊坊路及通马路以西，凉水河以北；凉水河以西约10平方公里，四至范围为：凉水河以西，旧头路以东，六环路及新凤河以北。

2010年，根据《北京市人民政府关于同意授权北京经济技术开发区管委会统一开发和管理亦庄新城范围内大兴区12平方公里产业及配套用地的批复》（京政函〔2010〕59号），北京市人民政府同意授权北京经济技术开发区管理委员会按照《北京经济技术开发区条例》和《北京市人民政府关于实施〈北京经济技术开发区条例〉办法》，统一开发和管理亦庄新城范围内大兴区 12 平方公里产业和配套用地。

【机构设置】

北京市国土资源局经济技术开发区分局（简称经济技术开发区分局）下设四个事业单位，分别是开发区土地整理储备分中心、物业管理办公室、不动产登记事务中心以及住房保障事务中心，承担着开发区内国土资源管理、不动产登记发证、房地产市场管理工作以及区内房地产中介机构和物业管理单位的资质审核工作和住房保障管理工作。

经济技术开发区分局领导班子：

局　长　　　王俊杰

书　记　　　尚健明

副局长　　　张　丹

【建设项目用地预审】

年内，共完成建设项目用地预审 5 宗，面积 19.61 公顷，拟用地用途均为公共管理与公共服务用地，其中确定以无偿方式供地 3 宗，面积 17.03 公顷；确定以有偿方式供地 2 宗，面积 2.58 公顷。

【土地供应计划及实施】

年内，计划供地面积 145.98 公顷，其中：交通运输用地 5 宗，4.3 公顷；公共管理与公共设施用地 5 宗，面积 17 公顷；工矿仓储用地 16 宗，面积 68.37 公顷；商服用地 8 宗，面积 27.74 公顷；住宅用地 10 宗，面积 28.57 公顷，其中：商品房用地 5 宗，面积 20 公顷，公租房用地 5 宗，面积 8.57 公顷。

为有效推动京津冀协同发展规划纲要的实施和落实首都城市功能战略定位的精神，2015 年开发区土地供应以“减量发展、节约集约”为土地供应导向，工业用地需符合北京市出台的《北京市新增产业的禁止和限制目录（2015 年版）》要求，供应数量较上年有较大下降，完成计划的 11.25%。

【土地交易市场】

年内，共计出让土地 2 宗，面积 12.6 公顷，全部为工业仓储用地；划拨公共管理与公共设施用地 1 宗，0.6 公顷。开发区 2015 年供地面积为 13.2 公顷。

【地籍管理】

年内，发放国有土地使用证 41 件，其中初始登记 19 件，变更登记 22 件。

全年开发区应发证数为 856 件，已发证数为 856 件。应完成初始登记宗数为 661 宗，已完成初始登记宗数为 661 宗。

开发区内各宗地土地使用权基本没有历史遗留问题，新供土地权属也比较明晰，年内，经济技术开发区分局未受理和处理过土地使用权争议的调解申请。

按照市国土局要求，经济技术开发区分局已将 2005 年后的土地初始登记结果在网上公示，方便企业查询。申请登记查询的业务主要涉及抵押登记信息查询和查封信息查询，全年查询 88 次，累计查询次数为 468 次，与上年同期查询量基本持平。

年内，共受理权属审查申请 3 件，办结 3 件，为开发区社区服务中心、经海路派出所、巡防大队等重点项目加快建设提供了服务保障。

【不动产登记】

年内，经济技术开发区分局遵照上级指示，实施不动产统一登记制度。本年度共办理各类业务21877件（不含咨询和数字化），其中：

初始登记71件，总建筑面积约181.0万平方米。

转移登记6851件，总建筑面积约112.6万平方米。

变更登记204件，总建筑面积约100.73万平方米。

抵押登记6262件，总建筑面积约701.35万平方米。

抵押注销登记1850件。

预告登记24件，总建筑面积约0.29万平方米。

本年度共办理司法查封394件，查封房屋1486套，其中：首封182件，325套；续封50件，174套；轮候查封162件，987套。解除查封135件，183套。本年度共办理行政限制72件，79套；行政限制注销34件，39套。

本年度办理房源核验2511件，注销核验103件。办理存量房网签801件，办理资格审核685件，注销网签214件。

本年度共办理经纪机构（注册在开发区）备案4个，变更12个，注销2个。办理分支机构备案13个，变更11个，注销13个。

本年度共办理机构身份证明备案登记129个，其中房地产开发企业13个，金融机构110个，典当企业6个。

档案数字化12576卷，467982页。其中：房屋登记档案11758卷，406735页；土地出让及登记档案672卷，58286页；经纪机构备案146卷，2961页。

年内完成房屋落宗审核3378幢，为不动产统一登记实施创造了良好的基础。

【信息化建设】

年内，应用市国土局综合监管平台信息发布子系统，实现开发区分局外网网站、市国土局内网网站、政府信息公开子站信息同时发布。全年主动公开政府信息92条，更新发布工作动态16件，统计信息7件，建设项目用地预审5件，国有土地使用权登记8件，土地划拨结果公告1件，土地使用权出让2件。

【信访工作】

年内，经济技术开发区分局共收到区纪工委、监察局转来的政风行风热线业务投诉5件，北京市非紧急救助服务中心转来的诉求件49件，均及时给予了回复。在处理群众的信访、投诉件时，努力做到一事一答复，不拖延不推卸，所有事项均按照规定期限答复，未出现一例延时。实现政府非紧急救助信访问题100%答复。

【大事记】

11月9日，北京市实施了不动产统一登记制度。当日，经济技术开发区分局向权利人颁发区内第一本不动产权证书。

截至年底，在经济技术开发区分局的大力推进下，土地督察涉及的19宗闲置土地中，有18宗共计84公顷开工建设，另1宗未开工项目已与经济技术开发区分局签订出让合同解除协议，收回了土地使用权。

第五部分

学术社团

北京土地学会

【学会概况】

北京土地学会（简称土地学会）成立于2002年7月31日，是北京地区从事土地管理、土地科技、土地经济理论研究的具有社会公益性质的非营利性社会团体。

土地学会内设机构“四部一室”：综合办公室、学术部、培训部、编辑部、咨询部。年内，驻会工作人员6名。土地学会下设8个专业委员会，即土地经济和土地市场专业委员会、土地科普和学科教育专业委员会、耕地保护与土地整理专业委员会、地籍管理和土地信息技术专业委员会、土地利用规划专业委员会、土地价格和土地估价专业委员会、土地法学专业委员会、土地储备开发专业委员会。

年内，新增团体会员28名，截至年底，共有团体会员200个。

【学术交流】

学术论坛。年内，学会组织召开2次主题学术论坛活动。

房地产及金融形势分析学术论坛会。邀请市国土局总规划师丁晓、中国人民银行金融研究处副处长高级经济师李海辉、市住建委城建研究中心副主任倪娜分别就近几年北京市土地市场供应情况、北京市房地产市场主要调控政策、2014年北京市房地产市场运行情况及2015年北京市土地供应思路和房地产市场运行趋势等内容进行了详细剖析与全面解读。

落实首都功能定位　推进节约集约用地第九届北京土地科学管理学术论坛会。邀请市国土局总规划师丁晓、中国土地勘测规划院副总工程师邹晓云、首都经济贸易大学城市学院教授、区域经济学专业博士生导师王德起、市国土局经济技术开发区分局局长王俊杰分别做主题发言。专家从不同角度，就节约集约用地的概念、京津冀协同发展的战略背景与用地空间布局优化、北京市节约集约用地面临的新形势以及北京经济技术开发区有关工业用地节约集约利用的实践和探索等进行了深入论述和探讨，并就北京市与河北省的生态补偿以及京津冀协同发展的模式类型等问题与参会听众进行了互动交流。

学术讲座和学术报告。年内，学会紧跟首都经济发展形势，围绕国土资源管理的前沿热点，依托8个专业委员会优势，邀请著名中国科学院院士陆大道、中国著名经济学家教授周其仁等知名专家、学者，以“京津冀城市群各部分功能定位及协同发展”“中国经济问题和长期趋势”“土地制度与工业化城市化”“推动一带一路建设，惠及各国人民福祉”为主题，共举办4场学术讲座，吸引全市国土系统、会员单位、新闻媒体、科研院所以及其他社会单位等600余人参加。

青年学术论文交流。北京土地青年学术论文交流是学会每年组织的一项品牌学术活动。自2009年始已连续举办六届，年内，土地学会继续在市国土局人事处、科技处、机关党委的支持下，组织开展第七届北京土地青年学术论文交流活动。活动共收到40岁以下青年同志提交的学术论文88篇，经过专家的严格评审，评出一等奖9名、二等奖18名、三等奖26名、鼓励奖35名。同时，在综合评优的基础上，土地学会组织举办第七届北京土地青年学术交流演讲会，由5位一等奖论文获得者进行现场论文交流演讲。演讲会上，由市国土局人事处、科技处、机关党委、研究室、分局与学会领导组成评审组对演讲论文进行评审打分，同时特邀中国农业大学朱道林教授、中国土地学会学术工作委员会副主任兼秘书长、博士许坚研究员担任点评专家，对演讲论文的主题、内涵、不足以及演讲表现等进行了分析与点评。经专家打分，市国土资源勘测规划中心寇宗森、丰台分局林晶获演讲优秀奖。市国土局局长魏成林为获奖选手颁奖并发表讲话。

区域学术交流。参加直辖市土地学会第四次联席会，市国土资源勘测规划中心晋景瑶代表土地学会以《浅析小产权房查处困境与对策建议》进行发言交流；参加中国土地学会城市土地分会秘书长会议；参加中国土地学会城市土地分会主任会议，来自首都经贸大学城市经济与公共管理学院的彭文英教授作为学会代表，以《基于土地承载力的京津冀耕地资源利用与保护策略》为题进行主题发言；参加中国土地学会学术年会，由土地学会推选的《北京市城市开发边界划定问题探析》等11篇论文入选2015年中国土地学会学术年会论文集，其中首都经贸大学彭文英教授撰写的论文《基于土地资源承载力的京津冀耕地资源利用与保护策略》获得“2015年中国土地学会学术年会优秀论文”荣誉称号并进行学术交流。

会员业务交流。学会每年都会例行举办行业业务交流即会员日交流活动。年内，土地学会邀请北京中地华源土地规划设计中心、北京中勘迈普科技有限公司、北京新桃源旅游规划设计有限公司等单位的8名精英代表分别以“城乡建设用地增减挂钩”“摄影测量技术在农村土地承包经营权确权工作中的应用”“土地规划的哲学思维”等为题进行交流发言。

【科普宣传】

重点主题宣传。会同市国土局相关部门组织开展“4·22地球日”“6·25土地日”“北京市科技周”等宣传活动。

科普下乡活动。7月，土地学会会同怀柔区科协，邀请北京师范大学地理学与遥感科学学院赵烨教授，在怀柔怀北镇邓各庄村村委会举办“农地土壤健康及安全管护”科普下乡专题培训讲座，60余位村民认真聆听，并进行咨询交流。

科学家进校园活动。6月，土地学会联合首师大附中永定分校，邀请市地质调查研究院副总工吕金波研究员，举办了题为《神奇地球、美丽北京、地质摇篮门头沟》的科普宣传讲座。首师大附中永定分校高中生约50人参加了此次活动。

【教育培训】

北京土地学会培训中心（简称培训中心）是经北京市教育行政主管部门正式批准的社会力量办学机构。年内，培训中心围绕行业教育培训和职业素质培训共组织培训、研讨活动3次，参与学习培训人数300余人。培训内容涉及北京市地质资料汇交管理、土地利用规划和土地整治等多项业务内容。

【课题研究】

年内，土地学会继续整合资源，主动服务，积极参与国土资源管理中有关问题的研究。完成中关村管委会委托的《中关村示范区存量土地及空间资源利用模式研究》课题和《中关村国家自主创新示范区存量空间资源盘活利用支持资金管理办法》专项委托，以及通州区人民政府园区管理委员会委托的《通州区产业园区土地利用情况研究》等3项课题任务。

【《北京土地》】

《北京土地》为土地学会内部发行会刊。年内，共出版《北京土地》6期，每期1100册，共6600册，《北京土地青年学术论文集》1期，共300册。全年共发表论文90余篇，总计约200万字。内容涵盖地籍管理、国土规划、耕地保护、执法监察、地矿管理等各个方面。

【承担专项工作】

北京市乙级土地规划机构评审推荐和年检工作。乙级土地规划机构评审推荐工作是中国土地学会授权各省级土地学会的专项工作。年内，土地学会工作组根据中国土地学会有关规定，结合《北京市土地规划乙级机构管理实施办法》，组织2批次评审推荐工作，评选推荐18家单位纳入北京市乙级规划机构名录。完成乙级规划机构年检工作，根据乙级规划机构资质基本要求，重点针对企业年度业绩和继续教育学习等情况进行年度检查，120家乙级规划机构通过年检，核发年度资质认证书。

《北京市国土资源年鉴》编纂工作。受市国土局委托协助局研究室，连续9年承担《北京市国土资源年鉴》编纂工作。年内，土地学会抽调精干人员，对年鉴编写工作统一动员，严格部署，加强组织策划，对年鉴框架及其条目不断完善调整；加强教育培训，提高编写人员对年鉴的认知及写作能力；完善工作机制，制定工作计划，合理安排退稿重写、约改、审核校对等工作环节，保证年鉴编写工作的顺利进行。在市国土局主责部门和相关单位的支持下，12月，顺利完成《北京市国土资源年鉴2015》年鉴编撰任务，正式出版500册。截至年底，《北京市国土资源年鉴》累计出版发行4500册。

配合撰写《国土资源管理形势分析报告》工作。受市国土局委托协助局调控监测处继续承担《国土资源管理形势分析报告》编写工作。土地学会积极配合市国土局调控监测处，在市国土局的主导下，成立专项工作领导小组，完善组织机制，明确相关责任部门，明确工作要求；落实专项工作信息报送责任人，建立专项工作信息报送机制；优选落实技术支撑单位，分工负责，共同承担报告的搜集、撰写工作；统筹协调学会各专业委员会，根据需要对形势分析报告进行会商分析。截至年底，完成四个季度的形势分析报告编写任务。

编写《北京市国土资源管理规范用语指导手册》。为实现国土资源管理术语规范统一，受市国土局委托，继续承担《北京市国土资源管理规范用语指导手册》编制工作。年内，围绕《指导手册》的大纲结构、词条设置安排、释义的规范编写等内容先后组织5次专家讨论会，截至年底，已完成《指导手册》初稿。

北京房地产估价师和土地估价师协会

【协会概况】

2004 年 10 月，经北京市社团办批准，北京市国土资源局、在北京市住房和城乡建设委员会、中国土地估价师与土地登记代理人协会和中国房地产估价师与房地产经纪人学会的大力支持和指导下，北京房地产估价师和土地估价师协会（以下简称估价师协会）正式成立。根据章程规定，协会分别于 2007 年和 2012 年召开第二届理事会和第三届理事会换届会员大会。

协会的最高权力机构是会员大会。选举协会理事 69 名，常务理事 35 名。2013 年 12 月，经向社会公开招聘和第三届理事会第二次会员代表大会表决，选举吴芳同志为估价师协会第三届理事会秘书长。截至年底，在北京市从事房地产估价的机构有 141 家，土地评估机构 90 家。估价师协会共有会员单位 156 家。

2011 年 12 月，东城区和平里街道工委正式批准协会成立党支部。经过一年的发展壮大，2012 年 8 月，协会党支部升级为党总支，现有党支部 7 个，正式党员 56 名。

【专项工作】

北京市地价动态监测工作。受市国土资源局委托，估价师协会组织北京市地价动态监测技术承担单位和 4 个分用途主管专家、14 名分区片专家及 63 家机构的 233 名土地估价师，顺利完成了北京市地价动态监测的技术实施工作，具体包括：（1）监测样点、估价师调整等基础工作；（2）每季度完成 465 宗标准宗地地价信息采集，整理、校核、汇总监测数据，测算地价水平值、地价增长率、地价指数等指标，上报监测成果；（3）完成商品房成本调查；（4）季度和年度市场状况分析报告；（5）对住宅、商业、工业、办公 4 大用途地价监测分析及专家技术问题专项研究；（6）监测点地价信息采集；（7）对土地估价师进行监测技术指导和培训，以及其他由市国土局和中国土地勘测规划院委托的任务。提交成果全部达到规划院要求标准。工作成果已在相关网站公示，并应用于北京市地价管理和地价评估等工作中。此外，还协助市局信息中心研发城市地价动态监测系统；对科研用地与同区域办公用地地价进行比较；组织专家对土地二级市场进行研讨等专项工作。

北京市土地评估机构 B 级资信评审工作。年内，经过初审、专家评审、估价报告评审、公示等，经协会第三届第七次常务理事会通过，46 家土地评估机构获得土地 B 级资信。

土地估价师专业考核面谈考评工作。年内，顺利完成土地估价师专业考核面谈考评工作。共有 28 名土地估价师报名参加。经过专家面审，最终有 25 名土地估价师通过专业考核。

房屋征收评估专家鉴定。年内，协会专家鉴定办公室全年共接受社会人士对房屋征收评估的咨询 150 人/次，专家委员会共收到鉴定 28 起，其中基准价格咨询 3 起，非住宅咨询 2 起，其余均为拆迁鉴定。

【教育培训】

年内，组织各类教育培训活动 10 余次，共计 3500 余人次参加。

专业继续教育培训会。年内，估价师协会分别在北京、贵阳、呼和浩特、海口等地举办围绕新版《房地产估价规范》、集体经营性建设用地入市与估价、土地节约集约利用等主题的估价师继续教育培训，培训人数 2500 余人次。

首次举办国际交流培训。年内，成功举办以“转型中的选择”为主题的高峰论坛。本次论坛共有来自 5 个省市的 120 余名估价师参加。

开展网络培训。年内，开放估价师的网络继续教育培训。继续教育的内容主要涉及“房地产市场形势及政策解读、行业自律问题汇总”“集体土地流转政策解读”“美国土地征收拆迁经验介绍”“房地产抵押风险防范”“征收拆迁政策及案例分析”5 方面内容。网络教育共有 600 名估价师参加。

房屋征收拆迁鉴定专家培训会召开。年内，组织 50 余名房屋征收拆迁鉴定专家对征收拆迁评估鉴定工作流程、注意事项等内容进行培训。

【学术交流】

专题研讨会。年内，估价师协会组织召开 4 次北京市地价动态监测形式研讨会。研讨会邀请市国土局相关处室领导、工作人员、国土部勘测规划院及行业内专家一起进行研讨，分析地价动态监测结果及下一季度的形势。

区域学术交流。年内，北京资产评估协会、深圳不动产估价协会、广州市房地产评估专业人员协会、上海市房地产估价师协会、美国评估学会到协会交流学习；参加第九届京津沪渝四直辖市房地产和土地估价行业协会联谊会；参加全国房地产中介服务行业形势及自律管理研讨会。

专业评审。年内，组织近 60 名专家，对北京市的土地估价报告进行评审；组织近 70 名专家，对北京市的 157 家房地产估价机构进行自查工作。对报告出现比较集中的问题，在估价师继续教育中进行讲解，提高估价机构的报告水平。

【课题研究】

专项课题。年内，受市住房和城乡建设委员会委托的《北京市国有土地上非公共利益房屋搬迁政策研究》、《房屋征收拆迁评估机构廉洁自律风险防控研究》两项课题顺利通过专家验收。其中，《房屋征收拆迁评估机构廉洁自律风险防控研究》课题获得市住建委的课题二等奖。

完成房地产和土地价格评估成本费用

调研报告。年内，国家发改委发布《关于放开部分服务价格的通知》（发改价格〔2014〕2732 号）中规定，放开房地产、土地评估收费标准。为避免这一政策给评估机构带来较大的波动，估价师协会组织有关专家，对北京市房地产和土地价格评估成本费用进行调研。经过 3 个月的研究，最终形成《北京市房地产和土地评估成本费用调研报告》，并且在 2015 年第一季度的《北京估价师通讯》杂志中发表。

【内部建设】

年内，召开 4 次会长办公会、2 次常务理事会、1 次理事会和 1 次会员代表大会。组织奥森健跑活动。活动共 25 家会员单位的 230 名从业人员参加。

参与市民政局组织的行业协会评级工作。年内，估价师协会积极参与市民政局组织的行业协会评级工作。经北京市民政局社团办派评估组分别对基础条件、内部治理、工作绩效、财务状况、争先创优、行业影响等方面进行了评审。已经确定估价师协会为 2015 年新一批的 5A 级社团组织，结果公示面向全社会发布。

【党建工作】

估价师协会党总支共有党员 56 名。年内，估价师协会多次参加东城区委、和平里街道工委组织的学习、参观交流活动。估价师协会党总支 7 个支部也分别组织了不同类型的读书学习和参观活动。

第六部分

统计资料

2015 年国土资源主要统计指标分析

【建设项目土地预审情况】

1—12 月，北京市共批复建设用地预审项目 782 个，同比下降 21.17%；拟用地总面积 9421.24 公顷，同比下降 31.51%。其中，建设用地面积 5375.66 公顷，同比下降 17.61%；农用地面积 3705.62 公顷，同比下降 46.80%；未利用地面积 339.96 公顷，同比增加 27.99%（详见图 6－1）。

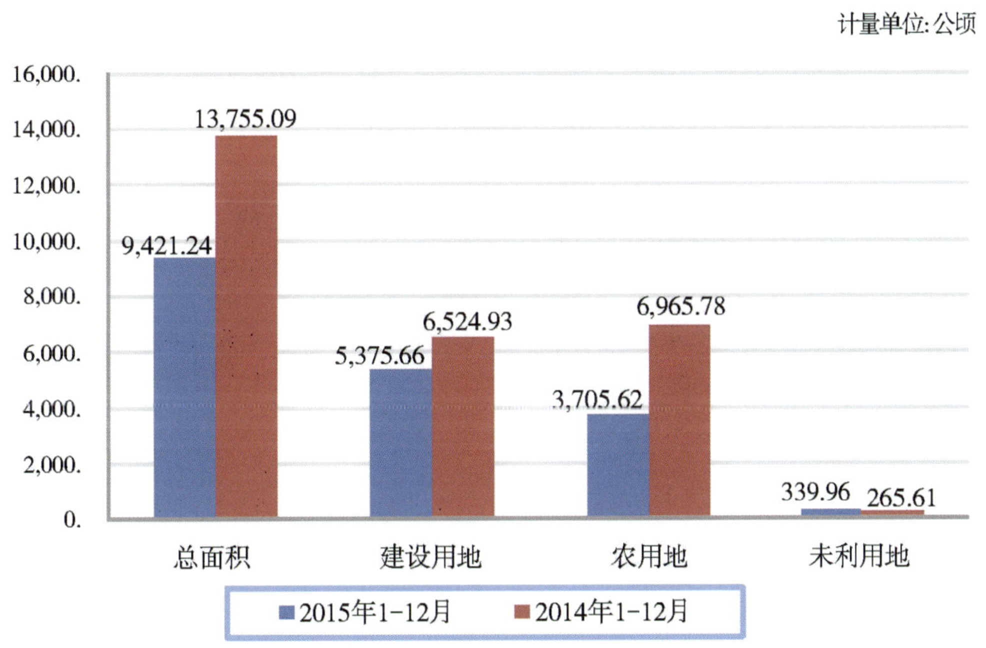

图 6－1　建设项目土地预审情况对比图

从项目用途结构看，储备用地 2647.81 公顷，公共管理与公共服务用地 2339.30 公顷，交通运输用地 2166.32 公顷，住宅用地 1630.99 公顷，水域及水利设施 302.12 公顷，工矿仓储用地 210.83 公顷（详见图 6－2）。

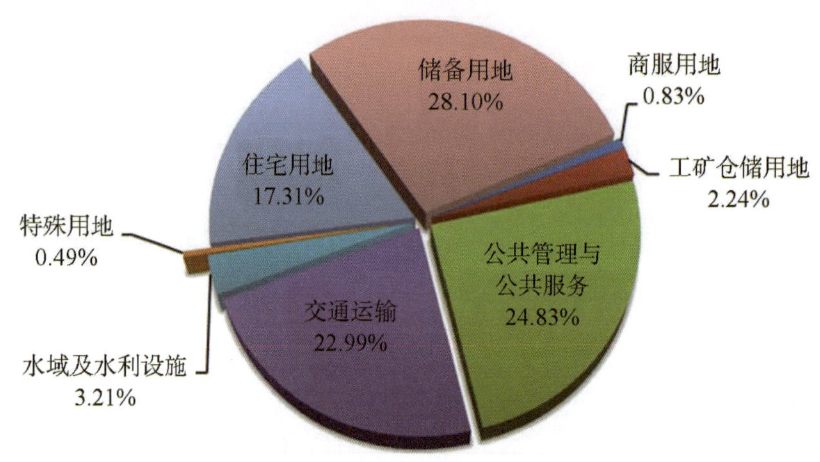

图6－2 建设项目土地预审用地类型结构图

【批准建设用地情况】

北京市共批准建设用地总面积1052.84公顷，同比下降33.83%。其中：国务院批准建设用地面积285.32公顷，占总批准建设用地面积的27.10%；北京市政府批准建设用地面积767.53公顷，占批准建设用地总面积的72.90%。1—12月新增建设用地438.16公顷，其中，农用地转用427.61公顷（含耕地246.19公顷，同比下降0.14%），同比下降29.55%，未利用地10.55公顷，同比下降94.55%。

【国有建设用地供应总量情况】

北京市国有建设用地供应383宗，土地面积1953.27公顷。其中：通过出让方式供应（签订合同）153宗，土地面积808.31公顷，同比下降35.67%；划拨方式供应177宗，土地面积694.71公顷，同比增加25.19%；以征代划方式供应52宗，土地面积450.25公顷，同比下降46.89%（详见图6－3）。

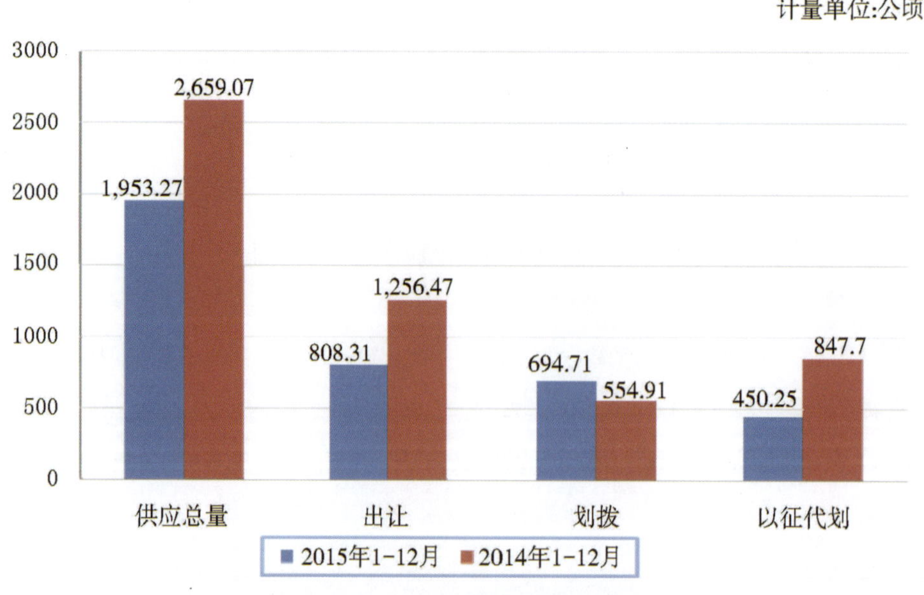

图6－3 土地供应总量情况对比图

从供地结构上看：土地出让、划拨、以征代划分别占国有土地供应总量的出让比例 41.38%、划拨比例 35.57%、以征代划比例 23.05%.（详见图 6－4）。

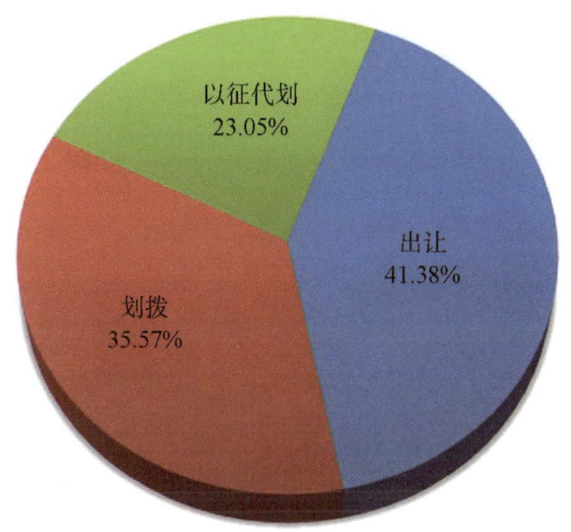

图 6－4　土地供应总量情况结构图

1. 出让方式（签订合同）供应情况

国有土地出让面积 808.31 公顷，同比下降 35.67%，成交价款 2020.50 亿元，同比下降 1.76%。其中，通过土地招拍挂方式出让土地 670.55 公顷，占出让总面积的 82.96%，以协议方式出让土地 137.76 公顷，占出让总面积的 17.04%。

从用地类型结构看：以住宅用地和商服用地为主，分别占出让总面积的 55.53%、22.43%，分别同比下降 8.71%、59.19%。(详见图 6－5)。

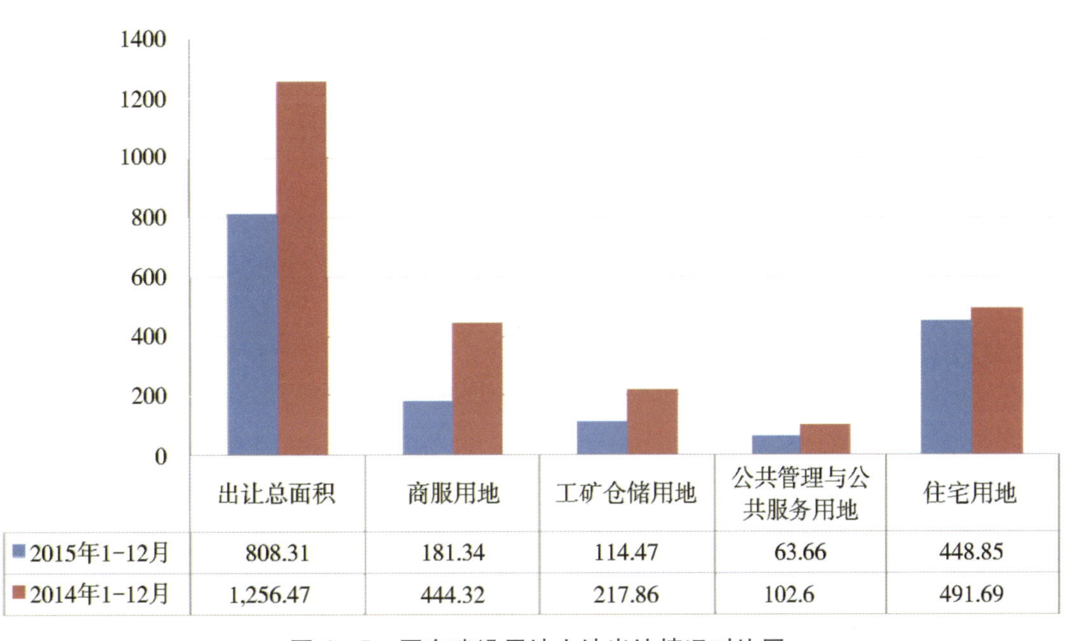

	出让总面积	商服用地	工矿仓储用地	公共管理与公共服务用地	住宅用地
2015年1-12月	808.31	181.34	114.47	63.66	448.85
2014年1-12月	1,256.47	444.32	217.86	102.6	491.69

图 6－5　国有建设用地土地出让情况对比图

地收益上缴金额持续增长。国有土地出让成交价款2020.50亿元，同比下降1.76%。土地收益上缴金额1913.22亿元（去年同期为2594.66亿元），同比下降26.26%（详见图6-6）；扣除土地储备的前期成本989.03亿元，净收益为924.19亿元。（详见图6-6）

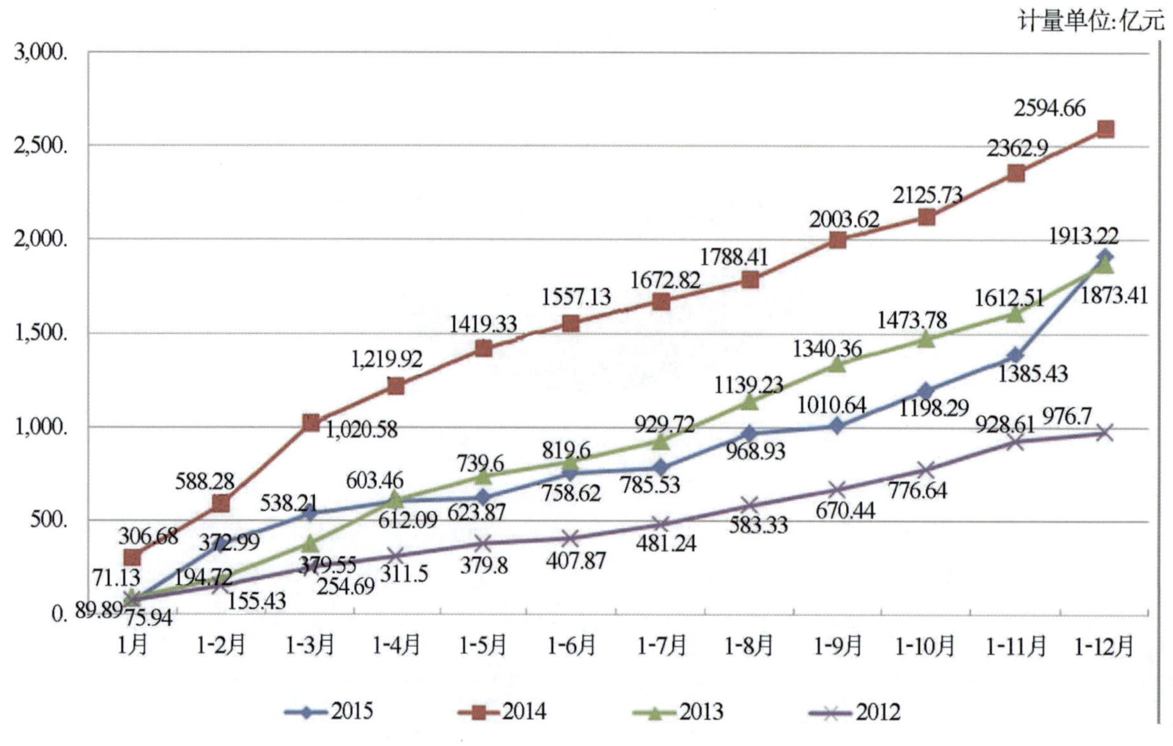

图6-6 土地收益上缴金额趋势走向对比图

2. 划拨方式供应情况

按用地类型分：公共管理与公共服务用地面积309.59公顷，同比下降3.90%；住宅用地面积134.11公顷，同比下降3.83%，其中：经济适用住房面积107.25公顷，同比下降9.77%，廉租住房用地面积26.86公顷，同比增加30.52%；交通运输用地面积170.44公顷，同比增长1.12倍。

3. 以征代划方式供应情况

按用地类型分：代征道路面积180.28公顷，同比下降26.02%，代征绿地229.03公顷，同比增加27.08%。

【现状补办项目协议出让情况】

现状补办协议出让项目76宗，同比下降5.00%；出让面积90.05公顷，同比下降60.87%，成交价款17.86亿元，同比增加30.65%。

按用地类型划分：公共管理与公共服务用地5宗，面积为24.43公顷；商服用地53宗，面积为20.75公顷；工矿仓储用地6宗，面积为6.78公顷；在空间分布上主要集中在昌平区、海淀区、朝阳区、房山区、顺义区五个区县（详见图6-7）。

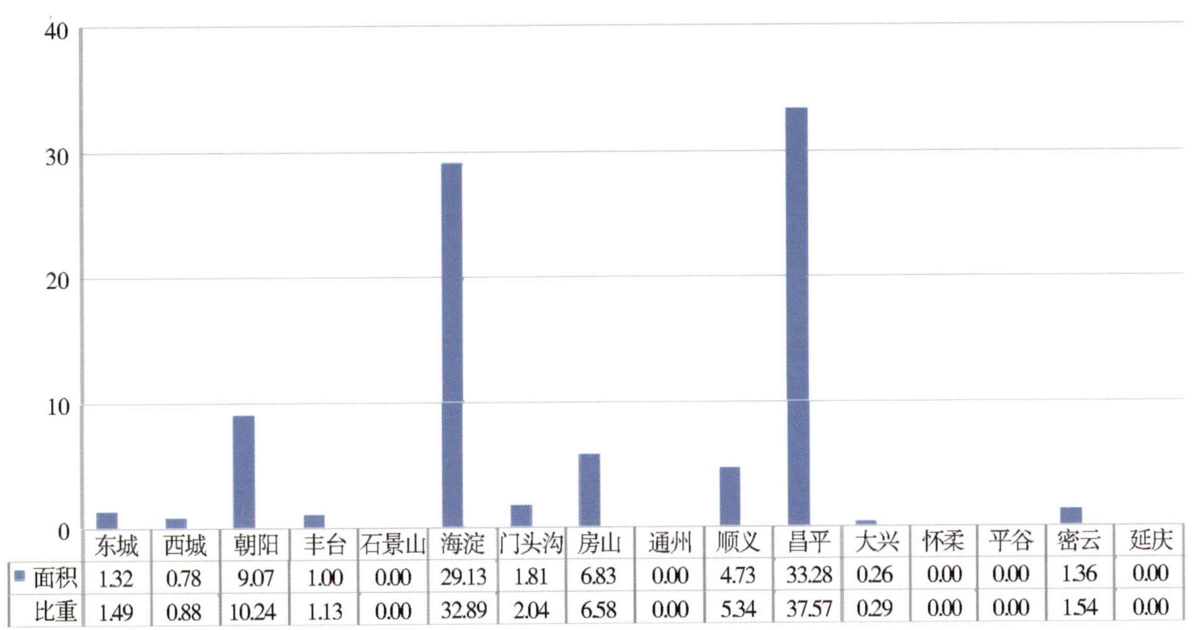

	东城	西城	朝阳	丰台	石景山	海淀	门头沟	房山	通州	顺义	昌平	大兴	怀柔	平谷	密云	延庆
面积	1.32	0.78	9.07	1.00	0.00	29.13	1.81	6.83	0.00	4.73	33.28	0.26	0.00	0.00	1.36	0.00
比重	1.49	0.88	10.24	1.13	0.00	32.89	2.04	6.58	0.00	5.34	37.57	0.29	0.00	0.00	1.54	0.00

图 6－7　现状补办协议出让空间分布图

【国有土地入市交易成交情况】

北京市国有土地入市交易 104 宗，面积 896.89 公顷，同比下降 30.76%。按土地市场供地方式分，土地招标 86.71 公顷，土地挂牌 810.17 公顷。按土地市场供地结构分，商服用地 181.70 公顷，同比下降 59.85%；工矿仓储用地 180.17 公顷，同比下降 12.42%；住宅用地 535.02 公顷（全部为普通商品房），同比下降 16.01%（详见图 6－8）；土地入市交易成交价款 2027.99 亿元，较去年同期同比增加 5.8%。

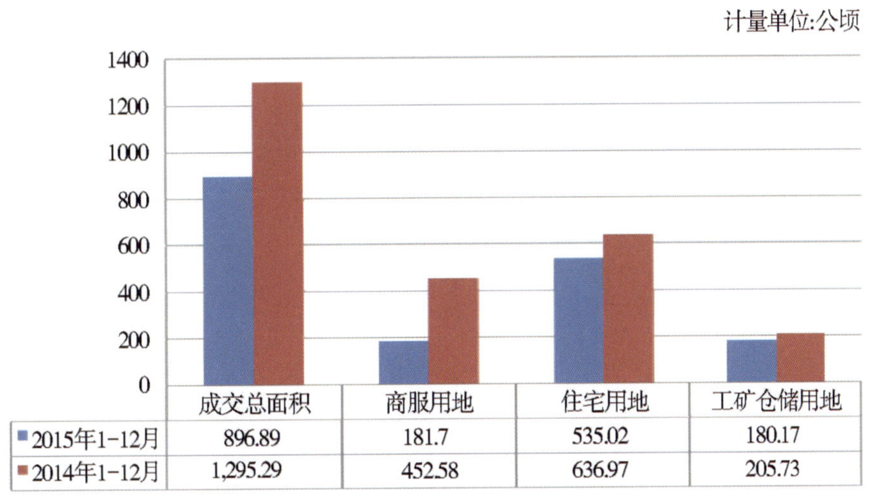

	成交总面积	商服用地	住宅用地	工矿仓储用地
2015年1-12月	896.89	181.7	535.02	180.17
2014年1-12月	1,295.29	452.58	636.97	205.73

图 6－8　土地入市交易成交量对比图

【国有土地登记发证及土地抵押情况】

北京市国有土地使用权登记发证6857宗，同比增加0.56%；登记发证面积6194.53公顷，同比增加5.51%。

国有土地使用权抵押登记发证5467宗，同比下降5.45%，抵押面积5689.72公顷，同比下降14.04%，贷款金额6805.56亿元，同比下降23.37%。

【矿产资源情况】

矿产资源勘查有效许可证13件，同比增加8.33%；主要矿种采矿有效许可证194个，同比增加2.65%。

【地质灾害情况】

确定地质灾害灾情25起，其中房山区5起、怀柔区4起、延庆县4起、海淀区3起、门头沟区3起，石景山区2起，造成直接经济损失130.00万元。

【国土资源违法案件查处情况】

北京市共立案查处土地违法案件627件，涉及土地面积960.00公顷，同比增加72.45%，其中：耕地51.22公顷，同比下降52.28%；土地违法共结案428件，同比增加33.75%；收缴罚没款5011万元，同比增加64%。

北京市共立案查处地矿违法案件30件，以个人无证开采为主，目前共结案28件；收缴罚没款57.08万元，同比下降21.92%。

表6－1　2015年北京市建设项目预审批复情况（按区县分列）　单位：公顷

	项目个数	建设用地规模					
			农用地			建设用地	未利用地
				耕地	占用基本农田		
合　计	782	9421.24	3705.62	1691.05	380.75	5375.66	339.96
东城区	9	29.27				29.27	
西城区	29	69.43				69.43	
朝阳区	91	871.46	147.93	54.71	1.67	721.46	2.07
海淀区	65	346.25	91.13	13.77		254.98	0.14
丰台区	62	466.37	20.16	9.27		436.10	10.11
石景山区	25	192.89	24.68	6.85		166.58	1.63
门头沟区	47	812.87	249.25	15.20		550.03	13.59
房山区	69	617.58	229.13	157.08		372.91	15.54
通州区	109	2080.04	999.13	510.18	8.81	1020.52	60.39
顺义区	50	477.10	89.72	48.61	13.74	379.73	7.65
昌平区	72	490.67	170.30	53.72		311.54	8.83
大兴区	52	1389.12	634.94	301.58	51.31	574.48	179.70
怀柔区	19	60.24	30.76	17.99		28.12	1.36
平谷区	29	221.59	98.93	23.49		122.39	0.27
密云县	21	227.36	156.31	70.07		58.90	12.15
延庆县	21	276.47	159.62	96.54	10.89	115.37	1.48
跨区县项目	7	772.92	603.63	311.99	294.33	144.24	25.05
备注：涉及亦庄开发区项目情况	5	19.61				19.61	

表 6－1　2015 年北京市建设项目预审批复情况（按用途分列）　单位：公顷

	项目个数	建设用地规模						备注
			农用地			建设用地	未利用地	
				耕地	占用基本农田			
合计	782	9421.24	3705.62	1691.05	380.75	5375.66	339.96	
商服用地	32	78.09	8.54	6.88		69.55		
工矿仓储用地	37	210.83	31.27	13.36		168.69	10.87	
公共管理与公共服务用地	311	2339.30	1081.10	435.97		1188.20	70.00	
交通运输用地	171	2166.32	1005.58	503.43	353.48	1117.32	43.42	
水域及水利设施	11	302.12	78.97	0.47		41.94	181.21	
特殊用地	8	45.78	41.60	21.20		3.54	0.64	
住宅用地	129	1630.99	515.93	288.16	27.27	1101.36	13.70	
储备用地	83	2647.81	942.63	421.58		1685.06	20.12	

表 6 – 2

2015 年北京市审批建设用地情况（一）

单位：公顷

	批准建设用地合计					国务院批准建设用地					省级政府审批				
		新增建设用地					新增建设用地					新增建设用地			
			农用地转用		未利用地			农用地转用		未利用地			农用地转用		未利用地
				耕地					耕地					耕地	
合 计	1052. 8432	438. 1557	427. 6101	246. 1919	10. 5456	285. 3174	44. 0005	44. 0005	9. 7953		767. 5258	394. 1552	383. 6096	236. 3966	10. 5456
市辖区	1021. 4524	420. 5481	413. 6389	234. 8392	6. 9092	285. 3174	44. 0005	44. 0005	9. 7953		736. 1350	376. 5476	369. 6384	225. 0439	6. 9092
东城区															
西城区															
朝阳区	77. 3797	19. 6229	19. 6229	9. 7953		77. 3797	19. 6229	19. 6229	9. 7953						
丰台区	167. 8937	4. 7641	4. 7641	2. 1227		96. 5013	0. 0162	0. 0162			71. 3924	4. 7479	4. 7479	2. 1227	
石景山区	1. 2655					1. 2655									
海淀区	228. 8622	53. 9755	53. 8484	0. 7158	0. 1271	110. 1709	24. 3614	24. 3614			118. 6913	29. 6141	29. 4870	0. 7158	0. 1271
门头沟区	11. 3017	10. 5303	10. 2395		0. 2908						11. 3017	10. 5303	10. 2395		0. 2908
房山区	75. 1572	59. 3642	58. 9548	45. 9621	0. 4094						75. 1572	59. 3642	58. 9548	45. 9621	0. 4094
通州区	15. 4870	10. 4490	10. 4490	3. 9571							15. 4870	10. 4490	10. 4490	3. 9571	
顺义区	222. 6929	102. 4467	96. 4358	49. 3321	6. 0109						222. 6929	102. 4467	96. 4358	49. 3321	6. 0109
昌平区	1. 9920	1. 9920	1. 9920								1. 9920	1. 9920	1. 9920		
大兴区	153. 7655	115. 3259	115. 3259	98. 5238							153. 7655	115. 3259	115. 3259	98. 5238	
怀柔区	10. 0135	8. 0117	7. 9407	2. 2543	0. 0710						10. 0135	8. 0117	7. 9407	2. 2543	0. 0710
平谷区	55. 6415	34. 0658	34. 0658	22. 1760							55. 6415	34. 0658	34. 0658	22. 1760	
经济技术开发区															
县	31. 3908	17. 6076	13. 9712	11. 3527	3. 6364						31. 3908	17. 6076	13. 9712	11. 3527	3. 6364
密云县	19. 3167	13. 8517	13. 8517	11. 3527							19. 3167	13. 8517	13. 8517	11. 3527	
延庆县	12. 0741	3. 7559	0. 1195		3. 6364						12. 0741	3. 7559	0. 1195		3. 6364

表 6－2

2015 年北京市审批建设用地情况（二）

单位：公顷

	城镇村建设用地							单独选址建设用地				
		商服用地	工矿仓储用地	住宅用地	公用管理与公共服务用地	交通运输用地	其他		交通运输用地	水利设施用地	能源用地	其他
合计	1008. 9743	38. 4738	75. 2502	397. 7989	306. 5018	190. 9496		43. 8689	21. 7587	1. 8999		20. 2103
市辖区	977. 5835	38. 4738	75. 2502	387. 7747	289. 3457	186. 7391		43. 8689	21. 7587	1. 8999		20. 2103
东城区												
西城区												
朝阳区	77. 3797	16. 6012	2. 1844	17. 8500	27. 4370	13. 3071						
丰台区	167. 8937			64. 3124	67. 9145	35. 6668						
石景山区	1. 2655				1. 1865	0. 0790						
海淀区	228. 8622			104. 1738	81. 3135	43. 3749						
门头沟区	11. 3017		6. 5002		4. 6147	0. 1868						
房山区	54. 9469		20. 7946	7. 0466	18. 0202	9. 0855		20. 2103				20. 2103
通州区	15. 4870			2. 0359	9. 8891	3. 5620						
顺义区	201. 3502		19. 5687	113. 9208	26. 8699	40. 9908		21. 3427	21. 3427			
昌平区	1. 9920			1. 9920								
大兴区	153. 7655	21. 8726	0. 0682	59. 8451	39. 4912	32. 4884						
怀柔区	10. 0135			0. 0667	9. 8187	0. 1281						
平谷区	53. 3256		26. 1341	16. 5314	2. 7904	7. 8697		2. 3159	0. 4160	1. 8999		
经济技术开发区												
县	31. 3908			10. 0242	17. 1561	4. 2105						
密云县	19. 3167			2. 8455	12. 9196	3. 5516						
延庆县	12. 0741			7. 1787	4. 2365	0. 6589						

表 6－3　2015 年北京市国有土地供应签订合同情况（一）

（按区县分列）

单位：宗、公顷、万平方米、万元

	出让小计					协议出让				
	宗地数	面积		规划建筑面积	成交价款	宗地数	面积		规划建筑面积	成交价款
			新增					新增		
合　计	154	808.3093	733.3749	1788.0572	20204992.46	42	137.7560	125.3064	319.8057	527634.12
市辖区	151	788.6653	729.0203	1756.2234	20049338.46	42	137.7560	125.3064	319.8057	527634.12
东城区	2	0.5285		3.1460	89800.00					
西城区										
朝阳区	14	62.8744	53.8619	132.4663	2402850.85	5	3.7943	2.0482	14.1067	15788.76
丰台区	25	110.9058	107.5199	311.4061	6481420.58	10	19.8473	16.4614	50.2956	189905.58
石景山区	3	8.3822	6.2622	25.7753	434348.89	1	2.1200		7.1428	15348.89
海淀区	12	43.5664	43.0285	120.2100	1017667.22	7	26.7006	26.7006	71.2956	64867.22
门头沟区	7	25.0783	25.0783	76.8569	1553776.89	2	0.2819	0.2819	0.7454	176.89
房山区	11	79.5405	79.5405	140.1341	1301577.75	3	17.0244	17.0244	35.1548	25005.75
通州区	10	67.9453	39.7893	164.6932	1124363.48	2	4.7823		13.4219	31084.63
顺义区	13	82.6794	67.1905	141.8355	1106978.89					
昌平区	19	145.5171	145.5171	347.8174	2858830.73	7	54.5588	54.5588	103.1884	164180.73
大兴区	24	104.9720	104.9720	178.0293	1189329.21	2	1.2509	1.2509	3.4651	4661.21
怀柔区	4	11.8656	11.4503	29.0356	39014.46	3	7.3955	6.9802	20.9894	16614.46
平谷区	5	32.2076	32.2076	61.5637	428700.00					
经济技术开发区	2	12.6022	12.6022	23.2540	20679.51					
县	3	19.6440	4.3546	31.8338	155654.00					
密云县	3	19.6440	4.3546	31.8338	155654.00					
延庆县										

表 6－3

2015 年北京市国有土地供应签订合同情况（一）

（按区县分列）

单位：宗、公顷、万平方米、万元

	招标出让					拍卖出让					挂牌出让				
	宗地数	面积	面积新增	规划建筑面积	成交价款	宗地数	面积	面积新增	规划建筑面积	成交价款	宗地数	面积	面积新增	规划建筑面积	成交价款
合　计	10	58.7890	48.1599	160.8566	1708458.09						102	611.7643	559.9086	1307.3949	17968900.25
市辖区	10	58.7890	48.1599	160.8566	1708458.09						99	592.1203	555.5540	1275.5611	17813246.25
东城区	2	0.5285		3.1460	89800.00										
西城区															
朝阳区	2	7.2664		23.8896	167717.09						7	51.8137	51.8137	94.4700	2219345.00
丰台区	1	3.5419	3.5419	14.1675	255015.00						14	87.5166	87.5166	246.9430	6036500.00
石景山区											2	6.2622	6.2622	18.6325	419000.00
海淀区											5	16.8658	16.3279	48.9144	952800.00
门头沟区											5	24.7964	24.7964	76.1115	1553600.00
房山区											8	62.5161	62.5161	104.9793	1276572.00
通州区	3	19.1105	19.1105	70.8968	703990.00						5	44.0525	20.6788	80.3745	389288.85
顺义区	1	2.8342		5.6684	40336.00						12	79.8452	67.1905	136.1671	1066642.89
昌平区	1	25.5075	25.5075	43.0883	451600.00						11	65.4508	65.4508	201.5407	2243050.00
大兴区											22	103.7211	103.7211	174.5642	1184668.00
怀柔区											1	4.4701	4.4701	8.0462	22400.00
平谷区											5	32.2076	32.2076	61.5637	428700.00
经济技术开发区											2	12.6022	12.6022	23.2540	20679.51
县											3	19.6440	4.3546	31.8338	155654.00
密云县											3	19.6440	4.3546	31.8338	155654.00
延庆县															

表 6－3

2015 年北京市国有土地供应签订合同情况（一）

（按用地类型分列）

单位：宗、公顷、万平方米、万元

	出让小计					协议出让				
	宗地数	面积	面积 新增	规划建筑面积	成交价款	宗地数	面积	面积 新增	规划建筑面积	成交价款
合　计	154	808.3093	733.3749	1788.0572	20204992.46	42	137.7560	125.3064	319.8057	527634.12
商服用地	56	181.3351	178.9352	559.2504	6875419.85	16	8.7876	6.9162	29.2805	29369.85
工矿仓储用地	26	114.4714	78.4430	177.1112	157804.89	2	1.4933	1.4933	9.2040	4399.65
住宅用地	58	448.8472	414.3324	934.9022	12814853.84	11	66.5572	57.9703	170.8246	201950.74
其中：高档住宅用地										
其中：普通商品住房用地	47	382.2900	356.3621	764.0776	12612903.09					
其中：中低价位、中小套型用地	2	15.0978	15.0978	25.4243	107450.00					
其中：经济适用住房用地										
其中：廉租住房用地										
其中：其他住房用地	11	66.5572	57.9703	170.8246	201950.74	11	66.5572	57.9703	170.8246	201950.74
公共管理与公共服务用地	14	63.6556	61.6643	116.7934	356913.87	13	60.9179	58.9266	110.4966	291913.87
特殊用地										
交通运输用地										
水利设施用地										

表 6 – 3

2015 年北京市国有土地供应签订合同情况（一）

（按用地类型分列）

单位：宗、公顷、万平方米、万元

	招标出让						拍卖出让					挂牌出让				
	宗地数	面积	新增	规划建筑面积	成交价款	纯收益	宗地数	面积	新增	规划建筑面积	成交价款	宗地数	面积	新增	规划建筑面积	成交价款
合　计	10	58. 7890	48. 1599	160. 8566	1708458. 09	1217992. 02						102	611. 7643	559. 9086	1307. 3949	17968900. 25
商服用地	6	23. 1809	22. 6524	88. 2103	1048805. 00	905971. 65						34	149. 3666	149. 3666	441. 7596	5797245. 00
工矿仓储用地												24	112. 9781	76. 9497	167. 9072	153405. 25
住宅用地	4	35. 6081	25. 5075	72. 6463	659653. 09	312020. 36						43	346. 6819	330. 8546	691. 4313	11953250. 00
其中：高档住宅用地																
其中：普通商品住房用地	4	35. 6081	25. 5075	72. 6463	659653. 09	312020. 36						43	346. 6819	330. 8546	691. 4313	11953250. 00
其中：中低价位、中小套型用地												2	15. 0978	15. 0978	25. 4243	107450. 00
其中：经济适用住房用地																
其中：廉租住房用地																
其中：其他住房用地																
公共管理与公共服务用地												1	2. 7377	2. 7377	6. 2968	65000. 00
特殊用地																
交通运输用地																
水利设施用地																

表6－3

2015年北京市国有土地供应签订合同情况（二）

（按区县分列）

单位：宗、公顷、万平方米、万元

	划拨				租赁					其他供地方式				
	宗地数	面积		规划建筑面积	宗地数	面积		规划建筑面积	租金	宗地数	面积		规划建筑面积	收入
			新增				新增					新增		
	1	2	3	4	5	6	7	8	9	10	11	12	13	14
合计	177	694.7124	509.3092	853.8770										
市辖区	173	683.4879	504.9466	849.5870										
东城区	3	1.2080		4.6616										
西城区	7	2.1448		11.3324										
朝阳区	16	73.6806	59.4602	240.7839										
丰台区	22	93.0525	89.4952	98.9609										
石景山区	5	6.6416	4.1816	2.6801										
海淀区	16	64.5617	27.5439	164.8205										
门头沟区	20	93.3259	89.4312	18.9631										
房山区	17	31.4972	29.3902	29.5187										
通州区	10	23.7036	14.9423	71.8048										
顺义区	16	46.4890	10.3697	39.9158										
昌平区	16	120.4201	70.4344	127.0463										
大兴区	13	103.4035	93.3661	29.6666										
怀柔区														
平谷区	10	22.1604	15.1328	8.8295										
经济技术开发区	2	1.1990	1.1990	0.6028										
县	4	11.2245	4.3626	4.2900										
密云县	1	6.8619		1.3004										
延庆县	3	4.3626	4.3626	2.9896										

表 6－3

2015 年北京市国有土地供应签订合同情况（二）

（按用地类型分列）

单位：宗、公顷、万平方米、万元

	划拨				租赁					其他供地方式				
	宗地数	面积		规划建筑面积	宗地数	面积		规划建筑面积	租金	宗地数	面积		规划建筑面积	收入
			新增				新增					新增		
	1	2	3	4	5	6	7	8	9	10	11	12	13	14
合计	177	694.7124	509.3092	853.8770										
商服用地														
工矿仓储用地														
住宅用地	32	134.1103	96.5504	508.8704										
其中：高档住宅用地														
普通商品住房用地														
中低价位、中小套型用地														
经济适用住房用地	19	107.2549	70.2893	434.9812										
廉租住房用地	13	26.8554	26.2611	73.8892										
公共管理与公共服务用地	130	309.5857	172.2310	326.3383										
特殊用地	4	0.8641		0.8683										
交通运输用地	9	170.4416	160.8171	17.8000										
水域及水利设施用地	2	79.7107	79.7107											

表 6 – 4

2015 年北京市国有土地使用权交易情况

（按区县分列）

	转让			出租		
	宗数（宗）	面积（公顷）	转让金（万元）	宗数（宗）	面积（公顷）	租金（万元）
合　计	13	40.4052	215588.38			
市辖区	11	32.6144	213599.38			
东城区						
西城区						
朝阳区	1	0.4126	7386.50			
丰台区						
石景山区	1	0.8000	33753.86			
海淀区						
门头沟区						
房山区						
通州区						
顺义区	2	1.6881	12555.80			
昌平区	1	5.3657	47841.00			
大兴区	2	20.1703	105885.64			
怀柔区	1	1.0766	1452.58			
平谷区	3	3.1011	4724.00			
亦庄开发区						
县	2	7.7908	1989.00			
密云县						
延庆县	2	7.7908	1989.00			

表 6－4

2015 年北京市国有土地使用权交易情况

（按用地类型分列）

		转让			出租		
		宗数（宗）	面积（公顷）	转让金（万元）	宗数（宗）	面积（公顷）	租金（万元）
		1	2	3	4	5	6
合计		13	40.4052	215588.38			
商服用地		2	4.7302	81486.22			
工矿仓储用地		8	29.0967	45120.80			
住宅用地		1	5.3657	47841.00			
其中	别墅、高档公寓						
	普通商品房	1	5.3657	47841.00			
	经济适用房						
	其他住房						
公共管理与公共服务用地		2	1.2126	41140.36			
特殊用地							

表 6 – 5 2015 年 1—10 月北京市国有建设用地使用权登记情况

单位：宗、万平方米

项目	国有建设用地使用权初始登记		国有建设用地使用权变更登记		国有建设用地使用权注销登记	
	宗数	面积	宗数	面积	宗数	面积
累　计	757	1374.14	6100	4820.39	63	275.73
东城区	95	3.91	356	23.79		
西城区	93	23.22	327	10.71		
朝阳区	43	72.70	2754	242.78	4	22.42
丰台区	72	208.26	564	87.53	9	23.30
石景山区	19	43.00	139	75.29		
海淀区	62	95.17	741	123.04		
门头沟区	45	81.00	82	292.10	20	26.09
房山区	45	111.90	125	466.63		
通州区	52	123.52	194	356.17	2	53.52
顺义区	39	156.91	267	1762.42	1	29.45
昌平区	55	87.11	237	708.06	2	14.40
大兴区	58	161.24	115	282.93	13	79.93
怀柔区	20	72.81	69	130.07	5	2.02
平谷区	7	19.75	45	70.18	2	3.11
密云县	30	38.21	38	56.13	5	21.49
延庆县	6	7.92	29	38.22		
北京经济技术开发区	16	67.51	18	94.34		

表 6－6　2015 年 1—10 月北京市国有建设用地使用权抵押权登记情况

单位：宗、万元

项目	国有建设用地使用权抵押权初始登记		国有建设用地使用权抵押权变更登记		国有土地使用权抵押权注销登记	
	宗数	贷款金额	宗数	贷款金额	宗数	贷款金额
累　计	5230	60647464.67	237	7408116.76	4593	42315418.40
东城区	334	3243416.71	17	585205.77	321	4356916.77
西城区	234	4050280.73	4	400000.00	238	4092884.13
朝阳区	2090	20766208.33	34	1616200.00	1619	8600280.97
丰台区	391	3530078.10	13	317300.00	350	2894738.33
石景山区	105	2381297.91	2	80000.00	110	1762682.22
海淀区	583	5067744.63	37	342531.97	545	1956445.24
门头沟区	31	1174488.00	1	80000.00	23	440491.74
房山区	95	1877904.21	8	260500.00	99	1937170.44
通州区	267	5958238.59	60	1764566.61	331	6126599.54
顺义区	220	3008347.79	10	283912.50	234	2438610.48
昌平区	185	1980961.02	27	1005846.00	183	3584193.50
大兴区	255	3603045.96	4	104700.00	175	1716366.61
怀柔区	94	507885.00	0		78	709047.38
平谷区	71	467833.45	4	50000.00	73	520209.67
密云县	92	634693.00	1	2864.00	103	367254.97
延庆县	61	200336.00	2	7838.91	34	93241.91
北京经济技术开发区	122	2194705.24	13	506651.00	77	718284.50

表6－7　2015年11月9日至12月31日北京市各区不动产登记事务中心办理国有建设用地使用权及房屋所有权登记数据统计

项目	国有建设用地使用权及房屋所有权登记														
	1. 国有建设用地使用权及房屋所有权初始登记						2. 国有建设用地使用权及房屋所有权变更登记			3. 国有建设用地使用权及房屋所有权转移登记			4. 国有建设用地使用权及房屋所有权注销登记		
	(1) 国有建设用地使用权初始登记			(2) 房屋（建筑物、构筑物）所有权初始登记											
	业务数（件）	宗地面积（公顷）	房屋（建筑物、构筑物）建筑面积（万平方米）	业务数（件）	宗地面积（公顷）	房屋（建筑物、构筑物）建筑面积（万平方米）	业务数（件）	宗地面积（公顷）	房屋（建筑物、构筑物）建筑面积（万平方米）	业务数（件）	宗地面积（公顷）	房屋（建筑物、构筑物）建筑面积（万平方米）	业务数（件）	宗地面积（公顷）	房屋（建筑物、构筑物）建筑面积（万平方米）
甲	1	2	3	4	5	6	7	8	9	10	11	12	13	14	15
总计	29	96. 68081		177	9. 095213	273. 2186	4717	142. 143497	194. 8207	68014	45. 589391	760. 8787	284	9. 19829	4. 4965
东城区							166	0. 924155	60. 7644	2542	0. 0091	24. 1334	2		0. 0131
西城区	1	0. 102415					177	2. 702399	11. 1826	3587	0. 00327	32. 5797	3		0. 0189
朝阳区	6	25. 137772		69	2. 657223	67. 7977	2302	3. 706279	41. 3936	17380		199. 1659	7		0. 0645
丰台区	2	3. 399199		17		33. 7159	235	11. 702266	4. 8966	5821	1. 635818	59. 433	6		0. 0465
石景山区	1	2. 737724		2		7. 5175	61		0. 7329	2764		23. 2874	7		0. 0534
海淀区	4	9. 057011		10		18. 5315	572	1. 776739	29. 7039	7915		86. 9887	8		0. 336
门头沟区							35		2. 3479	628		7. 6417	1		0. 0556
房山区	2	2. 333446		9	6. 43799	35. 5805	77	32. 608504	2. 1122	2739		35. 6835	11		0. 1732
通州区				28		18. 8321	204	1. 4958	7. 2385	4542	21. 548477	51. 1052	208		1. 4789
顺义区	3	32. 496756		10		18. 4326	373	13. 663223	8. 6411	4067	3. 201137	54. 1272	5	8. 63459	
昌平区	5	5. 291991					291	28. 504594	10. 3926	5537	5. 36572	69. 7017	19		2. 0925
大兴区	3	5. 561641		9		16. 8028	79	21. 452762	8. 637	6432	10. 323997	67. 0085	4		0. 0486
怀柔区				1		0. 9342	6	4. 32083	0. 0934	763	0. 2242	10. 1896	2	0. 5637	0. 1066
平谷区				13		13. 1098	37	9. 102432	2. 4229	1169		12. 2853			
密云县	2	10. 562855		2		11. 7132	40	9. 517014	0. 5962	962	1. 608942	10. 7103			
延庆县							14		1. 5268	516	1. 66873	5. 9264	1		0. 0087
北京经济技术开发区				7		30. 2508	48	0. 6665	2. 1381	650		10. 9112			

表 6－8 2015 年 11 月 9 日至 12 月 31 日北京市各区不动产登记部门办理抵押权设立登记（含最高额抵押权设立登记）数据统计

项目	抵押权设立登记（含最高额抵押权设立登记）										
	1. 国有建设用地使用权抵押权设立登记			2. 国有建设用地房屋在建工程抵押权设立登记				3. 国有建设用地房屋抵押权设立登记			
	业务数（件）	宗地面积（公顷）	被担保的主债权数额（亿元）	业务数（件）	宗地面积（公顷）	房屋（建筑物、构筑物）建筑面积（万平方米）	被担保的主债权数额（亿元）	业务数（件）	宗地面积（公顷）	房屋（建筑物、构筑物）建筑面积（万平方米）	被担保的主债权数额（亿元）
甲	1	2	3	4	5	6	7	8	9	10	11
总计	356	740. 9148125	86362. 81136	4	11. 6715031	3. 260744	32. 696	38331		1612. 5859	7158. 2783
东城区	15	5. 127072	97. 202					1372		63. 5743	316. 6592
西城区	9	3. 841585	62. 098					1763		61. 6331	218. 5106
朝阳区	36	139. 889952	319. 4859					10749		388. 3806	2440. 1905
丰台区	22	54. 347296	219. 97					3049		164. 7993	203. 1195
石景山区	1	0. 7676	3. 8657					1043		13. 8357	19. 5321
海淀区	11	29. 972126	80053. 9					4440		240. 5336	2034. 4597
门头沟区	3	8. 768356	54					207		6. 219	5. 5137
房山区	5	12. 272076	4. 4247					1125		26. 5051	20. 0431
通州区	43	209. 336259	90. 44432					3211		117. 835	477. 5773
顺义区	7	16. 761553	19. 85	1	1. 333416	3. 260744	1. 496	1982		61. 8169	709. 9933
昌平区	2	4. 578265	0. 98					3518		90. 9016	89. 5704
大兴区	54	71. 196041	162. 626536	1	3. 653508		16	3364		126. 4951	389. 9473
怀柔区	12	19. 690294	24. 675					385		21. 034	32. 3277
平谷区	6	30. 146229	28. 5					497		57. 3799	141. 1253
密云县	92	76. 123851	2180. 4					656		19. 086	13. 7926
延庆县	12	19. 120343	14. 61					580		18. 4091	5. 8934
北京经济技术开发区	26	38. 9759145	3025. 7792	2	6. 6845791		15. 2	390		134. 1476	40. 0226

表 6－9　2015 年北京市勘查许可证发放情况　　单位：个、宗、万元

矿种	勘查许可证发证			勘查权出让			
				协议出让方式		招拍挂出让方式	
	新立	有效	注销	宗数	价款金额	宗数	价款金额
合　计		13					
地热		13					

表 6－10　　2015 年北京市主要矿种采矿许可证发放情况　　单位：个、宗、万元

矿种	采矿许可证发证			采矿权出让			
	许可证数			协议出让方式		招拍挂出让方式	
	新立	有效	注销	宗数	价款金额	宗数	价款金额
合　计		194				10	211.00
地热		153				10	211.00
矿泉水		30					
煤		5					
铁矿		6					

表 6 - 11　　2015 年北京市矿产种类统计

<table>
<tr><th colspan="2" rowspan="2">矿　类</th><th colspan="3">探明有资源储量并编入储量表的矿种</th><th colspan="2">已发现但尚未探明资源储量的矿种</th></tr>
<tr><th>名称及矿产地数</th><th colspan="2">矿种数</th><th>名称</th><th>矿种数</th></tr>
<tr><td colspan="2">合　计</td><td>354</td><td colspan="2">67</td><td></td><td>60</td></tr>
<tr><td colspan="2">能源矿产</td><td>煤（29）</td><td colspan="2">1</td><td>地热、石油、天然气</td><td>3</td></tr>
<tr><td rowspan="2">金属矿产</td><td>黑色金属矿产（53）</td><td>铁（46）、锰（1）、铬（2）、钒（2）、钛（2）</td><td>5</td><td rowspan="2">19</td><td></td><td></td></tr>
<tr><td>有色、贵金属及稀有稀散元素矿产（63）</td><td>铜（8）、铅（7）、锌（9）、铝土矿（1）、钨（3）、铋（1）、钼（8）、镁（2）、铂（1）、钯（1）、金（14）、银（5）、镓（2）、镉（1）</td><td>14</td><td>镍、钴、锡、汞、锑、铑、铱、钌、锇、铌、钽、铍、锆、锶、铈、锗、铟、铊、铼、硒、碲、铀、钍</td><td>23</td></tr>
<tr><td rowspan="3">非金属矿产</td><td>冶金辅助原料非金属矿产（44）</td><td>红柱石（1）、普通萤石（1）、熔剂用灰岩（12）、冶金用白云岩（13）、冶金用石英岩（4）、铸型用砂（1）、冶金用脉石英（4）、耐火粘土（7）、铁矾土（1）</td><td>9</td><td rowspan="3">47</td><td>兰晶石、矽线石、堇青石</td><td>3</td></tr>
<tr><td>化工原料非金属矿产（43）</td><td>硫铁矿（3）、电石用灰岩（8）、制碱用灰岩（1）、含钾砂页岩（2）、含钾岩石（1）、泥炭（28）</td><td>6</td><td>磷、硼、重晶石、蛇纹岩</td><td>4</td></tr>
<tr><td>建筑材料及其他非金属矿产（122）</td><td>石棉（2）、石墨（2）、滑石（1）、长石（2）、叶腊石（1）、透辉石（3）、玉石（4）、水泥用灰岩（23）、建筑石料用灰岩（5）、制灰用灰岩（11）、泥灰岩（1）、玻璃用石英岩（1）、玻璃用砂岩（1）、水泥配料用砂岩（5）、建筑用砂（9）、砖瓦用砂（3）、水泥配料用脉石英（1）、天然油石（2）、陶粒页岩（3）、砖瓦用页岩（6）、水泥配料用页岩（2）、陶瓷土（3）、砖瓦用粘土（7）、水泥配料用粘土（6）、饰面用角闪岩（1）、饰面用辉长岩（1）、饰面用闪长岩（1）、铸石用辉绿岩（2）、建筑用花岗岩（1）、饰面用花岗岩（4）、饰面用大理岩（7）、饰面用板岩（1）</td><td>32</td><td>兰石棉、石膏、高岭上、蛭石、沸石、石榴子石、伊利石、累托石、海泡石、冰洲石、云母、电气石、方解石、方柱石、板岩、陶粒用粘土、白垩、砚石、光学水晶、熔炼水晶、压电水晶、刚玉、麦饭石、透闪石</td><td>24</td></tr>
<tr><td colspan="2">水气矿产</td><td></td><td colspan="2"></td><td>地下水、矿泉水、医疗矿泉水</td><td>3</td></tr>
</table>

注：矿种后括号内数字为矿产地数。

表 6－12　　2015 年北京市重要地质遗迹资源一览

大类	类	亚类	遗迹点或集中区
基础地质	地层剖面	层型剖面	马兰组层型剖面、周口店组层型剖面、密云群
		地质事件剖面	下苇甸寒武系地质事件剖面
	构造剖面	不整合面	下苇甸古生界与新元古界不整合面 黄松峪中元古界与太古界不整合面
		褶皱与变形	七渡背斜、孤山口固体流变构造、排字岭单斜
		断裂	霞云岭逆冲推覆构造
	岩石剖面	沉积岩剖面	干沟沉积岩剖面、六渡沉积岩剖面
	冰川遗迹	擦痕及漂砾	模式口—八大处古冰川遗迹
	重要化石产地	古人类化石	周口店古人类化石
		古生物群化石	大灰厂白垩纪热河生物群、灰峪石炭纪—二叠纪古生物化石
		古植物化石	千家店侏罗纪木化石群、岳家坡侏罗纪门头沟植物群
		古动物化石	周口店动物群
		古生物遗迹化石产地	千家店侏罗纪恐龙足迹化石产地
	重要岩矿石产地	典型矿物岩石命名地	密云沙厂斜长环球斑花岗岩产地、大石窝汉白玉产地
		矿业遗址	沙厂铁矿产地、兰营萤石矿产地、塔洼金矿产地、杨树底下金矿产地
地貌景观	岩土体地貌	岩溶地貌	十渡岩溶地貌、东关上—上方山洞穴群岩溶地貌、圣莲山岩溶地貌、黄松峪京东大溶洞岩溶地貌、佛子庄洞穴群岩溶地貌、旧县镇龙庆峡岩溶地貌
		侵入岩地貌	房山花岗岩地貌、云蒙山花岗岩地貌、莲花山花岗岩地貌
		碎屑岩地貌	黄松峪石英砂岩地貌、六道河石英砂岩地貌
	水体地貌	潭	大庄科潭
		泉	珍珠泉乡珍珠泉、潭柘寺镇潭柘寺泉、河北镇河北泉
	火山地貌	火山机构	黄松峪火山机构
		火山岩地貌	灵山火山岩地貌
	构造地貌	峡谷	鱼子山京东大峡谷地貌、沙梁子乌龙峡谷地貌、白河峡谷地貌、永定河峡谷地貌、龙门涧峡谷地貌
地质灾害	地震遗迹	地裂缝	高丽营镇西王路村地裂缝
	其他地质灾害	泥石流	番字牌西沟泥石流

表 6－13 **2015 年北京市矿产资源开发利用情况**（按经济类型分列）

企业经济类型	矿山企业数（家）					从业人员（个）	年产矿量		实际采矿能力（万吨/年）	工业总产值（万元）	综合利用产值（万元）	矿产品销售收入（万元）	利润总额（万元）
	合计	大型	中型	小型	小矿		万吨	万立方米					
合计	48	6	10	30	2	14537	1189.06	0	1489.34	377322.39	25207	338741.03	－275472.31
一、内资企业	45	6	10	27	2	14363	1187.65	0	1489.34	374966.39	25207	336778.03	－275599.16
国有企业	12	3	3	6	0	1363	286.49	0	388.42	32873.18	0	20862	－7112.11
集体企业	6	0	1	5	0	720	33.41	0	105.54	40919.26	3210	37579.87	－258045.3
股份合作企业	2	1	0	1	0	40	0	0	0	0	0	0	0
有限责任公司	16	0	3	11	2	2488	285.35	0	346.51	74387.61	21997	44228.86	699.25
股份有限公司	6	2	3	1	0	9713	579	0	648.87	226648.34	0	233970.3	－11097
私营企业	3	0	0	3	0	39	3.4	0	0	138	0	137	－44
二、港、澳台商投资企业	1	0	0	1	0	93	0.38	0	0	2309	0	1916	116.85
港、澳台商投资企业	1	0	0	1	0	93	0.38	0	0	2309	0	1916	116.85
三、外商投资企业	2	0	0	2	0	81	1.02	0	0	47	0	47	10
外商投资企业	2	0	0	2	0	81	1.02	0	0	47	0	47	10

表 6－14　　2015 年北京市地质勘查资质证书统计

序号	证书编号	单位名称	资质类别和资质等级
1	01201621500010	煤炭科学技术研究院有限公司	水文地质、工程地质、环境地质调查：甲级；地球物理勘查：甲级。
2	01201521100423	中国国土资源航空物探遥感中心	航空地质调查：甲级；遥感地质调查：甲级。
3	01201521600386	中色地科矿产勘查股份有限公司	固体矿产勘查：甲级；地球物理勘查：甲级；地球化学勘查：甲级；地质钻探：甲级。
4	01201511100292	中国地质大学（北京）	区域地质调查：甲级；固体矿产勘查：甲级；水文地质、工程地质、环境地质调查：甲级；地球物理勘查：甲级；地球化学勘查：甲级。
5	01201511500287	北京中煤矿山工程有限公司	地质钻（坑）探：甲级。
6	01201511500286	北京中矿大地地球探测工程技术有限公司	地球物理勘查：甲级。
7	01201521100245	中国煤炭地质总局勘查研究总院	区域地质调查：甲级；液体矿产勘查：甲级；气体矿产勘查：甲级；固体矿产勘查：甲级；水文地质、工程地质、环境地质调查：甲级；地球物理勘查：甲级；遥感地质调查：甲级；地质钻（坑）探：甲级。
8	01201521500241	北京奥瑞安能源技术开发有限公司	气体矿产勘查：甲级；固体矿产勘查：甲级；地质钻探：甲级。
9	01201521100216	北京大地高科煤层气工程技术研究院	液体矿产勘查：甲级；气体矿产勘查：甲级；固体矿产勘查：甲级；水文地质、工程地质、环境地质调查：甲级；地质钻探：甲级。
10	01201511500069	中化明达地质矿业有限公司	固体矿产勘查：甲级。
11	01201531100067	中国地质工程集团公司	水文地质、工程地质、环境地质调查：甲级；地质钻探：甲级。
12	01201421500388	中色金地资源科技有限公司	固体矿产勘查：甲级。
13	01201421500377	中联煤层气有限责任公司	气体矿产勘查：甲级。
14	01201411100244	中煤地质工程总公司	区域地质调查：甲级；气体矿产勘查：甲级；固体矿产勘查：甲级；水文地质、工程地质、环境地质调查：甲级；地球物理勘查：甲级；地质钻探：甲级。
15	01201431500242	中石油煤层气有限责任公司	气体矿产勘查：甲级。
16	01201411500030	北京盛元金土能源投资有限公司	固体矿产勘查：甲级。

续表6－14

序号	证书编号	单位名称	资质类别和资质等级
17	01201431100028	北京市水文地质工程地质大队（北京市地质环境监测总站）	液体矿产勘查：甲级；水文地质、工程地质、环境地质调查：甲级。
18	01201331500223	北京中资环钻探有限公司	地质钻探：甲级。
19	01201311300210	北京中地创见工程勘察设计院	液体矿产勘查：甲级；固体矿产勘查：甲级；地质钻探：甲级。
20	01201311500206	北京中色物探有限公司	固体矿产勘查：甲级；地球物理勘查：甲级。
21	01201311100204	中国地质调查局油气资源调查中心	气体矿产勘查：甲级。
22	01201311500055	北京宝益地环工程技术咨询有限责任公司	液体矿产勘查：甲级；水文地质、工程地质、环境地质调查：甲级。
23	01201311500053	北京京地顺成工程技术咨询有限公司	固体矿产勘查：甲级。
24	01201311100051	中国地质科学院地质研究所	区域地质调查：甲级；固体矿产勘查：甲级。
25	01201321100010	中国冶金地质总局矿产资源研究院	区域地质调查：甲级；固体矿产勘查：甲级；遥感地质调查：甲级。
26	01201211502196	北京中煤大地技术开发有限公司	气体矿产勘查：甲级；固体矿产勘查：甲级；地质钻探：甲级。
27	01201211502192	北京西蒙矿产勘查有限责任公司	固体矿产勘查：甲级。
28	01201221602141	北京中色金泰地质勘查科技有限公司	固体矿产勘查：甲级；地质钻探：甲级。
29	01201211502035	五矿勘查开发有限公司	固体矿产勘查：甲级。
30	01201111500185	中地远洋（北京）矿业技术有限公司	固体矿产勘查：甲级。
31	01201111500027	北京中色泰格地质资源勘查科技有限公司	固体矿产勘查：甲级；地球物理勘查：甲级。
32	11201621100002	北京市华清地热开发集团有限公司	水文地质、工程地质、环境地质调查：甲级；液体矿产勘查：甲级；地球物理勘查：乙级；地球化学勘查：乙级；地质钻探：乙级；固体矿产勘查：丙级。
33	11201641100001	中海油能源发展股份有限公司	地质钻探：乙级。

续表 6－14

序号	证书编号	单位名称	资质类别和资质等级
34	11201511100044	北京市地热研究院	液体矿产勘查：乙级；水文地质、工程地质、环境地质调查：乙级；地质钻探：乙级。
35	11201511500043	北京中地泓科环境科技有限公司	水文地质、工程地质、环境地质调查：乙级。
36	11201511100042	北京市地质研究所	区域地质调查：甲级；固体矿产：甲级；水文地质、工程地质、环境地质调查：甲级；地球物理勘查：乙级；遥感地质调查：乙级。
37	11201511100041	北京市地质调查研究院	区域地质调查：甲级；固体矿产勘查：甲级；液体矿产勘查：乙级；水文地质、工程地质、环境地质调查：乙级；地球化学勘查：乙级。
38	11201511500040	北京汇盛达勘探技术有限公司	地质钻探：乙级。
39	11201511500039	北京泰利新能源科技发展有限公司	地质钻探：乙级；液体矿产勘查：丙级。
40	11201511600038	北京合创三众能源科技股份有限公司	水文地质、工程地质、环境地质调查：丙级。
41	11201511600037	中矿资源勘探股份有限公司	固体矿产勘查：甲级；地球物理勘查：甲级；地质钻探：甲级；水文地质、工程地质、环境地质调查：乙级。
42	11201511100036	首钢地质勘查院地质研究所	固体矿产勘查：甲级；区域地质调查：乙级；水文地质、工程地质、环境地质调查：乙级；地球物理勘查：乙级；地质钻探：乙级。
43	11201511100035	有色金属矿产地质调查中心	区域地质调查：甲级；固体矿产勘查：甲级；地球物理勘查：甲级；遥感地质调查：甲级；地质钻探：甲级；水文地质、工程地质、环境地质调查：乙级。
44	11201511500034	北京达创高科科技有限公司	地球物理勘查：丙级。
45	11201521100033	北京地大地质科技有限责任公司	地质钻探：乙级；水文地质、工程地质、环境地质调查：丙级。
46	11201521500032	众通（北京）能源技术股份有限公司	地质钻探：丙级。
47	11201521500031	明达海洋工程有限公司	水文地质、工程地质、环境地质调查：乙级。
48	11201521500030	中铁第五勘察设计院集团有限公司	液体矿产勘查：乙级；水文地质、工程地质、环境地质调查：乙级；固体矿产勘查：丙级。

续表 6－14

序号	证书编号	单位名称	资质类别和资质等级
49	11201521500029	中投华夏能源技术开发有限公司	地质钻探：乙级。
50	11201521500028	北京市华研地质勘查有限公司	液体矿产勘查：乙级；水文地质、工程地质、环境地质调查：乙级；地质钻探：乙级。
51	11201521100027	中国地质科学院地质力学研究所	区域地质调查：甲级；水文地质、工程地质、环境地质调查：甲级；区域地质调查：乙级。
52	11201521100026	正元国际矿业有限公司	固体矿产勘查：甲级；水文地质、工程地质、环境地质调查：丙级；地球化学勘查：丙级。
53	11201511600024	北京中科绿洲环保科技有限公司	水文地质、工程地质、环境地质调查：丙级。
54	11201511500022	北京融达辉投资有限公司	固体矿产勘查：乙级；地球物理勘查：丙级；地球化学勘查：丙级；地质钻（坑）探：丙级。
55	11201511500021	中地华北（北京）工程技术研究院有限公司	地球物理勘查：丙级。
56	11201511500020	北京桔灯地球物理勘探有限公司	地球物理勘查：丙级。
57	11201521100019	中化地质矿山总局地质研究院	区域地质调查：甲级；固体矿产勘查：甲级；地球化学勘查：甲级；地质实验测试：甲级；液体矿产勘查：乙级；水文地质、工程地质、环境地质调查：乙级。 地质钻（坑）探：丙级。
58	11201521500018	北京波特光盛石油技术有限公司	地质钻探：丙级。
59	11201521100017	中国电力工程顾问集团华北电力设计院有限公司	水文地质、工程地质、环境地质调查：乙级；液体矿产勘查：丙级。
60	11201521500016	北京市水工环地质工程勘察有限公司	液体矿产勘查：丙级；水文地质、工程地质、环境地质调查：丙级；地质钻探：丙级。
61	11201511500015	北京华清荣昊新能源开发有限责任公司	地质钻探：甲级；液体矿产勘查：乙级；水文地质、工程地质、环境地质调查：乙级。
62	11201511500014	北京华地四维勘测技术有限公司	地球物理勘查：乙级。
63	11201511500012	北京中能万祺能源技术服务有限公司	地质钻探：丙级。

续表 6－14

序号	证书编号	单位名称	资质类别和资质等级
64	11201511900011	中国人民武装警察部队警种学院	固体矿产勘查：丙级。
65	11201531100010	国土资源实物地质资料中心	区域地质调查：乙级；固体矿产勘查：乙级。
66	11201511500008	北京地大加诚地质科技有限公司	地质钻探：丙级。
67	11201511100006	中化地质矿山总局化工地质调查总院	固体矿产勘查：甲级；水文地质、工程地质、环境地质调查：乙级；地球物理勘查：乙级。地质钻探：丙级。
68	11201531500005	中科远航矿业有限公司	固体矿产勘查：乙级；地球物理勘查：乙级。
69	11201531900004	派力工程有限公司	地质钻探：甲级；液体矿产勘查：乙级；固体矿产勘查：乙级；水文地质、工程地质、环境地质调查：乙级。
70	11201511500002	北京泽天盛海石油工程技术有限公司	地质钻探：丙级。
71	11201531500001	北京众合兴勘查技术有限公司	地质钻探：乙级。
72	11201421500071	北京派普维尔管线技术有限公司	地球物理勘查：丙级。
73	11201421500070	北京中核大地矿业勘查开发有限公司	区域地质调查：甲级；气体矿产勘查：甲级；固体矿产勘查：甲级；地质钻探：甲级；水文地质、工程地质、环境地质调查：乙级；地球物理勘查：乙级。
74	11201421500069	中地宝联（北京）国土资源勘查技术有限公司	固体矿产：甲级；地质钻探：丙级。
75	11201411100066	中国地质科学院矿产资源研究所	液体矿产勘查：甲级；固体矿产勘查：甲级；地球物理勘查：甲级；地质实验测试（岩矿鉴定）：甲级；区域地质调查：乙级；地球化学勘查：乙级。
76	11201411500065	北京三泰通地勘察技术发展有限公司	地球物理勘查：丙级。
77	11201411100064	北京市地质工程设计研究院	固体矿产勘查：甲级；地质钻探：甲级；液体矿产勘查：乙级；固体矿产勘查：乙级；水文地质、工程地质、环境地质调查：乙级；地质钻探：乙级。

续表6－14

序号	证书编号	单位名称	资质类别和资质等级
78	11201411100062	北京金有地质勘查有限责任公司	固体矿产勘查：甲级；地质钻（坑）探：乙级；水文地质、工程地质、环境地质调查：丙级。
79	11201411500061	瑞华通正非常规油气技术检测（北京）有限公司	地质钻探：丙级。
80	11201411500060	北京一龙恒业石油工程技术有限公司	地质钻探：丙级。
81	11201431600058	北京华清双泉水井工程有限公司	地质钻探：甲级；地球物理勘查：乙级；液体矿产勘查：丙级；水文地质、工程地质、环境地质调查：丙级。
82	11201431500057	北京航天勘察设计研究院有限公司	液体矿产勘查：乙级；水文地质、工程地质、环境地质调查：乙级；地质钻探：乙级。
83	11201411500055	北京汇力中新化工石油仪器设备有限公司	地质钻探：丙级。
84	11201431500054	北京天地鸿图测绘有限公司	固体矿产勘查：丙级。
85	11201421500053	北京帝测科技股份有限公司	固体矿产勘查：丙级。
86	11201421300047	北京地大捷飞勘测技术研究院有限公司	固体矿产勘查：甲级；地球物理勘查：甲级；地质钻探：丙级。
87	11201421500046	依科瑞德（北京）能源科技有限公司	地质钻探：乙级。
88	11201421500045	凯地钻探（北京）股份有限公司	地质钻探：丙级。
89	11201411100044	中材地质工程勘查研究院有限公司	固体矿产勘查：甲级；地质实验测试（岩矿鉴定，岩土试验，选冶实验）：甲级；区域地质调查：乙级；水文地质、工程地质、环境地质调查：乙级；地球物理勘查：乙级；地质钻探：丙级。
90	11201411100042	中国地质矿业总公司	固体矿产勘查：甲级；地质钻（坑）探：乙级。
91	11201411500041	德惠同利（北京）石油技术服务有限公司	地质钻探：乙级。
92	11201431500039	北京众博达石油科技有限公司	地质钻探：丙级。
93	11201421500037	北京中地调国际矿业投资有限公司	固体矿产勘查：丙级。

续表 6-14

序号	证书编号	单位名称	资质类别和资质等级
94	11201431500036	北京恩地科技发展有限责任公司	固体矿产勘查：乙级。
95	11201431100035	北京京煤集团地质勘探队	固体矿产勘查：丙级；地质钻探：丙级。
96	11201411500033	北京欧华联科技有限责任公司	地球物理勘查：丙级。
97	11201411600031	北京九尊能源技术股份有限公司	气体矿产勘查：甲级；地质钻探：乙级。
98	11201431500030	北京市大地开源地质工程有限公司	地质钻探：甲级；固体矿产勘查：乙级。
99	11201411100028	北京岩土工程勘察院	水文地质、工程地质、环境地质调查：乙级；固体矿产勘查：丙级。
100	11201431100026	北京市地质工程勘察院	液体矿产勘查：甲级；水文地质、工程地质、环境地质调查：甲级；地质钻探：甲级；地球物理勘查：丙级。
101	11201411100025	中国建筑材料工业地质勘查中心北京总队	固体矿产勘查：甲级；区域地质调查：乙级；地质实验测试（岩矿测试）：乙级；水文地质、工程地质、环境地质调查：丙级；地质钻探：丙级。
102	11201432300024	明科矿业（中国）有限公司	固体矿产勘查：乙级。
103	11201431500023	北京华夏建龙矿业科技有限公司	固体矿产勘查：乙级。
104	11201411500022	中地地矿建设有限公司	固体矿产勘查：甲级；水文地质、工程地质、环境地质调查：乙级；地质钻探：乙级。
105	11201411500021	恒达新创（北京）地球物理技术有限公司	地球物理勘查：乙级。
106	11201431500020	北京石大开元石油技术有限公司	地质钻探：丙级。
107	11201431500018	北京盛世蓝筹矿业投资有限公司	固体矿产勘查：乙级。
108	11201431500017	北京中交工程勘察有限公司	水文地质、工程地质、环境地质调查：丙级。
109	11201411100016	中国科学院地理科学与资源研究所	液体矿产勘查：丙级；水文地质、工程地质、环境地质调查：丙级。

续表6－14

序号	证书编号	单位名称	资质类别和资质等级
110	11201411500015	北京中煤建机电设备有限公司	地球物理勘查：丙级；地质钻探：丙级。
111	11201431500014	北京市勘察设计研究院有限公司	水文地质、工程地质、环境地质调查：乙级；地质钻探：乙级；液体矿产勘查：丙级。
112	11201411500013	北京中色资源环境工程有限公司	水文地质、工程地质、环境地质调查：乙级。
113	11201411500012	北京水木丰岳地质环境科技有限公司	水文地质、工程地质、环境地质调查：丙级。
114	11201411100011	核工业北京地质研究院	区域地质调查：甲级；固体矿产勘查：甲级；水文地质、工程地质、环境地质调查：甲级；地球物理勘查：甲级；地球化学勘查：甲级；遥感地质调查：甲级；地质实验测试（岩矿鉴定、岩矿测试）：甲级；地质实验测试（选冶试验）：乙级。
115	11201431500010	北京星辰地质勘查有限责任公司	液体矿产勘查：丙级；水文地质、工程地质、环境地质调查：丙级；地质钻探：丙级。
116	11201431100009	北京市地质矿产勘查开发总公司	液体矿产勘查：甲级；固体矿产勘查：甲级；水文地质、工程地质、环境地质调查：甲级；地质钻探：甲级；地球物理勘查：乙级。
117	11201431500008	中航勘察设计研究院有限公司	水文地质、工程地质、环境地质调查：乙级。
118	11201411900007	北京英沣特能源技术有限公司	液体矿产勘查：乙级；水文地质、工程地质、环境地质调查：丙级；地球物理勘查：丙级。
119	11201411600006	兴和鹏能源技术（北京）股份有限公司	地质钻探：丙级。
120	11201411500005	北京华安奥特科技有限公司	地球物理勘查：乙级；固体矿产勘查：丙级；水文地质、工程地质、环境地质调查：丙级。
121	11201411500004	北京华油油气技术开发有限公司	地质钻探：丙级。
122	11201431500003	北京市华清源泉地质勘查有限责任公司	地质钻探：丙级。
123	11201321500030	北京隆科兴市政管网技术有限公司	地球物理勘查：乙级。

续表 6－14

序号	证书编号	单位名称	资质类别和资质等级
124	11201321600028	北京贞成华亿能源技术有限公司	气体矿产勘查：乙级。
125	11201311500026	北京华清荣益地能科技开发有限公司	水文地质、工程地质、环境地质调查：丙级；地质钻探：丙级。
126	11201311500024	北京市中成华瑞油气技术有限公司	地质钻探：丙级。
127	11201311100021	中化石油勘探开发有限公司	气体矿产勘查：乙级。
128	11201311500017	北京城建勘测设计研究院有限责任公司	区域地质调查：乙级；水文地质、工程地质、环境地质调查：乙级。
129	11201311100014	中国黄金集团地质有限公司	固体矿产勘查：甲级；地质钻探：丙级。
130	11201311600013	北京科若思技术开发股份有限公司	地球物理勘查：丙级；地质钻探：丙级。
131	11201321500012	北京东兴普搏地质勘查有限公司	地质钻探：乙级。
132	11201321500010	北京勘察技术工程有限公司	固体矿产勘查：甲级；地球物理勘查：甲级；区域地质调查：乙级；水文地质、工程地质、环境地质调查：乙级；地球化学勘查：乙级；地质钻探：丙级。
133	11201311600006	北京宝地益联地质勘查工程技术有限公司	固体矿产勘查：甲级；水文地质、工程地质、环境地质调查：甲级；地球物理勘查：甲级；气体矿产勘查：乙级；地质钻探：丙级。
134	11201311500005	北京恒金源钻探技术有限公司	地质钻探：乙级。
135	11201311100004	北京市地质勘察技术院	地球物理勘查：甲级；液体矿产勘查：乙级；气体矿产勘查：乙级；水文地质、工程地质、环境地质调查：乙级；地球化学勘查：乙级。
136	11201211502013	北京惠友达勘察有限公司	固体矿产勘查：丙级；地球物理勘查：丙级。
137	11201211502012	北京合地威技术开发有限公司	地球物理勘查：乙级；地质钻探：丙级。
138	11201211102011	中国煤炭地质总局地球物理勘探研究院	区域地质调查：甲级；气体矿产勘查：甲级；固体矿产勘查：甲级；地球物理勘查：甲级；液体矿产勘查：乙级；水文地质、工程地质、环境地质调查：乙级；地质钻探：丙级。

续表6－14

序号	证书编号	单位名称	资质类别和资质等级
139	11201211102009	中国煤炭地质总局特种技术勘探中心	区域地质调查：甲级；液体矿产勘查：甲级；气体矿产勘查：甲级；固体矿产勘查：甲级；水文地质、工程地质、环境地质调查：甲级；地球物理勘查：甲级；地球化学勘查：甲级；地质钻探：丙级。
140	11201221102003	中兵勘察设计研究院	水文地质、工程地质、环境地质调查：乙级；地球物理勘查：乙级；地质钻探：丙级。
141	11201111500029	北京高科能源投资有限公司	地质钻探：丙级。
142	11201111500016	北京捷奥斯地质勘查有限公司	地球物理勘查：乙级；固体矿产勘查：丙级。
143	11201111500001	北京安泰联合科技有限公司	地质钻探：丙级。

表 6－15　　北京市地质灾害治理工程单位资质一览

编号	单位	评估	勘查	设计	施工	监理
1	神华地质勘查有限责任公司		甲级			
2	北京市地质调查研究院	甲级	甲级	甲级		
3	北京中色资源环境工程有限公司	甲级	甲级	甲级	甲级	
4	中兵勘察设计研究院	甲级	甲级	甲级		
5	北京市地质研究所	甲级	甲级	甲级		
6	中国地质工程集团公司		甲级		甲级	
7	北京市勘察设计研究院有限公司	甲级	甲级	甲级	甲级	
8	北京市地质矿产勘查开发总公司	甲级	甲级	甲级	甲级	
9	中国地质矿业总公司	甲级	甲级	甲级	甲级	
10	北京宝地益联地质勘查工程技术有限公司	甲级	甲级	甲级		
11	中地宝联（北京）国土资源勘查技术有限公司	甲级	甲级	甲级	甲级	
12	北京市地质工程勘察院	甲级	甲级	甲级	甲级	
13	中航勘察设计研究院有限公司	甲级	甲级	甲级	甲级	
14	建设综合勘察研究设计院	甲级	甲级	甲级		
15	中国电力工程顾问集团华北电力设计院工程有限公司			甲级		
16	明达海洋工程有限责任公司				甲级	
17	煤炭科学技术研究院有限公司	甲级	甲级	甲级	甲级	
18	中铁工程设计咨询集团有限公司	甲级	甲级	甲级		
19	中建市政建设有限公司				甲级	
20	中国四海控股有限公司				甲级	
21	北京中城建建设监理有限公司					甲级
22	北京铁城建设监理有限责任公司					甲级
23	北京市地质基础工程公司					甲级
24	中国地质环境监测院	甲级	甲级	甲级		
25	中咨工程建设监理公司					甲级
26	中科华圣（北京）岩土工程有限公司				甲级	
27	北京中地华安地质勘查有限公司	甲级	甲级	甲级		
28	北京盛元金土能源投资有限公司	甲级	甲级	甲级	甲级	
29	北京市地质工程设计研究院	甲级	甲级	甲级		
30	北京得力合土地整理有限公司	甲级	甲级	甲级		
31	北京东方新星石化工程股份公司	甲级	甲级			
32	中化地质矿山总局化工地质调查总院	甲级	甲级	甲级		

续表6－15

编号	单位名称	评估	勘查	设计	施工	监理
33	北京爱地地质勘察基础工程公司		甲级	甲级	甲级	
34	中铁二十三局集团第二工程有限公司				丙级	
35	中铁第五勘察设计院集团有限公司	甲级	丙级	丙级	丙级	
36	中地地矿建设有限公司	甲级	甲级	乙级	甲级	
37	建研地基基础工程有限责任公司	丙级		甲级	甲级	
38	北京禹通人和地质灾害评估有限公司	丙级				
39	北京中地创见工程勘察设计院	甲级				
40	天兴江源（北京）土地整理有限公司	丙级				
41	北京腾跃联盛建筑工程有限公司				丙级	
42	北京华厦恒建设集团有限公司				丙级	
43	北京振江环境治理有限公司				丙级	
44	北京通拓工程科技有限公司	丙级	丙级	丙级	丙级	
45	中交公路规划设计院有限公司	丙级	丙级	丙级		
46	北京新兴宏图测绘有限公司	丙级				
47	中基发展建设工程有限责任公司	丙级	甲级	甲级	甲级	
48	北京市水利规划设计研究院	乙级				
49	北京得一成利环境工程技术有限责任公司	甲级	甲级	甲级	甲级	
50	北京金水源岩土工程有限公司	乙级				
51	北京华源地质环境工程有限责任公司	甲级	甲级	甲级		
52	北京中地大工程勘察设计研究院有限责任公司	甲级	甲级	甲级	甲级	
53	北京岩土工程勘察院	甲级	甲级	甲级	甲级	
54	北京矿务局综合地质工程公司	丙级				
55	中煤地质工程总公司	甲级	甲级	甲级	甲级	
56	中材地质工程勘查研究院	甲级	甲级	甲级	甲级	
57	中铁十六局集团有限公司				甲级	
58	派力工程有限公司	丙级			甲级	
59	中铁二十二局集团有限公司				甲级	
60	北京综建科技有限公司				甲级	
61	中国京冶工程技术有限公司			甲级	甲级	
62	达华工程管理（集团）有限公司					乙级
63	北京中核大地矿业勘查开发有限公司	甲级	甲级	甲级	甲级	
64	北京城建勘测设计研究院有限责任公司	甲级	甲级	甲级	甲级	

续表 6－15

编号	单位名称	评估	勘查	设计	施工	监理
65	北京路桥瑞通养护中心有限公司				乙级	
66	北京航天勘察设计研究院	甲级	丙级	丙级	丙级	
67	北京亿科瑞土规划设计有限公司	丙级				
68	北京地星伟业数码科技有限公司	甲级				
69	北京地星规划设计院有限公司					甲级
70	北京博绿生态科技发展有限公司				丙级	
71	北京龙源科建地质工程有限公司	丙级	丙级	丙级		
72	北京东方利禾景观设计有限公司		丙级	丙级		
73	北京中兵岩土工程有限公司				甲级	
74	天地科技股份有限公司	甲级	甲级	甲级	甲级	
75	中国电建集团北京勘测设计研究院有限公司	丙级	甲级	甲级	丙级	
76	北京市水文地质工程地质大队（北京市地质环境监测总站）	甲级	丙级	丙级		甲级
77	海军工程设计院	丙级				
78	路域生态工程有限公司				丙级	

第七部分
附　录

2015 年北京市国土资源局
行政规范性文件目录

序号	行政规范性文件名称	文号	发布日期
1	《北京市国土资源局 北京市农村工作委员会 北京市园林绿化局 北京市农业局关于贯彻落实国土资源部农业部进一步支持设施农业健康发展有关问题的通知》	京国土耕〔2015〕72 号	2015 年 3 月 3 日
2	《北京市国土资源局 北京市发展和改革委员会 北京市财政局 北京市规划委 北京市住房和城乡建设委员会关于印发北京市国有建设用地使用权出让地价评审暂行规定的通知》	京国土用〔2015〕87 号	2015 年 3 月 11 日
3	《北京市国土资源局关于印发〈北京市国土资源局行政处罚裁量基准〉(2016 年版) 的通知》	京国土法〔2015〕523 号	2015 年 11 月 20 日

2015 年政府信息公开年度报告

引言

本报告是根据《中华人民共和国政府信息公开条例》(以下简称《条例》) 要求，由北京市国土资源局编制的 2015 年度政府信息公开年度报告。

全文包括概述，主动公开政府信息的情况，依申请公开政府信息和不予公开政府信息的情况，政府信息公开的收费及减免情况，政府信息公开咨询情况，因政府信息公开申请行政复议、提起行政诉讼的情况，北京市政府信息公开工作要点落实情况、建议和提案办理情况，政府信息公开工作存在的主要问题、改进情况和其他需要报告的事项。

本报告中所列数据的统计期限自 2015 年 1 月 1 日起，至 2015 年 12 月 31 日止。本报告的电子版可在局政府网站（http：//www. bjgtj. gov. cn）下载。如对本报告有任何疑问，请联系：北京市国土资源局政府信息公开受理室 64409795。

一、概述

2015 年，本局政府信息公开工作紧紧围绕建设服务型政府、提高服务质量的总要求，以公开为原则，不公开为例外，着力研究解决工作中的困难和问题，在强化思想认识、健全完善制度、舆论宣传造势、重点领域公开、规范办理程序、提高办件水平等方面得到有效落实。

（一）加强网站群栏目建设，提升全站群服务水平

根据《国务院办公厅关于开展第一次全国政府网站普查的通知》要求，对市局和各区县分局网站开展深入自查，边检查边整改，对于存在问题较多的栏目，要求责任单位及时归并或关闭，梳理和调整政府信息公开目录，根据普查指标中对各栏目更新周期要求，对原 5 大类 99 个小类的栏目结构调整精简成 5 大类 44 小类的目录数，做到及时更新完善，方便群众查询。完成分站改版，重新梳理调整区县分站的首页和栏目设置，突出土地与矿产业务，完善网上办事大厅功能，提升各分站的公共服务水平。为方便群众，市局在现有四种（当面、传真、邮寄、电子邮件）申请公开方式的基础上，增开了网上“在线申请”，为申请人提供方便。

（二）拓展信息公开渠道，大力推进政府信息主动公开，方便公众了解国土管理

1. **利用多载体宣传国土管理**。局官方微博“国土北京”在腾讯网和人民网拓展上线，实现了与新浪网相结合的三个官方微博同步运行。充分利用“走进直播间”、在线访谈；开展“4. 22 地球日”、“6. 25 土地日”和“媒体沙龙座谈会”等活动，搭建政府与市民的沟通互动平台，不断提升公开工作实效。不断完善工作方式，提供高效便捷服务。

2. **增设群众关心的不动产登记主动公开栏目**。2015 年 11 月 6 日，局门户网站不动产登记频道正式上线运行。该频道设有不动产政策法规、一次性告知单、登记公告和结果等 13 个子栏目，并提供不动产登记的系统登录入口，频道整合了市住建委网站原房屋登记的 8 个栏目，移植历史数据 22828 条。

3. **逐步落实依申请公开向主动公开转换工作**。先后印发了《北京市国土资源局关于进一步完善划拨供地政府信息公开工作开展的通知》（京国土用〔2015〕278 号）、《北京市国土资源局关于进一步明确政府信息公开若干具体工作原则的通知》（京国土调〔2015〕277 号）。将 2013 年以来生成的“建设项目用地预审”信息已主动公开，2013 年之前的信息正在梳理，并逐步实现主动公开；另外备受社会关注的土地储备交易相关政府信息已逐步主动公开。

4. **及时修订政府信息公开指南**。为进一步方便群众，及时修订了《北京市国土资源局政府信息公开指南》，从操作层面对国土资源政府信息依申请公开的受理范围、办理程序以及时限、告知等方面做出了具体规定。

5. **树立窗口形象，提升面对面服务质量**。市国土局和国土分局共设置 17 个政府信息公开受理点、资料查阅点，方便群众办理政府信息公开业务，查阅相关文件资料。受理窗口的工作人员，坚持一切以群众满意为准则，做到服务态度文明礼貌、热情耐心、认真负责；各部门具体经办人员，主动与申请对象沟通，了解掌握真实诉求，认真研究答复意见，有的放矢进行答复。

（三）加大政策解读力度，多渠道宣传公众关注的国土管理热点问题

1. **积极开展不动产登记宣传工作**。不动产统一登记既是国土资源领域的重大改革举措又是重要的民生服务工作，《不动产登记暂行条例》从 2015 年 3 月 1 日起正式施行，局制定并落实宣传工作方案和具体安排。2015 年先后通过官方微博@国土北京在新浪、腾讯和人民网，向广大网友介绍北京市不动产登记工作情况，回答社会舆论和公众普遍关心的问题，把不动产登记政策和群众利益密切相关的问题结合起来进行解读，达到了让公众“听得懂、信得过”的效果。

2. **加强北京市土地供应计划及具体地块信息的主动解读**。为有效宣传本市坚决贯彻国家房地产调控措施，实施有保有控的差别化供地政策，切实增强土地供应计划制定与执行的公开性和透明度，及时向社会公布北京市 2015 年度土地供应计划并公布具体

地块信息。中央和市属主要新闻媒体和网站进行了集中报道，为全市土地供应工作营造了良好的舆论环境。

3. **积极促进北京土地市场平稳健康发展的宣传**。为保障全市土地市场平稳有序运行，局组织召开土地市场形势分析座谈会。介绍土地市场运行、市不动产统一登记、农村集体经营性建设用地入市试点和土地利用规划修改完善等媒体关注热点问题的工作进展情况，听取各方对促进本市土地市场健康持续发展的意见建议。与此同时，根据土地市场形势变化，适时发布有关数据，介绍工作进展，加强政策解读，通过市属主要媒体、局网站和官方微博及时进行权威发布，稳定市场预期，较好地保证了土地市场平稳有序运行。

4. **稳步推进地质灾害防治工作宣传**。自 5 月份开始，本局不断加强汛期地质灾害防治宣传力度，提高公众对灾情险情的识别和避险自救能力。一是通过局网站、官方微博、首都之窗、千龙网等筹划制作全市地质灾害隐患点和避险场所查询地图，向社会公众提供详实准确科学的地质灾害防治查询信息；二是通过北京电视台、北京电台和千龙网进行专题直播访谈，针对市区两级工作重点、汛期不同阶段任务安排，通过具体事例、数据资料介绍地质灾害防治工作情况；三是通过局政务微博及时发布地质灾害气象风险预警信息和地质灾害介绍、避险自救知识，图文并茂、形象生动，受到网友欢迎。

5. **提高新闻意识，加强政民互动**。7 月中旬，本局通过舆情监测发现，鼓励国有企业利用自有用地建设自住型商品房的安排受到部分媒体关注和曲解，出现“房地产市场化不应再走回头路”，“福利房”的售卖、分配规则不透明等曲解报道。本局第一时间通过《新京报》就“北京市国企利用自有用地建设自住型商品房情况”进行权威解读，明确国有企业利用自有用地建设的政策性住房项目全部采用招拍挂方式公开出让供地，其房源销售完全面向社会公开配租配售，不存在媒体所报道的国企“福利房”回潮现象。7 月 27 日《新京报》刊发《“国企土地建自住房为福利房”系误读》的报道，予以解读和澄清。据监测，7 月 23 日《北京日报》也撰写《国企建房不是“福利房回潮”》稿件进行了报道。通过主流媒体的正面回应与澄清解释，该舆情热点逐步冷却平息。同时，继续加大政民互动工作力度，精心组织“在线访谈”工作，力求进一步畅通群众诉求反映渠道，及时、全面听取群众意见建议，并从不同角度宣传我市国土资源管理工作开展情况。“在线访谈”情况同步在官方网站播出。

（四）着重落实国土资源管理、行政审批制度改革和部门预决算等重点领域信息公开工作

1. **坚持把征地类政府信息作为公开重点**。推进征地信息平台建设，拓展主动公开内容，及时公开征地信息。在局内网、外网、首都之窗政府信息公开栏目设置专项链接，对 2015 年经国务院、市政府批准的集体土地征收（占用）及农用地转用批复 43 份，通过原样扫描、防伪加工实现主动公开。加大历史信息主动公开力度。在 2014 年

征地批复公开的基础上，将群众最关心的征地类文件进一步扩大公开范围。将 2008 年以来经国务院、市政府批准的集体土地征收（占用）及农用地转用批复 1764 份，实现主动公开。同时采取试点先行的方式，确定 2008 年以来的征地批复、“一书四方案”、征地报批前公示、征地补偿协议、征地结案表公示、征地批准后公告六项内容作为主动公开的重点，在门头沟分局试点成功的基础上，年底前完成在全市范围内推广应用。

2. **加强土地管理类信息公开**。将土地交易信息、土地交易结果、土地出让结果、土地出让变更、建设项目用地预审结果、土地划拨公示、土地划拨结果、土地登记结果、地质矿产等及时公开，设置相关板块链接。印发了《北京市国土资源局关于进一步完善划拨供地政府信息公开工作开展的通知》，要求自通知之日起，新办结的划拨项目须于划拨决定书核发之日起 15 个工作日内主动公开；对通知印发前办结的划拨项目，要求有计划地逐步主动公开。同时制作了《市局综合监管平台信息发布子系统土地划拨结果公告操作手册》，为各分局操作提供了方便。实现了 2015 年新产生的用地预审意见以扫描件的形式实时主动公开，同时完成了自 2013 年以来的全部用地预审意见的主动公开。

3. **推进行政审批事项的信息公开**。及时梳理、公开精简审批事项，规范对承担的行政审批事项的信息公开，包括事项名称、依据、条件、数量、程序、期限、需要提交的材料目录以及办理情况等。

4. **推进部门预算、决算公开和“三公经费”、政府采购信息公开**。市财政部门下达预算、决算批复后，严格按要求在 20 个工作日内在局外网、政府平台公开了 2015 年部门预算情况、2014 年部门决算情况。其中“三公”经费项目公开，细化出国团组数及人数，公务用车购置及运行维护，公务接待等有关情况。按项目招投标管理要求，项目招标信息在局外网、北京政府采购网和中国政府采购网进行公开，项目中标结果在市局外网主动公开。

（五）巩固制度基础，保障政府信息公开工作有序进行

1. **健全组织机构，提升管理水平**。坚持把政府信息公开列入领导重要议事日程，做到常抓常议。根据局领导分工和各部门职责的调整，及时对政府信息公开领导小组成员构成和职责进行修订调整。通过区分工作任务、明确工作标准、规范工作流程，进一步理顺关系，形成主要领导亲自抓、分管领导重点抓、职能处室具体抓的良好态势。

2. **强化业务指导，规范工作行为**。制定完善了一系列制度，进一步明确和统一各行政审批事项的公开内容、方式、程序和要求，规范全局系统主动公开工作。结合依申请公开方面发现的问题，及时总结经验，加强业务培训，强化部门间联动，提高办件水平，以便向申请人公开翔实准确的信息内容。

3. **加强队伍建设，提高工作水平**。采取集中培训会、专题部署会等方式，加强对政府信息公开工作人员的培训，分享工作成果，探讨工作方法，解决疑难问题。

二、政府信息主动公开情况

本局2015年度共主动公开政府信息9745条，撤销发布2431条。其中，新增行政规范性文件3条，撤销1条，占－0.01%；机构职能类，撤销119条，占－1.22%；规划计划类35条，占0.36%；行政职责类撤销439条，占－4.5%；业务动态类10269条，占105.38%。

接受公民、法人及其他组织政府信息公开方面的咨询8771人次。其中，现场咨询5597人次，占总数的63.81%；电话咨询3164人次，占总数的36.07%，网上咨询10件，占总数的0.11%。

三、政府信息依申请公开情况

（一）申请情况

本局2015年度共受理政府信息公开申请5608件。其中，当面申请3911件，占69.73%；以传真方式申请2件，占0.03%；以互联网方式申请72件，占1.28%；以信函形式申请1634件，占29.13%。申请内容主要涉及土地预审、征地批复、土地一级开发授权批复及相关内容，土地权属登记情况及政策信息、土地利用及出让相关材料等内容。

（二）答复情况

本局2015年度共答复5103件，其中：

同意公开2811件，占55.13%；

同意部分公开9件，占0.17%；

不予公开29件，占0.56%；

信息不存在的1889件，占37.01%；

非本机关掌握的85件，占1.66%；

申请内容不明确的243件，占4.76%；

非政府信息的34件，占0.66%；

已主动公开的3件，占0.05%。

（三）依申请公开政府信息收费情况

本局2015年共收取依申请公开政府信息检索费、复印费6985.60元，对特殊困难申请人减免568.50元，对政府信息的邮寄费用全部免收。

四、北京市政府信息公开工作要点落实情况

重点领域信息公开得到有效落实。对2008年至2015年共1700余个征地项目信息进行系统公开，实现征地信息公开平台搭建和信息整合统一管理。突出了三个特点：一

是内容全面，在公开征地批复基础上，充实了一书四方案、征地补偿安置协议、征地补偿安置公示、征地公告、征地结案等五项内容；二是查询便捷，以批复号为索引整合项目分散信息，提供按批准文号、项目名称、用地位置、用地单位等字段组合查询功能；三是安全规范，通过对公开文件隐私信息技术处理，保证了政府信息的安全性和严肃性。同时采取有效措施，加强政府信息公开工作。一是坚持以公开为原则，不公开为例外，着重落实国土资源管理、行政审批制度改革和部门预决算等重点领域信息公开工作。二是利用网络、微博等方式拓展信息公开渠道，增设不动产登记、土地市场和地质灾害防治等群众关心内容，加强国土资源政策解读和舆论宣传。三是加强网站群栏目建设，调整精简栏目结构，及时更新栏目内容，突出土地与矿产业务，完善网上办事大厅功能，方便群众查询，提升网站群服务水平。

五、建议和提案办理情况

2015 年度本局共办理完成建议提案 86 件，其中主办 20 件，会办 66 件；代表建议 47 件（主办 12 件，会办 35 件），委员提案 39 件（主办 8 件，会办 31 件）。建议、提案内容主要涉及土地确权登记颁证、土地储备开发、征地补偿、土地管理利用、耕地保护等重点工作和难点问题。办理期间，严格按照市政府办公厅有关通知要求，认真贯彻落实市人大新条例和市政府第 263 号令，结合深化群众路线教育实践活动成果和“三严三实”教育活动，严格落实工作责任，不断规范办理程序，切实改变工作作风，认真开展办理工作。一是及时研究部署，准确高效办理。通过研究分析，及时部署，使 2015 年的建议、提案能够得到准确、高效的办理。二是依法履行职责，推动改进工作。在办理过程中，各单位“一把手”在把握好总体工作的基础上，对重点、难点建议提案亲自上手，主持召开有关单位和部门参加的协调会，研究解决问题的办法和答复意见。三是关注民生实事，维护群众利益。结合市政府重点工作和实事工程，认真办理和解决群众提出的热点、难点问题，切实维护广大群众切身利益。四是注重联系沟通，按时高效完成。承办人员坚持做到在办理前、办理中、答复意见形成后的各个环节，主动与代表、委员联系，征求代表、委员意见，争取代表、委员的理解和支持。通过主动沟通，有力推动了办理工作的进度和质量，确保了建议、提案办理工作按时、保质、高效完成。

六、行政复议和行政诉讼情况

行政复议：2015 年，针对政府信息依申请公开发生行政复议 368 件。行政诉讼：2015 年，针对政府信息依申请公开发生行政诉讼案 111 件。

七、主要问题和改进措施

2015 年，本局政府信息公开工作取得了一定的成效，但还存在着一些不足：一是对于 2008 年《中华人民共和国政府信息公开条例》实施之前形成的历史信息的主动公开进程还需加快；二是依申请公开政府信息办理的规范性仍需加强。

2016 年全局的政府信息公开工作，将按照各级政府关于政府信息公开工作的要求，紧密联系工作实际，在 2015 年工作开展的基础上，重点做好以下几方面工作：

（一）加大宣传力度，提高政府信息公开重视程度，强化责任和标准意识。通过学习宣传，充分认识做好政府信息公开，是政府工作人员的法定职责，是推进工作、解决问题的有效手段，是保障人民知情权、参与权、表达权、监督权的途径，是依法行政、建设透明政府的要求。进一步提高全员参与做好政府信息公开工作的主动性、自觉性。

（二）突出工作重点，进一步提高主动公开实效性。继续深化政府信息主动公开，坚持“以公开为原则，不公开为例外”的原则，分步推进公众关注关心的土地预审、征地、供地、登记等相关政府信息，以扫描件的公开方式实现主动公开。保证公开的真实性，提高公开的实效性。

（三）规范办理程序，巩固依申请公开的客观准确性。日常工作中，针对申请事项加强研究分析，区分性质类别，把握受理、办理和送达环节，规范细致，防范法律风险，杜绝各类人为错误的发生，巩固依申请公开答复的客观准确性，有效降低行政复议和行政诉讼率。

（四）提高工作标准，进一步做好保密工作。继续推进保密工作制度化规范化建设，认真总结政府信息公开的实践经验，按照该公开的全部公开，不能公开的绝对安全保密的要求，进一步加强对政府信息公开、网络信息发布的保密审查，确保保密工作既符合国家和市政府的政策要求，又具有针对性和操作性，努力提高保密工作管理水平。

（五）加大监管力度，破解难点问题。政府信息公开工作领导小组开展定期的政府信息公开情况检查，确保工作落实到位。定期召开政府信息研讨会，听取市局系统各部门对政府信息公开工作的意见和建议，促进各项公开工作全面均衡发展。加强政府信息公开工作研究，寻找新办法，解决新问题。

附表

政府信息公开情况统计

（2015 年度）

填报单位（盖章）：

统计指标	单位	统计数
一、主动公开情况		
（一）主动公开政府信息数 （不同渠道和方式公开相同信息计 1 条）	条	9745
其中：主动公开规范性文件数	条	3
制发规范性文件总数	件	3
（二）重点领域公开政府信息数 （不同渠道和方式公开相同信息计 1 条）	条	1045

续附表

统计指标	单位	统计数
其中：主动公开财政预算决算、“三公经费”和行政经费信息数	条	2
主动公开保障性安居工程建设计划、项目开工和竣工情况，保障性住房的分配和退出等信息数	条	
主动公开食品安全标准，食品生产经营许可、专项检查整治等信息数	条	
主动公开环境核查审批、环境状况公报和重特大突发环境事件等信息数	条	
主动公开招投标违法违规行为及处理情况、国有资金占控股或者主导地位依法应当招标的项目等信息数	条	
主动公开生产安全事故的政府举措、处置进展、风险预警、防范措施等信息数	条	
主动公开农用地转为建设用地批准、征收集体土地批准、征地公告、征地补偿安置公示、集体土地征收结案等信息数	条	1043
主动公开政府指导价、政府定价和收费标准调整的项目、价格、依据、执行时间和范围等信息数	条	
主动公开本市企业信用信息系统中的警示信息和良好信息等信息数	条	
主动公开政府部门预算执行审计结果等信息数	条	
主动公开行政机关对与人民群众利益密切相关的公共企事业单位进行监督管理的信息数	条	
主动公开市人民政府决定主动公开的其他信息数	条	
（三）通过不同渠道和方式公开政府信息的情况		
1. 政府公报公开政府信息数	条	
2. 政府网站公开政府信息数	条	9745
3. 政务微博公开政府信息数	条	80
4. 政务微信公开政府信息数	条	
5. 其他方式公开政府信息数	条	
二、回应解读情况		
（一）回应公众关注热点或重大舆情数（不同方式回应同一热点或舆情计 1 次）	次	18
（二）通过不同渠道和方式回应解读的情况		
1. 参加或举办新闻发布会总次数	次	4

续附表

统计指标	单位	统计数
其中：主要负责同志参加新闻发布会次数	次	4
2. 政府网站在线访谈次数	次	4
其中：主要负责同志参加政府网站在线访谈次数	次	1
3. 政策解读稿件发布数	篇	23
4. 微博微信回应事件数	次	6
5. 其他方式回应事件数	次	6
三、依申请公开情况		
（一）收到申请数	件	5608
1. 当面申请数	件	3910
2. 传真申请数	件	2
3. 网络申请数	件	72
4. 信函申请数	件	1634
（二）申请办结数	件	5103
1. 按时办结数	件	5069
2. 延期办结数	件	34
（三）申请答复数	件	5103
1. 属于已主动公开范围数	件	3
2. 同意公开答复数	件	2811
3. 同意部分公开答复数	件	9
4. 不同意公开答复数	件	63
其中：涉及国家秘密	件	1
涉及商业秘密	件	
涉及个人隐私	件	11
危及国家安全、公共安全、经济安全和社会稳定	件	
不是《条例》所指政府信息	件	34
法律法规规定的其他情形	件	17
5. 不属于本行政机关公开数	件	85
6. 申请信息不存在数	件	1889
7. 告知作出更改补充数	件	243
8. 告知通过其他途径办理数	件	0
四、行政复议数量	件	368
（一）维持具体行政行为数	件	318

续附表

统计指标	单位	统计数
（二）被依法纠错数	件	41
（三）其他情形数	件	9
五、行政诉讼数量	件	111
（一）维持具体行政行为或者驳回原告诉讼请求数	件	55
（二）被依法纠错数	件	49
（三）其他情形数	件	7
六、举报投诉数量	件	0
七、依申请公开信息收取的费用	万元	0.70832
八、机构建设和保障经费情况		
（一）政府信息公开工作专门机构数	个	17
（二）设置政府信息公开查阅点数	个	17
（三）从事政府信息公开工作人员数	人	200
1. 专职人员数（不包括政府公报及政府网站工作人员数）	人	20
2. 兼职人员数	人	180
（四）政府信息公开专项经费（不包括用于政府公报编辑管理及政府网站建设维护等方面的经费）	万元	0
九、政府信息公开会议和培训情况		
（一）召开政府信息公开工作会议或专题会议数	次	16
（二）举办各类培训班数	次	12
（三）接受培训人员数	人次	550

单位负责人：丁晓　　审核人：于延江　　填报人：许绪明

联系电话：64409795　　填报日期：2016. 3. 18

2015 年北京市国土资源局荣获奖励情况

集体奖项

市国土局

1. 北京市国土资源综合监管平台荣获 2015 年度 Esri 全球特别贡献奖
2. 北京市国土资源综合监管移动平台荣获 2014 中国电子政务优秀案例奖
3. 纪念中国人民抗日战争暨世界反法西斯战争胜利 70 周年阅兵保障贡献突出
4. 《推进北京市农村集体经营性建设用地入市流转的探索与思考》调研报告荣获国土部 2014 年国土资源优秀调研报告
5. 《浅析基层涉地信访案件特点、原因及对策》荣获 2014 年首都综治工作重点调研成果三等奖
6. 《当前土地纠纷问题的成因及其对策》荣获 2014 年首都综治工作重点调研成果优秀奖
7. 安全生产工作先进单位
8. 东城区交通安全先进单位

区（县）分局

▲东城分局

1. 全国国土资源管理系统推进依法行政先进单位
2. 北京市 2015 年度交通安全先进单位
3. 北京市区县机关档案工作测评市级优秀单位
4. 北京市国土资源局财务管理综合业绩突出单位
5. 北京市国土资源局预算管理、信息报送单项业绩突出单位

▲西城分局

1. 全国国土资源管理系统“六五”普法先进单位
2. 《新形势下西城区旧城改建与土地开发模式探索专题研究》荣获市国土局 2015 年自主调研优秀成果

▲海淀分局

1. 2011—2015 全国国土资源信访工作先进集体

2. 市国土局 2015 年度国土资源政务信息网上公开执行情况检查工作评比第 2 名

3. 海淀区“两大活动服务保障工作先进集体”

4. 海淀区 2014 年完成就业工作目标任务出色单位

5. 2014 年度海淀区综合行政服务大厅优质服务窗口、十佳群众满意窗口（海淀分局受理中心）

6. 海淀区直机关纪念中国人民抗日战争暨世界反法西斯战争胜利 70 周年纪念活动金帆奖、最佳组织奖（海淀分局机关党委）

▲丰台分局

1. 首都文明单位

▲石景山分局

1. 2011—2015 全国国土资源信访工作先进集体

2. 2014 年度市国土局财务管理工作业绩突出单位

3. 北京市石景山区信息公开工作督查考核优秀单位

▲门头沟分局

1. 国土资源部 2014 年度国土部县级国土资源政务信息网上公开执行情况检查工作入围 27 名

2. 市国土局 2015 年度网站群信息保障优秀单位和优秀主持人

3. 市国土局 2015 年度国土资源局政务信息网上公开情况检查工作市局系统第一

▲房山分局

1. 首都文明单位标兵

2. 2015 年度交通安全先进单位

▲通州分局

1. 首都文明单位标兵

2. 全国国土资源管理系统先进集体（通州分局第三国土资源管理所）

▲顺义分局

1. 首都文明单位

2. 2014 年“一助一”工作先进单位

3. 北京市全民健康生活方式行动示范单位

▲大兴分局

1. 全国国土资源管理系统“六五”普法先进单位

2. 北京市信访工作 2011—2015 年度先进集体

▲怀柔分局

1. 首都文明单位

2. 市国土局财务管理单项业绩（预算管理、信息报送）突出单位
3. 2015 年第七届北京土地青年学术论文交流活动优秀组织奖
4. 2014 年度交通安全工作先进单位
5. 北京市第九届“和谐杯”乒乓球比赛优秀组织奖
6. 怀柔区第九届“和谐杯”乒乓球比赛区直组团体第二名
7. 怀柔国土分局参加 2015 年怀柔区足球比赛获优秀组织奖

▲延庆分局

1. 2014 年优秀市县双管单位和优化发展环境先进单位
2. 2014 年度交通安全工作先进单位
3. 2014 年延庆县应急管理优秀单位

▲经济技术开发区分局

1. 全国国土资源管理系统推进依法行政先进单位

直属事业单位

▲利用中心

1. 首都文明单位

▲储备中心

1. 北京市 2014 年保障性安居工程及棚户区改造工作先进单位
2. 首都文明单位

▲规划中心

1. 2015 年第七届北京土地青年学术论文交流活动优秀组织奖

▲信息中心

1. 国土资源系统 2015 年度先进基层党组织
2. 市国土局综合监管平台荣获 ESRI 全球特别贡献奖
3. 市国土局综合监管移动平台荣获电子政务优秀案例奖

▲服务中心

1. 东城区交通安全先进单位

机关处室

▲规划处

1. 北京市协调推进新机场建设前期工作突出贡献集体二等奖

▲征地处

1. 北京市协调推进新机场建设前期工作突出贡献集体二等奖

▲地质环境处

1. 全国国土资源管理系统先进集体

2. 首都环境保护先进集体

▲信访处

1. 2011—2015 全国国土资源信访工作先进集体

2. 2012—2014 年度北京市人民建议征集工作先进集体

▲离退休干部处

1. 2015 年度老干部信息工作先进单位

个人奖项

市国土局机关

1. 2011—2015 全国国土资源信访工作先进工作者

张乐刚

2. 北京市南水北调工程建设先进个人

祝艺铭、孙一铭

3. 全国国土资源管理系统先进工作者

朱兵

4. 中国人民抗日战争暨世界反法西斯战争胜利 70 周年纪念活动北京市服务保障工作积极贡献

王瑾、周子燕、何炳晖

5. 首都拥军优属拥政爱民模范个人

王琨、叶茂

6. 北京市协调推进新机场建设前期工作突出贡献个人

杨挺、安彦川、何炳晖

7. 首都环境保护先进个人

付立恒

8. 中央国家机关机要文件交换站 2014 年度优秀交换员

王坚

9. 北京市信访工作 2011—2015 年度先进个人

牛海燕、刘东辉

10. 2012—2014 年度北京市人民建议征集工作先进个人

王岩

区（县）分局

▲东城分局

1. 北京市国土资源局 2015 年度财务管理业绩突出个人

李彦荣

▲西城分局

1. 北京市先进工作者

刘玉峰

2. 全国国土资源管理系统先进工作者

刘玉峰

▲朝阳分局

1. 全国国土资源管理系统“六五”普法先进个人

吴江

▲海淀分局

1. 全国国土资源管理系统推进依法行政先进个人

韩青

2. 2014 年度海淀区综合行政服务大厅优秀岗位能手

刘洋

▲丰台分局

1. 2015 年北京市先进工作者

杨坤

2. 2011—2015 全国国土资源信访工作先进工作者

韩沈飞

▲门头沟分局

1. 2011—2015 全国国土资源信访工作先进工作者

李望

2. 2011—2015 年北京市门头沟区信访工作先进个人

李望

3. 全国国土资源管理系统“六五”普法先进个人

贾文波

▲房山分局

1. 第四届中国兰花大会先进个人

欧新刚

▲通州分局

1. 全国国土资源管理系统推进依法行政先进个人

陈静

2. 通州区五星党员

周颖、吕民同、姚海彬、张欣

3. 北京市信访工作 2011 至 2015 年度先进个人

张文艳

▲昌平分局

1. 2011—2015 全国国土资源信访工作先进工作者
   李学军
2. 全国国土资源管理系统推进依法行政先进个人
   杨贺
3. 昌平区三八红旗手
   左英梅
4. 经济技术创新标兵
   聂颖

▲平谷分局

1. 2011—2015 全国国土资源信访工作先进工作者
   陈建华
2. 全国国土资源管理系统推进依法行政先进个人
   李满芝

▲怀柔分局

1. 北京市信访工作 2011 至 2015 年度先进个人
   张建军
2. 市国土局财务管理业绩突出个人
   朱明
3. 2015 年度怀柔区行政许可管理协调办公室服务标兵
   魏先臣、张巨海
4. 怀柔区行政许可管理协调办公室服务之星
   魏先臣、梁铁鑫、刘强、朱莹、张巨海

▲经济技术开发区分局

1. 全国国土资源管理系统“六五”普法先进个人
   袁勋

直属事业单位

▲储备中心

1. 北京市机关第二届青年技能大赛硬笔书法竞赛三等奖
   李晓文

▲规划中心

1. 北京市南水北调工程建设先进个人
   谯赟

2. 2015 年第七届北京土地青年学术论文交流活动演讲比赛优秀奖

寇宗森

▲信息中心

1. 2014 中国电子政务年度人物

黎维军

▲服务中心

1. 东城区交通安全优秀管理工作者

张振生、郭玉娟

2015 年北京市国土资源局调研计划课题

序号	课题名称	课题类型	课题主持人	承担单位
1	北京市农村集体经营性建设用地入市制度研究	重点课题	魏成林	耕保处 大兴分局
2	落实“两个责任”推进党风廉政建设	重点课题	张　维	机关党委
3	现状存量工业用地盘活利用研究	重点课题	谢俊奇	利用处
4	垂直管理单位派驻纪检监察机构如何有效履行监督责任	关注课题	金兴利	监察处
5	推进通过法定途径分类处理信访投诉请求的探索与实践	关注课题	李　军	信访处
6	北京市土地要素市场化配置改革研究	关注课题	丁　晓	研究室
7	新形势下北京市土地储备开发融资模式研究	关注课题	师宏亚	储备中心
8	不动产登记与不动产管理的关系研究	重点课题	樊文祯	不动产登记处
9	北京市国土资源标准化工作调研	关注课题	周旭峰	科技处
10	探索应用视频监控指挥系统工作流程	关注课题	杨洪范	执法总队
11	研究建立市国土局督查工作机制	部门课题	由本单位领导主持	办公室
12	实施行政处罚裁量基准制度研究	部门课题		法制处
13	重大项目服务协调推进工作机制的研究	部门课题		调控监测处
14	北京市矿山储量动态监测工作研究	部门课题		勘储处
15	北京市矿泉水调研	部门课题		矿开处
16	北京市地质环境监测现状及需求调研	部门课题		地环处
17	北京市地热水动力场现状调查及研究	部门课题		地热处
18	处级领导干部选拔任用评价机制研究	部门课题		人事处
19	完善我局内控制度建设研究	部门课题		财务处
20	丰台区长辛店镇土地利用总体规划实施情况调查研究	部门课题		规划中心
21	北京市不动产登记规范研究	部门课题		登记中心
22	核心区不动产统一登记格局研究	部门课题		东城分局

序号	课题名称	课题类型	课题主持人	承担单位
23	新形势下西城区旧城改建与土地开发模式探索专题研究	部门课题	由本单位领导主持	西城分局
24	朝阳区提高土地资源集约节约利用研究	部门课题		朝阳分局
25	海淀区创新土地整治功能单元规划机制探讨	部门课题		海淀分局
26	丰台区城乡用地结构调整与布局优化研究	部门课题		丰台分局
27	石景山区设施农用地审批问题亟待解决	部门课题		石景山分局
28	新时期推进国土资源机关依法行政的实践与思考	部门课题		平谷分局
29	关于密云县村庄地籍总调查相关问题研究	部门课题		密云分局
30	怀柔区土地一级开发过程中征地拆迁的难点与分析	部门课题		怀柔分局